民营企业参与"一带一路"
国际产能合作案例

陈衍泰　谢在阳　郭彦琳　著

教育部哲学社会科学研究重大课题攻关项目（17JZD018）
国家自然科学基金重点项目（72032008）
教育部学位与研究生教育发展中心主题案例征集立项项目
（ZT-221035301）
国家自然科学基金项目（71772165，72302220）

科 学 出 版 社
北 京

内 容 简 介

共建"一带一路"倡议作为推进中国与共建国家开展经贸合作的重要举措,对中国在新的国际形势下实现制度性开放、全方位对外开放、持续提升国际竞争优势具有重要意义。本书从中国民营企业在参与共建"一带一路"国际产能合作过程中的实践经验及其面临的难题出发,结合理论深入分析共计15家中国企业的实践经验和治理模式,进而搭建企业从合作模式选择,到多主体协同和能力体系构建,再到治理机制完善的分析框架。本书不仅有助于为其他民营企业"走出去"提供借鉴意义,而且可以为企业更好地落实共建"一带一路"倡议提供科学依据。

本书可供从事工商管理与国际商务研究领域的相关同仁、企业中高层管理人员、高等院校师生,以及对企业战略与国际化感兴趣的公共政策制定部门的人员及其他广大社会各界朋友阅读。

图书在版编目(CIP)数据

民营企业参与"一带一路"国际产能合作案例 / 陈衍泰,谢在阳,郭彦琳著.—北京:科学出版社,2024.7
ISBN 978-7-03-076198-9

Ⅰ.①民… Ⅱ.①陈… ②谢… ③郭… Ⅲ.①民营企业-国际合作-经济合作-案例-中国 ②"一带一路"-国际合作-案例 Ⅳ.①F279.245 ②F125

中国国家版本馆 CIP 数据核字(2023)第 155154 号

责任编辑:郝 悦 / 责任校对:杜子昂
责任印制:张 伟 / 封面设计:有道设计

科学出版社 出版
北京东黄城根北街 16 号
邮政编码:100717
http://www.sciencep.com

北京中科印刷有限公司印刷
科学出版社发行 各地新华书店经销
*
2024 年 7 月第 一 版 开本:720×1000 1/16
2024 年 7 月第一次印刷 印张:18 3/4
字数:380 000
定价:226.00 元
(如有印装质量问题,我社负责调换)

作 者 简 介

    陈衍泰，现任浙江工商大学副校长、党委委员、教授、博士生导师。浙江省政协委员。管理学博士、应用经济博士后、公共管理博士后，美国哈佛大学、英国剑桥大学、萨克塞斯大学科技政策研究中心等访问学者。入选国家级高层次领军人才、国家级高层次青年人才、德国洪堡学者，享受国务院特殊津贴专家、浙江省哲学社会科学重点培育研究基地主任兼首席专家等。兼任中国科学学与科技政策研究会常务理事、中国信息经济学会常务理事、中国技术经济学会理事、中国管理现代化研究会组织与战略分会副理事长等。主要从事创新管理、战略管理、企业数字化转型、企业国际化等领域的研究工作，先后承担教育部哲学社会科学重大攻关项目、国家自然科学基金（含重点、面上和青年项目）、国家社会科学基金领军人才项目和国家软科学研究计划项目等；在《管理世界》、《管理科学学报》、《科研管理》、《科学学研究》、《管理评论》、*Journal of World Business*、*Journal of Business Research*、*Asia Pacific Journal of Management*、*Industrial Marketing Management*、*International Marketing Review*、*The World Economy* 等国内外重要期刊发表学术论文 80 余篇。合作研究成果先后获得教育部高等学校科学研究优秀成果奖（人文社科）一等奖 1 项（排名第二）、浙江省哲学社会科学优秀成果奖一等奖等。研究成果多次获得省部级及以上领导批示。荣获中国科学学与科技政策研究会"优秀青年学者奖"等。

序　一

当今我们面临的是一个机遇、挑战并存，且复杂多变的时代。一方面，以人工智能、区块链、云计算和大数据等为代表的新一轮科技革命与产业变革正在重塑全球经济结构和世界创新版图，全球化与科技创新的融合已成为世界增长的根本动力。另一方面，全球面临着部分国家和地区贸易保护主义抬头、地缘政治局势恶化带来的区域冲突和全球气候变化等问题。但和平与发展始终是世界各国人民的共同愿望。

中国的共建"一带一路"倡议和全球发展倡议等具有全球宏观视野的综合框架紧扣了时代发展脉搏，回应了国际社会的共同需求。2013年，习近平同志首次提出共建"一带一路"倡议。正如习近平同志指出的："提出这一倡议的初心，是借鉴古丝绸之路，以互联互通为主线，同各国加强政策沟通、设施联通、贸易畅通、资金融通、民心相通，为世界经济增长注入新动能，为全球发展开辟新空间，为国际经济合作打造新平台。"①多年来，"一带一路"国际合作从无到有，蓬勃发展，取得丰硕成果。国务院新闻办公室于2023年10月发布的《共建"一带一路"：构建人类命运共同体的重大实践》白皮书指出："10年来，共建'一带一路'取得显著成效，开辟了世界经济增长的新空间，搭建了国际贸易和投资的新平台，提升了有关国家的发展能力和民生福祉，为完善全球治理体系拓展了新实践，为变乱交织的世界带来更多确定性和稳定性。共建'一带一路'，既发展了中国，也造福了世界。"②

习近平同志在党的二十大报告中强调，"中国坚持对外开放的基本国策，坚定奉行互利共赢的开放战略""推进高水平对外开放""推动共建'一带一路'高质量发展"③。在保护主义抬头、经济全球化遭遇逆风的背景下，党的二十大报告关于"一带一路"的重要表述，向世界传递了我国坚定不移扩大高水平开放、

---

① 《习近平在第三届"一带一路"国际合作高峰论坛开幕式上的主旨演讲（全文）》，https://www.gov.cn/yaowen/liebiao/202310/content_6909882.htm?jump=true。

② 《共建"一带一路"：构建人类命运共同体的重大实践》，https://www.gov.cn/zhengce/202310/content_6907994.htm。

③ 《习近平：高举中国特色社会主义伟大旗帜　为全面建设社会主义现代化国家而团结奋斗——在中国共产党第二十次全国代表大会上的报告》，https://www.gov.cn/xinwen/2022-10/25/content_5721685.htm。

坚定不移推动共建"一带一路"高质量发展的决心和信心，向世界表明了我国通过共建"一带一路"倡议推动全球经济复苏和构建人类命运共同体的大国担当。在2023年10月于北京举行的第三届"一带一路"国际合作高峰论坛开幕式上，习近平发表了主旨演讲，宣布了中国支持高质量共建"一带一路"的八项行动。[①]

在中国经济进入新常态的背景下，在以国内大循环为主体、国内国际双循环相互促进的新发展格局下，更需要扩大内需与深化开放共同推进。而企业作为微观主体是社会主义市场经济发展的基石。新发展阶段中国政府强调充分利用国内国际两种资源、两个市场服务"两个健康"（即非公有制经济健康发展和非公有制经济人士健康成长）。微观主体中的民营企业有着诸多发展优势，发展前景越来越广阔，已经成为支撑和推动国家实体经济持续、稳定、快速发展的重要力量，更是国民经济中最为活跃的经济增长点。

多方共建"一带一路"是一个复杂的系统工程，发挥民营企业优势参与"一带一路"国际产能合作，需要进行系统的设计、规划和研究。

共建"一带一路"倡议为我国民营企业高质量发展和"走出去"提供了机遇。但"走出去"过程中民营企业面临着诸多问题和困难，这既是由于民营企业自身资源基础和国际化经验相对不足等原因，也由于部分共建"一带一路"国家制度发展和营商环境等复杂原因。如何在共建"一带一路"倡议良好的发展基础上，在新的发展阶段高质量推进未来"一带一路"合作，企业、公共部门和其他共建主体协同，中国和东道国共同努力促进互利共赢发展，是广受关注的问题。对过去十年发展过程中的最佳企业案例进行成果经验小结，为未来发展提供共性知识和政策启示，是一个有益的探索。

很高兴收到浙江工商大学副校长陈衍泰教授的邀请。衍泰教授较长期关注科技全球化问题，特别是企业创新国际化问题，在这个领域进行了较长期的深入研究，有着良好的学术积累。

此次衍泰教授团队在教育部哲学社会科学研究重大课题攻关项目、国家自然科学基金重点项目等支持下，立足于以浙江、广东等民营经济最活跃地区为主的民营企业"一带一路"实践，以民营企业国际化为主线，围绕"企业走出去—走进去—走上去—公共政策体系"四个方面，在理论分析的基础上，开展相关实证分析，深入剖析多家中国民营企业在参与"一带一路"国际产能过程中的成功案例和经验教训，总结其成功的模式和经验。帮助中国民营企业更好地参与"一带一路"国际产能合作，在共建"一带一路"高质量发展中发挥重要作用，成长为高质量共建"一带一路"的生力军；旨在进一步推动中国经济高质量发展。

---

① 《习近平在第三届"一带一路"国际合作高峰论坛开幕式上的主旨演讲（全文）》，http://cpc.people.com.cn/n1/2023/1018/c64094-40098138.html。

该书从框架到案例，结合理论与实践，进一步梳理和总结了中国民营企业参与"一带一路"国际产能合作的战略问题、实现路径、企业与区域能力建设、公共政策建议等问题，研究脉络清晰，对未来中国企业，特别是民营企业有效发挥作为共建"一带一路"倡议共建主体的作用提供了有益参考，也为各级公共部门进一步出台相关公共政策提供了参考。当然，这里也呼吁全社会共同探讨"一带一路"建设，为推动共建"一带一路"高质量发展贡献智慧。

中国工程院院士
湖南工商大学党委书记
中南大学商学院名誉院长

序　二

　　当前，国际形势复杂多变，全球性机遇、挑战和变局交织影响着世界格局。一方面，国际贸易保护主义有抬头的迹象，经济全球化面临逆流，企业间跨国合作遭遇了一定困难；另一方面，全球气候变化和全球公共卫生等全球共性问题不断涌现。在这样的背景下，世界需要积极寻求新的全球化战略发展路径。

　　作为中国对于世界经济发展的一项重大贡献，2013年习近平同志提出的共建"一带一路"倡议引起了全球的关注。这一倡议旨在通过建设互联互通的基础设施网络，促进共建国家之间的经贸合作和文化交流，推动区域间的互利共赢，实现共同发展和繁荣。共建"一带一路"倡议是一个具有时代意义的重要举措，不仅为中国企业"走出去"提供了更广阔的舞台，助力中国加强与其他国家的合作，同时也为推动全球经济增长和共建"一带一路"国家发展提供了新的机遇，共建"一带一路"成为发展中国家的共同愿望，是实现人类命运共同体的重要步骤。然而共建"一带一路"倡议的实施依然面临着困难和挑战，要求各国共同努力，加强沟通合作，建立互信关系，促进地区和世界的繁荣与稳定，实现互利共赢的目标。

　　2015年3月，由国家发展和改革委员会、外交部和商务部共同发布了《推动共建丝绸之路经济带和21世纪海上丝绸之路的愿景与行动》的文件。该文件旨在推进中国与"一带一路"共建国家全方位务实合作，打造政治互信、经济融合、文化包容的利益共同体、命运共同体和责任共同体。这一方针为推动经济全球化健康发展作出重要贡献，同时为我国民营企业"走出去"，开拓新的市场、提升技术水平和创新能力提供了广阔空间。2020年底《中共中央关于制定国民经济和社会发展第十四个五年规划和二〇三五年远景目标的建议》提出了以国内大循环为主体、国内国际双循环相互促进的发展理念，指出充分利用国内国际两个市场两种资源，积极促进内需和外需、进口和出口、引进外资和对外投资协调发展。同时，这个文件中明确指出推动共建"一带一路"高质量发展，强调构筑互利共赢的产业链供应链合作体系，深化国际产能合作，扩大双向贸易和投资。在党的二十大及相关文件中，明确指出"共建'一带一路'成为深受欢迎的国际公共产品和国际合作平台"①。2023 年 10 月在第三届"一带一路"国际合作高峰论坛上，习近平同志提出，"推动共建'一带一路'进入高质量发展的新阶段"②的战略定位以及中国支持高质量共建"一带一路"的八项行动。

自 2001 年我国首先推出有条件的中国企业"走出去"的政策以来，作为一个新兴市场国家，我国企业为什么"走出去"，走到哪里去，怎样走出去，以及如何管理国际化企业和如何控制风险等新的问题广受国内外学术界和企业界关注，就理论和实践问题进行了广泛的讨论。在这一过程中，在国家自然科学基金委员会管理科学部的大力支持下，我曾先后主持了"中国企业国际化战略研究"和"我国企业对外直接投资及国际并购战略研究"两项重点项目，就中国企业在国际化战略层面的问题和中国对外直接投资及其方式进行了研究。国际化动机、海外市场进入模式、地域选择、跨国并购、制度与文化差异挑战和全球研发活动都是中国企业国际化过程中要回答的重要问题。随着越来越多的中国企业走向世界，特别是随着民营企业竞争力和抗风险能力的不断提升，中国企业"走出去"、走进去、走上去的势头正在形成。随着中国经济规模的扩大，国际秩序正在发生重要变化，在共建"一带一路"倡议下很多项目的实施给很多发展中国家的经济发展带来了实实在在的好处，形成了积极的成果。而加快构建以国内大循环为主体、国内国际双循环相互促进的新发展格局将推动中国经济持续发展，这些都为各类企业"出海"创造了好的发展机会。

在这样的大背景下，浙江工商大学陈衍泰教授团队在教育部哲学社会科学研究重大课题攻关项目、国家自然科学基金重点项目等支持下，立足浙江、广东、江苏等地的中国企业国际化实践，特别是民营企业的实践，重点探讨母国资源基础、共建"一带一路"国家的海外选址、东道国创新生态系统构建、国际动态能力构建、区域能力评价及相关公共政策问题，具有重大的现实和理论意义。这些研究的结晶体现在呈现给各位读者的著作中：《民营企业参与"一带一路"国际产能合作案例》。

这些成果是陈衍泰教授团队近十年来针对民营企业"一带一路"国际化相关研究的一个系统性梳理。通过对"一带一路"国际产能合作的背景、意义，民营企业参与该合作的理论基础的理解，梳理其框架并结合中国情境分析，进而深入研究了海外进入过程因素，通过世界主要经济体的企业对外投资与产业合作的比较研究，在中国企业海外创新生态系统协同机制、民营企业全球动态能力体系建构以及促进民营企业共建"一带一路"的治理机制与政策启示等方面，提出民营

---

① 《习近平：高举中国特色社会主义伟大旗帜　为全面建设社会主义现代化国家而团结奋斗——在中国共产党第二十次全国代表大会上的报告》，https://www.gov.cn/xinwen/2022-10/25/content_5721685.htm。

② 《习近平在第三届"一带一路"国际合作高峰论坛开幕式上的主旨演讲（全文）》，http://cpc.people.com.cn/n1/2023/1018/c64094-40098138.html。

企业国际化模式选择及战略性的规划和建议。

　　作者从中国民营企业"一带一路"国际产能合作实践出发，基于中国从后发追赶向全球学习并跑的国际化独特情境，运用并拓展了资源基础观、动态能力理论、制度理论、基于创新生态系统的企业国际化理论、实物期权理论等。在较大程度上丰富了基于中国实践的新兴市场国家企业的国际化理论。

　　这些研究成果促进民营企业参与"一带一路"国际产能合作的理论分析结果与政策实践紧密联系起来，分别针对国家和地方政府不同层面提出相关的政策建议。通过对"国际化模式选择""海内外协同机制""多主体能力建设""治理机制与政策"等问题深入进行系统分析，旨在提供对中国民营企业参与"一带一路"国际产能合作的理论支持和科学依据，为研究者、决策者和实践者提供建议与实践启示，值得推荐。这里也建议社会各界更多地参与到新时期背景下的中国企业国际化问题研究，讲好中国企业"一带一路"国际化故事，努力构建自主知识体系。

武常岐

山东大学管理学院院长、讲席教授
北京大学光华管理学院组织与战略管理系教授

前　言

　　世界正经历百年未有之大变局，企业国际化环境更趋复杂、严峻。贸易战、全球新冠疫情等"黑天鹅"事件爆发，保护主义、民粹主义和单边主义思潮抬头，不仅给全球经济发展带来沉重打击，同时对跨国企业的生存和发展产生深刻影响。面对逆全球化形势发展及全球治理体系重构的国际局面，共建"一带一路"倡议作为推进中国与共建国家开展经贸合作的重要举措，对中国民营企业在新的国际发展格局下实现全方位对外开放、持续提升国际竞争优势具有重要意义。2013 年，习近平主席先后提出共建丝绸之路经济带和 21 世纪海上丝绸之路重大倡议，旨在推动开放型世界经济和人类命运共同体建设，通过开展更大范围、更高水平、更深层次的区域合作，共同打造一个开放、包容、普惠、均衡的经济合作框架。自共建"一带一路"倡议启动以来，越来越多的中国企业逐渐走上国际舞台，通过多种方式实现国际化跨越式发展。截至 2023 年 6 月，中国已同全球 152 个国家和 32 个国际组织签署 200 多份共建"一带一路"合作文件。此外，2023 年我国的国内生产总值占全球生产总值的近 17%，已经连续 13 年成为世界最大的制造业国家。开展国际产能合作是实施共建"一带一路"倡议的重要抓手，当前中国已经形成了国企、民营等多种所有制企业协同参与"一带一路"国际产能合作的发展态势。商务部数据显示，截至 2021 年底中国在共建"一带一路"国家设立企业数量超过 1.1 万家，约占中国境外企业总量的 1/4，涉及能源、制造、金属、科技等多个行业。

　　参与"一带一路"国际产能合作为中国民营企业"走出去"带来新的机遇和挑战。一方面，"一带一路"建设扩大了民营企业对外投资与合作交流的机会，为企业国际化发展带来更广阔的市场和战略发展机遇，有力地推动了企业转型升级和可持续创新发展。但另一方面，我国企业作为国际市场竞争的"后来者"，面临着"外来者劣势"和"合法性劣势"双重挑战，同时，由于不同国家间天然的制度差异（如法律法规、监管体系、政治环境等）和文化差异（如社会风俗、宗教信仰、价值观等），不少企业在国际化过程中依然存在海外市场适应能力薄弱、集团管控不到位、组织合法性缺失等问题，并遭受东道国市场和当地政府组织的不公正对待。尽管过去十年来，中国在共建"一带一路"国家的投资数量及投资规模上有所突破,但多数民营企业尚处在国际化初级阶段,在获取外部合法性、处理与东道国利益相关者关系、与主要发达国家跨国企业的市场竞争等方面,仍然存在诸多挑战。此外,不同于发达国家经济体,企业在"一带一路"建设过程中需要不断应对制度不完善的环境带来的复杂性和治理特殊性。共建"一带一路"国家市场制度差异化较高,多数国家的市场经济发展程度不高,基础设施和配套的产业链相对不成熟、不完善,政策不稳定程度高,大大加剧了民营企业开展国际产能合作的风险和难度。

尽管民营企业在参与"一带一路"国际产能合作的道路上布满荆棘和挑战,但仍有一批优秀的跨国企业敢为人先,在不断探索的过程中沉淀出了一些独具特色的管理经验和治理模式。例如,小米科技有限责任公司(简称小米)自 2014年起在印度投资建设七座工厂,在设计、研发、生产等方面最大限度发掘东道国客户需求,成功实现智能制造的本土化。无独有偶,不少民营企业深度参与与共建"一带一路",积极履行社会责任,通过在医疗、教育、科技、环保等方面提供支持和援助,不仅提高了外部合法性,同时赢得了当地民众的认可与尊重。通过梳理和总结典型企业在国际产能合作过程中的经验和成就,能够很好地为民营企业"走出去"提升海外适应能力和动态竞争优势提供借鉴与指导。课题组一直以来致力于企业战略与国际化研究,试图在前期研究成果基础上,追溯并总结过去十年来典型民营企业参与"一带一路"建设在市场战略选择、能力建设、治理机制等方面的经验,以期为相关研究学者和跨国企业带来理论与实践上的启示。

本书立足当前中国民营企业参与"一带一路"国际产能合作的现实背景,旨在结合期权理论、制度理论、动态能力理论等,围绕企业在国际化过程中面临的国际化模式选择、海外多主体协同、能力体系构建、跨国治理机制等四个方面的问题展开研究,结合多个中国民营跨国企业案例分析,对已有成功模式进行归纳和总结,进而搭建企业从海外市场进入,到国际化能力建设,再到治理机制完善的理论分析框架,深入剖析中国民营企业参与"一带一路"国际产能合作的战略问题和实现路径。

本书主要采用"概论+案例"的写作手法,在理论分析的基础上,深入剖析15 家跨国企业在国际产能合作过程中的模式选择、多主体协同、能力构建、治理机制等问题。本书理论结合实践,通过先构建理论框架,后进行多案例分析的方式,强化"情景嵌入",提升"原理概化",揭示"理论机制"。具体而言,本书共包含五篇,共 9 章,第一篇概述了中国民营企业参与"一带一路"建设的现实背景。第二篇至第五篇,每一篇分别选取 3～4 个典型的跨国企业案例进行分析,并总结其在国际化过程中的经验及管理启示。具体内容如下。

第一篇概述"一带一路"国际产能合作的基本概念,并描述中国民营企业参与"一带一路"国际产能合作的基本情况,包括民营企业"走出去"的历程、优势特色，民营企业参与"一带一路"建设的主要模式以及为东道国可持续发展做出的贡献。第二篇至第五篇分别围绕"合作模式""主体协同""能力体系构建""治理机制"四个研究主题结合民营企业国际产能合作的案例分析展开。

第二篇为中国民营企业参与"一带一路"国际产能合作模式选择。该篇主要关注以下三个方面：一是影响民营企业国际产能合作的动因和过程因素；二是民营企业国际化的资源基础条件与模式选择之间的关系；三是民营企业国际化区位选择的影响因素。围绕企业国际化前、中、后三个阶段过程，阐释企业为什么要进行国际化、开展国际化的资源基础、以什么方式进入东道国，以及如何嵌入东道国制度环境并协调好与母公司的关系等问题。进一步地，结合美的、小米、恒逸石化、奥克斯集团四家企业的经验，对参与"一带一路"国际产能合作模式选择进行案例研究。

第三篇为中国民营企业参与"一带一路"国际产能合作主体协同。该篇构建了国际产能合作创新生态系统"制度协同—组织协同—知识协同"三维协同框架，分别探讨不同模式创新生态系统结构的制度、组织和知识的三维协同机制。一是解析跨越母国与东道国地理边界的创新生态系统的制度协同问题；二是探讨海外创新生态系统组织协同的运行机制及共生演化问题；三是探讨海外创新生态系统边界非线性拓展和知识协同问题。围绕上述三个方面，分别选取福耀玻璃工业集团股份有限公司（简称福耀集团）、红豆集团、正泰集团、青山控股集团四家企业，对参与"一带一路"国际产能合作主体协同机制进行案例研究。

第四篇为中国民营企业参与"一带一路"国际产能合作中的能力体系构建。该篇主要基于动态能力理论，探讨民营企业在"一带一路"国际化过程中，如何通过提升自身国际动态能力以获取动态竞争优势，并从国际双元动态能力（国际探索能力、国际利用能力）解析民营企业国际化中的国际动态能力构建过程。该篇围绕杭州富通通信技术股份有限公司（简称富通集团）、华为技术有限公司（简称华为）、宁波均胜电子股份有限公司（简称均胜电子）、泰中罗勇工业园四个案例，对参与"一带一路"国际产能合作能力体系构建过程开展案例研究。

第五篇为中国民营企业参与"一带一路"国际产能合作的治理机制研究。该篇从民营企业参与"一带一路"跨国治理的特殊性出发，结合社会网络理论，构建网络治理分析框架，围绕"节点治理—关系治理—外部治理"逻辑主线，深入探讨民营企业国际化过程中的网络治理问题。其中，节点治理包括母公司治理和海外子公司治理，关系治理包括以母公司为中心、以海外子公司为中心和双中心型关系治理模式。外部治理主要探讨东道国利益相关者治理、东道国企业社会责任以及海外风险防范机制等。围绕上述三个方面，选取浙江华友钴业股份有限公司（简称华友钴业）、TCL 科技集团股份有限公司（简称 TCL）印度子公司、深圳迈瑞生物医疗电子股份有限公司（简称迈瑞医疗）三家企业，对企业参与"一带一路"国际产能合作的治理机制建设等方面开展案例研究。

　　本书是研究团队近 15 年（特别是自共建"一带一路"倡议提出 10 年来）研究成果的总结，我们希望这些研究成果为我国民营企业在"走出去"的过程中实现高水平对外开放和可持续发展提供实践启示。本书的学术价值主要体现在以下方面：第一，搭建民营企业参与"一带一路"建设过程中从进入模式选择，到多主体协同和能力体系构建，再到治理机制完善的理论框架，为引导中国民营企业更好地开展"一带一路"国际产能合作提供理论支持；第二，结合 15 个民营跨国企业案例，围绕企业在国际化模式选择、海内外协同机制、多主体能力建设中面临的问题及其解决过程，分析及总结其成功的模式和经验，构建民营企业参与"一带一路"国际产能合作研究的案例库，丰富案例资源，拓展国际产能合作领域研究边界；第三，构建"制度—组织—知识"协同机制，结合典型案例分析深化了跨越地理边界的生态系统协同创新理论；第四，探讨了民营企业国际化能力体系构建模式，结合典型案例分析探究中国民营企业"一带一路"国际产能合作中的能力体系及构建路径，拓展国际动态能力理论。

　　本书的应用价值体现在：一方面，通过对我国不同行业、不同地区民营跨国企业参与"一带一路"建设的案例分析，提炼典型的国际产能合作模式"最佳实践"、协同机制与能力构建等策略，为其他民营企业在共建"一带一路"国家开展国际产能合作提供先进经验和管理启示。另一方面，相关研究案例和建议将为参与国际产能合作的企业、行业协会、高校和科研院所、其他中介、公共部门等建构海外创新生态系统提供相关启示，同时对于更多即将"走出去"进行跨国经营与投资的中国企业，具有更为重要的参考价值。

　　研究团队目前围绕民营企业参与"一带一路"国际产能合作研究，已完成理论辑部分的出版流程。本书是在理论辑的基础上，结合我国民营企业参与"一带一路"国际产能合作的现实案例，筛选、凝练出 15 个有代表性和研究价值的跨国企业案例，并梳理和总结相应的管理经验与实践启示。本书的案例选择涉及不同的行业、地区，既包括成功的案例，也包括失败案例的经验教训，覆盖面广，视角全面。整本书的完成耗时近 3 年时间，我们在此感谢所有在此过程中做出贡献的课题组成员以及参与访谈案例企业的大力支持。

　　需要特别说明的是：本书案例相关数据资料来源既包括部分一手数据，也包括二手数据和资料。作者按照学术研究的规范，对数据和资料进行"三角验证"，以力求更加准确地进行分析。因此，作为案例研究著作，更多地希望通过相关观点的分析，与学术界和社会各界朋友共同探讨，起到抛砖引玉的作用。

目　　录

中国民营企业参与"一带一路"国际产能合作概述

第1章 总 论

1.1 "一带一路"国际产能合作的基本概念和内涵

2013 年，习近平同志提出了共建"丝绸之路经济带"和"21 世纪海上丝绸之路"重大倡议。[①]2013 年 11 月党的十八届三中全会审议通过了《中共中央关于全面深化改革若干重大问题的决定》，将"推进丝绸之路经济带、海上丝绸之路建设，形成全方位开放新格局"作为全面深化改革的重大决策部署，合作共建"一带一路"跨越不同地域、不同发展阶段、不同文明国家和地区。共建"一带一路"倡议自提出以来，在国际社会各方的共同努力下，取得了良好进展。共建"一带一路"倡议与相关国家和地区发展战略实现对接，在推动政策沟通、设施联通、贸易畅通、资金融通、民心相通的过程中，成为经济全球化的重要牵引力。在"一带一路"合作框架下，亚洲、非洲、拉丁美洲等广大发展中地区正在逐步加大基础设施建设力度。[②]

国际产能合作的概念最早由中国提出。2014 年 12 月，在李克强总理访问哈萨克斯坦期间，中哈两国签署了价值 140 亿美元的合作文件，还就 180 亿美元的"中哈合作框架协议"达成共识[③]。2015 年 5 月，《国务院关于推进国际产能和装备制造合作的指导意见》首次明确了开展国际产能合作的指导思想、基本原则和主要任务。

当今世界正经历百年未有之大变局。共建"一带一路"成为深受欢迎的国际公共产品和国际合作平台。从地理边界角度看，共建"一带一路"倡议涉及的范围包括狭义和广义范围。狭义的"一带一路"是指 2015 年国家发展和改革委员会（简称国家发展改革委）、外交部、商务部联合发布的《推动共建丝绸之路经济

[①] 《授权发布：推动共建丝绸之路经济带和 21 世纪海上丝绸之路的愿景与行动》，http://www.xinhuanet.com/world/2015-03/28/c_1114793986.htm。

[②] 《习近平主席提出"一带一路"倡议 5 周年：构建人类命运共同体的伟大实践》，http://fec.mofcom.gov.cn/article/fwydyl/zgzx/201810/20181002792612.shtml。

[③] 《以产能合作助力"一带一盟"国家对接深化》，http://fec.mofcom.gov.cn/article/fwydyl/zgzx/201812/20181202815719.shtml。

带和 21 世纪海上丝绸之路的愿景与行动》等文件界定的国家（如蒙古、新加坡、马来西亚、伊朗、巴基斯坦、哈萨克斯坦等国家）。广义的"一带一路"则是指人类命运共同体实践的平台，此平台具有开放性，没有显著的地理边界。

国际产能合作是伴随共建"一带一路"倡议而产生的。国内外学术界并没有针对"国际产能合作"做出严格的定义。Ross（2016）将国际产能合作解读为中国全球化的一种新阶段，不仅包含产品成品的出口，还包括整个产业链的转移，从而帮助东道国增强制造能力，提升工业化水平。国务院发展研究中心"一带一路"课题组（2020）提出，国际产能合作是将母国产业和资金与东道国需求相结合，以企业为主体、市场为导向，以实现产业能力跨境优化配置和产业链与价值链的共赢为目的的国际产业合作。我们认为，国际产能合作的内涵可以从企业层面、产业层面和国家层面三个相互关联的维度来进行解读。企业是国际产能合作的微观主体和市场执行者，既包括大型企业（含国有企业、民营企业和其他非国有企业），又包括中小企业（多数是非公有制企业）。企业根据自身的生产能力、国内外市场需求的匹配程度进行自主决策。在产业层面，国际产能合作是指根据产品的劳动分工程度和技术复杂度，不同国家在某个产业的产业间分工、产业内分工，或者产品内分工合作的过程。从国家层面，国际产能合作通常超越了传统的、单一的国际分工模式（如国际贸易、国际投资和国际技术流动等），是跨越国家地理边界，包含产品分工合作、消费市场和生产要素市场的跨国合作模式。另外，需要特别指出的是，国际产能合作还应包括各合作方在技术、管理制度和标准等领域的跨国合作，这样的合作还可能在一定程度上影响到某个行业的国际规划话语权等软实力。

1.2　民营企业参与"一带一路"国际产能合作

共建"一带一路"倡议从 2013 年提出至今，历经了从总体布局到实施落地的过程，中国和世界各国合作共建实践不断走向更广的范围、更深的层次，发展质量得到不断提高。国际产能合作已经成为共建"一带一路"倡议的重要抓手和建设内涵，企业已经成为"一带一路"国际产能合作的主体。截至 2023 年 6 月，中国已同全球 152 个国家和 32 个国际组织签署 200 多份共建"一带一路"合作文件。2013 年到 2022 年，我国与共建国家的货物贸易累计规模达到 19.1 万亿美元，实现年均 6.4% 的增速，这个增速既高于同期我国外贸整体增速，也高于同期全球贸易增速；我国与共建国家的累计双向投资超过 3800 亿美元，其中对共建国家的直接投资超过 2400 亿美元，涵盖经济社会发展的多个领域。我国还与共建国家合作建设了一系列的经贸合作区，截至 2022 年底累计投资已经超过 600 亿美元。同时，共建国家也积极投资中国，共享中国的发展机遇，截至 2023 年 10 月累计对华投资超过 1400 亿美元，在华新设的企业接近 6.7 万家。共建"一带一路"在政策沟通、设施联通、贸易畅通、资金融通、民心相通等方面都取得了丰硕成果。在参与"一带一路"产能合作的主体上，形成了国企、民企协同"走出去"的态势。其中，2023 年民营企业 500 强出口总额 2763.64 亿美元，比上年增加 309.34 亿美元，增幅为 12.60%，占我国出口总额的 7.69%。148 家 500 强企业参与"一带一路"建设，188 家 500 强企业开展海外投资，海外投资项目（企业）2436 项（家）。民营企业已经成为参与"一带一路"国际产能合作的重要力量，有着自身的特征。

1.2.1 民营企业参与"一带一路"建设的良好基础

民营企业在推动中国经济发展和社会进步方面发挥了重要作用，同时也成为推动和践行共建"一带一路"倡议、实现共建国家可持续发展目标的重要力量。

经过多年发展，中国民营企业在整个国民经济中的地位发生了重大变化。概括说，民营经济具有"五六七八九"的特征，即贡献了 50% 以上的税收，60% 以上的国内生产总值，70% 以上的技术创新成果，80% 以上的城镇劳动就业，90% 以上的企业数量[①]。

民营企业在践行"一带一路"建设中已经具备良好的基础。在贸易合作方面，2023 年中国民营企业对外贸易额已经占中国对外贸易总额的 53.3%。同年，民营企业与共建"一带一路"国家的进出口总额达 19.47 万亿元。在投资合作方面，截至 2023 年底，我国企业（大部分为民营企业）在"一带一路"共建国家非金融类直接投资达 2240.9 亿元人民币。从行业领域看，"走出去"民营企业所属行业多元，体现了国际化活力。从投资模式来看，民营企业利用并购等方式深入参与"一带一路"建设。

1. 中国企业的制造与创新能力

通过走中国特色的新型工业化发展道路，70 多年来我国走过了发达国家几百年的工业化历程。新中国成立以来，工业经济快速发展，工业生产能力稳步提升。经过 70 多年的发展，特别是 1978 年改革开放以来，我国主要产品的生产能力发生了根本性变化，实现了由短缺到充裕的巨大转变。我国建成门类齐全、独立完整的现代工业体系，工业经济规模跃居全球首位。我国拥有所有 39 个工业大类、191 个中类和 525 个小类的完整产业体系；主要经济指标迅速提升，工业增加值由 1952 年的 119.8 亿元上升至 2023 年的 48.26 万亿元。工业和信息化部数据显

---

① 《实现民营经济健康发展高质量发展》，https://www.gov.cn/xinwen/2023-03/25/content_5748251.htm。

示,2020 年我国工业增加值达到 31.31 万亿元,连续 11 年成为世界最大的制造业国家,对世界制造业贡献的比重接近 30%,"十三五"时期我国高技术制造业增加值的平均增速达到了 10.4%。①

与此同时,我国整体创新能力稳步上升,特别是企业创新能力不断提升。我国于 1991 年建立科技综合统计报表制度,并于当年首次公布了研究与试验发展总量数据。国家统计局数据显示,1992~2017 年,我国年均研发经费投入规模增幅达到 20.3%,超过同期国内生产总值年均增速(现价)5.3 个百分点。作为国际上通用的、反映国家科技投入水平的核心指标,我国的研发经费投入强度(研发经费与国内生产总值之比)也屡创新高,2002 年首次突破 1%;2014 年迈上 2%新台阶,达到 2.02%;2017 年提升至 2.13%,整体上已超过欧盟 15 国的平均水平,达到中等发达国家水平。2020 年我国研究与试验发展经费投入总量突破 2.4 万亿元,达到 24 393.1 亿元,研究与试验发展经费投入再创新高,投入强度继续提高;我国企业已经成为研发投入的主体,2020 年我国企业研究与试验发展经费 18 673.8 亿元,比上年增长 10.4%,拉动作用进一步增强;在规模以上工业中,高技术制造业研究与试验发展经费 4649.1 亿元,投入强度为 2.67%,比上年提高 0.26 个百分点;装备制造业研究与试验发展经费 9130.3 亿元,投入强度为 2.22%,比上年提高 0.15 个百分点。2023 年全国共投入研究与试验发展经费 33 278.2 亿元,R&D 经费投入强度达 2.64%。世界知识产权组织发布的"全球创新指数"显示,中国排名从 2015 年的第 29 位跃居到 2022 年的第 11 位。高新技术产业已经成为我国建设创新型国家的主力军,其全要素生产效率得到了大幅度提升;高新技术产品进出口通过投资、人力资本、技术进步、消费与经济结构这些因素对经济增长发挥了重要作用。

伴随着我国整体创新能力的提升,经过改革开放 40 多年的经济增长,中国企业已经从最初的靠资源优势和技术引进的阶段,发展到了一个靠创新引领的新阶段。同时国内涌现了一批具有世界影响力的创新型企业,不仅有中国航天科技集团、中国信息通信科技集团、中国电子信息产业集团等一批大型国企,还有一批诸如华为、海尔集团、阿里巴巴、吉利汽车、大华技术、比亚迪等其他所有制企业。中国企业制造能力和创新能力的不断提升,为企业国际化和开展"一带一路"国际产能合作奠定了良好的国内基础。

2. 民营企业壮大与能力积累

随着改革开放的不断深入和市场经济转型发展,党中央始终坚持"两个毫不

---

① 《我国"十三五"制造强国和网络强国建设主要目标如期完成》,https://www.jcgov.gov.cn/dtxx/gwyyw/202103/t20210302_1360397.shtml。

动摇""三个没有变",并且不断优化营商环境。国家统计局数据显示,民营经济已经逐渐成为国民经济的重要组成部分。

从区域分布角度看,区域经济发展良好的地区,也是民营企业较多和市场经济发展比较好的区域。民营企业活跃的地区多为沿海地区,中西部相对偏弱。中国中小企业景气指数被誉为衡量民营中小企业动态发展状况的"晴雨表"。由浙江工业大学中国中小企业研究院联合工业和信息化部中小企业发展促进中心等单位共同编制的《中国中小企业景气指数研究报告》显示,华东、华南地区是我国中小企业发展最具活力的区域,这些地区的科技型成长企业和创业型企业数量多,近年来持续保持地区均衡发展的明显优势;近年来,华北、华中、西南地区中小企业景气指数提升较快,与这些地区实施产业转移发展战略、推进区域中小企业发展促进对策等有很大关联;就西部地区而言,中小企业以劳动密集型为主,科技型成长企业和创业型企业数量相对较少。广东、浙江、江苏、山东、河南、河北、福建、上海等地的中小企业景气指数在 2011~2020 年较为稳定地位居全国前列。

从产值规模和研发能力来看,民营企业的发展规模不断壮大。根据中华全国工商业联合会(简称全国工商联)2021 年发布的关于中国民营企业 500 强的调研分析报告可知:2021 年中国民营企业 500 强入围门槛达 235.01 亿元,比上年增加 32.97 亿元;制造业民营企业 500 强入围门槛达 100.51 亿元,比上年增加 11.33 亿元;第二产业入围企业 319 家,其中制造业企业 277 家,继续保持主导地位;民营企业 500 强中,研发人员占员工总数超过 3%的企业 229 家,超过 10%的企业 120 家;研发经费投入强度超过 3%的企业 62 家,超过 10%的企业 7 家,其中华为以 1419.00 亿元的研发投入,继续位居首位。

从民营制造业企业发展来看,全国各省份发展存在着较大的差异。由于全国各省份的营商环境、产业结构和地理因素等原因,民营制造业企业的存活率和发展情况存在着较大差异。2020 年全国民营制造业 500 强企业的区域分布数据显示:浙江省继续以 97 家占据全国第一,并且营业收入最高,约 4.48 万亿元;排名其次的江苏省有 84 家企业上榜,营业收入规模约为 4.11 万亿元;再次是山东省和广东省,如表 1.1 所示。

表 1.1 中国民营制造业 500 强企业前十省市(2020 年)

排名	省市	入围企业数量/家	2020 年营业收入/亿元	2020 年资产总额/亿元	2020 年净利润/亿元
1	浙江	97	44 800.9	33 232.5	2 001.1
2	江苏	84	41 143.2	26 921.7	1 297.7
3	山东	76	29 678.7	23 022.3	1 301.6
4	广东	45	35 506.8	34 715.2	2 271.2
5	河北	38	19 134.6	10 644.9	816.2

续表

排名	省市	入围企业数量/家	2020年营业收入/亿元	2020年资产总额/亿元	2020年净利润/亿元
6	福建	16	5 229.8	6 161.8	418.6
7	河南	16	4 116.6	3 968.5	200.3
8	安徽	16	2 776.9	2 631.8	104.2
9	山西	13	3 099.2	2 255.9	140.5
10	天津	12	3 236.1	2 189.2	65.4

资料来源：全国工商联

民营企业已经成为"走出去"和参与"一带一路"建设的重要力量。2023 年中国民营企业 500 强出口总额 2763.64 亿美元，比 2022 年增加 309.34 亿美元，增幅为 12.6%。2023 年按照跨国指数排序位居前 20 名企业中，有 15 家为民营企业。2020 年有 191 家 500 强企业参与"一带一路"建设，与上年基本持平。2020 年，开展海外投资的 500 强民营企业有 229 家，海外投资项目（企业）1815 项（家），受到新冠疫情等因素影响，降幅分别为 5.76%、2.31%；民营企业实现海外收入（不含出口）8305.49 亿美元。本书根据商务部对外投资和经济合作司公开资料的梳理发现，截至 2016 年 1 月 1 日，在狭义的共建"一带一路"国家开展对外直接投资的企业总数为 9751 家（其中涉及研发、技术咨询和服务、信息咨询等"开发利用型"活动的企业 1133 家）。

3. 民营企业国际产能合作优势

相对于国有企业，民营企业参与"一带一路"国际产能合作有着自身的优势。

第一，民营企业比国有企业进入海外市场更具有所有制优势。近十年来，世界各国或地区在贸易和投资领域的保护主义有所抬头，我国的国有企业海外投资受阻，但是海外东道国对我国民营企业总体上持欢迎的态度，这在一定程度上提高了民营企业"走出去"的积极性。

第二，中国民营企业决策机制灵活。中国民营企业在海外直接投资时相比国有企业更具有主动性、积极性和制度灵活性。此外，许多民营企业的所有权比较集中，倾向于扁平式组织结构，决策用时较短，能够快速应对国际市场的变化。

第三，民营企业拥有一定的母国集群优势。近几年，我国民营企业形成了一些企业集群，比如义乌的小商品、宁波的服装业等小企业集群。这些企业集群，既有助于民营企业克服较高的市场交易费用，又能避免企业完全内部化所引起的较高组织成本。企业集群的民营企业信息交流更加充分、迅速，能够共享市场机会、分担风险，同时技术溢出效应增强了企业技术创新能力和学习能力，降低了创新不确定性和创新成本，进而增强了企业在进行海外直接投资时的竞争优势。

第四，我国民营企业具有一定的技术创新优势。经过改革开放 40 多年的学习和积累，我国民营企业中，科技型企业开始大量出现，占我国高新技术产业开发区企业的 80%以上。我国民营企业是技术创新的重要主体。目前，全国 65%左右的发明专利、70%左右的技术创新和 80%以上的新产品都来自民营企业。高新技术产业是世界各国争夺的焦点，也是推动我国经济发展转型升级的主要引擎。无论是发达国家还是发展中国家，都纷纷制定国家战略和出台政策，大力发展高新技术产业。目前，我国经济发展进入新常态，传统产业产能过剩、出口增速下滑，房地产业发生转折性变化，经济增长的传统动力弱化。此外，经济下行压力加大的同时，生态环境恶化、人口老龄化、发展不平衡等诸多矛盾和问题有待破解与解决，而核心突破口就是要通过创新提高经济运行的效率。高新技术企业是我国建设创新型国家的重要主体，决定着我国转型升级的成败。高新技术产业的发展能够从总体上提高国民经济的技术含量集约化程度，降低单位产出对资源的消耗，减轻其对环境的压力，从而有力地推动产业结构的优化与升级；高新技术产业具有很强的渗透性和扩散性，与传统产业之间存在着一种相辅相成、相互促进的关系，不仅会带动传统产业的改造和技术进步，并且能够带动一批相关产业的成长，较快地形成新的经济增长点（罗雨泽等，2016）。

第五，中国民营企业具有小规模技术优势。中国民营企业大部分属于中小企业，企业规模不大，但是在服装、家电、轻工等劳动密集型产业和部分战略性新兴产业上都有一定的技术优势，这些产业对于共建"一带一路"国家中的发展中国家和经济转型的国家来说具有一定的优势。

第六，中国民营企业具有海外华商、商会等社会网络的资源优势。在全世界 130 多个国家和地区都有华侨、华人，形成了巨大的华商网络，基本上有华人的地方就有华商网络。全球华商网络使得中国民营企业更容易进入国际市场，降低了交易成本，分散了风险，并且能够及时获得各种商业信息。

1.2.2 民营企业成为"一带一路"建设的生力军

1. 贸易方面

中国民营企业已经成为"一带一路"建设的重要力量。2023 年上半年，在全球贸易面临诸多困难和挑战的大背景下，中国民营经济占进出口总值比重升至52.7%，民营企业作为中国最大的对外贸易主体实现了逆势增长。与外资企业相比，民营企业的贸易伙伴中共建"一带一路"国家占比更高，特别是通过跨境电子商务方式进口了大量的特色产品。民营企业已经成为共建"一带一路"国家提升双边贸易质量、促进进出口平衡发展的主要力量。

2. 投资合作方面

从已有国际化经营的中国企业数量来看,中国民营企业已占到相当大的比重。《2020 年度中国对外直接投资统计公报》数据显示,2020 年中国对外非金融类投资流量中,非公有经济控股的境内投资者对外投资 671.6 亿美元,占 50.1%,同比增长 14.1%;公有经济控股的境内投资者对外投资 668.9 亿美元,占 49.9%,同比增长 15.1%。

《2020 年度中国对外直接投资统计公报》数据显示,对共建"一带一路"国家(地区)投资稳步增长。截至 2020 年底,中国 2.8 万家境内投资者在全球 189 个国家(地区)设立对外直接投资企业 4.5 万家,全球 80%以上国家(地区)都有中国的投资,年末境外企业资产总额 7.9 万亿美元。在共建"一带一路"的 63 个国家设立境外企业超过 1.1 万家,2020 年当年实现直接投资 225.4 亿美元,同比增长 20.6%,占同期流量的 14.7%;年末中国对共建"一带一路"国家直接投资存量 2007.9 亿美元,占中国对外直接投资存量总额的 7.8%。2013 年至 2020 年中国对共建国家累计直接投资 1398.5 亿美元。

《2022 年度中国对外直接投资统计公报》数据显示,2022 年中国企业对共建"一带一路"国家实施并购项目 118 起,并购金额 55.2 亿美元。其中,阿根廷、新加坡、津巴布韦、韩国、哈萨克斯坦和印度尼西亚吸引中国企业投资并购规模均超 3 亿美元。

3. 国际化方面

当前,民营企业"走出去"已遍布全球多个国家和地区。在东南亚、中亚、南美、非洲等地以建设工业园区、开展国际产能合作和资源开发为主;在北美、欧洲等地以建立营销网络、设立研发中心为主。总体而言,在"走出去"的民营企业中,主要是在资金、技术、人才、品牌上具有一定优势的大中型企业。中国民营企业基于自身生存发展的需要,采取了不同的方式和途径"走出去"。

一是建立境外园区,实现上下游产业和东道国产业协同与集群式发展。近年来,民营企业在境外建立的工业园区,已成为助推其,特别是中小企业,"走出去"协同发展的重要平台。比如,华立集团在泰国建设的泰中罗勇工业园,自 2005年由华立集团与泰国安美德集团在泰国合作开发。经过 17 年的建设和招商,截至2022 年,入驻中国企业已超 220 家,在泰国具有一定的知名度和影响力,为当地带来了大量就业和税收。二是在境外投资建厂,实现国际产能合作和技术转移。比如,小米联合富士康在印度投资建厂,启动"按需定制"的印度本土化生产,成为在印度本土开启组件流水线的先驱企业之一。这种绿地投资的方式直接促进了东道国生产与就业的快速增长,为其带去了先进的技术和管理,进而占领东道国手机市场。三是承接对外工程和劳务合作,提供技术和产品服务,提升当地基础设施建设水平。四是从事境外能矿、农牧等资源开发,在东道国延伸产业链,实现融合发展。部分民营企业为了延伸自身产业链,从事境外资源开发合作。比如,华友钴业深耕非洲资源开发,在刚果(金)设立全资子公司刚果东方国际矿业公司(简称 CDM 公司),并收购三家刚果(金)矿业公司,从而在上游资源端建立先发优势。如今华友钴业已从钴行业领先者转型发展成为全球锂电新能源材料行业领导者。

总体而言,民营企业"走出去"呈现出两个鲜明特点:一是机制灵活。民营企业市场反应迅速,决策高效,善用人才,能很好地把握国际市场稍纵即逝的商业机会。二是民间性。民营企业"走出去"通过带动当地就业和增加民众收入,赢得民心,是不可忽视的民间外交力量。

1.2.3　民营企业为东道国可持续发展提供价值

民营企业已成为 "一带一路"建设的生力军,在提升基础设施、强化产业带动、注重平台分享等方面积极为东道国可持续发展做贡献。

1. 提升基础设施

中国民营企业为推动东道国基础设施建设和升级付诸了大量努力。一些规模比较大的民营企业直接通过公开招投标方式参与基础设施建设项目。当然,另一些较为常见的模式是民营企业以承包商、服务提供商等身份参与其中。

中国民营企业在共建"一带一路"国家修建道路、桥梁、机场、港口、电站,搭建信息通信网络,使得共建国家的基础设施得到改善,对当地经济社会发展起到了重要作用。比如,在通信基础设施方面,中国民营企业积极参与共建国家光缆电信传输网、洲际海底光缆、通信卫星等项目合作,提升共建国家整体通信设施水平,扩大各国间信息交流与合作,促进国际通信互联互通。华为在非洲的业务覆盖 54 个国家。其中,华为在肯尼亚国家实施的光缆骨干网建设项目有力推动了肯尼亚信息通信产业实现跨越式发展,网络速度大幅提高,网络通信费用降低了 90%,网络用户激增。肯尼亚的信息技术行业快速发展,成为近年来当地发展最快的产业。2015~2022 年在共建"一带一路"国家新签合同额及完成营业额如图 1.1 所示。

2. 强化产业带动

中国民营制造业企业在"走出去"的过程中,带动和促进了当地工业转型。目前,对外工程承包项目依旧以国有企业为主、民营企业为辅;但从事海外制造业投资的企业以民营企业为主而以国有企业为辅。经过几十年的发展,尤其是改

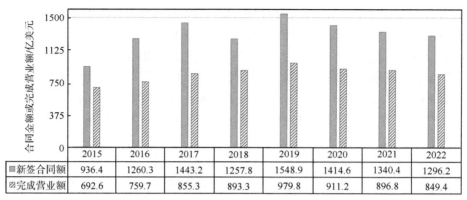

图 1.1   2015～2012 年在共建"一带一路"国家新签合同额和完成营业额
资料来源：国家统计局《中国贸易外经统计年鉴》、商务部《中国对外投资合作发展报告》

革开放 40 多年来的技术引进和消化创新，中国民营制造业技术水平有了较大提高。根据 2023 年全国工商联对民营企业 500 强的调查研究结果，从三次产业划分的角度看，上规模的民营企业收入主要集中在第二产业（60.76%）和第三产业（38.3%）。在第二产业中，民营企业又主要集中在制造业和建筑业；在第三产业中，主要集中在商业、餐饮业、综合类和房地产业。根据全国工商联发布的"2023 中国民营企业 500 强"榜单，在 500 强企业中，制造业仍占主体，入围数量达 322 家。民营经济中已成长出一批具有一定生产规模、技术，装备先进、具有一定的参与国际经济合作能力的现代企业，尤其是在重化工、冶金、汽车、电力等行业。相关企业参与"一带一路"国际合作的意愿和能力在逐步上升。

中国民营企业开展国际产能合作的过程中，立足借鉴这些产业在中国国内发展的成功经验，同时有效对接当地不同的资源禀赋、及时对接差异化需求，帮助共建"一带一路"国家解决制约经济发展和工业化建设的根本性、关键性问题，最终带动当地产业链发展。

3. 注重平台分享

中国的民营企业"走出去"，不仅强调个体发展经验的交流，也注重利用园区平台产业链式地同东道国合作，同所在地毫无保留地分享中国过去几十年得以快速发展的重要经验。事实上，境外园区是集中体现中国改革开放经验成就的重要载体。以有限资源进行滚动式开发，采取扁平化、现代化管理的园区模式是中国进行园区开发的重要经验。中国园区逐步从劳动密集型的加工贸易产业向资金、技术密集型、集约型的高新区、科技园和创业园过渡，园区产业链发展逐渐成形，产业聚集效应有效释放，为中国改革开放和经济腾飞做出重要贡献。这是中国为发展中国家可持续发展提供的重要经验和参考，也是为可持续发展贡献中国方案。

作为中国民营企业"走出去"的重要形式，境外园区为中国民营企业参与"一带一路"国际竞争和合作提供了另一种思路。经过多年发展，中国民营企业境外园区建设取得了积极成效，已成为中国打造更开放的经济格局的重要组成部分，并且在可持续发展方面取得了良好进展。目前，民营企业已是中国境外园区建设的运营主力，园区建设运营也是参与共建"一带一路"倡议的重要领域。

中国民营企业参与"一带一路"国际产能合作模式选择

第2章 民营企业国际产能合作模式概论

本篇关于中国民营企业参与"一带一路"国际产能合作的模式，主要探讨"走出去"相关问题，即国际产能合作的"走出去"过程相关影响因素。中国民营企业是共建"一带一路"倡议中的重要参与主体，也是开展国际产能合作的重要主体，它们伴随着改革开放45年的进程有其独特的发展环境、成长和国际化路径。中国民营企业应该如何选择合作模式以顺利在共建"一带一路"国家开展国际产能合作？我们需要重新审视开展国际产能合作的民营企业的资源基础、国际化经验及母国与东道国的制度影响等多重因素，更好地为"一带一路"国际产能合作提供综合决策分析依据。因此，本章围绕民营企业成长过程中的国际化商业模式选择、海外进入模式选择、海外区位选择以及主要发达经济体国际产能合作历史经验比较的逻辑思路，剖析中国民营企业在制度和市场不完善的共建"一带一路"国家开展国际产能合作的模式选择策略。

本章展示了新兴经济体企业国际化的"动因—资源条件—过程"情况，展现了包括企业国际化前、中、后三个阶段的全过程。本章主要关注"国际化前"过程中，即新兴经济体企业开展国际研发活动之前需要考虑的内容，包括进行国际化的原因、具备国际化的前置资源基础条件和区位选择等问题，以及国际化的动机、资源基础条件、区位选择的影响因素。"国际化中"过程展示了新兴经济体企业进行国际化的模式，包括以什么方式进入东道国、进入东道国后与当地关系如何、知识和技术如何跨国传导等问题，以及企业国际化的路径与进入模式、国际化的结构、东道国嵌入及其与母国的关系等。

本章主要关注三大研究主题：第一，关注民营企业国际产能合作的动因和过程因素。有学者认为企业国际化的动机分为利用母国优势的"开发利用型"和寻求东道国优势的"探索学习型"两类；也有学者认为新兴经济体研发国际化的动机主要是支持母国制造业的发展。行业异质性对企业建立海外分支机构的区域选择也有影响，基于扩大知识动机的企业倾向于在靠近大学的区域建立研发机构，而基于开发知识动机的企业倾向于在生产机构或市场附近建立海外机构。第二，关注企业国际化的资源基础条件与模式选择之间的关系。较大的母国市场会刺激海外投资，进行产品和生产过程的调整，母国和东道国之间的地理距离将会诱导跨国企业为了满足东道国消费者需求而更多地开展产品适应型研发。此外，研究证明企业母国资源基础和能力也会影响国际化过程中的研发强度。企业国际化过程中受到组织内部知识本质、知识累积和知识产权保护措施使用程度影响的行为差异，也会影响国际化模式选择（Herstad et al.，2014）。第三，关注企业国际化区位选择的影响因素。跨国企业进行国际区位选择时，会考虑东道国的市场规模、人力成本及东道国技术成就。此外，也考虑国家距离要素，包括地理距离、文化距离、制度距离和经济距离对企业海外研发区位选择的影响。

2.1　民营企业"一带一路"国际产能合作的动因 与过程分析

本节进一步结合中国民营企业国际化新情境，构建中国民营企业国际化过程的整合分析框架，从获取全球资源、获取全球市场、效率驱动和制度套利驱动方面探讨民营企业国际产能合作动因。基于实物期权视角探析中国民营企业"一带一路"国际产能合作进入过程因素，分析国有股份比例、地方非国有经济、行业竞争程度、营销资源及人力资源在民营企业国际产能合作扩张速度中的作用；结合期权组合特点与组织因素权变角色分析海外投资多国性分布对下方风险的影响；最后，结合实物期权理论分析中国民营企业国际产能合作海外进入时机因素，讨论劳动力成本差异和东道国需求不确定性与进入时机的关系。

2.1.1　民营企业"一带一路"国际产能合作动因分析

民营企业既有一般企业的市场属性，在中国改革开放以来成长过程中又具备其自身的特殊性。中国民营企业参与"一带一路"国际产能合作的主要驱动因素包括：获取全球资源、获取全球市场、效率驱动和制度套利驱动。第一，共建"一带一路"国家绝大部分是拥有丰富自然资源和廉价劳动力资源的发展中国家与新兴市场国家，并且共建"一带一路"国家的资源分布状况存在差异。我国民营企业为了在现有资产组合的基础上增加可以维持或增强现有竞争地位的资源，或者减弱竞争对手实力的要素，根据自身的资源需求选择不同东道国开展国际产能合作，以获取全球互补的战略资源。第二，中国民营企业过去是通过直接出口等方式向共建"一带一路"国家提供产品，但是受进口国关税的提高、出口成本的上涨和东道国的贸易壁垒等综合因素影响，出口不再是服务当地市场的最佳方式。因此，企业选择直接在共建"一带一路"国家投资生产经营活动，是获取当地市场的合理选择。第三，构建丝绸之路经济带要创新合作模式，加强"五通"，即政策沟通、设施联通、贸易畅通、资金融通、民心相通，以点带面，从线到片，逐步形成区域大合作格局。"五通"是民营企业通过产能合作提升企业效率的重要前提条件，通过增强与共建"一带一路"国家的融合度，提升民营企业国际资源配置效率。第四，国内区域市场化程度存在差异，特定经营领域的政府管制以及物流费用、土地和资金成本、对不同所有制企业差异性定价等因素都增加了企业国内经营成本，从而驱使它们前往共建"一带一路"国家开展产能合作。另外，有些国际化经验丰富的企业还善于跨国经营，以实现制度套利。

2.1.2　民营企业参与"一带一路"国际产能合作进入过程分析——基于实物期权视角

（1）中国民营企业国际产能合作扩张速度的影响因素。对外直接投资扩张速度决定了民营企业能否抓住机遇，培育超越国际竞争对手的全球竞争力。我国政府积极鼓励企业对外直接投资，提出共建"一带一路"倡议。然而，国有股份比例对跨国公司对外直接投资扩张速度有何影响？鉴于新兴市场企业的资源和能力有限，政府通常是推动企业对外直接投资的关键力量。然而，政府对企业施加的制度压力以及东道国合法性障碍降低了企业的海外扩张意愿。在制度环境中，企业面临着来自多种制度逻辑的潜在竞争对手，这表明影响企业国际化的组织属性存在异质性。我们提出民营企业对外直接投资扩张是由其根植于政府的总体目标所驱动的，并受到市场逻辑调节。

第一，国有股份比例负向影响企业对外直接投资扩张速度。民营企业在新兴市场占据主导地位，政府通过国有股权、政府干预、政治关联影响或控制企业，通过税收政策、融资保障等鼓励企业抓住国际扩张机遇（Ramamurti and Hillemann，2018）。然而这些政治关系是有代价的，政府干预可能会激发企业的过度投资行为，降低企业对外直接投资的意愿，此外，中国国有跨国公司支付的收购溢价远高于非国有跨国公司支付的收购溢价，尤其目标国为发达国家时支付收购费用更高。第二，在竞争激烈的行业中，国有股份比例与企业对外直接投资扩张速度的负相关关系会减弱。对外直接投资扩张是一个复杂的过程，涉及母国和东道国、股东和管理层、企业和同行业竞争对手等多方的冲突与妥协。当行业竞争程度加剧时，资源可获得性限制和生存威胁会加大企业对母国市场的逃离，从而推动企业对外扩张。此外，对外直接投资因较高的资源需求而被视为一种高风险活动，在竞争激烈的环境中，基于必要性逻辑运作的企业才有可能承担这种风险，将对外投资作为一种应对机制。第三，在营销资源丰富的企业中，国有股份比例与企业对外直接投资扩张速度的负相关关系会减弱。资源基础观提出企业的有价值（valuable）、稀缺（rare）、难以模仿（inimitable）和难以替代

（non-substitutable）（简称 VRIN 特征）的异质性资源是国际竞争的关键因素（Wernerfelt，1984）。营销资源是指帮助企业将其产品与竞争对手区分开来，建立品牌优势并在产品价值链中更好定位的资源（Kotabe，2002）。中国企业在国内竞争中积累的营销资源帮助其化解东道国合法性压力与来自发达国家竞争对手的压力（吴先明，2017）。此外，营销资源能够实现企业与外部环境的有效沟通，从而比竞争对手更准确地预测市场需求变化，并通过与顾客、供应商和经销商等建立起稳定的关系来推动企业"走出去"。第四，在人力资本丰富的企业中，国有股份比例与企业对外直接投资扩张速度的负相关关系会减弱。人力资源是指从教育和经验中获取知识与技能的人员。具备国际经验的高层管理团队更有可能培养出具有国际视野的人才。在海外扩张进程中，具有跨国经验的高层管理团队能够增强企业获取东道国资源和处理市场信息的能力，深入分析海外市场，发现海外市场风险较低的领域，使得企业克服东道国壁垒所需的时间得以缩短。

（2）海外投资多国性分布与下方风险：期权组合特点与组织因素的权变角色。根据实物期权理论，国际经营网络为跨国公司提供了转换期权组合（Kogut，1989）。在这些期权为企业提供有价值的转换机会的意义上，经营者应该提升企业的经营灵活性并且降低其风险（即绩效处于某一目标之下）。战略的期权方法特点是投资于能遏制下方风险的项目，第一，我们聚焦于不可叠加性对企业绩效产出的意义，具体讨论来自东道国经济条件的不可叠加性（劳动力成本变化之间的相关性）如何影响多国性分布和下方风险之间的关系。第二，我们聚焦于跨国企业海外子公司组合中的组织特点如何影响多国性分布与下方风险之间的关系。

第一，海外投资期权组合中的不可叠加性。对于在劳动力成本相关性相对较低的东道国中经营的跨国企业来说，多国性分布对下方风险的负向影响更强。研究者表明进行多重投资项目的企业可被视为拥有一个实物期权组合。然而，由于多重投资当中的冗余性和重叠性，组合中各个期权的价值具有不可叠加性，即期权的组合价值可能小于相互独立价值之和。例如，一个企业如果在两个东道国的劳动力成本变动越高度相关，跨国企业期权组合中的期权越不可叠加。不可叠加性会通过改变多国性分布对下方风险的影响而对跨国企业的绩效结果产生影响。特别是，由于这时跨国企业转换生产和其他有价值活动的机会更少，经营灵活性所带来的价值将会降低。因此，对于那些在东道国劳动力成本方面经历更高相关性的跨国企业，与经历更低劳动力成本相关性的跨国企业相比，多国性分布对下方风险的影响更弱。

第二，跨国企业在其海外子公司中的股权份额越高，多国性分布对下方风险的负向影响越强。跨国企业海外子公司的所有权结构决定企业对其海外子公司实施控制和协调跨国界经营的能力，影响企业经营灵活性和下方风险。在当地伙伴占有更多股权和对子公司有更多控制权时，伙伴之间的冲突增加，企业可能因此失去灵活性（Kogut，1989）。当企业在海外子公司中的股权更小时，更多的控制权掌握在东道国的合作伙伴手中，他们的目标更可能具有国家专有性，而不是保持整体利益一致（Kogut and Kulatilaka，1994）。因此，在子公司中拥有更多股权份额的企业能够更好地利用和转换机会，激励一致性的提高、卓越的控制与协调使企业更容易评估和实施转换期权，最终降低下方风险。

第三，影响跨国企业对海外子公司进行控制和协调的另一个重要因素是其人力资源管理政策，尤其是企业向海外子公司派驻人员会影响多国性分布与下方风险之间的关系。跨国企业常常向海外派驻人员以对子公司与总部及子公司之间的活动进行控制和协调，这有助于保证子公司被管理的方式与母公司的全球利益保持协调一致。企业向海外子公司派驻人员能够提升企业执行嵌入在跨国经营中的转换期权的能力，这有助于灵活性的增强和风险的降低。实物期权研究者强调，企业需要遵循最优政策来执行实物期权并从其投资中获益，拥有合适的管理系统与控制程序至关重要（Trigeorgis，1996）。因此，跨国企业向其海外子公司组合派驻人员越多，多国性分布对下方风险的负向影响越强。

（3）中国民营企业国际产能合作的海外进入时机因素——基于实物期权视角。实物期权作为一种新兴的理论武器在国际战略研究中被应用，例如推迟期权、增长期权和转换期权（Trigeorgis and Reuer，2017）普遍存在于跨国企业的国际化进程中。增长期权与推迟期权是两种彼此竞争的期权，依赖于东道国的不确定性水平，跨国公司可能采取进入或推迟进入策略（Chi et al.，2019）。然而，转换期权却在很大程度上被忽略。究竟哪一种期权形式会处于占优状态，这取决于竞争状态、项目及其他资源投入的不可逆性等诸多因素。正如已有研究（Kogut，1989）表明，如果一个公司能够有效地创造和管理期权，那么它就能在保持其升值潜力的同时遏制下方风险。期权的价值对跨国企业的海外进入时机选择具有很强的意义。实物期权在国际商务中的应用可大致归为三类，即多国性分布与操作灵活性、市场进入模式以及海外市场进入时机。实物期权的市场进入时机研究主要集中于企业聚类和模仿、竞争性互动、企业属性、无形和可转移资产、产业成长以及政治风险等方面。我们研究不可叠加性如何影响一个新东道国的进入时机决策，同时讨论东道国需求不确定性的"U"形影响。

第一，如果一个即将进入的东道国的劳动力成本与目前国外子公司组合中的劳动力成本的相关性越低，跨国公司越可能进入这个国家（不可叠加性降低）。跨国公司通过在不同的国家之间创造转换期权而享有高度的经营灵活性（Kogut，1989）。只要劳动力成本出乎意料地升高，跨国公司通过转移生产活动以对环境条件做出回应，就能够实现对下方风险的遏制和提升生产效率。不同东道国要素市场的平行活动会显著降低期权价值，因此也降低了经营的灵活性的好处，这会在技术上产生不可叠加性（Kogut and Kulatilaka，1994）。由于劳动力市场的相关性，这种类型的不可叠加性在跨国企业投资组合中的普遍性程度不同。因此，为了充分利用体现在生产网络中的转换期权的价值，跨国企业有更大动机进入劳动力成本与国外子公司组合中劳动力成本相关性低的东道国。

第二，跨国公司进入一个新东道国的概率与东道国需求的不确定性呈"U"形关系。研究表明在进入时机选择方面，如果存在不确定性，推迟期权与增长期权便处于竞争状态（Chi et al.，2019）。一方面，推迟期权可以在环境不确定时避免由投资不可逆性造成的损失；另一方面，增长期权具有先动优势，与推迟进入相比，企业可以获得更大的市场份额与更高的利润。推迟期权的价值随着不确定性单调递增，但不会超过进入一个行业、一个技术领域等所要求的总成本价值。相比之下，创造增长期权的可能损失仅限于最初投资规模，但其价值没有上限。当不确定性水平低时，推迟期权占优。随着不确定性的增加，升值机会比推迟期权价值增长得更快，增长期权就比推迟期权更重要。我们期望，跨国企业在一个新东道国建立第一个制造设施时，由于更高的不确定性和沉没成本，这种"U"形关系应该是显著的。

2.2 民营企业"一带一路"国际产能合作商业模式选择——基于资源基础观视角

中国民营企业历经数十年资源、知识和能力积累，其中一大批民营企业开始实施"走出去"战略，参与到共建"一带一路"国家国际产能合作之中。中国民营企业依托自身具有 VRIN 特征的异质性资源以及获取和使用资源过程中积累的能力，在国际化过程中选择契合自身资源基础的商业模式，并在不断试错中逐渐形成适合自身的发展模式。因此，民营企业如何有效整合全球资源、选择或者创新商业模式以在"一带一路"国际产能合作中获得竞争优势非常重要。企业资源既包括实物资源、财力资源、组织资源、技术资源等有形资源，又包括人力资源、创新资源和声誉资源等无形资源。商业模式是企业价值创造的基本逻辑，商业模式创新既包括商业模式构成要素创新，也包括要素间关系或者动力机制创新（刘刚等，2017）。商业模式创新和选择具有较大转换成本与风险，这需要企业具备一定的资源基础。一方面，民营企业自身资源基础决定其价值创造逻辑和商业模式。另一方面，东道国资源基础影响民营企业进军东道国的商业模式选择。此外，国际化过程中积累的全球有形与无形资源，也不断反哺企业全球化整合。中国民营企业在参与"一带一路"国际产能合作过程中如何聚合这些资源选择和创新商业模式，将直接影响企业国际扩张速度与国际化程度。因此，本节将聚焦于民营企业自身以及东道国的有形资源和无形资源基础，探讨民营企业"一带一路"国际产能合作过程中商业模式选择问题。

2.2.1　民营企业"一带一路"国际产能合作的商业模式

中国各区域具有良好资源基础的民营企业已经探索出一些相对成功的参与"一带一路"国际产能合作的商业模式。我们将这些商业模式概括为绿地投资、跨国并购、"抱团出海"、传统平台型企业"以大带小"模式、"互联网+"模式、第三方国际产能合作模式、基于技术和标准输出的国际产能合作模式等类型。这些商业模式可供其他参与"一带一路"国际产能合作的民营企业参考，企业可根据自身资源基础和能力异质性进行科学决策。接下来将分别对上述民营企业参与"一带一路"国际产能合作的七个商业模式进行阐述。

（1）绿地投资。绿地投资是指在东道国新建子公司，是一种能够有效转移企业竞争优势的商业模式。具体是指民营企业在共建"一带一路"国家合理配置设计、研发、生产和销售等活动，实现本地研发、生产和销售，以提高运营效率和品牌价值，并最大限度地发掘本地客户需求的一系列活动。中国对共建"一带一路"国家的绿地投资主要分布在制造业、电力、采矿业和建筑业。通过在共建"一带一路"国家设立子公司、中外合资企业或者跨国投资，企业实现国内产能转移，并且获取海外优势资源和技术，最终实现全球化布局。

（2）跨国并购。跨国并购是通过收购当地企业达到进入东道国市场的目的，以获得东道国更深层次和隐形资源的一项国际投资活动。20 世纪 90 年代以后，发展中国家、新兴市场经济体成为跨国并购的主要战场。跨国并购分为全资和合资两种模式，两者的控制强度存在差异。全资是一种高控制的进入模式，当东道国的稀缺资源容易获取，且交易成本较低时，跨国公司更倾向于采用全资模式。合资是跨国公司与东道国企业合作，快速、低成本进入新市场的有效方式，当东道国的法规限制和规范压力较大时，跨国公司更倾向于通过合资方式获得资源。此外，也存在出口、技术许可、特许经营、合同协议等非股权式进入模式。

（3）"抱团出海"。"抱团出海"主要通过政府引导，结合市场力量建设境外产业园区、经济合作区等各类产业集聚区，为民营企业参与"一带一路"建设提供"落脚地"。这些产业集聚区降低了民营企业"走出去"的成本和风险。按照产业集聚区筹建主导力量，分为由政府主导建设和由市场机制自发力量建设。按功能则分为产业间关联不强的混合型园区与同类型产业或关联度较强的上、下游专业型产业园区。按照产业类型，分为高新技术、商贸物流、能源资源加工、工业和农业产业合作集聚区等。"抱团出海"模式的核心主体结构如图 2.1 所示。

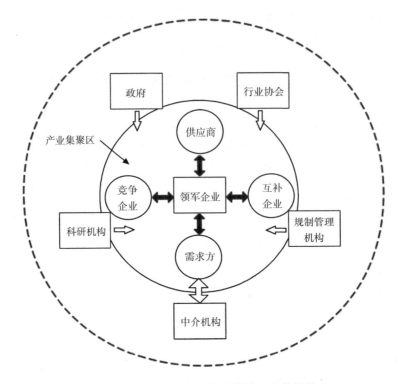

图 2.1　"抱团出海"模式的核心主体结构

（4）传统平台型企业"以大带小"模式。传统平台型企业"以大带小"合作出海，通过全产业链"走出去"的方式推进国际产能合作。这种商业模式实质是一种非股权式战略联盟，龙头企业基于海外工程项目承包、引领和带动产业链上下游及其他关联的中小企业，形成战略协作伙伴关系。龙头企业主导产业链联盟伙伴选择，以弥补企业战略缺口并增强核心能力。中小企业成为某专项活动合作伙伴，把本企业经营与发展嫁接到龙头企业，同时保有相对独立的地位和灵活战略。

（5）"互联网+"模式。"互联网+"模式的典型特征是通过互联网平台沟通需求方和供给方。互联网与制造业深度融合不仅可以拓展商贸流通领域，也可以降低需求方和制造商之间的沟通成本，使得产业组织模式以需求方为中心展开。我们主要关注两种类型的"互联网+"模式，第一种是跨境电子商务，即民营中小企业利用互联网平台提供的信息和交易服务，将销售范围扩展到共建"一带一路"国家。第二种是基于互联网与服务业、制造业创新融合发展，民营企业释放离岸服务外包市场潜力，充分享受国际分工收益。"互联网+"模式的核心主体结构如图 2.2 所示。

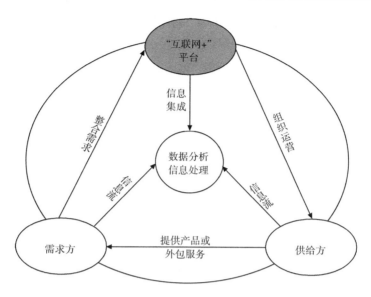

图 2.2　"互联网+"模式的核心主体结构

（6）第三方国际产能合作模式。中国民营企业的优质中端设备和充足资本与发达国家企业拥有的先进技术和核心装备形成优势互补，双方联手开展产能合作，共同开发实现三方共赢的第三方市场。近年来，有 500 多家中国民营企业通过与发达国家企业开展产能合作，共同开发全球市场。也有一批企业积极创新商业模式，例如正泰太阳能、海康威视等企业从传统"国内制造、对外贸易"运营模式，向"海外综合系统服务提供商"模式转型。第三方国际产能合作模式的核心主体结构如图 2.3 所示。

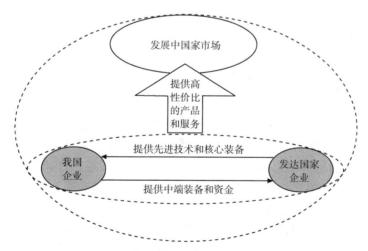

图 2.3　第三方国际产能合作模式的核心主体结构

（7）基于技术和标准输出的国际产能合作模式。民营企业作为技术许可方，许可他人使用其技术和商标，将技术和品牌输出到共建"一带一路"国家，实现"以技术和品牌换市场"。同时，民营企业作为被技术许可方，在技术先进国家发挥资本优势换取技术和品牌，形成国际大协同效应。我国民营中小企业进行技术许可的具体模式包括：获取资金回报和市场竞争优势的进攻型模式、企业相互需要对方技术通过交叉许可或专利联盟实施的防御型模式、为促进一类产业发展进行技术合作的合作共享型模式、小型企业掌握某项核心技术但不进行产品生产的专利性技术许可模式等。

2.2.2　有形资源对民营企业"一带一路"国际产能合作商业模式选择的影响

企业有形资源对民营企业国际化的影响，主要关注资源基础对企业海外进入模式选择的影响。随着"一带一路"国际产能合作趋势加剧，中国民营企业作为海外跨国投资的后来者，摆在其面前的问题是：如何有效根据其自身和东道国资源基础选择海外进入模式，以成功开展国际产能合作。本节以绿地投资和跨国并购两种商业模式为例，阐述资源基础与国际产能合作商业模式选择的关系。

（1）如果企业在母国拥有良好的财务资源、物质资源或技术资源，通过绿地投资的方式开发和利用母公司资源进入海外市场是常见的战略选择。企业早期以绿地投资方式进入海外市场，由于其国内的研发基础要高于海外的子公司，而拥有更多的国际化经验的跨国母公司会将更多的研发任务移交给海外子公司并增加其在海外的研发强度，因此企业在海外市场逐渐建立起竞争优势。

（2）如果企业的技术等有形资源不如东道国伙伴，则获取竞争资源的重要手段往往是跨国并购。当企业重新进行资源分布时，如果模仿目标企业独特的组织资源难度大，或者需要很长时间，跨国并购方式比绿地投资更容易被采纳。跨国并购的重要优势是进入新领域速度快，因为在高度动荡的竞争环境中企业难以快速基于已有资源进行开发。另外，被并购公司往往比跨国企业在海外绿地投资的子公司具备更强的研发实力，因此，并购能够帮助企业超越组织学习边界，重新再造企业。跨国并购分为全资和合资两种方式，当母公司具有比东道国更高级且可获利的技术并计划将技术转移到东道国子公司时，往往选择建立完全独资机构，而非合资企业。如果东道国的合作伙伴能够提供互补性资源，如特定的技术或者当地市场知识等，那么企业倾向于采取合资方式。

总体而言，通过绿地投资的方式全资新建子公司更注重在母公司现有技术等有形资源基础上，进行产品开发与设计。通过跨国并购的方式，被并购子公司一方面可能会提供技术等资源以开展进一步研究活动；另一方面，并购方的动力还在于获得当地公司的新产品以及设计工艺，与本公司的已有技术等资源形成互补。

2.2.3　无形资源对民营企业"一带一路"国际产能合作商业模式选择的影响

企业资源中的无形资源包括人力资源及其形成的管理能力、创新资源和声誉资源等。其中，人力资源在民营企业参与"一带一路"国际产能合作中发挥举足轻重的作用。根据资源基础观（Barney，1991），海归高管即在回国之前在国外积累了工作或教育经验的人，是新兴市场跨国企业全球扩张的关键战略性人力资源（Cui et al.，2015）。中国作为全球竞争"追赶游戏"的后来者，民营企业需要外国知识和人脉以开展海外投资活动。海归高管将帮助中国民营企业更好地感知海外机会，应对国外市场的不确定性，并管理其外国直接投资。然而，随着新兴市场经济快速增长，越来越多的海外专业人才选择回国，海归高管与过去相比不再是稀缺的人力资源（Giannetti et al.，2015）。与此同时，海归高管也面临来自国内同行日益激烈的竞争和替代威胁。从某种意义上说，海归高管为新兴跨国企业全球扩张做出贡献的同时也面临着潜力减小的风险，学者开始探讨海归高管与国际业务之间非线性或统计上不显著的关系（Masulis et al.，2012）。

跨国并购作为新兴市场国家民营企业参与"一带一路"国际产能合作的主要商业模式，海归高管是否会增加民营企业在共建"一带一路"国家完成跨国并购的可能性？我们通过扩展资源基础观对企业时间效应和资源部署的作用，提供对海归高管作用更细致的解释，探讨他们如何影响企业完成跨国并购。

（1）海归高管在跨国并购目标国家停留时间较长，企业完成跨国并购的可能性更高。跨国并购是一项耗时且风险高的活动。民营企业作为全球"追赶游戏"的后来者，承受着作为外来者和新进入者的双重压力。海归高管的第一手经验和知识为民营企业提供了应对外国制度压力的隐性知识，并在目标国家保证相应的合法性。此外，他们在东道国的个人网络将帮助民营企业更好地与关键利益相关者建立联系。根据资源基础观，人力资源能否创造竞争优势取决于是否有效部署资源，即技能在满足任务需要时是否变得更有效率（Hatch and Dyer，2004）。来自其他国家的海归高管对完成跨国并购的影响可能有限，但当海归高管碰巧来自跨国并购目标国家时，海归高管的知识和社交网络与企业并购所需资源相匹配（Hatch and Dyer，2004）。因此，海归高管在跨国并购目标国家停留时间越长，对目标市场有更深入了解和更多社会关系，民营企业完成跨国并购的可能性越高。

（2）在跨国并购目标国家获得工作经验的海归高管占比较高的企业，完成跨国并购的可能性更高。海归高管在民营企业"一带一路"产能合作中的能力体现各不相同。在国际产能合作目标国的海归中，回国前获得工作经验的人更有价值、更稀缺。例如，大多数中国海归只有国外教育经历，没有国外工作经历。工作经验可以让海归对共建"一带一路"国家的市场有更深入的了解，这对于减少产能合作过程中潜在的不确定性和风险至关重要（Herrmann and Datta，2002）。而且，在跨国并购目标国家工作的海归高管在开展业务的同时，直接与当地的外国合作伙伴建立业务网络（Cui et al.，2015），他们在目标国家建立关系的经验也有助于民营企业更好地与当地利益相关者打交道并获得合法性。

（3）目标国家海归担任执行董事比例较高的企业，完成跨国并购的可能性较高。担任执行董事职位的目标国海归代表了为民营企业进行"一带一路"国际产能合作而部署的人力资源。先前的研究表明，除非将海归高管置于可以直接影响组织决策的位置，否则海归高管促进公司国外业务的潜力将无法实现（Kunisch et al.，2019）。将海归高管部署在最合适职位的公司可以更好地在公司的管理实践中利用和应用他们的技能、知识和能力，并增加公司的价值（Hatch and Dyer，2004）。因此，与其他海归相比，担任执行董事职务的海归对企业的决策和组织运作拥有更多的权力（如控制权）。他们能够利用其目标国家特定的知识和联系，直接促进民营企业在"一带一路"目标国家成功完成并购。

综上，尽管海归高管对民营企业在共建"一带一路"国家完成跨国并购没有直接影响，但来自跨国并购目标国家的海归高管提高了民营企业完成跨国并购的可能性。如果一家民营企业有更多来自跨国并购目标国的海归高管，特别是这些海归高管在目标国家停留时间较长而且拥有在目标国家的工作经验，以及他们在本企业担任执行董事的比例较高，那么该民营企业在共建"一带一路"国家成功完成跨国并购的概率会更高。

2.3　民营企业"一带一路"国际产能合作东道国区位选择

随着经济和科技全球化趋势的深化，创新制度、创新主体和创新资源的边界趋向模糊，创新体系也跨越了国家地理边界，呈现全球化趋势，探讨海外研发区位选择的影响因素成为学者研究的重点（薛澜等，2015）。企业海外区位选择，不仅与企业自身微观的影响因素（如企业战略动因、企业规模等）密切相关，也与产业或区域等中观层面的因素相关，另外也受到东道国与母国制度等宏观因素影响。本节聚焦于狭义的共建"一带一路"国家，从宏观层面分别解析新兴经济体国家的工业化水平、母国与东道国制度距离和国家距离，以及从比较优势的视角评估东道国合作潜力，旨在为民营企业参与"一带一路"国际产能合作的东道国区位选择提供决策依据。

2.3.1　民营企业"一带一路"国际产能合作东道国区位选择影响因素——基于东道国要素视角

随着科技全球化进程的不断加剧,研发资源成为科技竞争的核心要素,各企业优化配置研发资源成为增强科技创新竞争力的主要手段。中国企业作为后发追赶者更加重视研发活动的国际化,比如华为、中兴通讯及联想等公司纷纷在国外设立研究院、实验室等各类研究机构。在投资区位选择上,东道国的产业集群及其拥有的特殊产业技术优势、东道国丰富的研发人才、东道国的技术外溢机会、竞争情况和跨国企业利用知识溢出的能力、母国与东道国知识的互补性是影响海外研发中心选址的重要决定因素。从 20 世纪 90 年代开始,学者开始关注制度因素在对外直接投资区位选择中的作用。通过对发达国家的对外直接投资进行研究,得出较为一致的结果:高制度质量的国家对我国对外直接投资有更大的吸引力。而海外研发投资作为对外直接投资的一种形式,关于东道国制度质量对中国企业海外研发区位选择的研究目前较少。我们认为东道国市场需求、研发人力成本、技术水平及制度质量会影响企业海外研发区位的选择。

第一,东道国的市场需求对中国企业进行研发投资具有显著积极影响。根据折衷理论,市场寻求动机是跨国公司进行直接投资的主要动机之一(Dunning,1977)。海外销售和生产对企业海外研发的区位选择有很大影响,并且在海外设置研发机构的主要目的是通过开发适合当地市场的产品来扩大市场份额(Serapio and Dalton,1999)。第二,东道国研发人力成本越低,中国企业越有可能对其进行研发投资。研发人力成本是研发活动中很重要的一部分,作为跨国公司选择区位考虑的主要要素。跨国公司可以通过在海外开展先进技术活动以利用研发劳动力成本差异进行套利,因此,在研发工资水平上拥有劳动套利空间的东道国将更有可能成为跨国公司海外研发的区位选择(Kedia and Mukherjee,2009)。第三,东道国的技术水平对中国企业进行研发投资具有显著积极影响。过往研究发现,跨国公司通常把它们的海外技术活动放在其母国具有劣势的地区(以技术相对优势来衡量)。新兴经济体的跨国公司可能不会拥有发达国家企业的强大技术资源,因此会促使中国企业通过海外研发投资获取发达国家的先进技术资源,缩小技术差距和弥补后发劣势(Deng,2009)。第四,东道国的制度质量对中国企业进行研发投资具有显著积极影响。东道国较不完善的制度环境导致跨国公司出于规避风险的原因而选择逃离。随着中国民营企业对外投资比重上升以及政府主导因素削弱,民营企业增强了规避制度风险的意愿。

因此,中国企业在进行海外研发投资区位选择时,要分析东道国的市场需求、研发人力成本、技术水平和制度质量等因素的直接作用。目前中国企业作为后发追赶者，技术水平普遍较低，但在海外选择研发投资区位时，更多倾向于能满足当地市场需求、研发成本较低及制度质量较高的国家。当把制度质量较高的欧美发达国家作为海外研发投资的目标国时，需要政府鼓励企业多采用海外并购的投资模式来获取东道国的高技术。

2.3.2　民营企业"一带一路"国际产能合作东道国区位选择影响因素——基于国家距离视角

在已有影响企业海外研发区位选择因素的研究中，学者关注的多是东道国要素对企业海外研发区位选择的影响（例如，东道国制度、研发活动的聚集程度、区域知识基础，以及东道国的市场规模、研发人力成本、通信能力和东道国与母国知识的互补性等），这些要素以不同的方式同时影响海外研发中心创新成果能力以及从创新成果中获益的能力（Leiponen and Helfat，2010）。而基于母国优势，企业的跨国研发可以分为以发达经济体为代表的开发利用型和以新兴经济体为代表的探索学习型（Chung，2000），探索学习型往往是为了获取研发资源和先进技术知识，而开发利用型则主要是为了支持母国制造业的发展。以往的研究多关注发达经济体海外研发区位选择，而针对新兴国家跨国企业海外研发区位选址方面关注较少。影响企业海外研发的因素除了东道国环境外，东道国与母国间国家距离因素同样会对企业海外研发选择产生影响。

综合过往研究，对于国家间的距离要素我们将地理距离、文化距离、制度距离和经济距离纳入考虑范围，分析国家距离对企业海外研发区位选择的影响。国家间地理距离的增加会显著提升实物产品运输成本，降低海外子公司的销售额，也会因阻碍母公司海外企业知识学习的路径而减弱知识溢出效应。文化距离的存在会引发东道国与母国在沟通及管理方面的冲突，提高企业跨国投资资源整合成本以及阻碍企业对东道国信息的获取和知识转移。制度距离是由于东道国与母国在管制制度、规范制度及认知制度等方面存在差异，制度距离使得企业在获取海外市场合法性时难度加大，而合法性的缺失又会降低企业的投资绩效，并且制度距离也会阻碍知识跨区域传递（Chao and Kumar，2010）。经济距离是由东道国与母国经济水平差异而形成的，其存在往往会导致两国在要素成本及技术能力上存在差异。

以上是基于国家距离阻碍企业跨国研发投资角度的分析，但是国家距离对企业跨国研发也会产生积极作用。东道国与母国间较大的文化、制度距离能够使企业产品更具差异化，有助于提升企业核心竞争力；同时，也为企业获取差异性战略性资产、丰富企业隐性知识储备、提升企业跨国投资收益提供了可能性。此外，国家的技术水平往往与经济发展状况直接相关，经济距离能够使企业获得特殊的发展优势及战略性资产。较大的地理距离意味着东道国与母国在资源、网络等有利于企业经营的要素上存在较大差异，这会促进企业在东道国的经营活动（Chironga et al., 2011）。但是过大的国家距离又会导致阻碍作用形成的成本超过促进作用产生的收益，因而企业在跨国研发区位选择时会在母国与东道国国家距离产生的阻碍与促进作用间权衡。因此，国家距离（文化距离、制度距离、经济距离、地理距离）与在东道国从事研发活动企业的数量存在倒"U"形关系，即文化、制度、经济和地理过于相似或者差异过大，参与海外研发企业的数量均较少。

第3章　民营企业国际产能合作模式案例解析

3.1　美的：家电行业国际产能合作过程与动因

3.1.1　家电行业国际化简介

家用电器简称家电，是指以电能来进行驱动（或以机械化动作）的用具，主要指在家庭及类似场所中使用的各种电器和电子器具，如空调器具、制冷器具、清洁器具、厨房器具、电暖器具、照明器具、声像器具等。

家电产业起步于新中国成立之初，当时家电作为计划经济的商品，缺乏市场导向，产品设计和风格较为统一。随着改革开放政策的实行，国家综合实力显著提高，人民生活水平明显提升，家电行业得到了快速发展。到 20 世纪 90 年代，家电行业凭借中国早期廉价劳动力资源，获得了成本优势和产业规模优势，开始参与全球价值链分工，分享全球化红利，走到了第四次工业革命的前沿。迄今为止，家电行业历经 30 多年迅猛发展，成为我国成熟的支柱产业之一，在海外市场也取得了亮眼的成绩。走出国门成为顺应时代潮流的大势所趋，对外贸易与对外直接投资等方式成为越来越多家电企业的选择。

1. 行业出口情况

随着我国家电企业逐渐深入国际化，现如今，我国已经成为全球家电市场第一大出口国，我国家电产品的重要出口地区为欧美地区和亚洲地区。

2013 年 9 月和 10 月，中国国家主席习近平在出访中亚和东南亚国家期间，先后提出共建"丝绸之路经济带"和"21 世纪海上丝绸之路"的重大倡议[①]。2013 年至全球新冠疫情暴发前，我国家电行业出口规模在波折中整体规模略有增加。

2019 年，家电行业出口市场有两个特点。第一个特点是出口额创历史新高，但出口增速明显放缓——2019 年中国家电行业的累计出口额是 797.8 亿美元，较

---

① 《授权发布：推动共建丝绸之路经济带和 21 世纪海上丝绸之路的愿景与行动》，http://www.xinhuanet.com/world/2015-03/28/c_1114793986.htm。

2018 年的 770.7 亿美元同比增长 3.52%，但增速相比上年的 9.66%而言有所下降。第二个特点是大小家电市场持续分化，小家电各品类出口额均实现增长。2020 年，疫情影响下全国各地管控使得国内家电企业的复工复产较往年有所推迟，人员流动受到限制导致工厂人员出现短缺，物流运输的困难导致原材料的获取受到限制，消费端也出现了消费能力下降、消费欲望减弱的难题。但 2020 年下半年开始，国内的生产活动逐渐恢复，而国外疫情尚未得到有效控制，我国家电产品得到了出口的绝佳机会，2020 年家电行业累计出口额达到 935.3 亿美元，较 2019 年增长17.23%。

　　2021 年，全球新冠疫情持续但冲击力度开始减弱，呈现全球经济复苏的趋势。我国在科学的疫情防控下，生产、生活秩序稳定，吸引了全球供应链向我国靠拢，我国家电行业获得了巨大的潜在市场。2021 年出口规模和增速都达到了 2012～2022 年巅峰，我国家电产品全年累计出口额为 1184.1 亿美元，较 2020 年增长26.6%。家电产品也成为我国机电产品中继集成电路、手机、计算机之后，第四个突破千亿美元出口规模的产品。2022 年，疫情带来的宅经济红利逐步消退，主要出口市场国家货币政策先后收紧导致通胀高企，抑制了当地家电消费需求，叠加2021 年高基数等因素，2022 年全年我国对全球家电出口总额为 1123.1 亿美元，较 2021 年约下滑 5.2%。图 3.1 展现了 2012～2022 年中国家电行业出口规模。

图 3.1　2012～2022 年中国家电行业出口规模

资料来源：中国机电产品进出口商会

2. 行业国际形势

　　自 2013 年习近平提出共建"一带一路"倡议以来，中国的对外开放程度得到了进一步深化，众多国家向中国企业敞开大门，制定优惠政策来吸引中国企业在当地投资。诸多机遇井喷式爆发出现，中国企业不断走出国门，加大对外投资的力度，推进国际化经营发展。"十四五"数字经济发展规划①期间，新一轮科技革

---

① 《国务院关于印发"十四五"数字经济发展规划的通知》，https://www.gov.cn/zhengce/content/2022-01/12/content_5667817.htm。

命和产业变革更是推动了传统制造业发生历史性变革，消费需求瞬息万变，消费市场多样化、个性化突出，使得产品市场周期不断缩短，倒逼企业加快产品创新开发的步伐。

国际化扩张在为家电行业带来机遇的同时也带来了诸多挑战。2018年，由于中美两大国之间不断升级的贸易摩擦和不断紧张的两国关系，家电行业面临着国际物流运输成本增加、供应链受阻、人民币升值等难关，再加上国内家电需求市场逐渐趋于饱和，家电行业产能过剩问题日益严重。同时，虽然2019年到2021年新冠疫情持续，全球家电供应链的需求持续向我国倾斜，出口占比持续攀升，但中国是世界第一大家电制造国，行业传统技术成熟，内部竞争激烈且在最前沿领域，缺失家电制造、智能制造等产业链的核心技术，导致产品同质化、缺乏竞争力。在人口红利逐渐消失的情况下，众多国际化经营的跨国公司已经开始向南亚、东南亚、非洲等发展中地区转移产业，我国可能很快就不再是世界家电产品的制造中心。

出口贴牌加工生产的家电产品，这样的经营模式不仅利润低，而且也不利于我国家电企业国际化的长期可持续发展。可喜的是，我国家电行业的部分龙头企业已经从这种早期的国际化参与模式，过渡到通过资本手段、海外投资来提高品牌附加值、掌握销售渠道的模式，同时呈现出了对技术、运营和市场的深入且精细运作的特点。这种从"引进来"，学习和吸收了先进技术与经验后，提高自身竞争力，再"走出去"的拥有全球协同能力的国际化经营，是我国家电行业未来的发展趋势。

3.1.2 美的简介

美的始创于1968年。1980年，美的开始进入家电行业。1993年，美的在深圳证券交易所上市，并于2013年实现集团整体上市。2015年，美的营业收入超过1300亿元，成为全球500强企业，在中国家电行业中排行第一。

美的生产各类家用电器，包括空调、洗衣机、洗碗机等大型家电，风扇、吸尘器、微波炉等小型家电，压缩机、电机、变压器等家电配套产品。特别地，美的拥有完整的空调产业链和微波炉产业链，是我国最大、最完整的小家电产品和厨房用具的产业集群。

美的推行的平台事业部制的构成如下：7个职能部门——财务部、战略部、人力部、国内市场部、海外战略部、运营中心、董事会；10个共享平台——技术研发平台、供应链平台、生产制造平台、营销品牌公关平台、客户管理平台、企业大学平台、资本平台、数字化运营平台、运营管控平台、行政服务平台；5个事业群——智能家居事业群、机电事业部、暖通与楼宇事业部、机器人与自动化事业部、数字化创新事业群。

在多年的发展过程中，美的的经营范围得到了极大的拓展，各项产业实现规模化，产业链条覆盖众多领域。现如今，美的成为以家电为主，涉及智能家居、楼宇科技、工业技术、机器人与自动化和数字化创新五大业务的现代化科技集团。截至 2023 年底，美的在全球拥有约 16 万名员工、约 200 家子公司、35 个研发中心和 40 个主要生产基地，业务覆盖 200 多个国家和地区，是中国最具规模的家电生产基地和出口基地之一。

3.1.3　美的国际化简介

目前，美的的海外消费市场主要集中分布在亚洲、欧洲和非洲。

（1）亚洲市场。目前，美的在亚洲地区的海外消费市场包括日本、越南、老挝、泰国、印度、新加坡、马来西亚、印度尼西亚等地。首先是考虑到地理位置相近的地缘优势。其次是受到近年来东南亚各国出台的税收优惠等鼓励性政策的吸引。最后是因为目前印度及东南亚各国的人口众多，而家电产品普及率较低，这些地区的市场潜在需求巨大。特别地，美的在 2016 年成功收购东芝家电业务，利用东芝原有的品牌形象和先进技术进入了日本市场，推进了美的的全球化战略布局。亚洲市场是美的必须重视并继续发展的市场区位，美的也正在对亚洲市场进行进一步渗透和升级。

（2）欧洲市场。欧盟地区的市场环境好、潜力大。首先是欧盟的政策环境良好，欧盟内部各国具有统一的贸易规则，对海外企业的投资限制较少。其次是欧洲各国的经济发展水平高，消费者的购买力强，市场消费容量巨大。但在拥有巨大市场的同时，欧洲的家电产品同质化严重，市场竞争激烈，因此，在其国际化早期、整体实力不足的情形下，美的在欧洲市场的国际化经营以产品出口的方式为主，直至 2016 年和 2017 年美的先后收购意大利中央空调公司 Clivet 和德国库卡机器人公司，在借此进入自动化和机器人领域的同时，进一步加深了对欧洲市场的渗透，开启了在成熟市场的国际化布局新纪元。

（3）非洲市场。非洲市场的优势首先是当地常年气候炎热、气温较高，对空调的使用需求较大，近年来南非、埃及等国经济发展较快，居民消费能力有所提升，因此形成了非常大的制冷行业的潜在消费市场；其次是非洲人口众多，劳动力成本低廉，选择非洲地区进行制造业的转移，可以降低跨国企业在全球的运营成本。2010 年美的完成了对埃及 Miraco 公司的收购，开展了美的国际化经营在非洲地区的战略布局。另外，2013 年共建"一带一路"倡议的提出和国际布局，高强度地促进了中非间的经贸合作，为美的后续在非洲市场的深入国际化布局提供了更多的可能性和更安全的助推力。

3.1.4　美的"一带一路"国际产能合作过程与动因分析

现如今，美的已经实现了深入的国际化经营，其产品畅销全球 156 个国家和地区。美的国际化的过程可以归纳为"三步走"：第一步为国际化前期"走出去"，主要是出口产品，进入全球市场；第二步为国际化中期的学习和吸收，主要是合资合作与收购，学习先进技术；第三步为国际化后期深度的"走出去"，主要是直接在海外投资、建厂及销售。

1. 国际化前期

美的的国际化发展从 20 世纪 90 年代就已开始，在自身产能不断扩大的情况下，通过贸易手段，采用原厂委托制造（original equipment manufacture，OEM）模式，美的生产的家电产品开始"走出去"，远销世界 100 多个国家和地区，打入了 20 多个超级零售商的营销网络。

得益于社会经济增速迅猛、人民消费水平提升、房地产行业升温，1992 年国内空调行业出现了前所未有的大热潮，空调市场容量直线上升。美的抓住了这一历史机遇，于 1992 年成立广东美的电器股份有限公司，进行内部股份化。1993 年，美的在深圳证券交易所挂牌上市，从股市上募集到了 1.84 亿元资金；同时，美的成为中国第一家由乡镇企业改组而成，并拥有现代化管理体制的股份制上市公司。通过股份制改革和上市融资，美的的产量迅速增加，这为美的的第一次起飞奠定了基础。

为了配合产能的扩张，美的大力开拓市场。1993 年起，美的相继在湖北、四川、浙江等十个省市建立了独立核算的销售分公司。1994 年，国内经济增长放缓、空调行业开始了价格战，美的的利润增长放缓，但产量实现稳步增长。1995 年，美的的销售收入达到 19.32 亿元，在中国工业企业中排第 180 位、轻工企业中排第 7 位；其中出口创汇 5527 万美元，美的成为中国最大的家电出口企业之一。

时机成熟，美的开始资本运作，拉开了异地扩张的序幕。1998 年，美的收购了安徽芜湖丽光空调厂，通过输出管理的方式，在当年即实现了扭亏为盈。1998 年，美的扩大规模，建立美的芜湖工业园，随后接连建立了电机、模具等工厂和物流基地，为挺进华东、辐射全国设置了重要的基地。2000 年，美的的销售收入达 105 亿元，同比增长了 31%，其中出口创汇 1.4 亿美元，同比增长了 40%，美的成为销售收入突破百亿元的大型企业，成为家电行业的领跑者。

在国际化前期，美的出口主要采用 OEM 模式，通过负责生产环节参与全球化贸易。OEM 也称为定点生产，俗称贴牌加工，是指品牌拥有者将具体的加工任务通过合同订购、低价买断的方式，委托给同类产品的其他厂家生产，生产后直接贴上自己的品牌商标。品牌拥有者掌握关键核心技术,负责设计和开发新产品、选择和控制销售渠道;而产品生产商承接加工任务,仅负责产品的生产环节,没有品牌、技术专利的所有权。

2000年起,在改革开放浪潮的影响下,美的为海外家电品牌进行代工生产。由于美的生产规模扩大、产品质量稳定,加上我国当时的劳动力资源丰富且低廉,吸引到了通用电气公司、日本SMC、东陶等国际知名家电公司与美的进行合作。这一阶段美的出口的大部分是代加工产品,自有品牌的出口量较少,只有极少数自有产品出口到东南亚国家。当时的美的竞争力较弱,通过人力资源、生产规模的优势参与到了国际化经营中,附加价值较低。但正是通过OEM模式美的迈出了国际化的第一步,实现了企业营业收入的快速增长,为美的之后的国际化发展积累了原始资本。2006年,美的销售收入达到了570亿元,其中出口创汇为22亿美元,同比增长25%。至此,美的初步进入了国际市场,完成了国际化的第一步——"走出去"。

美的采用OEM模式开启国际化,主要有以下两方面的原因。一方面,从外部网络进行的考虑。首先,当时国内企业的生产技术跟经验落后于国外企业,OEM模式有助于美的学习并引进国外的先进技术工艺,相比自行开发探索,降低了试错成本,节约了学习时间。其次,这种方式可以建立与众多知名跨国公司的良好合作关系,也有利于国内企业对国外市场的消费需求、消费喜好进行初步的收集与了解。另一方面,从内部资源进行考虑。首先,美的在国外的品牌基础薄弱,OEM模式不需要品牌运作经验,适合初步进行国际化经营的美的。其次,OEM模式对资源投入的要求不高,对尚不具备成熟规模的企业更友好,国内企业可以发挥人力、场地等资源更廉价的优势,与跨国企业资源互补,将国际化前期的投资风险降至最低,保持一定程度上的企业灵活性。最后,OEM模式下产品生产效率提高,有利于美的形成生产的规模效应,实现收入的迅速增加,为之后的发展积累原始资本。

2. 国际化中期

随着美的企业规模的逐渐壮大,美的的国际化步伐在不断加快。进入国际化中期阶段,美的不只满足于"走出去",开始积极学习和吸收,不断提升自身的全球影响力与综合竞争力。现如今,美的在一些重点家电市场均建立了分支机构,如欧洲分公司、美国分公司、日本分公司等。

2006年,美的与韩国清湖合资成立"美的清湖净水设备制造有限公司",进入净水设备领域。2010年,美的收购埃及Miraco公司,获取了该公司空调产品的生产线、公司品牌的使用权,同时获得了成熟的埃及市场的销售渠道。2011年,收购美国开利拉美空调子公司,成立美的-开利拉美空调合资公司,借此机会获得了世界领先的暖通空调生产线，一跃成为拉美地区最大的暖通空调制造商。

2007 年，美的在越南建立了第一个全球化海外生产基地。2008 年，建立白俄罗斯基地。2010 年，埃及基地落地。2011 年，美的-开利拉美空调合资公司建立巴西基地；同年，建立阿根廷基地。2018 年，合资建立印度基地。美的集团 2023 半年报显示，海外销售占公司总销售 40% 以上，产品已出口至全球超过 200 个国家及地区，拥有 21 个海外生产基地及 24 个销售运营机构。美的遍布全球各大洲的海外生产基地，有助于长期支撑美的对全球市场的持续出口，扩大美的的国际影响力。

以美的首个海外基地——越南基地为例进行分析。20 世纪中期之后，东南亚先后实现了民族独立，并成立了东盟组织。地区政治、社会状况稳定，东盟经济发展速度迅速加快，居民消费水平不断提升。再加上东南亚地域辽阔、人口众多，东盟地区的市场发展潜力非常可观。同时，由于地理位置较为相近、文化相互交融，东盟长期以来都是中国重要的贸易合作伙伴。2005 年，中国与东盟的贸易额达 1303.7 亿美元，占当年中国进出口总额的 10% 左右。

另外，中国出口东盟的关税较高，东盟设置的高关税壁垒使得想要出口东盟市场的产品面临巨大的障碍，而且随着家电行业竞争的逐渐激烈，家电产品的利润率不断下降，家电出口为企业带来的利润日渐微薄。在东盟直接投资建厂，雇用当地工人，实现当地生产、销售，成为美的突破关税贸易壁垒、彻底打开东盟市场的最优选择。

当时东盟成员国越南正推行积极的革新开放政策，对外国企业在当地投资给予了较为优惠的税收政策，包括较低的 10% 的增值税率和 15% 的所得税率，3 年免费、7 年减半的所得税优惠，设备与原材料进口税的免除等。越南通过较为开放、友好的政策环境与经济优惠，来吸引外国公司在当地建立工厂。这样做的一个原因是越南缺乏具有较强竞争力的家电生产商，其家电产品多为进口，引进外资企业有助于其学习先进的生产技术与良好的管理经验。因此，越南的家电市场有较好的发展前景，在越南建厂，生产电饭煲、电磁炉等家电产品，是美的的国际化发展的需要，也是美的踏出国际化的第一步。

美的选择在越南建立海外生产基地的原因分析如下。一方面，考虑外部网络方面的原因。首先，稳定且良好的环境。中越两国政府之间拥有较为良好的关系，中国企业也与越南政府和企业有着长期的贸易往来，彼此信任、互惠的默契有利于在当地投资建厂。其次，有利于提高美的的产品在东南亚的市场竞争力和扩大市场销售。美的在东南亚地区原本就有一定的品牌形象基础，在越南投资建厂有利于突破东盟的关税壁垒，便于美的的产品在越南生产后，实现在越南的销售以及对东盟各国的出口。最后，这是美的国际化的有益尝试。当时美的的海外销售模式是利润率和附加价值非常低的 OEM 模式，但随着美的国际化经营进程的稳步推进，其现阶段拥有较为成熟的生产制造技艺和良好的企业管理经验，所以美的的经营模式也会适时进行转变。在海外进行直接的生产基地的建设和管理制度的输出，是美的在国际化后期的有益尝试和准备。

另一方面，考虑内部资源方面的原因。首先，可以降低家电产品的生产成本。越南相比国内而言，劳动力资源丰富且更为低廉，管理人员由本部派驻，技术员和工人都在当地招聘、培训后上岗，劳动力供应条件较好，有利于提升产品利润率。其次，分担了美的的生产压力。越南原材料资源丰富，当地生产可以在降低运输成本的同时，减轻美的海外订单的供给压力，充分利用当地资源，提高国际化经营效率。最后，实现美的在东南亚的持续盈利。在越南建立海外生产基地不仅可以享受所在地的优惠税收政策、突破关税壁垒，而且可以享受东盟各国之间极低的税率，增加美的家电产品在东南亚地区的销售量，增强对东南亚市场的掌控力，保障美的家电产品的地位，实现长期的收益。

3. 现阶段：国际化后期深度"走出去"

现阶段，在集团具有较为可观的规模之后，美的已经进入国际化后期，开始运营自身的国际品牌，逐步实现真正意义上的跨国经营——海外直接投资。2016年，美的收购日本东芝家电公司，获得了其5000多项专利技术，提升了自身核心技术的生产能力，同时取得了东芝家电40年的全球品牌授权，借其品牌形象进入了日本市场。同年，收购意大利中央空调公司Clivet 80%的股份，学习了欧洲先进的生产线技术、良好的企业管理理念。2018年，收购德国库卡机器人公司94.55%的股份、以色列高创公司79.37%的股份，进入机器人与自动化领域。同年，美的完成了对以色列Servotronix公司的收购，获得了运动控制系统解决方案领域的先进技术与优势，在实现其多元化转型、覆盖更多领域的战略的同时，实现了美的在中东地区的辐射布局。

这一阶段属于美的国际化中期，美的开始直接利用国际资源来布局和完善国际化经营。注重技术引进，并持续地推进与全球家电领先企业的合资合作与并购项目，以收购方式进入全球市场，为美的的发展壮大注入了新的活力，也为其国际化进程不断地添砖加瓦。通过利用全球领先家电企业先进的技术、本土化的优势，海外布点的原因主要有市场网络和资源结合两个方面。以2016年美的收购东芝家电业务子公司为例进行介绍。

东芝家电属于东芝株式会社旗下，有百年经营历史，拥有良好的品牌形象和市场份额。截至收购发生的2015年，东芝家电的影响力主要集中在日本、东南亚、中东，其在日本拥有34个销售基地和95个服务基地，在日本、中国、泰国拥有9个生产基地，在中东、埃及等地拥有销售网点。在日本家电市场，东芝家电拥有非常高的占有率，东芝洗衣机和冰箱的占有率分别为20%和

15.3%，均位居第三；微波炉、吸尘器、电饭煲的占有率分别为22%、13.7%、11.5%，均位居第四。东芝家电拥有超过5000名员工，2015年上半年的营业收入约10亿美元。

2015年4月，东芝株式会社被曝出会计造假丑闻，更正后的利益减计、客户对公司的合作信任消失、员工对公司前景的信心下降，这些问题导致销售额急剧下降，公司亏损巨大。东芝株式会社的股东权益比率从2015年3月底的17.1%，快速跌至2015年12月底的5%。这时，东芝株式会社面临着破产风险，只能以出售盈利资产的方式来增加自有资本。同时期，美的在进一步推动其国际化运营的基础上，正在全力提升全球竞争实力，于是，收购东芝家电成了美的的落实国际化战略的关键一步。2016年3月，美的和东芝株式会社签署确定性协议，美的以33.2亿元人民币的交易价格收购东芝生活电器株式会社80.1%的股权，东芝保留19.9%的股权。

东芝集团出售家电业务给美的，既是财务重组的需要，更是业务重组的需求。尽管东芝集团在家电领域仍有一定的品牌和技术优势，但一方面，其在全球市场中增长率只有5%且成本较高，后续增长乏力，国际化竞争力已不及亚洲竞争对手；另一方面，日本国内人口减少，预期增量市场随之减少，还面临着大量同行业企业的竞争。因此，东芝集团也想借助美的的价格竞争力，盘活存量资产、增加元器件供应等。

美的收购东芝家电的原因如下。一方面，从外部网络考虑。首先，借用东芝家电的品牌形象。日本家电产品曾长期位居全球第一，这直接培育了日本国民对本国产品和技术的自信，使得日本成为全球门槛最高的市场，外国家电产品很难进入，三星家电也不例外。美的通过收购东芝家电，间接获得了市场认可，实现了对日本市场的曲线进入，对于美的的国际化布局具有重大意义。其次，获得东芝家电的渠道系统。日本市场主要以家电连锁为销售渠道，东芝家电拥有与六大家电连锁品牌的良好且密切的战略合作关系，美的可以利用遍布日本全国的3600多个东芝专卖店进行产品销售。通过收购，美的可以直接获得快速分销的渠道，在日本市场站稳脚跟，降低运营风险。最后，扩大美的的市场覆盖面。东芝家电是全球最大的家用电器制造商之一，主要攻坚高端市场，提供高附加值服务；而美的则主要覆盖中低端市场，正需要一个高端品牌作为切入点，以更加全面地覆盖家电市场。美的收购东芝家电，可以通过其良好的口碑帮助美的的定位高端品牌。

另一方面，从内部资源考虑。首先，增加了美的的技术资源。日本是变频控制技术、OLED（organic light emitting diode，有机发光二极管）显示技术、冰箱隔热板技术的主要专利拥有国，东芝家电具有业内领先的实验技术能力，并累积了众多知识产权和研发平台。通过这次收购，美的获得了东芝家电5000多项白色家电相关专利，对美的的生产技术和产品质量有很大的提升作用，也促进了美的创新研发水平的提高。其次，提升了美的的制造能力。东芝家电产品线丰富，覆盖了家用空调、冰箱、洗碗机、洗衣机等主流家电产品，且其在日本、中国和泰国的工厂自动化程度高。这种全面且强大的生产制造能力，是美的所缺乏的，但美的具有完备的供应链体系、规模化生产经验，两相契合可以形成巨大的互补性，从而进一步提升工厂的产能利用率。

3.1.5　案例小结

美的国际化的发展过程属于稳中求进、先易后难。在市场区位选择上，美的在自身发展具有一定规模后，首先攻略的是发展中国家等新兴市场，其次再以点带面地寻求日本、欧美等发达国家和地区成熟市场的进入契机，逐步深入以不断推进国际化。在市场进入模式上，美的先是选择门槛最低的 OEM 模式，通过薄利多销积累原始资本，然后进行合资合作、海外并购、绿地投资，逐步带动自身品牌"走出去"，形成国际化经营。通过各阶段的不懈努力和及时抓住时机，外部网络注重品牌形象建立和营销市场管理、内部资源注重技术人才引进与廉价资源利用，美的在全球供应链中的地位不断提升，成为真正意义上的现代化国际企业。

3.2　小米：手机行业国际产能合作商业模式选择

3.2.1　手机行业国际化简介

国内智能手机市场几近饱和，而位于东南亚、南亚、非洲的共建"一带一路"国家正处于由功能机向智能机转换阶段，因此其成为中国手机制造商的新热土。小米、华为、OPPO 和 vivo 等手机企业在国内积累了研发、生产、管理和营销等经验，相较于共建"一带一路"国家的企业处于更为领先的产品生命周期，它们在共建"一带一路"倡议下踊跃"出海"布局，先后在共建"一带一路"国家开展国际产能合作，获取市场红利。

海关总署统计数据显示，2015 年中国手机出口量达到 13.4 亿部的顶峰。2015年后，随着全球智能手机的普及和产业结构升级，中国手机出口量受到波及。此外，用户需求高端化，手机生产成本上升抬高了出口市场价格，中国手机出口开始呈现量减价增的特点。2018 年，我国手机出口量为 11.17 亿部，同比下降 8.16%，但仍旧稳坐单品出口量的冠军宝座。手机出口额达到历史最高点 1408.5

亿美元，同比增长 10.67%，占货物出口总额的 5.66%。2019 年 5G 商用后，手机技术创新延缓，已普及智能手机的消费者换机周期延长，全球手机市场需求不振。但 5G 手机渗透率提升使各厂商将销售重心转向中高端，平均单价拉动是中国手机出口额持续增长的最重要支撑因素。数据显示，2021 年，中国手机出口额为 1463.2 亿美元，同比增长 16.6%，出口单价同比增长 18.1%，至 153.3 美元。2022 年全年中国手机出口量同比下滑 5%，出口单价同比增长 7%，出口额同比增长约 2%。

　　虽然 2015 年以后中国手机出口量持续下滑，但其海外产能占比仍稳中有增。新冠疫情暴发以来，中国手机产能在全球继续维持约七成比重，并且短期内无明显外迁迹象。中国手机企业在海外产能占比持续居高的原因主要有两个：一是东道国政策利好，特别是共建"一带一路"倡议鼓励小米、华为、OPPO、vivo、一加等手机品牌与印度、越南、印度尼西亚等共建"一带一路"国家在研发、制造、供应链服务等方面开展国际产能合作。以印度为代表的共建"一带一路"国家给予通信行业众多税收和土地优惠政策，放宽外商投资进入领域和投资比例限制，提高审批效率，由此吸引部分手机基础制造业迁移，引导手机产能本地化。印度政府曾启动"印度制造"和"数字印度"政策，以及促进电子元件和半导体制造与大型制造生产激励等相关计划，推动印度高科技行业生产制造本土化。二是随着中国手机行业贸易规模扩大，运输成本、关税等费用过高，并且仅靠出口难以满足东道国消费者需求，非贸易的国际产能合作模式成为进入海外市场的更好选择。

　　小米、华为、OPPO 和 vivo 等中国手机企业在"走出去"过程中充分考虑自身经营状况、资源基础和东道国宏观环境，灵活选择海外进入模式，以便在东道国"站得住""站得稳"。小型企业或者是资金相对薄弱的企业可以选择依靠东道国工厂代工生产；大型企业可选择在东道国投资建厂；技术密集型企业可以利用当地技术优势建立研发机构。此外，如果企业国际化经营经验丰富、企业规模较大、经营状况良好而且创新能力强，更倾向于采取独资模式进入市场。反之，企业则采用合资模式进入市场。中国手机企业纷纷在印度投资，投资力度最大的要属小米和 OPPO，它们都在印度有自己的工厂或者合作建厂，并基本上实现了本地化生产。小米国际化初期主要选择出口模式和注重轻资产的契约模式，契约模式主要为自己提供产品设计方案，委托代工厂进行生产。OPPO 除了出口模式外还沿用其在国内的重资产路线，以直接投资模式即对外全资建厂进入海外市场。华为主要通过绿地投资、跨国战略合作和跨国并购三种主要进入模式开展研发国际化。华为第一个海外研发中心设立在莫斯科，随后在海外各地设立研发机构，形成了一个全球研发产业链；华为主要与东道国大型运营商、政府机构及各大高校开展战略合作，涉及领域几乎涵盖了电信市场的基础业务、终端服务，以及人工智能、5G、云计算等；华为在通信、网络、集成光子、硅光技术、软件开发与设计、芯片技术和数据库等领域展开跨国并购，为企业扩大海外市场奠定基础。由此可见，中国手机企业走向国际化的初期，并没有采用单一的国际产能合作模式，他们在保持一定手机出口量的同时，结合多种商业模式进军海外市场，开展国际产能合作。

目前，中国手机行业的国际化还处于海外开拓的发展期，部分企业已经在印度、印度尼西亚等国家投资建厂，实现生产国际化，但是在大多数国家还是以电子产品的出口和投资为主。手机行业在"一带一路"国际产能合作过程中，需要不断根据自身和东道国资源基础，以及市场环境变化调整海外进入模式，才能吸收优质海外资源，实现互联互通。

3.2.2　小米简介——"智能手机×AIoT"双引擎打造民营企业生态全球化

小米成立于 2010 年，是一家以智能手机、智能硬件和物联网（internet of things，IoT）平台为核心的消费电子及智能制造公司。小米从智能手机出发，首创借助互联网开发手机操作系统和营销的模式，将小米手机打造成全球首个互联网手机品牌。小米作为一家拥有"粉丝文化"的公司，依托 MIUI 平台积累了庞大用户流量，MIUI 全球月活跃用户数于 2023 年 6 月突破 6.06 亿，小米将"领先用户"视为创新资源和手机共创者。2023 年底，小米开始从核心智能手机出发打造智能硬件生态链，从手机周边产品开始辐射到各类智能硬件及生活耗材等，打造了全球最大的人工智能物联网（AI + IoT，AIoT）生态。小米手机从 2011 年最初 27 万台的出货量，到 2013 年首次实现千万级出货量，再到 2018 年供应链逐渐完善，各类机型销售首次累计超过 1 亿台。随后小米又发布了众多新款机型，如小米 11 Pro/Ultra、小米 Civi、小米 MIX Fold 等，2023 年 12 月，小米手机实现了 348.09 万台的激活量，并以 16.5%的销量市占率超越苹果，位列中国智能手机市场第一。截至 2023 年，小米 IoT 设备连接数已达 6.55 亿台，且仍保持高速增长。

小米秉承做"感动人心、价格厚道"的好产品的使命，致力于让全球每个人都能享受科技带来的美好生活。小米从创立之初就专注于研发和生产远超用户预期的极致产品，旨在推动一场深刻的商业效率革命。目前，小米在手机、家电、智能穿戴设备等众多领域都以一流的品质、紧贴成本的定价彻底改变了行业面貌。2022 年，小米入选福布斯中国"2022 中国年度最佳雇主""2022 中国年度最具可持续发展力雇主""2022 中国年度最具数字责任雇主"三大榜单，成为入选榜单最多的企业之一。

从 2010 年至今，小米从智能手机到物联网，从创业公司发展到科技独角兽，打造了全球最大的 AIoT 物联网生态。在此过程中，小米主要在四个方面持续发力：一是顺应时代风口，依靠"铁人三项"模式助推良性成长；二是持续加码研发投入，开发知识产权并建立国际战略联盟；三是利用自身资源禀赋，由"手机+AIoT"到"手机×AIoT"双引擎核心战略，打造生态护城河；四是坚持国内外市场并驾齐驱，抢占海外市场先机，不断扩张海外市场。

1. 顺应时代风口，"铁人三项"模式助推成长

2009 年初，期待已久的 3G 牌照正式发放到三家运营商手中。这一年，全球范围内智能手机同比增长了 3300 万部，即将迎来智能手机热潮。2010 年，雷军抓住中国智能手机市场大趋势，决定创立一家生产超高性价比、顶级配置、绝佳系统和应用软件体验的手机公司。小米通过高效的电商渠道取代所有中介环节将手机直接送达消费者手中，最后持续提供互联网服务，即由硬件延展向软件、服务的方式实现商业变现。这种模式归类为三大要素，一是智能手机作为核心硬件，二是 MIUI 提供互联网服务，三是小米商城进行线上零售，即"软件+硬件+互联网服务"为一体的"铁人三项"模式。2010 年，MIUI 首个内测版推出，用户在此平台下载资源并且可以参与产品创新。2011 年，小米手机通过小米网正式发售。2013 年，小米占据中国智能手机市场份额的前三名。

2. 开发知识产权，建立国际战略联盟

小米坚持开发知识产权和建立国际战略联盟协同并驱，以快速占领全球市场份额。2022 年小米研发支出为 160 亿元，雷军表示，未来五年将加码千亿研发投入。小米设立百万美金年度技术大奖、成立机器人实验室等都体现了小米对科技创新的支持。小米通过国际战略联盟将非核心业务委托给全球具有比较优势的企业，而自身则专注于擅长的核心业务，如 MIUI 系统、手机应用软件的开发以及布局小米产品的生态链等。小米自成立之初就与高通建立合作联盟，小米搭载由高通提供的芯片，并将其硬件产品的研发和制造外包给英华达公司。此后小米与高通持续合作生产聚合各自技术优势的产品，如小米 10 正是双方工程师在小米–高通 5G 联合实验室并肩奋斗的成果。小米也深度参与高通的 5G 通信测试等环节，并在 Wi-Fi 路由、屏下指纹技术以及 AIoT 设备等方面开展合作。2016 年，小米与微软进一步扩展全球合作伙伴关系，未来合作重点是云服务支持、个人电脑类设备等方面，并进一步将云计算、人工智能与小米移动智能设备深度结合。2018 年，小米宣布与谷歌达成合作，在手机上实现增强现实体验功能。在面对复杂多变的全球市场时，小米还通过与运营商、渠道商合作快速进入多地市场，以生态韧性攻克复杂难关。

3. "手机+AIoT" 到 "手机×AIoT" 双引擎战略

2013 年末小米生态链起航，小米秉持 "一花独放不是春，百花齐放春满园" 的理念，开始通过投资的方式孵化生产智能硬件的公司，与这些企业共享合法性资源，推动整个生态链的发展。北京智米电子科技有限公司、江苏紫米电子技术有限公司等就是小米 "从零孵化" 范式的典型代表。从小米的硬件生态战略演变，可以窥见公司的未来硬件生态愿景。从 2018 年小米 "All in IoT" 到 2019 年正式启动 "手机+AIoT" 双引擎战略，再到 2020 年 "手机×AIoT" 战略，小米发展成为全球最大的消费级 IoT 生态平台。小米已战略入股 TCL，这将持续为小米在大家电领域的供应链、代工产能等方面加足马力，实现双方产业链的协同势能。2021 年雷军宣布成立一家负责智能电动汽车业务的全资子公司，表明小米正式进军电动汽车行业，持续进行全物联网生态布局。

4. 国内外市场并驾齐驱，构筑全球生态链

自 2014 年小米开始进军国际市场，一路高歌猛进。目前，小米的海外收入几乎占据总收入的 "半壁江山"，全球化发展的步伐日趋稳健。截至 2021 年第三季度，小米在全球 11 个国家和地区市场占有率排名第一，在全球 59 个国家和地区市场占有率排名前五。作为小米 2014 年出海的第一站，印度市场的成功是小米在海外市场成功的缩影。2017 年，国际数据公司调查数据显示，小米在印度的市场占有率排名第一，并且在其他东南亚国家也突飞猛进。2018 年小米重点开拓东欧、西欧、独联体和拉美市场，持续拓展全球市场。2021 年，小米全球手机销量超越苹果，首次晋升全球第二，全球市场占有率高达 17%。同时，小米 IoT 业务在海外也强势增长，2021 年第二季度公司境外 IoT 及生活消费产品收入增长速度显著高于国内市场。2022 年，随着小米在海外市场的不断扩张，公司期望在未来 5 年冲击全球市场占有率第一的宝座。

3.2.3　小米国际化简介

小米产能全球化与市场全球化同步开启。2014 年，小米开始进军以印度为代表的基础设施完善且人口众多的新兴发展中国家，紧接着发展到东南亚、俄罗斯，最后逐渐拓展到欧美等发达市场。小米从 0 到 1 不断与东道国开展国际产能合作，坚持本土化生产策略与品牌价值协同共进。此外，小米还在海外投资相关生态链制造企业和新兴移动互联网企业，由 1 到 N 构建多维产品矩阵，并逐渐建立全球生态系统。小米财报显示，2021 年小米在全球 59 个国家和地区的市场占有率排名前五，境外市场收入占总收入的 49.8%，国际化营收已与国内营收并驾齐驱。

小米智能手机出货量地区占比如图 3.2 所示。

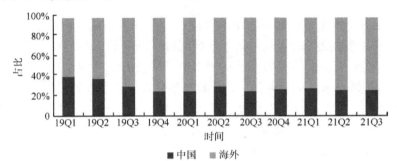

图 3.2　小米智能手机出货量地区占比
资料来源：公司财报、浙商国际
Q 为 quarter 的缩写，季度，如 Q1 为第一季度

1. 2014～2016 年，从 0 到 1 试水国际市场

2014 年，小米从 0 开始试水国际市场。小米首先以印度、印度尼西亚、缅甸、越南等共建"一带一路"国家为主，这些国家人口众多且即将成为全球消费引擎的新兴消费市场。2014 年 7 月，小米与印度最大的电子商务网站 Flipkart 合作独家销售 Mi3，通过在线抢购模式打开首站印度市场，并很快辐射到东南亚和其他新兴市场。2014 年后，小米陆续进军马来西亚、菲律宾、印度尼西亚等共建"一带一路"国家。为避免水土不服，小米在东道国全面实施本地化策略，不仅选择当地合作渠道、供应链生态、管理团队等，而且硬件产品和 MIUI 操作系统也进行本地定制化。2015 年，小米联合富士康，在印度南部安得拉邦投资 35 亿美元设立生产线，这标志着小米正式启动印度本土化。截至 2016 年，小米尚处于国际化开拓期，仅在印度等地直接投资建厂，而在大多数国家仍以出口和投资模式为主，比如直到 2017 年小米才在印度尼西亚实现本地化生产。

2. 2017～2019 年，从 1 到 N 构建多维矩阵

从 0 到 1 试水国际市场之后，小米本土化硬件制造从核心智能手机出发，辐射到 N 个手机周边产品（包括耳机、移动电源、路由器等），其国际化一路突飞猛进。小米正式进入印度市场仅三年多时间，以 26.8% 的市场份额占据印度手机市场出货量首位。2017 年，小米和印度 Hipad Technology 公司合作建立移动电源工厂，还成立由印度设计者组成的独立设计团队，专门为小米手机和其他生态链产品优化本土设计。2018 年，小米与富士康合作，在印度开设首个 PCB（printed-circuit board，印制电路板）组装的表面贴装工厂，实现电路板组件百分之百本土化生产，标志着小米成为在印度开启本土组件流水线的先驱企业之一。小米还联合北京顺为资本投资咨询有限公司投资众多印度公司，如在线小额贷平台

KrazyBee、在线音乐和视频供应商 Hungama Digital Media Entertainment、二手手机公司 Cashify 等，构建极具功能性和连接性的多维 AIoT 产品矩阵。截至 2019 年，小米在印度实现 95%以上本土生产，初步建立起印度本地化生态。

小米大致沿用印度市场的路线开拓东南亚市场，即借助电商平台渠道将高性价比产品迅速打入当地市场，铺设线下渠道，开展本土化生产。2018 年，小米与东南亚领先电子商务平台 Shopee 合作以直营店形式拓宽东南亚市场渠道，分别于新加坡、马来西亚、菲律宾、泰国四个市场成功开设小米 Shopee 官方跨境直营店，并构建与国内相似的粉丝社区，实现品牌价值与本土化战略协同发展。截至 2019 年，小米的业务已经覆盖东盟 10 国，在印度尼西亚、越南和新加坡智能手机市场份额位居前三，在马来西亚、老挝和柬埔寨排名前五，在缅甸排名第一，完成了在东南亚的初步布局。

3. 2020 年至今，构建全球生态链，站稳海外市场

小米官方将小米的生态链模式称为"竹林效应"。在国内市场验证成功后，小米沿用"竹林"模式站稳海外市场。2020 年，受新冠疫情等因素影响，全球宏观经济环境愈发复杂，身处红海市场的小米未来国际化进程将面临诸多挑战。高压之下，小米率先将原有"手机+AIoT"战略升级为"手机×AIoT"，通过布局全球 IoT 生态，扩大海外市场份额优势。根据公司估算，2022 年公司 AIoT 业务的营收占比为 25%～30%，小米海外 IoT 市场体量在未来有望提升到中国市场的 3 倍至 4 倍。

小米构建全球生态链仍然是以智能手机为中心领域向外围拓展，以国内市场为基础布局国际物联网业务。小米持续加码研发投入，增强海外知识产权开发力度，并在海外投资生态链相关智能制造企业，形成 AIoT 硬件生态。小米陆续推出小米盒子、耳机、小米电视、路由器、移动电源、智能手环、空气净化器、台灯等智能设备，互联网空调、洗衣机等家电产品随后诞生，共计超过 600 个智能硬件及生活消费领域 SKU（stock keeping unit，存货单位）协同发力。2020 年，全球疫情导致供应链中断，小米与比亚迪、惠州光弘科技股份有限公司（简称光弘科技）和瑞淀光学系统（上海）有限公司（简称 Radiant）共同在印度建厂生产小米相关设备。2021 年，小米与电子代工厂光弘科技合作在孟加拉国投资 1000 万美元兴建首座 Gazipur 工厂。截至 2023 年，小米在印度已经拥有 7 家制造工厂，实现 99%印度本地化生产。小米凭借多样化硬件设备制造和全球海量用户基础，进一步沉淀数据和发展生态链，构建起海外平台生态系统，站稳海外市场。

3.2.4 小米"一带一路"国际产能合作商业模式选择——基于资源基础观视角

资源基础观指出，企业成长所需的持续竞争优势来源于其所拥有的 VRIN 资源禀赋（Wernerfelt，1984；Barney，1991）。VRIN 资源主要以有形资源和无形资源两种形式存在于企业中，其中有形资源主要指财务资源、人力资源、机器设备等实物资源；无形资源主要指时空资源、信息资源、技术资源、品牌资源、文化资源和管理资源等无物质载体的资源。企业的有形和无形资源禀赋共同支撑企业建立"资源定位壁垒"，推动企业成长以及开展国际产能合作。小米能够进军海外市场，选择正确的商业模式成功开展"一带一路"国际产能合作，离不开自身的资源禀赋。2014 年，小米将印度作为全球化的第一战场，第二年便开启在印度的国际产能合作。截至 2023 年底，小米已在新加坡、马来西亚、菲律宾、印度尼西亚、波兰、乌克兰、俄罗斯、越南、泰国等共建"一带一路"国家开展国际产能合作，并取得显著成果。这主要得益于小米凭借自身资源禀赋和资源整合利用能力进行科学决策，选择正确的产能合作模式。通过梳理小米从 0 到 1 试水国际市场、从 1 到 N 构建多维产品矩阵，直到构建起全球生态链，站稳海外市场的国际化历程，我们发现小米主要采取绿地投资、传统平台型企业"以大带小"、"互联网+"和第三方国际产能合作模式进军海外市场。本节将分析小米如何结合自身资源优势和东道国资源基础选择不同商业模式，成功开展国际产能合作。

1. 小米自身人力和财务资源优势与绿地投资模式

根据全球绿地投资数据库提供的数据来看，中国针对共建"一带一路"国家的绿地投资比非共建"一带一路"国家的绿地投资项目数高近一倍。因此，绿地投资是中国企业进入共建"一带一路"国家的主要投资方式（吕越等，2019）。已有研究指出企业进行绿地投资的决定因素主要包括：东道国的制度和环境；企业自身的竞争优势；东道国和母国的制度或地理距离等（吕越等，2019）。小米在国内快速发展使其积累了一定的财务和人力资源，资源配置和利用能力同步提升，从而建立起了自身在东道国绿地投资的资源基础优势。小米通过在共建"一带一路"国家建厂或成立子公司、中外合资企业等，最大限度地发掘本地客户需求，合理配置设计、研发、生产和销售活动，以实现手机和其他智能制造本土化。

小米自成立以来在中国手机市场持续高速成长，成立第三年已进入国内智能手机市场份额前三。2014 年"双 11"，小米手机获天猫、京东、苏宁三大平台销量冠军。因此，小米成立四年多已在母国积累了一定的人力、财务和技术资源，这为小米在印度等国家绿地投资积蓄了海归高管人才和充足的资金，以及进一步的用户数据沉淀。2014 年小米以直接和间接出口方式打入印度市场，仅一年后便凭借自身在母国的资源基础禀赋开始在印度进行绿地投资。首先，根据资源基础观和小米在印度市场所获成就可以看出，海归高管即在回国之前在国外积累了工作或教育经验的人，是小米全球扩张的关键战略性人力资源（Barney，1991；Cui et al.，2015）。小米凭借具备外国知识、人脉和工作经验的海归高管开展绿地投资，帮助企业更好地感知海外机会、应对海外市场不确定性、管理海外直接投资、与东道国伙伴建立业务网络，并通过对海外市场和关系的深入了解减少产能合作过程中潜在的不确定性和风险。小米选择重用印度高管马努·贾恩开拓印度市场，马努·贾恩曾担任谷歌安卓产品管理副总裁，是团队中最具代表性的核心人物之一。马努·贾恩在小米实现印度本地化研发、生产和销售过程中起到了关键作用。小米手机配备双 SIM 卡、支持 WhatsApp "应用双开"、针对印度语言提供可视化拨打功能等都离不开马努·贾恩的推动。其次，绿地投资是一种以特定形式渗入东道国市场的方式，企业通过绿地投资方式进行海外投资时，由于要适应当地环境，往往要支付额外的交易费用（Dunning，2000）。小米通过在中国的手机销售业务以及投资机构的投资积累了雄厚的资金，因此，小米凭借财务资源优势，联合富士康、伟创力等企业在印度、孟加拉国等经济欠发达、工业化程度低的国家投资建厂。2015 年，小米联合富士康在印度南部安得拉邦投资创建第一家工厂，启动 "按需定制" 的印度本土化生产，后来两家企业又在印度合作投建首家用于 PCB 组装的工厂，成为在印度本土开启组件流水线的先驱企业之一。2019 年，伟创力协助小米建成其在印度的第七家工厂。此外，小米还在孟加拉国 Gazipur 建立工厂。这种绿地投资的方式直接促进了东道国生产能力、产出、就业的增长，为其带去先进的技术和管理经验，充分占领了东道国手机市场。

2. 小米全产业链和品牌资源与传统平台型企业 "以大带小" 模式

传统平台型企业 "以大带小" 的模式实质是一种非股权式战略联盟，小米作为 AIoT 平台的龙头企业与平台上的产业链上下游及其他中小企业形成战略协作伙伴关系。中小企业成为小米某专项活动合作伙伴，它们把本企业的经营与发展嫁接到小米 AIoT 平台，同时保有相对独立的地位和灵活战略。小米以高品质产品为核心，通过 MIUI 平台等社会化媒体推动，快速形成强大的口碑效应。随着小米品牌影响力的建立，各细分行业龙头企业愿意与小米建立长期供应链战略合作关系。小米较为完善和领先的供应链体系以及品牌影响力，为 AIoT 平台的中小企业提供品牌红利、用户红利、渠道红利和海外红利，带动中小企业进行海外扩张。

小米已经与多家细分市场的龙头企业建立战略合作关系，这些企业持续为小米提供零部件和技术资源。因此，小米已积累高品质的上下游供应链资源，使其通过 IoT 开发者平台面向智能家居、智能家电、健康可穿戴、车载出行等领域企业,开放智能硬件接入、智能硬件控制、自动化场景、AI 技术、新零售渠道等小米特色优质资源,与合作伙伴一起进行海外扩张。例如,高通长期向小米提供处理器和芯片;三星半导体是小米内存芯片的主力供应商;欧菲光集团股份有限公司作为国内摄像头模组龙头企业,是小米摄像头模组主力供应商;天马微电子股份有限公司(简称天马)拥有中小尺寸显示领域 LTPS/In-Cell 领先技术,小米超过 40%的手机面板由天马提供,剩余部分由作为中国液晶显示产业的先行者和领导者的京东提供;作为陶瓷领域的领军企业潮州三环集团是小米陶瓷后盖的最大供应商;小米玻璃盖板多数由盖板行业领军企业蓝思科技提供;欣旺达电子股份有限公司定位为世界领先的绿色能源企业,是小米电池的主力供应商;汇顶科技作为国内指纹芯片龙头,指纹芯片产品已经进入小米供应链体系。在上述供应链企业资源支持下,随着物联网、AI、Fintech 等技术的发展,小米通过"参股不控股"的投资准则入股生态链企业,囊括大量智能硬件公司进入"小米生态链"。例如,江苏紫米电子技术有限公司、华米科技、北京智米电子科技有限公司、纳恩博(北京)科技有限公司、小蚁科技等中小企业因此成为小米某细分产品市场的合作伙伴,它们在保有相对独立地位和灵活性的同时把本企业的经营与发展嫁接到小米,小米通过 AIoT 平台向中小企业开放智能硬件接入、智能硬件控制、自动化场景、AI 技术、新零售渠道等资源,"以大带小"通过全产业链"走出去"的方式推进国际产能合作。小米通过自身在供应链、品牌渠道等方面的资源优势助力生态链企业打造爆品快速进军海外市场,同时,小米也将获益于生态链公司增长带来的投资收益和技术资源。

3. 小米 MIUI 平台用户和流量资源与"互联网+"模式

小米"铁人三项"模式中的两大支撑分别是以 MIUI 为核心的互联网服务和以小米商城为代表的线上新零售模式。"互联网+"模式得以实施,主要是基于平台用户和流量资源基础。小米 MIUI 平台囊括全球海量用户资源,通过 MIUI 平台的用户数据沉淀协助中国出海企业解决获客、变现、基础设施建设问题。同时,小米在共建"一带一路"国家开展国际产能合作过程中也受益于"互联网+"模式,借助海外互联网平台深度融合小米制造端,兼具拓宽手机等智能产品流通领域和降低供需双方沟通成本的双重优势,使小米产业组织模式实现"按需定制"本土化发展。

小米主要通过两种类型的"互联网+"模式在共建"一带一路"国家开展国际产能合作。第一种类型是跨境电子商务,即小米利用海外互联网平台提供的信息和交易服务,连接当地需求方,以此将销售范围扩展到东南亚等国家。小米主要通过与电子零售商平台 Flipkart 建立独家合作伙伴关系,打入印度市场。2018 年,小米又与东南亚领先电子商务平台 Shopee 合作,分别于新加坡、马来西亚、菲律宾、泰国四个市场成功开设小米 Shopee 官方跨境直营店,实现品牌价值与本土化战略协同发展。小米进军巴基斯坦市场时,分别与 Daraz.pk 和 Smart Link Technologies 进行合作,Zong 作为小米的 4G 网络伙伴,Smart Link Technologies 则为小米用户提供线下售后服务。小米在印度尼西亚上线跨境电商平台 ShareSave,并与在印度尼西亚、印度、俄罗斯等全球多个地区屡次占据当地最受欢迎应用榜榜首的短视频平台 Likee 达成合作。此外,众筹平台 Indiegogo 助力处于发展快车道的中国科技创新企业顺利出海,小米旗下小米有品与 Indiegogo 在海外渠道拓展、商品互通、流量扶持、市场共建等方面达成战略合作。第二种类型是基于小米 MIUI 系统和 IoT 平台与智能制造企业创新融合发展,小米释放离岸服务外包市场潜力,充分享受国际分工收益。小米在硬件先行、IoT 协同发展的基础上,构建了小米互联网出海的服务生态。截至 2023 年 5 月,MIUI 全球用户已经突破 6 亿,覆盖 80 种语言,支持 221 个国家与地区,沉淀了全球海量用户数据资源。企业出海不是简单的空间市场外延,小米基于全球海量用户数据资源,结合人口规模、经济政治格局、文化宗教、用户需求等因素具体分析,首先帮助中小企业准确定位海外市场。确定海外市场之后,小米再次通过 MIUI 系统工具、内容分发、生态伙伴合作等途径,帮助中国出海企业解决获客、变现、基础设施建设的痛点。例如,小米生态体系的内购系统、聚合平台、金山云等能够为企业出海提供订阅、广告、基础云等服务。

4. 小米技术专利资源与第三方国际产能合作模式

小米作为一家具有国际视野的手机等智能硬件产品生产商,积极致力于海外专利布局。小米在自主研发专利的同时,通过专利收购和专利交叉合作加强自身的专利,以配合、支持其海外业务的发展。小米基于标准专利资源储备、优质终端设备,与发达国家拥有先进技术和核心装备的企业达成专利交叉合作。小米通过专利收购和交叉合作削弱组织异质性资源的不匹配性,强化跨组织异质性技术资源的互补与融合,构建有利于开展国际产能合作的合作创新能力和协同变革能力,共同开发第三方海外市场。截至 2023 年 9 月,小米获得全球 3.2 万亿件专利授权。小米除了加大印度专利布局、收购的力度,重点在于首先获得美国专利,其次为欧洲专利,小米对巴西、俄罗斯、新加坡也保持了一定的专利布局。

第三方国际产能合作模式是结合小米自身的技术和终端设备资源,与发达国家企业达成专利授权和专利交叉战略合作。由发达国家企业,如诺基亚、西门子、微软、飞利浦等企业提供先进技术资源和核心装备,双方联手共同为共建"一带一路"国家提供高性价比的产品和服务。2017 年,小米在自身持有一定数量的必要标准专利的基础上,与诺基亚正式达成专利许可合作,含专利交叉许可合作,小米不仅收购了诺基亚多项专利,还与诺基亚共同合作开发用于数据中心间传输的光传输技术、IP（internet protocol，互联网协议）网络路由技术和数据中心网络解决方案。这对于小米巩固国内市场地位以及拓展海外市场，都将发挥积极的作用。小米继续秉持开放的理念实施 IoT 全球化战略，小米 IoT 与包括中国移动、微软、西门子、飞利浦等在内的 400 余家全球企业建立合作关系，共同开发"一带一路"市场。2014 年，小米初入新加坡市场，就与运营商新加坡电信、星空传媒和第一通（Mobile One）达成产品分销的相关协议，通过与当地经销商的合作削弱进入壁垒，为后续开展产能合作奠定基础。2016 年，小米与微软进一步扩展全球合作伙伴关系。2017 年，小米联手谷歌在印度新德里发布小米 A1 原生安卓系统手机，这是小米首款参与进化版 Android One 项目的智能手机，此款手机在包括印度、印度尼西亚、越南、俄罗斯、波兰和乌克兰在内的全球 40 多个市场销售，也标志着谷歌重启了在印度停摆的 Android One 计划。根据 2021 年全球专利数据库数据，小米主要在美国、欧洲、印度、日本、韩国、俄罗斯和巴西等国家和地区布局专利，在美国布局的专利超过 3000 件，欧洲专利局的专利申请超过了 2000 件。小米集团发布的首部知识产权白皮书显示，截至 2022 年，其在全球范围内拥有的专利超过 2.9 万项。面对出海过程中复杂的知识产权环境，这些专利对通过积极应诉、开放合作、多元共赢等方式拓展全球市场发挥了有力的支撑作用。

3.2.5　案例小结

企业在共建"一带一路"国家开展国际产能合作过程中，要准确衡量和判定自身资源基础，依据自身资源异质性选择不同东道国市场以及相匹配的国际产能合作模式。从小米的国际化历程以及小米自身资源基础与"一带一路"国际产能合作模式关系看，有以下几点经验。第一，对于在母国快速扩张并建立一定财务和人力资源优势的企业，可以通过在东道国建厂或成立子公司的绿地投资模式，最大限度地发掘东道国客户需求，合理配置设计、研发、生产和销售活动，早日实现智能制造本土化。第二，在发展过程中，当企业能够整合优质供应链资源并建立一定品牌影响力时，可以通过非股权式战略联盟的传统平台型企业"以大带小"模式实现与中小企业的资源嫁接，为它们提供品牌红利、用户红利、渠道红利和海外红利，协同中小企业进行海外扩张。第三，企业成功开展国际产能合作需要大规模用户和流量助推。一方面，企业可以通过自建平台囊括全球海量用户，通过用户数据这一战略性生产要素协助中小企业解决出海过程中的获客、变现、基础设施建设问题；另一方面，企业自身出海过程中也需要东道国领先"互联网+"平台进行赋能，快速拓宽产品流通领域并且降低消费者数据获取成本，深度融合制端以实现"按需定制"的本土化产业模式。第四，智能制造企业开展国际产能合作要始终重视海外技术优势的建立。企业通过自主研发储备标准专利资源，同时通过海外专利收购和专利交叉合作强化自身技术专利组合。企业基于专利合作强化跨组织异质性技术资源的互补与融合，构建合作创新与协同演化能力以联手布局第三方海外市场。

3.3　恒逸石化：石化行业国际产能合作实物期权实施

浙江恒逸集团有限公司（简称恒逸集团）是一家专业生产石化和化纤原料的大型现代化民营企业，也是国内首家掌握 200 万吨级精对苯二甲酸生产技术的企业，无论是在产能规模、装备技术，还是在产品差异化方面在同行业中都处于领先地位。恒逸石化股份有限公司（简称恒逸石化）在文莱的大摩拉岛（Pulau Muara Besar，PMB）项目是共建"一带一路"倡议在共建国家落地的重大项目之一，是我国民营企业在海外最大的投资项目之一，也是我国首个按照中国标准进行的海外炼化项目，涉及的企业投资问题也具有典型性。

3.3.1　石化行业国际化简介

石油化工业作为我国的支柱产业，在国民经济中有着不可动摇的地位，石化行业与其他行业相比生产线是比较长的，生产出的一系列产品涉及的范围很广。虽然经过这么多年的发展，我国石化行业发展速度迅猛，石化产业的经济总量排在世界的前列，但是我国石化行业在不断地发展过程中，出现了如国际环境动荡、国内产能过剩日益凸显、企业自身创新能力有待提升等诸多挑战，这就迫使我国石化企业不得不转变发展方式来提高企业竞争力以应对严峻的挑战。此外，尽管我国是一个资源丰富的国家，但有限的原油、天然气等能源和资源无法满足不断增长的需求。基于此，为了实现资源互补、市场共享以及石化企业的竞争力提升，我国石化企业积极开展国际合作是十分必要的。但是随着我国越来越多的石化企业将目光投向国际对外投资，除了带来机遇，也同样带来不少挑战，导致我国石化企业在对外投资的过程中遭受了巨大损失。基于此，探析和研究我国石化企业"走出去"现状、存在的问题以及如何有效应对的策略是非常有必要的。

1. 石化行业海外投资现状

近几年来，我国石化企业积极开展并购、对外投资、销售成品等活动，取得了良好的效果。但是由于石化行业的特殊因素，再加上发展起步比较晚、发展基础薄弱，我国石化企业与其他国家企业的产能合作还处于初级阶段。

表 3.1 是对 2009～2018 年我国石化企业海外投资失败的交易项目进行的统

计,其间我国共有 29 笔,总交易金额达 507.6 亿美元的海外投资项目以失败告终,其中石油涉及金额最高,影响比较大的有中国海洋石油集团有限公司(简称中海油)由于交易的某些先决条件没有满足预期被阿根廷石油公司 BEH 的合资公司 Bridas 终止了 71 亿美元收购 PAE 公司的 60%权益的交易、中国石油天然气集团有限公司(简称中石油)因项目拖延撤出了曾投资 47 亿美元的伊朗南帕斯气田、中石油因与加拿大 Encana 关于页岩气项目谈判破裂而使 53.9 亿美元收购 Encana 最终以失败告终。造成这些海外投资失败的原因并不是只有一个,实际上是多方面造成的,既有企业自身的问题,也有外部因素,这些数据说明近些年我国石化企业对外直接投资在获取利益的同时也同样面临着严峻的挑战。2009~2018 年我国石化企业海外投资失败项目和金额如表 3.1 所示。

表 3.1　2009~2018 年我国石化企业海外投资失败项目统计

年份	石油			天然气			其他石化相关		
	金额/亿美元	笔数/笔	区域	金额/亿美元	笔数/笔	区域	金额/亿美元	笔数/笔	区域
2009	17.6	2	安哥拉、利比亚	—	—	—	—	—	—
2010	5.5	1	加拿大						
2011	—	—	—	66.9	2	加拿大、伊拉克	71.0	1	阿根廷
2012	—	—	—	51.7	2	澳大利亚、伊朗	—	—	—
2013	28.7	3	哥斯达黎加、尼日尔、叙利亚	1.0	1	孟加拉国	17.7	1	叙利亚
2014	35.6	4	乍得、加蓬、伊朗、南苏丹	—	—	—	16.0	1	美国
2015	32.0	4	加拿大、印度尼西亚、俄罗斯						
2016	15.0	1	英国						
2017	—	—	—						
2018	95.3	2	罗马尼亚、俄罗斯	23.9	2	加拿大、马来西亚	29.7	2	马来西亚、俄罗斯
总计	229.7	17		143.5	7		134.4	5	

资料来源:根据美国传统基金会的"China Global Investment Tracker"数据库统计整理

2. 石化行业海外投资和经营问题

我国石化行业在海外投资中存在以下问题:①核心竞争力不强,与国际大型跨国石化企业相比存在差距;②国际产能合作存在盲目性,战略目标不清晰;③国际环境不确定因素影响。

我国石化行业在海外经营中存在以下问题:①科技创新能力有待提升;②缺乏有经验的经营性人才和管理人才;③被投资地区国家风险、劳工矛盾等问题。

目前，我国石化企业投资区域主要分布在非洲、亚洲等地区，投资手段主要为跨国并购，以期在短期内快速创造利益回报，以达到扩展海外市场的目的，为接下来"走出去"打下基础。我国主要的石化企业"走出去"的经营绩效并不十分理想，仍然有很大的发展空间。"走出去"既存在机遇，同样也存在挑战，总的来说企业在拓展国际市场中遇到的问题，与自身竞争力有关系，缺乏明确的投资规划和战略部署，面对不同国家的政治、文化、经济等缺乏灵活变通和经验，企业发展缺乏有效的风险评估机制，对人才的把控不成熟等，通过对本章有大致的了解和把握后可以针对性地采取应对措施。

3.3.2　恒逸集团介绍

1. 集团基本情况

2023 年《财富》世界 500 强榜单正式发布，恒逸集团首次荣耀上榜，以 2022 年度 573.32 亿美元的营业收入位列第 244 名。

恒逸集团是国内首家掌握 200 万吨级精对苯二甲酸生产技术的企业，无论是产能规模、装备技术，还是在产品差异化方面在同行业中都处于领先地位，具有典型性。

恒逸集团于 1974 年创立，现在已经发展成为一家专业生产石化和化纤原料的大型现代化民营企业，并形成、确立了石化产业、石化贸易、石化金融、石化物流的"石化+"战略理念，率先在全国同行中形成涤纶和锦纶产业链的双产业链驱动发展模式。

恒逸石化是恒逸集团的子公司。公司已将上游的炼油业和部分石化业布局在文莱经营，打通了全产业链，实现产业链一体化。恒逸石化连年位列中国企业 500 强、中国民营企业 500 强，甚至在 2023 年度中国石油和化工企业 500 强排行榜中综合类全国排第 9 位，在独立经营生产类全国排第 7 位，石化上市公司百强排第 8 位。

2. 恒逸（文莱）PMB 项目

文莱 PMB 项目是我国民营企业海外最大的投资项目，也是我国首批"一带一路"重点建设项目，还是我国首个按照中国标准进行的海外炼化项目，涉及的企业投资问题具有典型性。

该投资项目是公司与文莱政府合作的一个基于原油和凝析油的炼油和化工一体化项目，项目生产的主要产品是油品和公司所需的原材料。这是一项具有高度战略意义的"一带一路"建设重点工程，是迈向国际产能合作和产业链整合战略目标的关键一步。

文莱石化项目建于文莱的大摩拉岛，项目建设期为 3 年，总投资达 42.92 亿美元。2011 年 6 月，文莱政府批复了该炼化项目。2015 年，项目完成企业登记、可研编制，以及正式建设前期的环境、地质勘测、评价和规整土地等一系列基础设计工作。2017 年 3 月，项目正式开始工程建设。两年后完成公用工程和主装置全面中交，2019 年 7 月所有装置转入联动试车阶段。2019 年 9 月，常减压装置产出合格中间产品。2019 年 11 月正式投入商用并在第四季度贡献部分利润。整个项目的境外实施主体为恒逸实业（文莱）有限公司[简称恒逸（文莱）]，注册资本为 13 170.64 万美元，恒逸石化和文莱政府主权基金背景的达迈控股有限公司（简称达迈控股）分别持股 70% 和 30%，双方收益按持股比例分配，管理权归恒逸集团。

该项目不仅满足了恒逸石化原材料需求和产业链一体化的发展，同时也为文莱提供了技术、人力资源管理和 800 多个就业机会，也促进了中文两国友好关系进一步发展。

2021 年 12 月 6 日，中国施工企业管理协会发布《关于表彰 2020—2021 年度国家优质工程奖的决定》。恒逸（文莱）PMB 石油化工项目荣获 2020～2021 年度国家优质工程金奖，是本年度唯一获得金奖的化工工程，也是 8 个获得金奖的境外工程之一。

3.3.3 "走出去"阶段

恒逸（文莱）PMB 石油化工项目是一个以原油、凝析油为原料的炼化一体化项目，由恒逸石化与文莱主权投资基金合作建设，其中恒逸石化控股 70%。该项目是首个全面执行中国标准的大型海外石化项目，是迄今文莱最大的外国直接投资项目和中国民营企业在海外的最大投资项目，被列入首批"一带一路"重点建设项目。

除了设计、施工、物流基本依托中国外，恒逸（文莱）PMB 石油化工项目还带动了大量的中国设备和材料出口。在共建"一带一路"倡议的推动下，央企、国企、民企优势互补，抱团出海，助推中国优势、优质产能输出，也让"走出去"的步伐变得更坚定。

1. 投资内部动因分析

1）获取资源和成本优势

我国虽然是石油大国，但是石油进口依赖度很高，国内石油资源本来就非常有限，而国内又要与中石油、中国石化集团公司、中海油等国有企业和其他众多的民营、外商石化企业竞争。另外，国内精对苯二甲酸、聚酯及己内酰胺等中下游产品产能不断增长，而这些化工产品的原料对二甲苯、乙二醇等却供不应求，需要大量依存于进口才能弥补不断扩大的原料供应缺口，这将使我国石化企业在原料方面更容易受到价格波动的冲击，限制性非常大，进而阻碍了下游纺织化纤产业的发展。二甲苯作为化纤产业链上游的重要原料，其产能曾表现出严重不足的情况。随着中国纺织工业的快速发展，国内下游聚酯和精对苯二甲酸产业也不断快速发展，这导致我国对二甲苯的需求量大大增加，2010 年国内二甲苯需求量为 944 万吨，仅占全球总需求的 34%，对二甲苯的需求量到 2022 年达到 3525.38 万吨，年复合增长率超过 15%，亚洲需求占比超 8 成，占全球总需求的 67.5%。2022 年，对国外的依赖接近 50%，二甲苯长期供不应求，高价格也侵蚀了精对苯二甲酸产品的利润。恒逸石化如果解决这一难题，那么无疑会降低对外购二甲苯的依赖，进而提升绩效。为此，恒逸石化积极寻找向上游发展的道路。由于国内产业政策限制及能源紧张，炼油化工项目长期以来被国企和外资垄断，"十二五"规划强调了大力调整经济结构，并鼓励民营企业进入炼油领域。所以一方面为了避免与国内其他企业竞争有限的资源，恒逸石化便把目光转向了东南亚石油资源丰富的国家。另一方面，如果在石油资源丰富的国家或地区直接投资建设炼化工厂，则会节省进口石油的运输成本，另外由于我国国内成品油需求增长缓慢，成品油供给则不断提高，所以如果生产的成品油等产品直接在工厂当地或者周边国家或地区销售，而这些国家因为经济发展的需要又刚好需要这些产品或技术，那么这将比在本国生产出成品然后再运往这些需要的市场降低很多成本。石化业最核心的就是要在原料上获取成本优势，只有这样才能为后续的发展提供保障。

2）企业发展战略需要

恒逸石化要想在石化领域具有很强的竞争力，发展成为世界一流石化企业，在激烈的竞争中立于不败之地，首先就需要考虑转变企业的发展方式，若不想受制于人，便要打通产业链最后一环，实现产业链一体化。国内炼油能力结构性过剩，所以在国内布局产业链最后一环，不如将其布局在东南亚等发展中国家，而产能规模也不足以引起国际巨头的竞争，但同时又可以匹配恒逸石化发展战略的需求，最重要的是恒逸石化的所有权优势可以通过这次海外投资内部化，从而使得内部化优势得到充分的发挥。

3）政策支持

从投资诱发要素组合理论的角度看，发展中国家企业对外直接投资是间接诱发要素起主要作用，不可否认随着共建"一带一路"倡议和"走出去"战略的不断深入发展，强有力的国家政策会鼓励和支持我国石化企业加快"走出去"的脚步。很多共建"一带一路"国家特别是菲律宾、越南、印度尼西亚等东南亚国家表现出强劲的市场增长潜力,而且撒哈拉以南的非洲国家发展潜力巨大,开始为全球经济增长贡献力量,这便为恒逸石化在更大范围市场、更广泛领域上参与国际分工、合作和国际竞争提供了良好的机遇。

除了考虑到政策带来的市场机遇外,在"一带一路"建设全面推进中,政府也会对"走出去"的企业在税收或者金融政策方面相对放宽和倾斜,同时也能为恒逸石化对外投资的资金从政策上起到保驾护航的作用。因此,恒逸石化将海外炼化项目的投资选在有政策支持和保障的文莱。

2. 投资外部动因分析

1)得天独厚的资源优势

文莱位于东南亚加里曼丹岛西北部,国土面积为5765平方千米,坐拥丰沃的原油以及天然气等能源资源,在东南亚,文莱的石油储量和产量仅次于印度尼西亚,素来有"东方小石油王国"之称,是石化企业理想的原料供给地。2021年已探明的原油储量为14亿桶,天然气储量为3900亿立方米。2011~2022年文莱原油产量每年均保持在450万吨以上,天然气每年产量则保持在110亿~130亿立方米。原油和天然气是文莱的重要经济支柱,文莱的原油和天然气收入约占其全国生产总值的60%、财政收入的90%和外贸出口额的95%以上。

长期以来,文莱国内的石油加工能力一直比较初级,发展比较缓慢,开采出来的原油基本上对外出口,而本国所需的成品油却要大量进口,所以现在文莱更加注重油气下游产品的开发以满足国内需求。恒逸石化便看中了这一点,既可以利用文莱的油气资源优势,下游生产出来的成品油又可以满足文莱及周边国家和地区的市场需求,同时带来的技术、人才、管理经验等可以带动文莱石化下游产业的发展,这符合文莱想要重点发展下游油气产品的需求。

2)地理位置优越

文莱虽然国土面积小,但是国内海陆空设施齐全,海运是其重要交通通道,还开通了到上海和香港的航线,有助于我国石化企业更加便利地去往文莱进行实地考察和交流。由于坐落于东南亚加里曼丹岛,北面濒临南中国海,东、西、南三面接壤马来西亚。作为东盟成员,文莱处于东南亚的核心位置,又靠近东南亚成品油需求市场,极利于发展出口贸易,贸易辐射区域可覆盖整个东南亚地区,靠近亚洲最大的转运港口、全球最大的集装箱港口之一的新加坡港,具有十分丰富的航道资源。文莱优越的区位优势和便利的交通环境使得成品油除了能够获得广阔的现有市场外,市场潜力也非常大,东盟主要六国——新加坡、马来西亚、泰国、印度尼西亚、菲律宾、越南在2010年中高阶层人口约3亿人,预计到2030年增加到6亿人,中产阶级初步形成,短期对汽油需求较为强烈。根据IHS Markit预测,东南亚地区炼油产品需求在2016年至2030年间预计将以每年2.5%的速度增长。另外，文莱所处地理位置优越，基本上不受台风、地震或者洪水等自然灾害的影响，这对于石化企业在东道国投资建厂的选址也非常重要。

3）成本优势

炼厂的主要成本就是能源成本。首先，文莱为了充分利用本国资源和发展本国石化业，非常欢迎外国企业进入文莱投资，并且制定了相关税收优惠政策。文莱没有增值税及消费税，而且项目可以享受最长24年免企业所得税的优惠。另外，项目位于东盟自由贸易区，成品油通过新加坡成品油交易市场，卖至东南亚如泰国、缅甸、老挝等国家是免关税的，这让恒逸石化在与国内同类企业的竞争中，具备非常大的优势，税收优惠政策在很大程度上降低了投资项目的额外成本。综合来看，文莱炼化项目较国内同等体量炼化项目的效益可高出约50%。其次，公用工程和生产装置成本优势明显。文莱炼厂的动力煤来自加里曼丹岛，电价、蒸汽价格低廉。自营电厂相较国内上网电价每度有5美分至6美分的优势。除此以外，天然区位优势使得产销两端均能明显节省运费。原油采购方面除了主要利用文莱本地石油外，还可从中东直接采购，相比在国内运输运费上中东采购成本优势突出。最后，用工成本低，在文莱的用工成本较低，工人月薪为3000元到4000元，这些都统一由文莱政府提供。

4）文莱政局稳定，政府重视

文莱素来被称为"和平之邦"，因为文莱长期以来政局都比较稳定，也没有恐怖组织，社会治安也比较稳定。这对对外直接投资的企业来说是不容忽视的一点。

因为文莱是产油国，所以国民经济在很大程度上只依赖于油气出口，近年来受到国际原油价格走低影响，文莱经济在2013～2016年增长均低于预期，为此文莱提出"2035宏愿"发展战略，更加注重本国经济全方位、多元化发展，从而解决经济大部分依赖原油出口的问题。所以近年来文莱加强基础设施建设，积极吸引外资，这与共建"一带一路"倡议的共同发展理念和合作共赢目标有很多契合点。恒逸石化投资文莱石油炼化项目，必然会带动相应配套设施服务的发展，也会为文莱创造更多的就业机会，而且下游生产的汽油、柴油等产品完全满足文莱市场需求，加之中文两国的合作炼化项目也符合文莱发展产业链下游和经济多元化的战略决策，必然会受到文莱政府的大力支持。事实证明恒逸（文莱）PMB项目也确实受到当地政府的大力支持，政府出资占比30%，并成立专门的委员会定期听取公司报告，帮助解决施工进展等一系列问题。PMB项目不管是在项目建设中，还是在建成后的投产经营中都受到文莱政府的高度重视。

3. "走出去"过程中融资国际化

2018年3月5日，恒逸集团旗下上市公司——恒逸石化"一带一路"公司债券在深圳证券交易所成功发行，成为深圳证券交易所正式发布《关于开展"一带一路"债券业务试点的通知》（简称《通知》）后，首单由境内上市公司公开发行的"一带一路"公司债券。这标志着"一带一路"债券发行主体进一步丰富，交易所债券市场助力共建"一带一路"倡议在文莱首次落地。

据了解，恒逸石化"一带一路"公司债券募集资金全部用于公司在文莱的 PMB 石油化工项目。该项目是首批被列入国家"一带一路"项目库的重点建设项目，恒逸石化属于《通知》明确的第三类"一带一路"债券发行主体。

该项目成功发行对促进中文两国之间的贸易畅通，优化区域内石化产业链分工布局，深化中国–东盟自由贸易区建设，服务共建"一带一路"国家的基础设施互联互通，具有重要意义。

值得关注的是，在集团成立以来的创业创新过程中，恒逸集团秉承"永不止步，缔造辉煌"的企业精神，矢志不渝做强主业，连年跻身中国企业 500 强、中国民营企业 500 强，实现了"跨地区、跨行业、跨所有制、跨国界"的四大发展跨越。当前，恒逸集团积极响应共建"一带一路"倡议，进一步加快国际化步伐，全力推进 PMB 石油化工项目建设。

"在国际竞争中，必须进一步提升产品档次，优化产品结构，实现自主研发和创新，最终提升恒逸品牌价值。"在恒逸集团国际化布局中，集团董事长邱建林认为，"必须在做精'面包'的同时，着力降低'面包'的生产成本，从而拉开与原料价格的差距，才能保证在国际竞争中脱颖而出"。

2014 年，邱建林将国际化版图第一面旗帜插上了文莱大摩拉岛，首期预算投资 34.45 亿美元在文莱大摩拉岛建设千万吨级炼油化工项目，这是中国民营企业迄今为止最大的海外投资项目，也是文莱建国以来最大的投资项目，受到中、文两国领导人的充分肯定。恒逸（文莱）炼化项目也被列入首批"一带一路"的重点建设项目。

"文莱项目不仅代表恒逸品牌，更代表中国石化工业的品牌，我们责任重大，使命光荣！"每次亲临现场，邱建林都要求并鼓励全体参与项目建设者紧紧围绕"2018 年底完成中交"目标，确保高质量地完成项目建设。文莱项目建成投产之际，恒逸集团将全面打通上下游产业链，切实解决原料来源的瓶颈问题，为中国乃至世界能源化工产业发展做出积极贡献。

3.3.4　恒逸"一带一路"国际产能合作中实物期权策略的实施

1. 转换期权：海外投资进入时机选择

自从 Myers（1977）首次提出实物期权的概念以及 Kogut（1989）首次将之用

于国际战略以来，实物期权理论已经取得了实质性的发展。实物期权普遍存在于跨国企业的国际化进程中。在企业国际化战略中我们观察和注意到的最多的是推迟期权、增长期权和转换期权（Trigeorgis and Reuer，2017）。推迟期权和增长期权是两种处于彼此竞争状态的实物期权形式。当在东道国面临不确定性时，企业可以选择等待至不确定性水平的消退，或者在保持最初投资水平的情况下立即进入，以获得未来增长潜力。

转换期权是一种允许跨国企业当在一个或多个东道国中面临不利冲击时重新对生产网络进行布局以遏制下方风险的能力。根据实物期权理论，国际经营网络为跨国公司提供了转换期权组合（Kogut，1989），这给予了企业一项权利而不是义务，使之能够在处于不同国家中的子公司之间转移经营活动，以应对环境的变化。最近的几十年见证了实物期权作为一种新兴的理论工具在国际战略研究中的应用。正如之前的研究（Kogut，1989）表明的那样，如果一个公司能够有效地创造和管理期权，那么它就能在保持升值潜力的同时遏制下方风险。这些预测到的好处将会对跨国企业的战略决策，比如海外进入时机选择，具有很重要的意义。转换期权为经营灵活性提供了可能性。为了协调子公司之间的跨国界活动以获得来自灵活性的好处，企业必须拥有这种"组织手段"（Belderbos et al.，2019）。

2. 恒逸（文莱）PMB 石化项目的时机选择："一带一路"对接"2035宏愿"

1）海外投资期权组合中的不可叠加性

期权不可叠加的思想也适用于在多个国家经营制造子公司的跨国企业，这些国家为之提供了制造活动的转换期权。这种不可叠加性是跨国企业在其中经营国家的外部环境中，经济条件的潜在相关性函数。比如，Kogut 和 Kulatilaka（1994）的分析模型表明，随着两个东道国中由汇率和其他因素决定的要素输入成本的相关性的提高，在这些国家中的子公司之间的转移期权的价值下降了。换句话说，随着企业在一个国家中的经营的转换期权价值与企业在另一个国家中经营的转换期权价值的重叠，在这两个国家中维持企业活动的期权价值就变得不可叠加。

不可叠加性专注于企业在其中经营子公司的东道国的特点，而不是专注于企业在其中拥有生产经营业务的国家的纯粹数量。比如，一个企业在两个东道国经营子公司，如果这两个东道国的特点（比如劳动力成本变动）高度相关，那么这个企业将经受高的不可叠加性，而之前的研究发现，对于只包含两个国家的多国性分布来说，多国性分布的边际收益递减通常并没有发生。

研究者对跨国经营中的不可叠加性的一个重要来源给予了最多的关注，那就是跨国企业在其中经营子公司的东道国之间劳动力成本波动的相关性（Kogut and Kulatilaka，1994）。尤其对于制造业企业来说，劳动力成本波动是国际制造成本波动的关键因素，也是海外投资决策的主要驱动因素。这一逻辑遵循之前实物期权关于跨国企业工厂布局和经营灵活性的研究，追求最小化生产成本是其主要目标之一（Kogut and Kulatilaka，1994）。考虑到在影响期权组合价值时不可叠加性的角色，我们提出：对于那些在东道国劳动力成本方面经历更高的相关性的跨国企业，与经历更低的劳动力成本相关性的跨国企业相比，可由实物期权理论预测的多国性分布对下方风险的影响更弱（Belderbos et al.，2019）。

文莱作为恒逸石化国际化的东道国，经济结构单一，油气产业是其唯一的经济支柱。文莱是高福利国家，为其公民提供终身福利，包括零赋税、住房补贴以及免费教育和医保，但近年来文莱不得不削减一些福利。由于油气产量下降、国际原油价格下滑，文莱经济连续多年负增长。在文莱，大多数人希望在政府、国有企业或石油和天然气行业找到工作，但如今这三个部门都受到了影响，青年失业率持续走高。2008年1月，文莱政府宣布启动"2035宏愿"，积极对外招商引资，并规划各类产业园区，加快经济多元化步伐。

2）海外投资股权份额和下方风险

长久以来，研究强调，在管理跨国企业中的转换期权的组合时，我们需要关注组织和协调问题。对于子公司所有权环境下服务于子公司还是服务于系统目标之间的冲突问题，研究表明在当地伙伴占有更多股权和对子公司有更多控制权时，伙伴之间的冲突更有可能增加，并且企业可能因此失去灵活性（Kogut，1989）。伙伴企业之间通常在目标、价值观、惯例以及文化背景方面存在差异，这些差异可能导致这些伙伴企业在子公司的战略决策和经营实务方面产生更大的冲突。实物期权研究文献表明，这种冲突抑制了企业实施期权以协调跨国活动的系统目标，并且阻碍了经营灵活性（Kogut and Kulatilaka，1994）。

实物期权理论指出，激励一致性的提高、卓越的控制与协调应该使企业更容易评估和实施转换期权，最终导致更低的下方风险。因此，我们假设企业在其海外子公司中的股权份额将会强化多国性分布对下方风险的负向影响。跨国企业在其海外子公司中的股权份额越高，多国性分布对下方风险的负向影响越强（Belderbos et al.，2019）。

在恒逸（文莱）PMB石油化工项目中，恒逸石化股权份额较高，从实物期权角度看，恒逸集团能够更容易评估和实施转换期权，最终导致更低的下方风险。

东道国的环境，比如说劳动力成本更具异质性，为企业提供了更大的灵活性潜力时，我们期望更大的股权份额能够更有效地促进处于分散状态的子公司之间的协调与转换期权的执行。

由于过去经济结构单一，文莱化工专业人才资源不足。大摩拉岛项目实施以来，不仅积极雇用本地劳动力，还为当地培养人才。2020年底，项目实现40%本土化招聘目标，吸纳本地员工666人。为了培养更多专业技能人才，恒逸集团开设"浙江大学—文莱大学—恒逸石油化工人才联合培养项目""文莱技术教育学院和兰州石化职业技术学院联合培养项目"等，2023年底累计招生200多人。2020年，恒逸集团还进一步与文莱本地大专院校加强合作，全面推动本地联合办学项目，计划开设8个专业，由公司提供实习和就业机会。

母公司通过向海外派驻人员提高对海外子公司的控制与协调，提升企业执行嵌入在跨国经营中的转换期权的能力，这有助于灵活性的增加和风险的降低。

浙江恒逸实业投资有限公司（简称恒逸实业）行政总监兼董事会秘书李鹏介绍，项目建设高峰期，现场施工人员达1.4万人，项目前景被文莱各界看好。文莱首相府能源与工业部部长马特·苏尼认为，项目带动餐饮、住宿、交通、医疗等多行业发展，有力推动了大摩拉岛及周边地区经济、社会快速发展。"大摩拉岛上营区投用的第一晚，我便来到这里工作，为项目一线工程团队提供服务。"文莱员工阿迪布说，"从当初沼泽遍布的荒岛，到现在初具规模的石化生产基地，这里因项目而变得生机勃勃。我们的生活将迎来更多可喜变化"。

3.4　奥克斯集团：空调行业国际产能合作东道国区位选择

3.4.1　空调行业国际化简介

1. 空调行业简介

中国从2013年提出共建"一带一路"倡议开始，截至2023年底，共建"一带一路"已吸引150多个国家和30多个国际组织参与，这些国家人口基数大、经济增长速度快、空调市场潜力大等特点，为我国空调企业"走出去"提供了巨大机遇。

我国空调行业起步于20世纪50年代，通过借鉴苏联的经验与技术以及科研人员的刻苦钻研逐步发展起来。改革开放以前，行业发展较为缓慢，但随着我国在20世纪80年代全面实施改革开放，制冷空调市场不断急速扩张，不断增长的需求极大地推动了制冷空调行业的发展。历经40多年的快速发展，中国空调行业已渐趋成熟，空调企业格局逐渐稳定，市场愈加饱和，行业内的上下游产业链趋于完整，目前全行业空调制造企业超过千家，从业人员超过百万人，中国已经发展成为全球最大的制冷空调设备生产国和消费国，生产和供应的制冷空调产品几乎涵盖所有种类，并且多种产品的产量位居世界第一。

制冷空调设备广泛应用于国防军工、航空航天、核工程、机械电子、化工、冶金、电力、交通、环保、轻工等各个领域，是与工农业生产和国民经济以及人民生活密切相关的机械装备，也是国家现代经济活动中不可或缺的生产资料和国民生活资料，制冷空调行业已成为我国装备工业的有生力量和国民经济的重要组成部分。

2. 空调行业国际化现状

1）空调行业概况

我国制冷空调行业历经近十年研发人员的创新开发与发展，在技术革新和产品创新方面我国已经有了显而易见的进步，现如今我国技术更新率和产品市场增长率有很大提升，甚至超过了世界各国平均增长水平。我国制冷空调行业在 40 多年的发展期间，历经了从无到有、从小到大的翻天覆地的变化，逐渐在全球的空调领域中占据重要地位和产生了不可忽视的影响力，即使我国制冷空调行业发展还存在许多短板和缺陷，但前途依然光明，值得我们期待。

如图 3.3 所示，截至 2018 年国内生产的空调仍以内销为主，虽然外销占比相比于内销较低，但从总体数量上来看外销占比也是不容忽视的。2018 年，国内生产的空调合计销售 1.5 亿余台，其中内销 9281 万台，占 61.6%；外销 5796 万台，占 38.4%。2017 年为国内空调销售大年，内销占比相对较高，达 62.3%，2018 年较 2017 年略有回落。

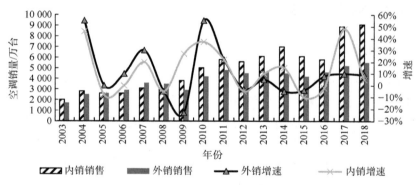

图 3.3　国内空调企业内外销销量及增速

资料来源：招商证券"空调海外市场全景图"

国内空调出口仍以贴牌代工方式为主，自主品牌出口有限。在出口市场中，双寡头格力、美的合计占比超过一半。据奥维云网报道，2020 年中国出口空调贴牌代工占据 80% 的市场份额，仍是最主要的出口方式，自主品牌仅占 32%。格力出口的空调中，自主品牌出口仅占四成左右，美的自主品牌出口仅占三成；海尔虽然在全部出口市场中所占份额不高，但与格力、美的不同，海尔出口的全部为自主品牌。如图 3.4 所示，对于内销来说，因疫情影响，空调行业销售市场主要集中于线上，在电商渠道中，通过对怡康电商、奥维电商等平台的数据进行分析

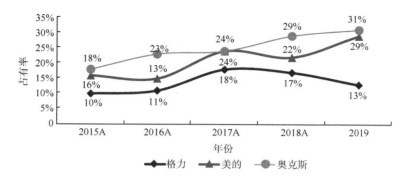

图 3.4　电商渠道市场占有率

资料来源：未来智库"空调行业专题报告"

A 表示估测值

可以发现，由于在零售价方面格力线下均价较奥克斯高 32%，美的较奥克斯高 17%，促使奥克斯成功以价格战的方式扩大自身所占有的市场份额，在此基础上格力仍较奥克斯溢价至 44%，使得价差明显高于线下，奥克斯价格优势明显增强，反观美的，由于及时调整电商策略，2017 年至 2019 年美的与奥克斯的线上价差为 17%，这使得美的线上份额直追奥克斯，据奥维云网统计，2019 年美的线上份额 29%，距离奥克斯 31% 一步之遥，而格力仅有 13%。

2）国际形势

当今国际社会正处于全球化融合发展时期，我国作为全球命运共同体当中的一员，能够更加深切地感受多维模式的全球化、局部区域的一体化是未来全球发展的主旋律。前几年肆虐全球的新冠疫情对于国际贸易的发展有着不容小觑的影响。短期来看，尽管社会经济发展前景并不明朗，但现在我们已经基本摆脱疫情的影响，却仍可以深刻感受到疫情在全球的蔓延曾对制造业的正常运转造成的影响；中期来看，行业的进口供应链将面临严峻的挑战，外销市场将大幅萎缩；长期来看，由美国引发的逆全球化的思潮及成为新冠疫情会给中国制冷空调行业的未来发展带来更多的不确定影响因素。尽管曾受到疫情的影响，空调行业的发展受到过制约，但随着我国相关政策的支持以及研发人员的不断努力，我国空调企业在国际市场上仍将保持一定的竞争力。

3）国际化与国际地位

2015 年以来，我国空调业领军企业持续加快国际化步伐，走出国门与其他国际企业加强交流与合作，通过境外投资、并购等方式主动参与全球产业链资源整合，促使我国空调行业企业的国际竞争力不断增强，国际地位逐渐攀升。

自中国加入《蒙特利尔议定书》（简称《议定书》）以来，空调行业积极履行《议定书》所规定的责任和义务。在《议定书》缔约方达成有关加速淘汰氢氯氟烃的一系列决定后，我国空调行业围绕相关约定和任务积极行动，取得了重大成效，获得了国际社会和海外同行的一致赞誉。同时，在中国制冷空调工业协会与联合国环境规划署、联合国开发计划署、生态环境部对外合作与交流中心联合举办的国际性的臭氧气候技术路演及工业圆桌会议中，围绕国际制冷剂替代品的进展研究展开深入讨论，我国向世界展示了在淘汰消耗臭氧层物质行动中取得的丰硕成果，彰显了我国制冷空调行业认真对待国际环保事业的负责任态度。

中国制冷空调工业协会积极促进中国空调行业内企业与国外同行业间的交流与合作，与国内外相关机构合作一起组织举办了涉及不同领域的双、多边技术和信息交流活动，并取得了良好成果。同时，我国制冷空调行业积极参与国际标准和发达国家标准的制（修）订工作并取得切实成效，如我国空调行业相关机构和专家深入参与了国际电工标准 IEC 60335-2-40：2018《家用和类似用途电器的安全 第 2-40 部分：热泵、空调器和除湿机的特殊要求》的修订工作，参与了美国空调供暖和制冷工业协会冷水机组和多联机标准的修订，借此将我国制冷空调行业的诉求和声音传递到世界，极大地提升了在全球同行业间的话语权地位，并积极邀请国际同行参与我国针对行业主流产品的标准及行业标准的制定工作，极大地推动了我国标准与国际标准的一体化进程，给予中国制造的产品借助标准化工作进入国际市场的便利性。

3.4.2 奥克斯

1. 奥克斯简介

奥克斯是一家浙江知名的民营企业集团，始创于 1986 年，产业涵盖电力、家电、通信、地产、医疗服务等，连续多年位列中国企业 500 强，在宁波、南昌、深圳、上海及天津建有五大产业基地，公司经营宗旨是"以人为本、诚信立业"。奥克斯经过多年奋斗，企业实现跨越式发展，2022 年，集团营收 810 亿元，总资产 625 亿元，员工 3 万余名，拥有十大制造基地——中国宁波（3 家）、南昌、天津、马鞍山、郑州，以及巴西、印度尼西亚、泰国，五大研发中心——中国宁波、杭州、南京、珠海，以及日本。2018～2019 年奥克斯空调位居行业第三位；智能电表、电力箱行业领先；拥有医疗机构 24 家，旗下拥有 2 家上市公司（三星医疗 601567、奥克斯国际 02080），奥克斯集团为国家认定企业技术中心、国家技术创新示范企业、国家知识产权示范企业和博士后工作站常设单位。持有奥克斯、三星两个知名品牌，品牌价值超 320 亿元，集团被称为中国信息化标杆企业、国家火炬计划重点高新技术企业，并为国家工程技术研究中心和国家级博士后科研工作站的常设单位，在宁波、上海、深圳、南昌建立了四大研究院。

奥克斯在发展企业的同时，履行社会责任，截至 2022 年，累计为精准扶贫、教育、赈灾、环保等公益事业捐款 3.09 亿元。面向新时代，奥克斯秉承"创领智能生活，培养优秀人才"的企业使命，力争实现"千亿市值、千亿规模、百亿利润"战略目标，立志成为世界著名企业。

2. 企业发展历程

奥克斯企业的发展历程如图 3.5 所示。

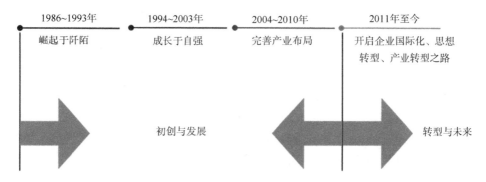

图 3.5　奥克斯企业的发展历程

1）1986～1993 年：崛起于阡陌

1986 年，时年 25 岁的现奥克斯集团董事长郑坚江，承包了濒临破产的龙观钟表零件厂，并以此为起点，开启了创业和逆袭之路。其后进入仪表业，创立"三星"品牌，仅用三年时间，便问鼎电能表全国桂冠，且目前依然是领先的智能配用电整体解决方案的提供商。

2）1994～2003 年：成长于自强

奥克斯品牌于 1994 年正式成立，同时进入空调行业，从目前其占据空调行业前三的成绩看，这一年可谓是奥克斯集团发展史上的重要节点。与美国企业合资建立宁波 AUX 电器有限公司，进入空调制造业；"三星"首款电子表成功下线。进入 2000 年后，国家经济迎来高速发展，城市化进程、扩大内需等政策如火如荼地展开，奥克斯以敏锐的商业洞察力，把握时代机遇，在 2000 年成立宁波奥克斯置业有限公司，正式进入房地产业，布局十余个城市，为多业态、综合型地产商。2001 年，成立宁波奥克斯集团有限公司，开创空调行业营销新模式，着手策划系列"事件营销"，企业借此迅猛发展。

3）2004～2010 年：完善产业布局

建立全新标识系统，大企业集团事业架构建立。此时，奥克斯地产成为国内具有差异化竞争优势的多业态、综合型地产商，而奥克斯医疗产业则经过十余年的民营资本办医特色道路的探索，成为社会办医的先行者与跨界代表。

4）2011 年至今：转型与海外市场布局

2011 年起，奥克斯开启了思想转型、产业转型、资本转型的序幕。随着信息化发展，云计算、物联网、大数据、人工智能等各种新兴数字化技术发展，并逐渐成为主流，行业都在寻求转型升级。而奥克斯集团时刻保持与时俱进的能力，早在 2011 年就拉开了思想、产业、资本转型的序幕。先是旗下三星电气（601567），即现在的"三星医疗"在上海证券交易所主板挂牌上市，并于 2012 年，相继在杭州、宁波成立研发中心，推动智能电网、智能家电技术研究及应用。

在其后的 2013 年至 2018 年期间，奥克斯飞速发展，先后完成一系列举措和战略布局，如在上海新建金融中心，开展融资租赁业务；成立医疗集团，全面部署医疗健康战略；在巴西、印度尼西亚设海外工厂，在大洋洲发展海外地产，并购港股更名为奥克斯国际（02080）；新建马鞍山智能家用空调产业园，进军厨电产业，拓展医疗康复医院连锁；新建泰国和中国郑州智能家电生产基地，致力于将日本研发中心打造成全球家电研发高地等。

2019 年，更是颠覆空调行业销售模式，首创"互联网直卖空调"，并获得好评，另外泰国基地也在同年 8 月正式结项。

3.4.3　奥克斯国际化简介

2019 年 8 月，历经两个季度忙碌期的空调行业如往常一样进入了一年中的市场淡季，但相比于往年更为庞大的空调及其衍生品的销售体量，2019 年的空调市场愈显低迷，几乎所有以空调及其衍生品为销售主体的头部企业都在寻找发展机遇和新的市场拓展方向。然而浙江优秀的民营企业奥克斯作为为数不多的在 2018 年到 2019 年间仍保持逆势增长的企业，它早已开启了国际化战略部署，并已取得了一定的阶段性成果。

作为中央空调行业的国产品牌代表之一，奥克斯通过长期的技术沉淀，不断进行资源投入，升级产品阵容，已成为集研发、生产、销售及服务为一体的专业化中央空调企业，近年来不断增长的市场份额也让行业有目共睹，不论是线上赋能加码新零售，还是线下创新工厂直营的渠道模式，奥克斯中央空调都在依托国内市场基础上以极具前瞻性的姿态持续践行全球化战略。

1. 日本研发中心

2019 年，奥克斯在日本神户成立了研发中心，首个海外研发机构的正式揭牌，标志着奥克斯在民族企业和国产中央空调品牌层面积极主动地"走出去"，实现技术全球化，实践无国界科研交流，不断学习国际先进的技术。据了解，奥克斯日本研发中心配备国际领先的实验室及研究设备，核心团队由 30 余位拥有 15 年以上空调开发经验的行业专家组成，将逐步全面承担起奥克斯中央空调国际化技术研发的重担，进一步推动产品与技术的跨越式发展。

众所周知，日本空调研发制造产业居世界前列，奥克斯研发中心所在的关西地区正是日本家电研发重镇，汇集了诸如松下、大金、三菱等一大批国际知名企业，依托于得天独厚的硬件设施、产业配套、技术集群及人才储备等优势，奥克斯正在将其打造成为一流的国际化研发中心、创新产品孵化中心与创新人才培养中心。当然，日本研发中心的价值也在奥克斯中央空调的产品阵容上得以体现。此前，在高配置的技术研发下，奥克斯重磅推出卿睿系列家用中央空调，其独有的"智杀菌"技术以及抑菌防尘功能等，不断为用户带去健康空气新体验，着实在市场引起不小的反响。不仅如此，一批如比例积分微分控制、Fuzzy 控制等尖端专利技术也在奥克斯日本研发中心诞生，凭借 Fuzzy 多维度模糊控制技术、制热不换向回油技术、五大专业防噪技术等优势技术，奥克斯卿睿系列家用中央空调在中高端房地产精装配套项目中表现抢眼，市场知名度稳步提升。

日本研发中心的设立，不仅是奥克斯全球化布局的新起点和"智造"升级的蓝图之始，更是奥克斯推动产品迭代、技术升级的又一里程碑，是拓展国际化战略实践的重要一步。奥克斯无疑率先占据了行业高地，用实力在国际舞台上诠释并传播奥克斯的价值坚持，而奥克斯中央空调也逐步在产品研发、技术创新等层面迈向国际一流水平，品牌国际化特征愈发明显。

2. 泰国制造基地

奥克斯近年来向着研发制造模式转型发展。泰国工厂是奥克斯集团继巴西、印度尼西亚后的第三个海外制造基地，基于泰中罗勇工业园自身拥有的产业配套优势、紧邻曼谷带来的丰富物产资源优势，奥克斯将有望实现将泰国制造基地建设成为在生产能力上、技术研发上领先的集研发、生产、销售于一体的智能空调制造基地。

奥克斯泰国制造基地总投资 15 亿元（人民币），规划年产能 300 万套智能空调。其中，一期投资 6 亿元（人民币），占地 170 亩（1 亩 ≈ 666.7 平方米），建筑面积约 10 万平方米，规划年产能 110 万套智能空调，打造行业先进智能工厂，自动化、信息化全覆盖，实现生产、仓储一体化，效率和交期再突破，致力于成为行业智能化新标杆。值得一提的是，竣工投产后的泰国工厂将在智能化设备、自动化生产、IT（information technology，信息技术）化管理、数字化决策和立体化物流五大方面进行全方位升级，人均产能将提高 30%，产品交期缩短 30%。

奥克斯作为中国家电行业领军企业，泰国空调制造基地的建成标志着奥克斯智能制造迈向国际的战略跨出了一大步，也为奥克斯开拓东南亚市场奠定了基础和抢占了先机,实现了从代工输出到自创、自产、自销的经营模式的大跨越。奥克斯方面表示,国际化是奥克斯面向世界、布局全球的重要战略,成立泰国制造基地是奥克斯积极响应国家号召,践行"一带一路"倡议,加快推进国际化战略的重要举措,也是中国空调产业国际化发展的必经之路。让东南亚乃至全球用户和消费者用上优质优价的精品空调,让空调智能制造能力不断向国际化靠拢,奥克斯一直在路上,并且将不断用创新打造中国智造新名片,用实力传递奥克斯新理念,向世界展现中国智造的雄厚实力。

3. 国际化发展战略

当下,奥克斯早已撕掉自身"传统制造业"的标签,不仅成为互联网领军品牌,实现空调产品电商渠道销量、好评率连续多年排名第一的目标,而且投产智能工厂,采用全球顶级的自动化和信息化装备生产,以及新技术、新材料、新工艺的广泛应用,在自动化生产、智能化设备、IT化管理、数字化决策和立体化物流五大方面,以更加标准化、高周转率的技术实力实现产品品质的全面升级,用实际行动推进中国空调行业的快速、稳定发展。

基于此强大的智能生产平台,奥克斯中央空调产品的年生产能力不断提升,并且有底气细化创新模式,沉下心来重视研发。不难发现的是,除了针对变频技术、智能控制、工业设计及仿真分析四大领域,奥克斯日本研发中心还承担着"协同国内研发团队合作开展技术攻关工作"。其实,早在成立日本研发中心前,奥克斯已相继在宁波、杭州、南京、珠海建立了四大研发中心,均致力于成为一流的国际化研究院、创新产品孵化中心及人才培养摇篮,为中国空调行业、民族制造企业培养更多优秀的技术人才。以共建"一带一路"倡议为契机,倚仗泰国本土资源优势建立起来的泰国制造基地,以其领先的技术优势、充足的资金保障、全自动化的供应链智能优势,为奥克斯打开东南亚市场提供了有力支点,为助推企业国际化和数字智能战略注入了一支"强心剂",而泰国制造基地的建设乘上了共建"一带一路"倡议的东风,使其不论在政策支持上,还是在资源倾斜上都获得了极大的好处,为奥克斯实现"本土化制造、营销"的多位一体国际化运营构筑了坚实基础。

3.4.4 奥克斯"一带一路"国际产能合作东道国区位选择——基于集聚效应视角分析

1. 工业园区集聚优势

20 世纪中后期,在全球区域内出现了由本土企业大量集聚实现区域经济的持续增长，这被称作产业集群现象。马歇尔从四种积极外部性角度（接近专业化的供应商、接近专业化的劳动力、获得知识溢出及获得更大的市场需求）解释了工业园区聚集优势对集群企业的积极影响机制，称作集聚效应。过去，跨国贸易理论以单个企业为分析单元，只注意到企业间的竞争，而没有意识到企业间还可能存在的合作关系。逐渐地，随着企业间的合作日益深化，企业边界变得越来越模糊，相互依赖的互补性资产构成了特有的产业基础和环境，以商业区、产业园和科技园等形式出现的集聚成为一个国家吸收外资的引力因素。不同领域学者对此进行了大量研究。例如，寡占反应理论认为，一旦有一个企业向海外扩张，同行业的其他企业为了确保市场地位竞相向海外扩张，对外直接投资呈现出"追随领先者"的特征（Knickerbocker，1973）。也有学者提出国家和地区的文化与传统也是形成集聚的一个不可忽视的原因。

奥克斯考虑到落座工业园区依靠其集聚优势可以显著降低企业出口扩张过程中的成本和风险，从而提高扩张成功率，并且相较于独立建厂，出口集聚使得后来者不仅可以在集聚中以较低成本获取匹配的劳动力、投入要素甚至新技术，并享受先进入企业在投入要素、中间产品供给等方面积累的经验，而且可以以低成本获取市场需求、消费者偏好、出口渠道等信息，甚至探知竞争者的国际市场战略，从而大大降低信息搜集和加工的成本。

2. 集聚效应下选址分析

东道国的区位条件正在成为影响跨国公司活动范围和成长的越来越重要的因素。其中，国家间的地理距离增加在显著提高实物产品运输成本的同时，也会阻碍母公司海外企业知识溢出效果的学习路径，从而导致知识溢出效应的减弱（Anwar and Nguyen，2011）。文化距离的存在会导致东道国与母国在沟通及管理方式上存在冲突，从而增加企业的管理成本，并且较大的文化距离也意味着企业的跨国投资需要整合的资源和投入的成本也就越大（Chang et al.，2014）。

其实奥克斯国际化进程中对于制造基地的选址问题也是基于对地理、文化距离的便利性及与东道国合作的较大潜力的考虑，保证了企业国际化战略的顺畅和成功。从最开始的在巴西和印度尼西亚构建海外工厂，到后来的日本研发中心和泰国制造基地的建成，奥克斯已经逐步实现了技术与制造并行的运行模式。尤其在对于泰国制造基地选址问题的考量上，不仅考虑了较短地理距离带来低成本的内销需求和产品能辐射至印度、巴基斯坦以及中东地区的周边国家而形成区域市场精耕细作等优势条件，还考虑到奥克斯在东道国本土化经营发展前景以及区域未来长期发展上的潜力问题。

1）地理距离

首先，与欧美市场相比，东南亚在地理位置上距离中国更近，拥有巨大的交通运输优势，奥克斯选择在这里建厂，其产品不仅能够销往本地市场，同时可以辐射至印度、巴基斯坦、中东等周边国家和地区，形成区域市场的精耕细作。"泰国是东盟物流、贸易和金融中心，也是东盟市场与中国之间天然的桥梁，更是亚洲通向欧洲、美洲的重要枢纽。"在奥克斯集团董事长郑坚江看来，共建"一带一路"倡议的不断深化为中泰两国经贸领域的发展带来了新的机遇和更广阔的空间。

其次，地理距离的远近往往会影响东道国与母国在资源、知识储备等方面的差异性，从而影响母国企业在东道国的研发投资活动。奥克斯考虑到泰国与中国同为发展中国家，具有相同的资源基础，其中包括自然资产和战略性资产（自然资产包括自然资源和未经培训的劳动力，是一般性资源；战略性资产是基于知识的无形资产，包括专有技术、研发能力、品牌和声誉、管理诀窍等），这些资源是企业持续竞争优势的来源并且是稀缺的、无可替代的，奥克斯认为泰国相较于欧美国家，其技术壁垒较低，易于通过市场交易的方式获得当地特有优秀技术，并且不会因为当地的知识产权保护意识而付出更多的成本，不论从研发上，还是从资源获取上来看，制造基地选址泰国都是最好的战略决策。

2）文化距离

每一个国家和地区都有其独特的社会文化环境，因此对于想要进军海外市场的企业来说，熟悉当地社会文化环境至关重要。在泰国，华人在人数上仅次于泰族人口，占总人口的14%左右[2022年对外投资合作国别（泰国）指南指数显示]。华人大批移民泰国是在19世纪下半叶到20世纪30年代这段时间，泰国华人多数居住在首都和外府城市，据不完全统计，首都曼谷的居民中华人占40%。华人、华裔在泰国政治、工商、金融、旅游业、传媒业中有着举足轻重的地位和影响。地理位置上的接近在一定程度上降低了知识流动的空间局限性，而相对相似的社会文化背景提高了知识接收和解码的准确性，也减少了知识在传递过程中的扭曲和失真，为获得当地市场知识创造了有利条件。一方面，与本国企业相邻促进了替代性学习，跨国企业不仅可以仿效其成功的经验，还可以规避其失败的教训；另一方面，组织之间的学习在某种程度上依赖于个人层面的学习。基于亚洲民族动态数据研究发现，泰国对中国国家形象的认同度普遍较高，这为企业在泰国投资打下了良好的基础，使企业避免了由社会舆论压力带来的冲击（孔建勋和赵姝岚，2013）。园区内部"中泰一家亲"的观念深入员工内心，这使得泰中罗勇工业园内高度本土化发展。企业国际化中选址于本土化程度高的海外园区能有效加强与东道国政府机构和企业的交流合作，为合理利用东道国的资源优势从而有效降低运营成本和风险方面提供便利性（温灏，2017）。文化本地化就是奥克斯为快速融入东道国的社会环境，克服外来者劣势而采取的本地化策略，而共建"一带一路"国家正是多元文化集中地，中国产业出海快速融入本地文化，能有效降低企业投资风险，提高经营效率。然而，相比于欧美市场较大的文化背景差异，奥克斯从意识到文化差异再到文化融合，付出了更加高额的学习成本。综上所述，奥克斯选址于泰中罗勇工业园建立制造基地不仅能够因其较为相似的文化背景快速融入东道国社会环境中，而且能够极大地节约文化学习成本。

　　3）东道国的合作潜力

　　奥克斯董事长郑坚江表示：新冠疫情给中国制造业带来了更多更深层次的革新和机遇，而数字化、智能化是实体经济转型的重要方向，未来将是互联网经济、数字经济引领的时代。其中，泰国政府对于数字经济发展高度重视是促成奥克斯制造基地落座于泰国的重要原因之一。2016 年，泰国政府成立了数字经济和社会部，并由泰国总理亲自担任国家数字经济和社会委员会主席。为寻求经济发展新动力，泰国先后推出"工业 4.0"战略和"东部经济走廊"（eastern economic corridor, EEC）计划，数字经济是其中重点发展的目标产业之一。根据相关规划，泰国将率先在 EEC 特区推行 5G 商用，以发展科技产业、吸引外资，泰国政府的相关举措在奥克斯制造基地的选址决策中起到了重要作用。众所周知，2019 年作为奥克斯重大转折的一年，奥克斯在空调市场一蹶不振的大环境下，发布了全新的"互联网直卖模式"，其正是依托数字平台，实现了厂家直供到终端，实现了最优价格，解决了传统模式中因代理商层层加价导致价格虚高的问题，使得奥克斯空调销售量增长近 56 倍，奥克斯也以"互联网直卖"为全新的品牌定位，而泰国大力发展数字化经济正是为奥克斯"互联网直卖"去往泰国夯实了基础。

　　展望未来，泰国的大型政府数据中心、私有领域的中小数据中心均将继续发展，诸多大中小数据中心会更加互联互通，从而促进诸多混合数据中心的发展。泰国诸多数据中心的容量和安全性也将提升，这有助于企业最大限度地提高灵活性，同时将数字化成本降至最低并保持竞争力。

3.4.5　案例小结

　　从基于泰国制造基地的选址上来看，奥克斯有以下几点考虑：第一，选址工业园区通过对园区内其他企业的经验学习，极大地降低了奥克斯建厂过程中的试错成本和风险；第二，相较于地理距离较远的欧美市场来说，泰国建厂为奥克斯对中国南部地区以及西南地区的产业覆盖提供了便利，并且东南亚地区庞大的人口基数而受限于相对落后的经济发展水平和电力基础设施导致空调普及率较低等因素，也为奥克斯国际化发展提供了机遇；第三，相似的文化背景降低了奥克斯与其他企业间的沟通壁垒，为获得当地市场知识创造了有利条件；第四，泰国大力发展的数字经济为奥克斯"互联网直卖"进入东南亚市场提供了支点，同时泰国制造基地也为奥克斯智能制造国际化提供了有力保障。

中国民营企业参与"一带一路"国际产能合作主体协同

第4章　国际产能合作主体协同概论

共建"一带一路"倡议推动了越来越多的中国民营企业成功地加速实施了国际化战略。它们与母国和东道国的供应商、消费者、当地的社区、政府、学校和科研机构等不同的利益主体进行知识、资源的交换与互动，通过构建跨越不同地理边界的创新生态系统的方式国际化。然而，深受母国与东道国制度环境、地缘政治等特殊因素影响，中国民营企业从一个新兴经济体到另一个新兴经济体的国际化范式与发达经济体跨国企业的国际化范式不同。我们从创新生态系统的视角出发，研究中国民营企业是如何与母国以及共建"一带一路"国家的利益相关者互动，通过构建制度—组织—知识三维协同的创新生态系统成功地在海外实现"走进去"的国际化目标。

跨越地理边界的创新生态系统呈现多样性和差异性的特征。跨边界生态系统的多样性首先表现在地理多样性和地理距离上。地理多样性是一定区域内合作国的数量，海外研发活动涉及的合作国数量越多，地理边界拓展越分散。地理距离关注企业海外拓展的距离远近问题。创新生态系统边界拓展的多样性还表现在三个维度：制度多样性、组织多样性和知识多样性。制度多样性表明组织在跨国界拓展中面临文化、法律法规、经济等方面的差异；组织多样性意味着研发伙伴来自多种组织类型的程度；知识多样性包括了知识、技能的聚集和分散程度。与此同时，生态系统所呈现的差异性可理解为合作组织间的距离，包括制度距离、组织距离、知识距离。制度距离指不同国家间的管制、规范和认知差异；组织距离指不同合作组织在组织结构、组织技能、传统文化习惯上的不同；知识距离是企业海外研发过程中所涉及的不同主体所掌握的知识差距。

中国民营企业在共建"一带一路"国家通过构建海外创新生态系统实现海外国际化战略的过程中与各利益相关者在制度、组织、知识方面的协同问题吸引了理论学者和企业的关注，为此下文将依次从制度协同、组织协同、知识协同三维视角阐述"一带一路"国际产能合作的主体协同问题。

4.1　制　度　协　同

制度理论是研究企业国际化的重要视角。新兴经济体企业进行"一带一路"国际产能合作过程中往往面临多样且复杂的制度情境。母国和东道国在政治、经济、法律、文化、习俗等方面的差异会影响民营企业的海外战略选择。能否克服跨边界的制度距离关系到民营企业是否能成功克服外来者劣势，实现本地化嵌入并最终获得组织合法性。因此，本书从三个方面解析跨越母国与东道国地理边界的创新生态系统的制度协同问题。第一，探讨母国制度对中国民营企业海外投资的影响；第二，探讨东道国的制度、民营企业国际化与环境战略；第三，探讨海外创新生态系统构建中领军企业的合法性获取策略。

4.1.1　母国制度对中国民营企业海外投资的影响

跨国企业海外投资活动深受母国制度的影响。尤其是新兴经济体，其在价值观、法律法规、监管等方面正经历重大转变，它们的制度往往表现出复杂性、多样性和多层次性等特征。母国作为新兴经济体，其制度对企业海外投资活动的影响可能包括以下三个因素：一是制度逃离，即新兴经济体跨国企业会倾向于绕过母国不完善制度约束而进行海外投资；二是良好制度的驱动作用，即母国较为完善的制度会刺激和促进跨国企业的海外活动；三是制度同构，即已实现国际化的企业的经验、绩效会给其他仍未实现国际化或有志想要国际化的企业提供启示或榜样效应。

作为全球最大的新兴经济体和转型发展中国家，中国的制度具有独特性。中国正式的区域市场化制度、非正式的企业家精神、企业的政治关联以及它们的复杂关系均对中国民营企业海外投资倾向和海外投资强度产生不同程度的影响。

更高的市场化程度能促进企业积极地进行海外研发投资，市场化程度越高，海外研发投资强度越大。鼓励效率与竞争的市场化制度有利于促进市场要素的自由流动，降低企业的交易成本。一个完善的金融市场可以降低企业研发融资的门槛，增强企业海外研发投资的意愿；完善的知识产权保护制度能鼓励企业积极进行研发创新和海外投资。政府可以通过放宽海外监管政策、提升行政审批效率、降低企业海外研发投资税收等方式给企业营造良好的市场制度。我国不同区域的市场化制度的发展程度不一，东部沿海城市经济发展程度高，市场化改革起步早，市场制度较完善，更有利于促进企业海外投资。

企业家的决策是影响企业战略和行为的重要因素。企业家精神是企业家群体所共有的特质和价值观，受特定的区域制度影响。企业家精神内涵是多样的，涵盖了企业家的创新精神、创业精神、冒险精神等不同方面。具有创新精神的企业家，其企业海外投资不仅倾向更明显，投资强度也更大，因为具有创新精神的企业家更愿意搜寻新市场、新技术和新产品。而企业家的创业精神代表了企业家建立新企业或子企业的意愿，创业企业家不一定会在海外创业，而一旦在海外投资运营，则具有创业精神的企业家，其海外投资强度也更大。

企业的政治关联既包括股东或高管等个人与政府的联系，也包括基于所有制因素所产生的企业与政府的联系。企业的政治关联会提升企业海外投资的倾向和强度。尽管政治关联可能会在一定程度上削弱企业的核心能力建设和技术创新活动水平，但企业通过与国家和政府发展关系可以获取组织合法性，获得诸如优惠政策、领先技术合作伙伴、研发知识等创新资源，从而更好地开展海外投资活动。然而，制度系统具有多样性与复杂性，政治关联与区域市场制度、企业家精神的交互作用对企业海外研发投资倾向和强度存在消极影响，即相对于有政治关联的企业，区域市场制度质量的提升和企业家精神的培育对无政治关联企业的海外投资会产生更大的积极影响。

4.1.2　东道国制度、民营企业国际化与环境战略

积极的环境战略是指企业采取积极的立场和做法，将环境可持续性纳入其业务运营中。大量研究探索了追求积极的环境战略与国际化的关系，特别是大型跨国企业的国际化。积极环境战略与国际化也是发达国家中小企业实践的两大趋势，而有关积极的环境战略是否以及在什么条件下影响新兴国家民营中小企业国际化的理论和实证数据非常有限。尤其是东道国外部环境压力如何影响新兴国家中小企业在追求国际化过程中利用积极的环境战略获取合法性的机制尚未得到证实。新兴国家企业由于母国未形成良好的治理环境或制度未得到良好的执行等原因，企业集体环境存在负面刻板印象，新兴国家中小企业往往更容易面临发达国家监管机构和客户在环境问题上的合法性挑战。因而，以中国为例，了解外国制度压力如何影响中小企业利用其积极的环境战略来支持其国际化努力对于新兴国家的中小企业尤为重要。

新兴国家的中小企业同时关注内向型和外向型国际化活动，东道国外部制度压力分为环境监管压力和客户压力，分别代表强制性和规范性制度压力。研究表明，积极的环境战略对新兴国家民营中小企业的各种国际化活动的有益影响取决于不同的外部制度压力。国外环境监管压力对主动环境战略与内向型国际化活动之间的关系具有倒"U"形调节作用，而国外环境客户压力对主动环境战略与外向型国际化活动之间的关系也具有倒"U"形调节作用。

　　将资源基础观和制度理论结合可解释国际商业战略。首先，新兴国家的中小企业需要利用其资源优势（即积极的环境战略）从发达国家获取资源（即先进的管理技能和投资）。根据制度同构逻辑，发达国家的资源提供者（即知识创造者和投资者）倾向于采用类似的做法（同构）来顺应监管压力（获得合法性）以追求环境可持续性，这将影响新兴经济体中小企业利用积极环境战略追求以内部为重点的国际化。借鉴制度距离逻辑，新兴国家的中小企业可以利用其积极的环境战略（资源）来克服发达国家客户的合法化挑战（减轻客户对企业环境的负面看法并获得合法性）。

　　其次，东道国制度压力的非线性调节可以解释为：新兴国家的中小企业或由于自身缺乏资源而无法对当前的做法进行重大改变以应对外国压力，或因新兴国家和发达国家在制度设置上的差异可能会导致自身在环境实践方面进行额外投资，因而不愿意改变现有做法，最终失去获取国外资源和在国外市场发展的资源优势。

4.1.3　领军企业海外合法性获取

　　新兴经济体跨国企业在其他新兴经济体国家搜寻机会的过程中往往面临东道国外部环境动荡性，母国和东道国制度缺乏或不完善，东道国监管政策多变，利益相关者及需求的多元化以及组织内外结构复杂性等诸多问题。因此，构建海外创新生态系统成为新兴经济体跨国企业在海外谋求生存和发展的重要国际化方式。生态系统层面组织合法性的获取和阈值的动态跨越是海外创新生态系统克服生存和发展两大压力的重要研究问题。国际双元动态能力、国际动态利用能力和国际动态探索能力为企业在制度不完善的情境下适应、整合和重新配置资源提供了重要的理论基础。因此，动态能力视角可以有效诠释跨国企业海外合法性聚焦点的动态变化过程。

　　海外园区可以作为研究新兴经济体跨国企业在海外构建创新生态系统的一个典型模式和突破口。海外园区符合创新生态系统的基本定义，即由一个领军企业，通过松散互联开发系统并整合各方利益相关者资源，形成互利共赢的长期合作伙伴关系并最终实现生态系统内企业的价值共创。海外创新生态系统（海外园区）整体合法性获取最大程度地依赖于园区领军企业合法性获取。

　　因此，结合动态能力理论，我们关注新兴经济体跨国企业如何在弱合法性场域下构建海外创新生态系统（海外园区）以成功实现"走进去"的战略，领军企业在构建海外创新生态系统（海外园区）的过程中如何动态获取组织合法性并实现阈值的跨越。而中国作为最大的新兴经济体，有一大批诸如本书所提到的华立集团、青山控股集团等优秀的民营企业在共建"一带一路"国家构建海外园区顺利实现了合法性的获取，为我们探究新兴经济体企业在构建海外园区过程中动态获取组织合法性的非连续阈值产生机制及其跨越的微观动力提供了研究机会。

创新生态系统是跨国企业嵌入海外市场得以生产和发展的核心所在，而合法性是研究海外创新生态系统国际化的关键构念，借助华立集团在海外设立泰中罗勇工业园这个案例，我们从组织合法性的视角对跨国组织如何嵌入脆弱的制度宿主市场，构建、维持其创新生态系统并逐步得到相关利益群体认同的全过程进行探讨。我们发现在海外园区构建的探索期、成长期、深耕期三个不同的阶段，不同的内外部合法性评估者的角色会发生变化。在领军企业单枪匹马进入海外市场并开始着手规划和构建工业园区的探索过程中，母国企业的内部合法性和双边政府的外部合法性占据主导地位。而在吸引优质合作伙伴入园区的成长阶段，跨国联盟伙伴、入园合作伙伴和工会所代表的伙伴间的合法性占据了主导地位。在园区步入成熟稳定发展的第三阶段，开始重视媒体宣传、校企合作、企业社会责任等社会合法性，伙伴间、外部合法性占据绝对主导地位。

因此，海外创新生态系统的合法性阈值明显存在，并经历了聚焦点从以内、外部合法性为主过渡到以伙伴间、内部合法性为主，并最终发展到以外部合法性为主的演变过程。母国企业和双边政府的支持对领军企业在东道国构建海外园区至关重要。海外子公司依赖母国企业的资金、技术等资源的支持，若没有母国企业的合法性，海外子公司项目失败的概率很大。另外，不同于海外绿地投资和并购，跨越国界构建海外园区，其项目也依赖双边政府的政策和制度。而随着园区的建设发展，来自双边政府的合法性影响减弱，内部合法性主要来自园区员工而非母国企业，尤其是东道国本地员工的合法性对园区发展至关重要，外部合法性主要来自外部合作伙伴。园区的后期发展着重强化集聚效应，提升产业能级，来自主流媒体、高校、研究院及当地民众的合法性和来自入园企业的伙伴间合法性是衡量合法性阈值的主要因素。

总之，中国民营企业应根据共建"一带一路"国家的环境、企业自身战略的匹配，进行制度套利或制度规避策略的选择。首先，海外创新生态系统的核心企业则需要进行共建"一带一路"国家制度战略的趋同策略或分散策略选择。其次，海外创新生态系统的组织可以采取合法性依从、选择、操控、创造等不同策略，形成管制合法性、规范合法性和认知合法性。最后，海外创新生态系统不同层次个体和子系统的组织合法性进行交互，从而影响整体创新生态系统的组合合法性过程。

4.2　组　织　协　同

4.2.1　海外创新生态系统组织协同的运行机制

民营企业在共建"一带一路"国家开展国际产能合作在组织拓展问题上涉及组织距离的选择和组织多样性的平衡。组织距离问题是指企业可能倾向于在认知、习惯、文化等方面与自身更接近还是更远的国家开展"一带一路"产能合作。组织多样性问题是指企业国际化过程中是选择与同质企业实现联合还是与异质企业互补。企业构建海外创新生态系统既要与母国生态系统成员协同发展，也需要与东道国企业实现组织协同与价值共创。生态系统的协同对象在组织内部包括母公司和海内外的子公司，在组织外部包括产业链上游的供应商，下游的客户和终端的消费者以及政府、行业协会等。生态系统协同运作存在三种机制：愿景发展、平台组织和制度重新配置。

愿景的发展包括愿景启动与扩散两个阶段。企业首先建立公司、技术或市场愿景，其次在商业合作伙伴之间共享，通过愿景扩散可以驱动生态系统合作伙伴产生以共同商业化焦点企业的商业想法。一些企业通过构建一个平台来管理不同的合作伙伴。平台分为以海尔为典型例子的产业平台以及阿里巴巴、京东等典型的交易平台。平台为合作伙伴互动提供了场所，各利益相关者通过协同工作来识别和形成核心业务流程。此外，产业发展也依赖政策的支持，并满足监管要求和文化期望。在中国，以电动汽车产业及其生态系统为例，灵活的监管环境刺激新兴小众汽车制造商的创新，主流电动汽车制造商则获得充足的资源和政府支持，拥有更集中制造的场景。

因此，核心企业通过愿景发展、平台组织、制度重新配置实现生态系统各合作伙伴之间的协同发展。市场驱动的生态系统更倾向于通过分享愿景的机制协调合作伙伴，政府驱动的生态系统协同机制更可能为平台的搭建提供监管帮助。

4.2.2　海外创新生态系统组织协同与共生演化

1. 价值创造与价值获取过程机制

价值创造与价值获取的过程机制包括有形机制和无形机制。在海外创新生态系统的第一阶段，价值创造的有形机制包括各主体通过协会、论坛等将生态系统各参与者吸引在一起。价值创造的无形机制指生态系统的聚集和吸引机制，调动领军企业积极性，构建一个共同的愿景，建立企业之间的信任等。在价值获取机制中，有形机制包括海外创新生态系统之间建立合同框架，规范生态系统知识产权等。价值获取的无形机制如考虑每个参与者的动机，在参与者之间创建共同愿景等。

在海外创新生态系统的第二阶段，价值创造的有形机制与第一阶段相似，通过诸如搭建不同合作主体之间合作的正式结构（如合同）、稳定的平台等方法让各主体之间的合作更稳定。无形机制包括建立企业间、人与人之间的信任和共同愿景，领军企业通过加强与其他参与者的互动与沟通以维护共同的愿景。而在价值获取方面，有形机制包括海外创新生态系统内部的指导方针、专用性知识产权等。无形机制涉及参与者之间就目标与需求的理解和沟通。

因此，有形机制主要为创造一个实体或搭建一个平台，使海外创新生态系统内各参与者可以顺畅沟通，而无形机制主要依赖领军企业创建一个共同愿景，并在参与者之间扩散，建立彼此之间的信任等。有形机制与无形机制相互补充。

2. 生态系统各组织单元共生演化

海外创新生态系统是由核心企业和配套组织共生演化的复杂系统，生态系统的共生演化是网络中价值创造与价值获取的核心问题。海外共生系统由共生单元、共生环境和共生模式三个要素构成，要素之间相互影响和作用并最终影响着共生体的动态演化。

共生单元是构成共生体的基本物质生产和能力交换单位，本节指海外创新生态系统的核心企业和配套组织。其中，核心企业在合作伙伴选择、价值创造、价值获取等方面起主导作用。配套组织共生单元提供互补性技术和配套增值服务等，其在生态系统中处于重要地位。核心企业往往依赖其合作伙伴的异质资源，而配套组织则希望利用其提供的互补技术和异质资源争取到与核心企业进行价值共创的平等地位，两者相互作用促进生态系统的共生演化。共生界面是共生单元之间的接触方式，包括创新平台、技术与产品接口、技术标准、技术转移中心等。共生环境是指影响共生模式发展的外部条件，包括东道国的政策环境、经济环境等。共生模式是生态系统中核心企业和配套组织共生单元相互作用的方式。

共生模式有寄生共生、偏利共生、互惠共生等。寄生共生模式或表现为海外创新生态系统中的核心企业依赖配套组织的互补资源不断扩大其规模，所创造的价值不断提升，而配套组织所获取的价值减少。反之或表现为配套组织依托核心企业提供的资金投入和技术供给，其讨价还价能力随之不断增强，而核心企业所获取的价值减少。偏利共生模式是指海外创新生态系统中的核心企业，依赖配套组织的互补资源不断扩大规模和提升价值创造水平，而配套组织所获取的价值保持不变；或者配套组织在生态系统中不断提升价值创造能力和价值获取能力，而核心企业所获取的价值保持不变。互惠共生模式则表现为核心企业和配套组织通过资源合理配置和整合，使得双方的价值创造和获取能力均不断提升。互惠共生模式又可分为非对称互惠共生和对称性互惠共生。前者指双方的价值创造和获取能力获得不同程度的提升，后者指双方的价值创造和获取能力协同提升。对称性互惠共生是海外创新生态系统演化的基本方向和根本法则，且由寄生共生模式转变到互惠共生模式往往会出现过渡性的偏利共生模式。

以上三个要素中，共生单元是基础，共生模式是关键，共生环境是外部条件。海外创新生态系统是由核心企业和配套的组织共生单元（如上下游企业、终端用户、政府、科研机构等）在一定的共生环境中，通过各种共生模式在共生界面上从事价值创造和价值获取的复杂系统。互惠共生模式是海外创新生态系统的最佳演化方向，外部的干预政策或激励策略应将共生模式引导转向互惠共生。同时，核心企业要加强科研经费投入，创新资源整合；配套组织应积极参与价值共创，提供互补性资源。此外，优化共生环境和共生界面。前者表现在优化信息环境，提升共生单元之间的信任水平，降低机会主义的发生，后者的举措如促进各共生单元协同的标准化以减少共生界面阻力等。

4.3　知　识　协　同

4.3.1　地理边界—组织边界—知识边界三维拓展

海外创新生态系统的构建过程是地理边界、组织边界和知识边界非线性拓展与动态演化的过程。企业与东道国知识的互补性，企业与大学、科研机构的合作，全球知识的搜寻与模仿等都会影响海外创新生态系统地理组合。此外，组织的边界拓展从资源基础观的角度解释，有利于企业获得各类研发资源，从组织学习的角度解释，跨地理边界的生态系统构建有利于组织从国际化的网络中学习知识。而创新生态系统的知识边界的拓展，其微观机制和动态特征研究相对不足。而创新活动是由知识存量决定的。企业的知识基础对于企业的技术创新、海外新知识的获取和组织结构均产生重要影响。

知识基础突出了静态属性，不足以解释海外创新生态系统的动态演化过程。知识能力是指企业所拥有的知识、资源和能力以及对组织知识、资源和能力进行协调并更新的能力。知识能力对民营企业"一带一路"国际产能合作中的知识吸收、知识转移和海外创新生态系统构建产生重要影响。知识能力分为基础资源能力、知识运作能力和知识机制。基础资源能力指企业积累的技术专利、研发平台、研发人力资本、知识网络等知识能力基础。知识运作能力是将基础资源用于组织的技术创新活动中，对资源进行整合、管理和加工，不断更新以提升创新产出的过程。知识机制分为知识学习机制和匹配机制，促进知识基础与环境匹配。

不同的企业以及企业的不同阶段生态系统边界拓展呈现非序贯性、不同步性和阶段性特征。在创新生态系统拓展的不同阶段各边界拓展的维度不同。以华为跨国界的研发创新生态系统为例，在华为的技术追赶阶段，由于受企业自身知识能力的限制，企业的知识边界拓展程度较低，而从地理边界视角来看，企业可以根据全球各地拥有的知识资源禀赋差异分布，在海外成立研发中心，更好地进行知识搜寻、吸收和整合以提升创新水平，这一阶段地理边界上的大幅拓展最为显著。而在研发的技术相持阶段，随着企业的知识能力提升，企业知识边界拓展最为显著，企业的知识从普通应用性知识向中高阶应用性知识攀升，知识广度和深度都在增加。到了技术领先阶段，企业的组织边界拓展最为显著，这一阶段企业积累了较强的知识能力，且在这一阶段企业要保持原创技术开发能力和技术领先水平，需要与各类大学、科研机构、研发中心不断加强基础性研究和投入，组织的内外部边界拓展最为显著。

可见，海外创新生态系统发展的每个阶段的边界拓展的重心不同，随着知识能力从"低—中—高"的方向提升，海外系统也遵循"地理边界—知识边界—组织边界"的顺序拓展。首先，根据知识基础观，地理边界的拓展是为了在相应的地理范围内搜寻知识，知识边界的拓展是企业自身的知识随着生态系统拓展而积累，组织边界的拓展表明组织从不同的利益相关者处搜寻和吸收知识。

其次，海外创新生态系统边界拓展的整个过程中，知识边界拓展占据主导地位。根据演化经济学，要素的初始状态会影响系统演化的方向和结果。生态系统的演化受企业知识能力的制约，知识边界的拓展在整个创新生态系统的拓展中居首要地位，而地理边界和组织边界拓展具有从动性。随着知识边界的拓展，必然会产生地理边界和组织边界的拓展。与此同时，全球知识分布具有不均衡性，要拓展知识边界，必然需要进行地理边界和组织边界的拓展，如企业需要在全球不同的国家和地区建立研发中心以吸收当地的异质性知识，需要与组织外部不同的科研机构合作获取研发资源，提升技术能力等。

最后，创新生态系统拓展的广度、深度、速度均受企业自身知识能力的制约，反之，创新生态系统的升级或拓展也会提升企业的知识能力。两者相互影响、动态演化，企业既要加快构建海外创新生态系统以获取新的知识资源，提升知识能力，又不能脱离自身的知识基础和能力实现海外创新生态系统的飞跃。

4.3.2　共建"一带一路"倡议推动了企业对新兴经济体国家的知识扩散

我们可以通过政策评估的视角考察共建"一带一路"倡议对中国向新兴市场国家进行知识扩散的政策效应，以此探讨中国企业与东道国的知识协同效果。以技术先发国家为核心的创新能力"高地"和以技术后发国家为核心的创新能力"低地",为跨国技术转移创造了"位势差"。以中国为例,从公共政策评估的角度研究其对跨国技术转移的影响为新兴市场国家之间的技术转移研究提供了新的视角。

对跨国技术转移而言,公共政策是一把"双刃剑"。一方面,政府通过一系列政策工具及其有机组合对跨国技术转移可能施加正向影响;另一方面,各国由于不同的文化、经济和法律制度,其制定的公共科技政策往往存在差异,甚至相互冲突,由此产生的制度壁垒,往往会弱化技术转移通道,阻碍技术在不同国家和区域之间的转移与扩散。中国政府出台的向共建"一带一路"国家技术转移的各类公共政策可以涵盖供给型政策工具、环境型政策工具及需求型政策工具。供给型政策工具诸如专利政策、科技创新政策与知识产权政策,为跨国技术转移提供技术等要素支持;财税政策、保险政策与投融资政策可纳入环境型政策工具,为跨国技术转移提供财税等要素支持;产业政策和进出口管制政策主要起到稳定市场预期的作用,可纳入需求型政策工具。这三大类型的政策工具成为剖析我国向共建国家技术转移的政策性作用机理的切入点。

单一的政策工具可以发挥不同的效应。如专利政策可以为海外研发提供研究与试验发展环境,保护跨国公司研发专利在东道国的合法权益。针对跨国劳动力的财税政策不仅可以降低高技能劳动力跨国流动的成本,而且可强化东道国对劳动力的吸引力。投融资政策和产业政策则可推动跨国公司的对外直接投资。进一步地,政策工具的交叉组合使用使得整个政策系统产生了高于单个政策工具的正外部性。在共建"一带一路"倡议下,通过环境型政策工具、需求型政策工具和供给型政策工具的交叉组合使用,中国政府放宽了向共建"一带一路"国家技术转移的限制,并推动国内较多的资金、劳动力、知识,以及相关产业、技术等资源要素向共建"一带一路"国家倾斜。

因此,共建"一带一路"倡议下不同的政策工具及其交叉组合使用对于我国向共建国家的技术转移提供了基本的环境、财税、技术等要素支持,并起到了正向促进作用。共建"一带一路"倡议推动了中国同共建国家的多边贸易互动以及以中国为核心的跨国技术转移网络的建构。这表明传统意义上的技术扩散方向从单纯的"由发达国家扩散至新兴市场国家"转向"由发达国家和新兴市场国家扩散至新兴市场国家"。鉴于政治制度环境、文化认同及经济发展等方面的不同而导致的异质性和内生性差异,共建"一带一路"倡议下的公共政策作用与我国向新兴市场国家的技术转移的效果并非同质的,未来可进一步将不同区域和国家的异质性差异纳入考察范围。

第5章　国际产能合作主体协同案例解析

5.1　福耀集团：制度协同机制分析

5.1.1　汽车玻璃行业国际化简介

1922 年，秦皇岛耀华玻璃厂成立，这是中国首个用机器生产玻璃的企业，中国玻璃产业由此开始，其历史距今长达百年。在这百年历史中，中国玻璃产业的发展并非一蹴而就，其国际化经过了从"技术突破"到"立足国内"再到"海外扩张"这样循序渐进的漫长过程。

1）技术突破

要想制造出一块平整度高且结构紧密的玻璃，若是采用过去传统的玻璃制造方法，无论是平面延压，抑或是引上拉管法，都无法轻易做到。此外，这种通过传统方法做出的玻璃需要后续进行抛光处理，既费时又费力。所以在很早以前，一块大而光滑的玻璃很贵。

1952 年，不枉耗费 7 年之久，投资近 400 万英镑，英国皮尔金顿公司成功为玻璃行业做出重大贡献，开发出了一种浮法玻璃技术。这种技术的出现，不仅使玻璃生产效率提高了不止几十倍，还使民用玻璃的成本大幅缩减。毋庸置疑，浮法技术已经颠覆了全球玻璃产业，如今平板玻璃工业的发展仍以该技术为基础。就在浮法技术受到了世界各国的普遍重视，其技术专利也受到了各国的关注之后，皮尔金顿公司却因意识形态而唯独对中国实施了技术封锁。面对如此不利的情况，我国玻璃行业认识到，要想不落后于其他国家，就必须要进行自主创新。

1964 年，为研发出属于中国的浮法技术，与广东洛波特机器人自动化技术有限公司数千名职员一同，全国各地的玻璃专家都齐聚洛阳玻璃厂，开始进行浮法工业实验。数月后，在建成国内第一条浮法玻璃生产线的基础上，第一块浮法玻璃成功出产。在此之后，该技术经历了十年的试验阶段，最后"洛阳浮法"于 1982 年正式问世。即使受到皮尔金顿公司的技术封锁，中国还是自行发明出了浮法工艺技术，成为唯一一个不靠购买就拥有该技术的国家。与美国、英国两国的浮法工艺一样，中国的浮法工艺也获得了世界各国的认可，同时有了"世界三大浮法工艺之一"的著称。洛阳浮法技术使我们成功克服了外国的技术垄断，缩小了这个行业的生产差距，量产光滑而平整的玻璃不再困难。从此，中国玻璃工业发展开启了新时代。

2）立足国内

随着玻璃生产技术取得重大突破，中国玻璃企业从此纷纷崛起。又随着经济全球化，企业生产经营开始逐渐挣脱国界的约束，向国际化发展。而中国玻璃企业几乎都选择先壮大国内市场，在国内站稳脚跟，并且在确保各种资源支撑且政策支持之下，再做出进军国外市场的决定。

1983 年，曹德旺在福州的乡镇承包了一家小厂，并于 1985 年将其主营业务定位于汽车玻璃，由此扭转了我国汽车玻璃市场完全依赖进口的历史，这就是后来享誉中外的福耀玻璃。与大部分企业一样，福耀集团从汽车玻璃维修市场这种中低端市场切入，并在这个市场上取得了很高的地位，最高时占有国内市场份额的 60%～70%。关于国际化，福耀集团明确提出要走"碎步"。除了该公司，上海耀皮玻璃集团和中国南玻集团也于 20 世纪 80 年代初诞生，并且是中国玻璃行业最早的一批上市公司。中国南玻集团作为中国电子玻璃行业的龙头企业，其技术达到世界先进水平且业务规模在国内快速扩大。与曹德旺创建福耀集团的初衷类似，李贤义于 1988 年筹建信义玻璃控股有限公司（简称信义玻璃）也是为一改只能以进口方式购买汽车玻璃的境况，后于 2005 年在香港成功上市。经过 30 余年的砥砺前行，信义玻璃已在国内建立了十个国家级生产基地，在国内玻璃行业占有一席之地。

除了以上提到的一些玻璃企业，中国玻璃行业还有着很多实力雄厚的企业。在国际化过程中，虽然每个企业的策略与做法都不同，进军的国外市场也不同，但这些公司都存在着共性——它们倾向于先立足于国内，再找准时机进行海外扩张。只有在国内掌握话语权，才更有把握能在国际市场上取得成功。

3）海外扩张

各大玻璃企业在充分挖掘国内市场潜力、累积经验、堆积实力后，纷纷走向海外市场。比如，为了获得更广阔的市场，专注汽车玻璃的福耀集团毅然"走出去"，如今已在美国、俄罗斯等多个国家建有玻璃生产基地，汽车玻璃国内外营收占比为 6：4。如今，在中国玻璃和太阳能行业中，中国南玻集团最具市场竞争力，其生产基地遍布国内经济最活跃的地区。中国南玻集团的主营业务不仅涉及了几乎所有类别的玻璃，还涉及电子高科技领域。2021 年上半年，中国南玻集团来自海外的主营业务收入占比约为 9.48%，因此在将来，公司业务会进一步向海外拓展。此外，信义玻璃同时制定并实施全球战略，积极推进企业全球化，在马来西亚马六甲州建立了大型海外生产基地，成功地开辟了全球市场。旗滨集团作为玻璃界的一匹黑马,自 2005 年进军玻璃行业以来,便大力引进国内外技术研发专家团队,引进国际先进设备,不断优化工艺流程,创新玻璃技术,迅速发展成为国内大型的玻璃全产业集团之一。凭借在浮法玻璃方面的优势,旗滨集团持续扩大在光伏领域的布局,其中包括加快海外光伏玻璃产能布局。

寻找蓝海市场的动机促使诸多企业走出国门,而改革开放政策以及随后推行的共建"一带一路"倡议同样激励着企业,因此投资于海外市场的玻璃项目也随之增多。我们要抓住共建"一带一路"机遇,加快"走出去"步伐,鼓励企业依托国内资本与技术,利用国外资源与市场,在国外布局新的市场能力,支持具有国际竞争力的企业,通过资本市场联合重组国外企业,参与国际市场的投资与经营,更好地在全球范围内配置资源,实现从产品输出、技术输出到资本输出的不断升级,稳步实现国际化。

5.1.2　汽车玻璃行业现状

1. 市场结构

汽车玻璃是一种汽车零部件,其市场通常分为两类:整车配套市场和售后维修更换市场。

整车配套市场是一种为汽车整车生产专门提供配套服务的市场,其市场营销主要通过与汽车制造商达成协议从而获取生产订单,且通常与整车厂商建立长期合作关系;售后维修更换市场是一种为更换汽车玻璃需求提供售后服务的市场,相比于整车配套市场而言较为分散。两类市场的规模取决于不同因素。通常,汽车产量决定了整车配套市场的大小,而当地汽车保有量和汽车玻璃更新频率决定了售后维修更换市场的大小。从全球范围看,汽车玻璃行业目前的整车配套市场大约是售后维修更换市场的 5 倍。汽车玻璃两大市场结构如图 5.1 所示。

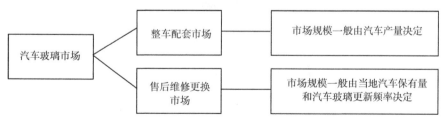

图 5.1　汽车玻璃的两大市场结构

资料来源:观研天下整理

随着新能源汽车的推广,汽车产销量有所增加,其中 2022 年中国汽车产量为2702.1 万辆,同比增长 3.4%;中国汽车销量为 2686.4 万辆,同比增长 2.1%;汽车保有量为 3.02 亿辆,同比增长 10.38%。2016~2021 年中国汽车产量及保有量如图 5.2 所示。

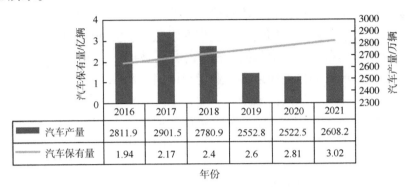

	2016	2017	2018	2019	2020	2021
汽车产量	2811.9	2901.5	2780.9	2552.8	2522.5	2608.2
汽车保有量	1.94	2.17	2.4	2.6	2.81	3.02

年份

图 5.2　2016～2021 年中国汽车产量及保有量

资料来源：中国汽车工业协会、智研咨询整理

2. 竞争格局

纵观全球，旭硝子玻璃股份有限公司（简称旭硝子）、日本板硝子株式会社（简称板硝子）、圣戈班集团（简称圣戈班）、信义玻璃和福耀集团是排在世界前五的汽车玻璃制造厂商，2020 年市场占有率分别为 22.30%、19.10%、15.90%、5.60%、20.50%，全球 85%左右的销量都由这五大厂商占据。其中，旭硝子的业务主要集中于美国、日本和中国，板硝子专注于欧洲、美国和日本市场，圣戈班的业务主要活跃于欧洲区域，信义玻璃主要以中国市场为主，而福耀集团的主要市场为中国和美国。根据公开资料整理可知，仅次于旭硝子，福耀集团的全球市场份额于 2020 年已位居世界第二，是国际上的汽车玻璃巨头。2020 年全球汽车玻璃市场竞争格局如图 5.3 所示。

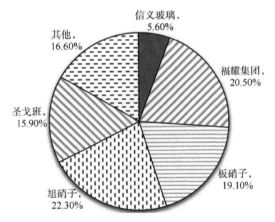

图 5.3　2020 年全球汽车玻璃市场竞争格局

资料来源：公开资料整理

3. 按供应商出货金额计算

纵观国内,福耀集团一直是中国汽车玻璃行业的佼佼者,在国内具有强大的主导地位。根据公开资料整理可知,福耀集团的国内市场占有率于 2019 年已达 63%,甚至于 2022 年已超过 65%。国内市场中,福耀集团有着绝对的领先优势。剩下 37% 的市场分别由上海耀皮玻璃集团、板硝子、信义玻璃、圣戈班、旭硝子和其他汽车玻璃厂商共同占有。2019 年中国汽车玻璃竞争格局如图 5.4 所示。

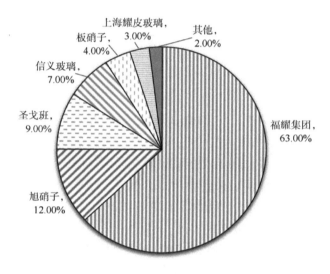

图 5.4　2019 年中国汽车玻璃市场竞争格局

资料来源:公开资料整理

总的来说,无论从全球还是从国内角度来看,寡头垄断基本上已成为汽车玻璃市场的竞争格局,即少数巨头控制多数市场份额。

4. 盈利现状

汽车玻璃行业的盈利现状以排名世界前五的汽车玻璃制造厂商为例进行说明,时间以 2017 年为例。在公司总营收方面,旭硝子、板硝子和圣戈班远超两家国内玻璃企业。作为主营汽车玻璃的福耀集团,其汽车玻璃营收占比最高,因此其汽车玻璃营收与国外三家企业不相上下。在综合毛利润率方面,旭硝子、板硝子和圣戈班均在 25% 左右,而福耀集团和信义玻璃分别高达 42.76%、36.97%,显著高于另外三家企业。在综合净利润率方面,国外三家玻璃企业均不到 5%,而福耀集团保持在 15% 以上,信义玻璃甚至保持在 20% 以上;在汽车玻璃营业利润率上也有类似的情况,福耀集团和信义玻璃远超另外三家企业。表 5.1 列出世界前五家汽车玻璃制造厂商各方面营收情况。

表 5.1 世界前五家汽车玻璃制造厂商各方面营收（2017 年）

项目	旭硝子	板硝子	圣戈班	福耀集团	信义玻璃
公司总营收/亿元	847	336	3148	187	124
汽车玻璃营收占比	26%	51%	5%	95%	27%
汽车玻璃营收/亿元	223	171	159	178	33
综合毛利润率	22.53%	26.11%	25.52%	42.76%	36.97%
综合净利润率	4.04%	1.26%	3.69%	16.82%	26.03%
汽车玻璃营业利润率	3.69%	4.30%	10.10%	19.6%	23.7%

资料来源：各公司年报及官网

5.1.3 福耀集团简介

福耀集团由曹德旺创建，全称福耀玻璃工业集团股份有限公司（含其前身），1987 年在中国福州注册成立，是一家生产汽车安全玻璃和工业技术玻璃的中外合资企业，1993 年，福耀集团股票在上海证券交易所挂牌，成为中国同行业首家上市公司。福耀集团已在福清、长春、上海、重庆、北京、广州建立了汽车玻璃生产基地，还分别在福建福清、吉林双辽、内蒙古通辽、海南海口等地建立了现代化的浮法玻璃生产基地，在国内形成了一整套贯穿东南西北合纵连横的产销网络体系。福耀集团总资产由 1987 年注册时的 627 万元增长至 2023 年的 80 亿元，在中国香港以及美国设立子公司，并在日本、韩国、澳大利亚、俄罗斯、西欧、东欧等国家和地区设立了商务机构，成为名副其实的跨国公司。

1. 发展历程

1）初创探索——1987～1999 年

这一时期公司从汽车玻璃售后市场起家，在经历业务多元化、引进外资经营等模式试错之后，确立专注主营、自主发展的战略。1987～1999 年，是福耀集团的初创探索阶段。1993 年上市后，集团经历了多元化探索，确定了以汽车玻璃及相关工业为主的发展方向；经过与圣戈班的合作与友好"分手"，汲取了经营与生产经验，打开了国际化的局面。也是在这一阶段，公司确立了市场战略转移的目标，强调未来在整车配套市场和出口市场的发展，并在之后的历程中朝着这一战略目标稳步前行。

2）快速成长——2000～2007 年

这一时期公司在国内的生产网络全面铺开，受益于国内汽车快速普及的红利，福耀集团国内 OEM 业务突飞猛进，并且开始布局浮法玻璃，汽车玻璃产业链向上延伸。

2000～2007 年，这一阶段福耀集团受益国内汽车行业快速增长的红利，国内 OEM 业务突飞猛进，汽车玻璃产业链纵向延伸。公司自 2000 年开始建设全国性跨省区生产网络，2000～2007 年，公司为了不断地建设生产基地，其资本开支急剧增长（复合年均增长率为 46.36%），直到 2007 年国内生产网络基本建成。2003 年赢得加拿大反倾销案后，开始与批批吉服装设计有限公司（简称 PPG 公司）合作，建设浮法玻璃生产线，抓住汽车玻璃生产上游，并在 2005 年第四季度实现了大批量稳定自供汽车玻璃用原片。这一阶段公司营业收入增加了 7 倍，净利润增加了 6 倍，抓住国内汽车增长机遇高速发展，国内 OEM 市场占有率在 2007 年达到了 55%。

3）全球化市场扩张——2008～2018 年

先后通过设立以及收购的方式在俄罗斯和美国建成汽车玻璃产能和浮法玻璃产能，在美国汽车玻璃前装市场取得骄人成绩。2008～2018 年，福耀集团继续巩固壮大汽车玻璃事业，在国内 10 座城市 14 个汽车玻璃生产基地共建成约 12 230 万平方米（3000 万套/年）的产线，建立了 9 条浮法玻璃线，约 80% 的汽车玻璃原片由自身供应。在国外，金融危机导致竞争对手汽车玻璃业务盈利下降、资本开支缩减，给福耀集团在海外建厂带来了重要机遇，公司在美国建立了代顿工厂（汽车玻璃）、芒山工厂（浮法玻璃），在俄罗斯也有汽车玻璃和浮法玻璃的产能。这一阶段公司业绩规模继续稳步提升，收入复合年均增长率约 13%，全球化扩张使得公司国内外收入结构从 7∶3 变化至 6∶4。

4）横向并购——2019 年至今

并购德国 SAM 电子有限公司（简称 SAM 公司），拓展铝饰条业务（可以和汽车玻璃集成之后供货），培育全新增长点。2019 年，福耀玻璃收购其上游汽车零部件制造商——德国 SAM 公司的资产。SAM 公司主要生产铝饰条、铝旅行架等铝制品，是全球领先的铝饰条专家，其 ALUCERAM 技术是唯一获得大众和奥迪最高要求认可的镀层工艺，福耀集团的汽车玻璃业务可以和铝饰条形成集成化产品，可以在客户资源、供货渠道等方面发挥协同效应。此外，铝饰条单车配套价值 150～200 欧元，接近汽车玻璃单车配套价值的二至三倍，可为福耀集团创造新的利润增长点。福耀集团发展历程如图 5.5 所示。

2. 发展现状

1）市场情况

福耀集团拥有强劲的市场开拓力，在很大程度上得益于其强大的研发生产能力、完善的产品线及优质的产品。福耀集团的汽车玻璃不仅活跃于国内的整车配套和售后服务市场，还成功在竞争激烈的国际市场上有所作为。2006 年，福耀集

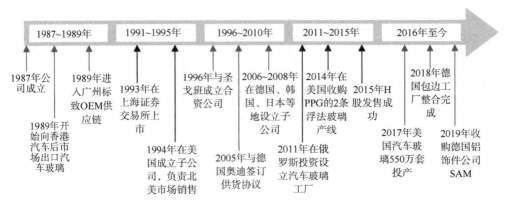

图 5.5　福耀集团——全球化稳步前进，新业务联动发展

团研究院被国家发展改革委、科技部、财政部、海关总署、国家税务总局等联合认定为"国家认定企业技术中心"。在国内的整车配套市场，福耀集团为各著名汽车品牌提供配套，市场份额占据了全国的半壁江山。在国际汽车玻璃配套市场，福耀集团已经取得了世界八大汽车厂商的认证，已经成为奥迪、宾利、大众、通用、长安福特、丰田、本田、东风标致、雪铁龙、沃尔沃、现代、戴姆勒-克莱斯勒等品牌的合格供应商，并批量供货。

2）品牌情况

随着经济发展水平的提高，我国人民生活水平不断改善，汽车需求量不断增加，福耀集团借着汽车行业的机遇，顺势而为。本着"我们正在为汽车玻璃专业供应商树立典范！"的企业使命，奉行着"质量第一、效率第一、信誉第一、客户第一、服务第一"的企业宗旨，福耀集团成为集聚汽车玻璃产品、设备研究、设计、开发制造等多种能力的大型企业，同时将福耀玻璃研究所建设成为具有国际影响力的科研机构，并通过上下游相关产业链的开发建设，将福耀打造成一个代表中国玻璃工业的国际品牌。福耀集团在未来也将有很大的跨越式发展。

3）盈利情况

集团专注汽车玻璃的生产，汽车玻璃收入占总营业收入的 96% 左右。客户集中度低，2018 年集团的前五大客户占集团收入的 16.50%，其中最大客户占收入的 4.73%。2014～2018 年福耀集团汽车玻璃业务营收占比如图 5.6 所示。

福耀集团是中国最大、技术先进、出口量最大的汽车玻璃制造商和供应商。2017 年，公司的汽车玻璃营业利润为 178.7 亿元，经过 5 年的成长，其营业利润于 2021 年增长至 213.8 亿元，同比增长为 19.18%。虽然同比增长率在 2019 年、2020 年有所下降，但营业利润总体呈上升趋势。2017～2021 年福耀集团汽车玻璃营业利润及同比增长率情况如图 5.7 所示。

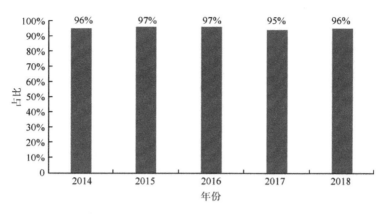

图 5.6　2014～2018 年福耀集团汽车玻璃业务营收占比

资料来源：公司公告，平安证券综合研究所

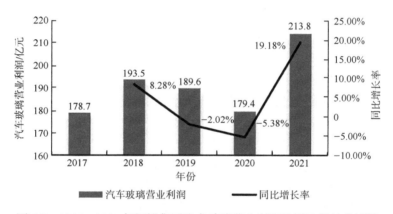

图 5.7　2017～2021 年福耀集团汽车玻璃营业利润及同比增长率情况

资料来源：公开资料整理

4）研发情况

福耀集团作为中国汽车玻璃的龙头企业，始终占据最高市场份额。为获得持续竞争优势，公司大力支持研发，研发投入逐年攀升。2010 年至 2019 年，福耀集团研发投入从 1.55 亿元增至 8.13 亿元，年复合增长率高达 20.22%。自 2014 年起，福耀集团的研发费用率不低于 3.85%，且稳定在 4%左右，远高于其竞争对手旭硝子和板硝子。此外，为强化自主创新能力，公司加强对研发项目的管理，以产品中心直接对接主机厂需求，并与客户建立战略合作伙伴关系。2019 年，公司攻克了灰玻璃的技术难点，成功开发出一系列薄板产品，其中的汽车玻璃深灰膜产品，福耀集团做到了自给自足和替代，显著降低了购置成本。之后集团又自主研发了超薄钢化后挡风汽车玻璃，提升了产品的市场竞争力。2014～2021 年汽车玻璃行业国际前三企业研发费用率如图 5.8 所示。

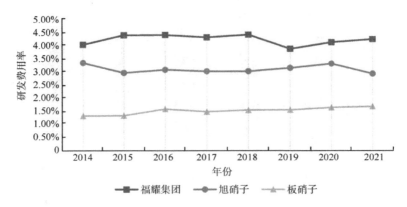

图 5.8　2014~2021 年汽车玻璃行业国际前三企业研发费用率对比

资料来源：公开资料整理

5.1.4　福耀集团国际化历程

1. 国际化背景

福耀集团的目标是成为一家高度专业化、国际化、在汽车玻璃销售和维修领域中居领先地位的公司。30 多年来，福耀集团坚持"替中国人做一片属于自己的汽车玻璃"的朴实理念。福耀集团选择的产业，注定了其要走国际化经营之路。改革开放伊始，大量进口汽车涌入中国，基本上使用日本玻璃，其进口的成本为一两百元，而售价却为几千元，巨大的利润空间吸引了福耀集团进入汽车玻璃维修领域。福耀集团引进当时玻璃制造行业最先进的芬兰设备，仅四五年时间，就占据了国内维修市场六七成的份额。但仅做国内市场，进一步发展只有苦等国内汽车工业的繁荣，对于想尽快成长壮大的福耀集团来说，走向海外是无法回避的选择。

2. 集团国际化

1）第一步：进军北美市场

进入国际市场之初，福耀集团采用的是产品出口模式，进军的第一站是加拿大的汽车维修市场。福耀集团初次进军国际市场采用的是产品出口模式，第一站进军加拿大汽修市场，但因质量问题被全部退货。这让福耀集团认识到自己与"能够满足轿车工业需要"的玻璃工厂的差距。随后，福耀集团再次从芬兰引进当时国际最领先的钢化炉，并按芬兰标准建设新工厂，全面向国际接轨。

2）第二步：抓住机遇再次挥师北美

福耀集团抓住美国对高能耗、高成本产业进行削减的时机，再次挥师北美。

进入模式仍然为出口。起初，福耀集团设想建一座中等规模的汽车玻璃厂，雇用了 10 多名员工后，发现无法承担劳动力成本，不得不退一步，变成分销中心。玻璃运到后，更换包装再发给美国客户。后来发现，美国人以片为单位购买，把运费、重新包装、材料和人工费加上去，成本增加了一倍。只好再退一步，将仓库卖掉，只做市场开发和售后服务，此后福耀集团在美国的业务一直节节攀升。

在遭遇反倾销后，福耀集团加快转向国外 OEM 市场，此举不仅避免了贸易壁垒限制，而且使其超越配件市场，进一步接近为汽车厂整车配套生产的目标。通过努力，福耀集团先取得了为韩国车厂 OEM 配套的资格，之后又进入了美国 OEM 提供商名单。

3）第三步：借船出海，得失参半

福耀集团在进军北美市场的同时，选择有三百多年历史、在汽车玻璃行业位居全球三强的法国圣戈班进行"联姻"，并在适当的时候友好"分手"，这次合资在福耀集团的发展史上具有重要意义。

20 世纪 90 年代初，福耀集团遇到了"关卡"——长时间增长缓慢。靠一己之力已不能使集团实现质的飞跃，唯有借助强大的外力，才能在运营、管理、技术理念上使集团朝世界一流企业迈进。为了使玻璃制造真正跟国际接轨，福耀集团出乎寻常地选择让圣戈班控股，福耀集团由此从单一的汽车玻璃生产企业，转而成为具有汽车玻璃设计能力的企业，为进一步发展赢得了机会。由于圣戈班只把福耀集团看作其在远东地区的一个工厂，用以供应亚洲客户，而福耀集团希望在全球范围内拓展市场，合作不久，双方就产生了冲突，矛盾集中在开发国际市场上和对中国市场发展的战略上。圣戈班坚持产品出口到美国要谋求高利润，断然拒绝了福耀集团希望提供价格支持的请求。圣戈班在南美有自己的工厂，福耀集团拓展北美市场，与其全球布局发生冲突，本应在合作之初就应该探讨的问题最终带来了"同床异梦"的结局。圣戈班用逐步抬高出口产品定价的方式来制约福耀集团在海外的发展，造成其前所未有的亏损局面。福耀集团在合资三年后主动提出回购股份，"分手"后得到了圣戈班五年内不进入中国市场的承诺。

三年时间里，福耀集团的员工直接到圣戈班的生产线培训，在设计思路、流程和生产工艺上见识了国际先进水平的管理方法。圣戈班变成了福耀集团全面提升企业能力的一块跳板。合资确实让福耀集团在产业链条中上移了一步，从单纯生产跨入了设计、研发领域，奠定了福耀集团日后成长为世界级大型企业集团的关键基石。福耀集团亲身积累了与狼共舞的宝贵经验，加深了对竞争对手的了解，也展示了高超的"外交"技巧，争取了宝贵的五年缓冲期。

4）第四步：借力反倾销，铺平国际化发展道路

福耀集团在美国、加拿大的迅速崛起让全行业亏损的美国本土企业感到了威胁，随着福耀玻璃在北美市场份额的不断增长，占美国汽修玻璃市场 28.1%份额

的 PPG 公司，提起了反倾销诉讼。2004 年，福耀集团据理力争，同时加大推广力度，使在美国的销量不降反升 30%，在针锋相对的同时开展说服工作，提醒对方不要"鹬蚌相争，渔翁得利"，表示希望握手言和，合作双赢。束手无策的 PPG 公司也认识到，高成本是问题的根源。福耀集团提出的合作条件打动了美国人。PPG 公司在亚洲没有生产基地，与福耀集团合作，对降低制造成本有很大帮助；而福耀集团在欧美没有工厂，造成物流上的缺位，PPG 公司可弥补这一不足。福耀集团不仅赢得了官司，还将对手变成了伙伴，心甘情愿地把自己领进北美市场，此举使更多的美国汽车制造商成为福耀集团的客户。同时，事件的"国际广告"效应，为福耀集团开辟了通向欧洲市场的道路，在日本、俄罗斯、澳大利亚的市场份额也迅速扩大。无论是 PPG 公司还是福耀集团都实现了十多年梦寐以求的理想——进入上游基础材料行业，为加快参与整车研制、产业链条上移的进程又迈出了关键一步。

5）第五步：全面启动国际化战略

经过多年的国际化经验，福耀集团决定初期以产品出口模式为主进行国际化，通过海外设立、并购等方式建立子公司和商务机构进行产品销售与售后服务，并且在当地进行建厂。

2006 年到 2010 年之间，福耀集团相继在欧洲、韩国、日本和美国设立了子公司，负责福耀集团在各个地区的销售和服务。2011 年 6 月，福耀集团在俄罗斯卡卢加州投资 2 亿美元设立工厂。2013 年 9 月第一期 100 万套汽车玻璃项目顺利投产。2014 年 7 月，福耀集团以 5600 万美元收购了位于美国伊利诺伊州的 PPG 芒山工厂，并在 2016 年 6 月完成两条浮法玻璃生产线的改造，年产量达 28 万吨。2016 年，公司在美国俄亥俄州建成年产 2200 万平方米（不含包边厂 108 万平方米）汽车安全玻璃的生产规模，共投入 2.37 亿美元，截至 2016 年 12 月 31 日，累计实际投入 6.54 亿美元，主要资金来源于公司募集及借贷。2016 年 10 月，由福耀集团投资的全球最大汽车玻璃单体工厂正式在美国俄亥俄州竣工投产。

福耀集团经过 20 年的全球化布局已然形成了一套贯穿东南西北合纵连横的产销网络体系，福耀集团全球化的战略布局初见成效。美国福耀汽车玻璃工厂竣工开业，俄罗斯汽车玻璃工厂开始步入良性发展轨道，进一步扩大了福耀集团的国际品牌影响力。同时福耀集团同客户一起同步设计、制造与服务，将增加客户价值，为公司全球化战略奠定基础。福耀集团自主研发具备国际领先前沿技术的产品已初具规模，汽车玻璃按区域分，国外市场实现收入同比增长 23.92%，市场占有率进一步提升，占据了全球 10%的市场份额。同时是中国唯一一家出口美国无须缴纳反倾销税的汽车玻璃企业。

福耀玻璃为宾利、奔驰、宝马、奥迪、通用、丰田、大众、福特、克莱斯勒、日产、本田、现代、菲亚特、沃尔沃、路虎等世界知名品牌，以及中国各汽车厂商提供全球 OEM 配套服务。在中国每三辆汽车中，有两辆使用福耀玻璃，2022 年产品占全球市场的份额近 33.5%。通过国际市场的开发，福耀集团聚焦于汽车玻璃行业，成功将自家汽车玻璃销往海外，在全球市场占据一定的份额。

5.1.5　制度协同分析

1. 俄罗斯福耀工厂

随着全球化和共建"一带一路"倡议的号召，不少企业纷纷做出响应，走出国门。作为共建"一带一路"的先行者，福耀集团早在 2011 年 6 月，就在俄罗斯卡卢加州的格拉布采沃工业园区建立工厂，投资总额达 2 亿美元。该项目分两期实施，其中，一期于 2013 年建成投产，实现年产 100 万套产能，可为当地提供 1000 人的就业机会。这是福耀集团作为中国民营企业实质上"走出去"的第一步，也是中国制造企业在俄罗斯直接投资的重大项目之一。与一些贸然决定进行国际经营的企业不同，福耀集团是在共建"一带一路"倡议扶持以及长期深入调研下选择在俄罗斯进行绿地投资建厂。除了企业自身决策的考量，福耀集团在俄罗斯投资的原因主要有以下三点。

1）行业特点

大型汽车生产商都会将零部件供应商拉到自己工厂附近，全球汽车生产商大多如此。德国大众是福耀集团的战略合作伙伴，其在俄罗斯建立了汽车整装厂，由此，汽车产业链上的各生产商都慕名而来。2006 年，受卡卢加州州长的邀请，德国大众在格拉布采沃工业园区建厂，产业链的集聚效应就此产生，现已有十多家工厂聚集在此园区，有效缩短了空间距离，降低了运输等成本。除德国大众、沃尔沃、通用等欧美大型汽车企业的整车装配厂分布在卡卢加州的其他工业园区。

2）市场空间

福耀集团在俄罗斯建厂不仅仅是为了当地市场。德国大众汽车不仅面对俄罗斯市场，也面对整个欧洲市场，对于福耀集团来说，有利于开拓更多的欧洲客户。福耀集团计划未来将自己 50% 的产品销售到欧洲市场。格拉布采沃距离莫斯科仅有 150 千米，十分靠近这个人口众多、经济集中度高的市场。

3）生产成本

相对于欧盟国家，俄罗斯土地和人力等成本较为低廉，其中最让福耀集团看中的就是俄罗斯高素质但低成本的人力资源。福耀集团的俄罗斯籍员工的平均工资大约为 3 万卢布，是法定最低工资（8000 卢布）的将近四倍。按照当时汇率约合 3100 元人民币，考虑到俄罗斯籍工人每年有 28 天带薪休假和 15 天带薪病假，这个工资水平显得相当合理。福耀集团卡卢加州工厂负责人史军向记者反映，俄罗斯的员工都受过良好的教育，素质很高，平均素质甚至超过一些中国企业的一线员工，管理起来很轻松。此外，格拉布采沃工业园区占地面积约 650 公顷，土地平整，水电气皆通，施工比较顺利。关于环评问题，史军表示，福耀集团在国内外都按照高环保标准建厂，所以在俄罗斯不存在这方面的问题。

2. 福耀集团"一带一路"国际产能合作中制度与战略协同性分析

现代制度理论认为，组织外部环境中的制度化规则和标准通过它们所施加的影响为组织提供制度环境。这种制度环境的影响划分为强制性制度、规范性制度及文化认知制度的影响。强制性制度来源于政治压力和合法性问题，它们以法律授权的强迫或威胁引导着组织活动和组织观念。规范性制度与道德规范和专业化相联系，这些制度引导组织活动和信仰的能力大部分来源于社会责任与专业化。文化认知制度指的是共享的重要价值观、信仰和认知框架的集合体，它可以为组织成员提供模式化的思想、感受和反应，从而引导其制定决策和进行其他行为，它决定了人们共同的价值观、信仰及行为取向。为了进一步实施经济现代化战略和创新发展战略，俄罗斯政府不断采取一些优惠措施，加大招商引资力度。尽管对俄罗斯进行了长达十多年的考察，并获得了良好的投资环境，福耀集团还是与其他中国企业一样，面临在异国他乡创业的种种困难。下文将从制度理论出发，分析福耀集团在面临相对不利的制度环境时是如何适应和应对的。鉴于俄罗斯对外国投资的各种要求和政策都较为合理，福耀集团大多采取默从或妥协的策略以回应制度压力。

1）强制性制度与战略回应

福耀集团在俄罗斯建厂时所受强制性制度的影响分别表现在政治、法律等方面。

首先，中国企业在俄罗斯建厂不得不面临海关认证的相关问题。俄罗斯海关对进口设备有着自愿性和强制性的认证要求。由于福耀集团俄罗斯工厂的生产设备需要从国内运输过去，而那些大型机械设备属于俄罗斯海关强制性认证的范畴，所以都必须进行专门认证。俄罗斯海关对设备的认证非常严苛。对于这种强制的海关制度约束，福耀集团选择顺从。建厂初，福耀集团的几名员工专门花费时间致力于清关认证，除此之外，还将俄罗斯工厂的设备清关工作外包给了其他 4 家清关公司，可见工作量的庞大。福耀集团的员工表示，即使花费几个月的时间，也要找到出处，否则工厂所需的设备根本无法进入当地。

其次，中国企业在俄罗斯也遇到了法制和税收制度不完善等问题。对于正在转型的国家而言，原先的资源逐渐由市场掌控，但市场制度没有被同步建立，自然就给其他产业留下了机会。福耀集团建厂之时，距离俄罗斯经济转型和改革开放不久，非法组织收费等现象较多。虽然卡卢加州的税收优惠力度大，但其税收制度还不够成熟，因此福耀集团屡次受难。福耀集团并没有顺从，而是奋起反抗。最终，福耀集团成功地在俄罗斯实现了发展壮大。

2）规范性制度与战略回应

很多中国企业在"走出去"时，都被认为是来抢占当地市场的。要想改变外国对中企的刻板印象，就要主动参与到当地的社会事务中去，比如为当地创造就业机会。当时，在卡卢加州的福耀工厂所拥有的七百多名员工中，来自中国的技术和管理人员仅占 10%，而剩余 90% 都为俄罗斯本土员工。一方面，福耀工厂是为了实现本土化管理，同时克服语言和文化导致的不便；另一方面，福耀工厂主动承担社会责任，为当地创造大量就业机会。对于福耀工厂为当地提供众多就业机会一事，利佩茨克州州长阿尔塔莫诺夫接受作者采访时表示非常满意，还表示福耀工厂是一家遵纪守法的企业，体现了福耀工厂在雇员本地化上的规范性做法。

3）文化认知制度与战略回应

除了强制性和规范性所带来的制度压力外，文化认知也是不可忽略的一种制度影响因素。一方面，制度压力为企业带来了约束；另一方面，对企业发展来说又是一种机遇。企业不仅可以被动地适应制度环境，也可以通过主动的行为与措施来影响甚至是改变制度环境，以此占据有利地位。虽然卡卢加州对国外工厂的企业文化没有明文规定，但是福耀工厂仍主动契合当地价值观和行为取向，力争获得当地人的认可，增进两国的价值融合。

首先，福耀集团创始人曹德旺刚抵达俄罗斯工厂时，早已对中国员工讲话鼓劲。意识到不能差别对待，曹德旺随即在发表讲话的时候，借机向俄方员工表达感谢，同时也鼓励他们继续努力。在这场讲话中，俄方员工热烈响应。其中一名员工在采访时表示，董事长的鼓励让俄方员工切实感受到了关心。其次，按照中国习惯，结束工厂开工试产典礼后一般举行晚宴，但福耀工厂为迎合当地价值观和信仰，举办了一场音乐会。这场音乐会不仅邀请了当地政府、客户，还邀请了当地的养老院一同参加。正是这场音乐会，快速拉近了福耀工厂与当地的距离，福耀工厂获得了更多的尊重与关注。

很多"走出去"的中国企业，立志要做到本土化管理，但在真正实施的时候又容易忽视这一点，所以多以失败告终。福耀工厂的做法再次表明了，文化与认知认同靠的不是一味输出，而是融合。俄罗斯人的理念和思想方式与中国人完全不同，所以要多从他们的角度出发，在思想与文化上达成一致。福耀工厂在与当地实现对话时，并不是自说自话，而是主动弱化了很多民族主义的东西，成功地将两国感情连接在一起。同工同酬，同吃同住，在福耀俄罗斯园区，中俄两国员工既收获着事业也收获着友谊。

5.1.6　案例小结

在本节中，我们旨在分析福耀集团在"一带一路"对俄投资过程中体现的制度协同。在分析制度协同前，我们对福耀集团所在的行业及其相关背景进行了了解，主要介绍了玻璃行业的国际化、福耀集团的基本情况及其国际化。

首先，通过简述中国玻璃行业的国际化，可知该行业的国际化以"技术突破""立足国内""海外扩张"的路径一步步发展，是一个循序渐进的过程。从市场结构、竞争格局、盈利现状三方面所呈现的全球玻璃行业现状可知，该行业通常由 OEM 和 AGR 两类市场构成，竞争格局稳定、前景广阔，加深了对该行业的认知和理解。其次，通过回顾福耀集团的发展历程，我们可以看到，从初创探索到快速成长，再到向全球扩张甚至并购以培育全新增长点，福耀集团一直在稳步发展，始终捍卫其玻璃生产巨头的地位。在福耀集团发展的历程中，我们重点介绍了其国际化的相关内容，具体以五个步骤展开了全过程。最后，从制度协同维度，解析"一带一路"国际产能合作中福耀集团实现协同与创造价值的过程。以制度理论为支撑，我们分别从强制性制度、规范性制度和文化认知制度角度来解析福耀集团在俄罗斯建厂时面临的制度环境和相应战略回应。对于强制性和规范性制度的约束，福耀工厂主要以相对被动的方式妥协当地要求；对于文化认知制度，福耀工厂将其看作一种机遇，在管理上采取本土化战略，成功获得当地认可。

中国民营企业在"一带一路"国际产能合作中，会遇到形形色色的问题，其中制度是各种难题中不容小觑的一点，制度环境的优劣以及企业的回应在不同程度上决定了企业的生存和发展。福耀集团在俄建厂的协同与创造价值的过程，为我国其他民营企业提供了有益的见解：制度为企业带来的不仅是约束，还可以是机遇，在不同的制度环境下，企业可以被动适应，也可以主动迎合甚至选择改变。

5.2　红豆集团：组织协同机制分析

5.2.1　服装行业国际化简介

自 1949 年纺织工业部成立以来，中国纺织业已然发展 70 余年。初始阶段，即新中国成立到改革开放期间，国内物资匮乏，产业基础薄弱，发展水平较低，各项指标均低于历史最高值。由于党和政府的重视，纺织工业部成立。之后的 30 年间，我国基本建立了完整的纺织工业体系。1971 年，中国棉纱产量 1131 万件，棉布产量 91.5 亿米，位居世界第一。这也为之后我国的纺织业发展奠定了良好基础，是蓬勃发展的良好开端。改革开放以后，中国开启了对外开放的大门，解放了社会生产力，通过实施"转轨变型"，无论是棉纱、棉布和化纤产量，还是服装生产规模，都已经位居世界第一，成为名副其实的纺织工业大国。在满足国内需求的基础上，我国纺织业尝试拓展至全球市场，相关数据显示，1994 年我国纺织服装出口额达到 355.5 亿美元，占全国出口总额的 29.4%。2001 年，加入世界贸易组织（World Trade Organization，WTO）使我国全面融入世界经济体系，纺织工业迎来又一个发展黄金期。我国纺织服装业在产业规模、产业结构、贸易额、市场份额等方面取得重大突破。2008 年全球金融危机的爆发使我国纺织业遭受了一定的打击，2008 年成为其发展的重要时间节点。一方面，国际需求萎缩使得国际订单减少，加之东南亚、南亚等国家积极发展纺织业，使得我国面临激烈的国际竞争环境。我国纺织服装出口由 2008 年的 1857.6 亿美元降低至 2009 年的 1670.8 亿美元，减少了 10%；2008～2011 年我国纺织业对外投资额维持在 3 亿美元上下。伴随着互联网的迅速发展和网购习惯的广泛形成，纺织业面临着巨大的挑战。为适应数字化环境，我国纺织业广泛开发线上渠道，推进跨境电商融合发展，不断朝智能制造方向发展。

　　直至 2013 年，共建"一带一路"倡议提出推动着我国纺织服装产业"走出去"的战略实行，并为其提供了政策保障，"走出去"步伐不断加快，我国对外投资增速明显，投资额破千亿元。在此种形势发展良好的背景下，纺织业的龙头企业加快"走出去"步伐。2014 年纺织行业，特别是纤维制造业投资额占比达到 34%，成为 2015 年化学纤维行业中投资增长最快的类别。2014 年至 2016 年我国纺织服装业呈跨越式增长模式，对外投资额平均增速超过 70%。尤其是 2016 年，对外投资额达到最大，纺织业达到 124.05% 的增速。之后的几年由于相关对外投资政策如《企业境外投资管理办法》对企业海外投资真实性的严格审查，加之 2018 年中美关系紧张，纺织企业对外投资降温，对外投资额显著下降。2019 年企业重新进行海外布局，我国纺织业对外投资额增速由负转正。直至近些年，国内各行各业包括纺织业面临全新挑战。2020 年暴发新冠疫情，国内与国外形势严峻，国外疫情的持续发酵，对于纺织业在国外的投资产生了影响，国外部分工厂的生产被迫中止，使得纺织业在国外的发展停滞且面临更多不确定性。在国家积极有效的防控措施和稳经济、稳出口政策的鼓励与带动下，2021 年中国纺织品服装出口超预期增长，累计出口额 3346.3 亿美元，这是纺织行业出口规模第三次站上 3000 亿美元台阶，并创造历史新高。从 2021 年我国纺织品服装出口前五大市场看，分别为美国、东盟、欧盟、日本、韩国，我国向这五大市场出口纺织品服装金额分别为 563.8 亿美元、491.3 亿美元、470.6 亿美元、200.4 亿美元、100.7 亿美元；同比分别增长 4.1%、25.0%、−10.9%、−7.2%、10.5%。在美国财政货币刺激计划带动下，美国服装零售连创历史新高，服装服饰商店全年销售额达 3006 亿美元，同比猛增 47.3%，带动我国服装对美出口快速增长，在主要出口市场中增幅最高。2022 年 1~2 月，面对多地疫情散发、大宗商品价格持续上涨等不利因素，我国产业用纺织品行业实现平稳开局，行业工业增加值自 2021 年 5 月以来首次恢复正增长。

2021 年以来，国际政治经济环境不确定因素仍在不断叠加，疫情影响尚未完全消除；另外，现代信息技术高速发展，新型电商平台快速普及，个性化消费方式逐渐成为消费主流，给纺织服装专业市场带来新的挑战。纺织服装专业市场在巨大的发展压力之下，不断创新升级流通方式，从分销体制向共建渠道进化，从工厂店模式向组货选货模式转化，从单打独斗向供应链协同竞争演化，保持了总成交额的基本稳定，实现了小幅逆势上涨，并加速了行业内部结构的优化升级（徐迎新和刘耀中，2015）。

中国纺织工业联合会统计分析显示，纺织业对外投资包括原材料、中间产品制造以及终端产品。纺织业的对外投资形式包括了绿地投资、股权并购、资产收购和合资等典型对外直接投资形式。提及纺织业跨国资源配置的两条主线和目标，简言之，中国纺织业要通过"走出去"实现产业链的跨国整合和价值链的全球突破。具体而言，一条主线是我国产业资本为主导，通过绿地投资、合作进行生产力的跨国布局，打造"中国+周边国家"（重点是东南亚和南亚国家）的制造基地布局模式，维持和提升中国纺织工业在全链中的国际领先优势。另一条主线是产业资本通过积极主动的海外直接投资、并购，对产业链两端的原料资源、设计研发资源、品牌资源和市场渠道资源进行全球范围内的垂直延伸和掌控，带动行业整体上朝世界纺织产业价值链的高附加值领域渗透。

5.2.2 红豆集团企业简介

1. 基本信息

红豆集团初创于 1957 年，现有员工近 3 万名。2010 年 6 月，红豆集团被认定为商标战略实施示范企业。红豆集团旗下拥有"红豆男装""红豆居家""红豆家纺""红豆童装""红豆万花城"等系列连锁品牌。集团产品从最初的针织内衣，发展到纺织服装、橡胶轮胎、红豆杉大健康、园区开发四大领域，居中国民营企业百强。集团有十多家子公司，包括红豆股份（600400）、通用股份（601500）两家主板上市公司，拥有美国纽约、新加坡、西班牙、缅甸、泰国等境外分支机构，拥有一批国际化人才，并具有建设 3.5 平方公里红豆工业园的宝贵经验。随后凭着设园经验，集团在柬埔寨联合中柬企业共同开发了 11.13 平方公里的西哈努克港经济特区（简称西港特区），成为共建"一带一路"的样板。公司一直致力于民族品牌建设。1985 年 6 月，成功注册商标——"红豆"，随即在全国 34 大类商品、54 个国家与地区进行商标保护性注册。公司以党建引领先进企业文化，坚持弘扬中国传统文化，并创造红豆七夕节。在世界品牌实验室 2023 年公布的中国 500 最具价值品牌排行榜上，红豆品牌位列 78 位，品牌价值 878.98 亿元。

2. 发展历程

红豆集团的前身，是周林森在解放初期兴办的家庭小作坊，那时仅是以弹棉胎、扎扫帚为主的小手工业。1957 年 11 月，小手工作坊正式改名为港下针织厂。1960 年港下针织厂产值近 6000 万元。然而之后的 20 多年港下针织厂都在夹缝中求生，直至 1984 年中共中央、国务院发出四号文件，赋予了乡镇企业更多自主权和发展空间，次年港下针织厂注册了"红豆"商标，这个时期红豆迎来了发展的第一个"黄金时代"。1992 年江苏省首家乡镇企业集团——江苏红豆针纺集团公司成立。1992 年底，红豆集团"增量扩股"首次启动，之后集团又推出了"入股自愿，利益共享，风险共担，股权平等"的内部股份制，至此红豆集团的改革突破了苏南地区"苏南集体经济模式"的产权不明晰问题，成为"新苏南模式"的代表。经过一系列改革，红豆集团成为一家"产权清晰、权责分明、政企分开、管理科学"的大型现代企业集团，走在了全国企业改革发展的前列。1995 年，在浦东开放开发政策的感召下，周海江出资 2700 万收购上海申达摩托车厂，其成为全国第一例跨行业、跨地区、跨所有制的兼并。之后集团进入高科技生物制药、橡胶轮胎等领域，从此拉开了红豆集团多元化发展序幕。1997 年 4 月，红豆集团被国务院列为全国 120 家深化改革试点企业。2001 年 1 月，"红豆股份"在上海证券交易所挂牌上市，迈开了资本经营的新步伐。2001 年 9 月，红豆集团投资 3.2 亿元，启动三年再造新"红豆"工程，建设占地达 4.2 平方公里的红豆工业新城。2002 年，红豆集团进军房地产业。2007 年 4 月，在国家鼓励设立境外园区的背景下，红豆集团联合中柬企业在柬埔寨共同打造西港特区，既能满足自身设厂需要，也能吸引中外企业入驻，为"走出去"企业搭建集群式投资贸易平台。特区已引入企业 130 多家，是柬埔寨境内最大工业园区之一。2011 年 11 月 15 日，红豆大学揭牌，这是无锡市首家示范性企业大学。根据集团产业链，产学紧密结合，致力于打造"红豆黄埔军校"，成为红豆集团"生产"经营管理精英的"摇篮"。

红豆集团以纺织服装产品（西服、衬衫、羊毛衫、T 恤、休闲服等）为拳头产品，并不断实现产业多元化，多元发展涉及房地产、医药、橡胶等四大领域，2023 年居中国民营企业 500 强第 125 位。以创民族品牌为己任，以"共同富裕，产业报国"为使命。集团共有 12 家子公司，包括红豆股份、通用股份两家主板上市公司,拥有美国纽约、新加坡、西班牙、缅甸、泰国等境外分支机构,员工近 3 万名。公司生产的服装产品类型丰富,涉及西服、衬衫、毛衫、T 恤、休闲服、衬衫等多品类的产品,另外还包括上游的面料制造生产,包括印染、坯布等产品。2021 年年报显示,集团纺织服装类产品收入中,公司的龙头产品红豆西装占比约 7%,衬衫占比约 12%,毛衫占比约 5%,休闲服占比约 27%,其他涉及原材料生产的收入占比约 10%。公司深入实施创新驱动发展战略,大力推进"智慧红豆"建设,通过技术创新、营销创新、模式创新等系统创新,不断推动公司高质量发展。2018 年,红豆集团携手京东等电商巨头展开战略协作,依托其大数据能力、物流能力与强大的零售黑科技应用,加速新零售升级,到 2023 年,已达 1500 余家门店。依托国家级技术中心、国家技术创新示范企业,布局物联网、工业互联网,被工业和信息化部核定为工业互联网平台试点示范项目。通用股份全钢工业 4.0 工厂、泰国工厂已投产,半钢硫化车间已实现黑灯车间运行。

5.2.3　红豆集团国际化历程

1. 初入海外市场

随着我国经济发展进入新常态,红豆集团不断强化自身软硬实力,推动产业发展,为开拓海外市场充分准备,增进国际产能合作。自 1993 年红豆集团就开始尝试走向国际市场,起初在日本大阪设立了海外第一家分公司,名为红豆大阪株式会社(华阳,2019)。2001 年 3 月,集团在美国洛杉矶设立第一个分公司,在美国开展集团的业务,为更好地了解国外市场动态,开拓更多海外市场夯实基础。2002 年 5 月,在美国纽约 BROADWAY 设立在美国的第二个分公司。2005 年,红豆集团 CEO(chief executive officer,首席执行官)周海江登上《福布斯》封面,同时红豆品牌作为中国纺织业的一种形象,为全球市场所知。同年集团在香港设立办事处,成为红豆集团外贸出口的重要枢纽。

2. 响应"走出去"号召

在产品和品牌成功走出去之后,红豆集团打算去海外建厂,并先后对泰国、巴基斯坦、蒙古国、非洲等国家和地区进行深度考察,最终选择了柬埔寨。2007 年,红豆集团为持续响应国家"走出去"号召,联合三家无锡企业与一家柬埔寨企业,牵头在柬埔寨西哈努克港建立总面积 11.13 平方公里的经济特区。经过十几年建设,部分工业园区已形成规模,吸引了越来越多的国内企业入驻(王英霞,2016)。2008 年红豆集团在印度尼西亚与最大的轮毂经销商达成合作,在雅加达建设摩托车轮毂生产厂。在产学研方面,红豆集团与国外一家高校(剑桥大学)

和研究院建立合作关系，产学研关系的建立为推进质量和产品附加值提升提供了有力的保障。2015 年，红豆集团进一步打开了中亚、欧洲市场，而集团新成立的新加坡公司、西班牙公司也将发挥积极作用，为其国际化再增新力量。2015 年，以纺织服装行业为主的红豆集团取得了稳健发展，实现销售收入 503.1 亿元，同比增长 6.8%，税收同比增长 18.03%。外贸业务与上年持平，美国和加拿大市场略有增长，欧洲和日本市场有所下降，红豆集团的外贸业务占比并不大，2015 年共实现外贸总额 1.6 亿美元。红豆集团产品已出口到日本、芬兰、美国、澳大利亚、俄罗斯等 20 多个国家和地区，红豆集团的境外企业帮助引入先进技术，提高研发能力，在国际市场上充分发挥了红豆产品的性价比优势。即使在经济危机最为严重的 2009 年，集团也实现了产销目标，实现 223 亿元，销售额同比增长 14.7%，利润上升 23%。另外，为进一步深化"走出去"战略，红豆集团推动旗下子公司通用股份在海外建立首个生产基地——泰国工厂，同时作为江苏省无锡市"走出去"和共建"一带一路"倡议的重点项目，自 2019 年 1 月投入建设到 12 月 28 日，历时仅 11 个月。该工厂占地面积约 51 万平方米，一期总投资为 3 亿美元，是中国制造企业 2018 年在泰国投资的最大项目之一。项目内容是生产 600 万条半钢子午胎及 100 万条全钢子午胎，全部达产后预计年均新增营业收入为 21.8 亿元。2020 年，红豆集团通用股份泰国工厂顺利通过"第一柜"抢滩美国市场，带着 3 个高品质轮胎产品的货柜，扬帆起航发往美国。泰国作为世界上最大的天然橡胶生产国和出口国，在轮胎原材料供应上可以充分利用当地丰沛的资源降低成本，提高经济效益。在泰国政府的高度重视下，该项目获得了泰国税收政策优惠。自泰国工厂开业以来，国际订单不断，产品供不应求，需要加班加点赶工生产以满足持续旺盛的全球市场需求。

　　自 2001 年中国加入世界贸易组织以来，红豆集团的外贸业务迎来了前所未有的历史发展机遇，实现了市场的多元化，从起步阶段的香港，发展到日本市场，再到现在的美国、欧盟等国家和地区的全面开花，服装出口实现持续稳步增长。红豆集团在国际化历程中实现了"三自"转型。一是从模仿向自主创新转变，在出口产品方面增加了更多的创新元素。多年来，红豆集团抓住"人才、平台、投入"三要素建设，不断提升创新能力，力求智能化、高端化发展。二是从贴牌生产向自主品牌转变，红豆集团一直坚持创新品牌战略，尝试开创属于集团自身的民族品牌，而不是单纯的加工厂。集团创立了"红豆""千里马""Hodo"三个驰名商标，被认定为首批商标战略实施示范企业。三是从设点布局向自主基地转变。红豆集团从起初在海外设立外贸分公司和机构到建立能够自主管制的境外贸易生产基地，为之后进一步的国际化扩张奠定了基础。

5.2.4　红豆集团"一带一路"国际产能合作中组织协同机制分析

1. 发展新愿景

愿景发展阶段意味着在创新生态系统中，焦点公司使用组织协同机制鼓励其他利益相关者加入合作。主要分为两个阶段：第一阶段，公司通过考察行业的发展前景，通过公司愿景、市场愿景等进行愿景启动，主要包括公司、所在国家自身的使命和目标。通过将自身愿景与利益相关者的目标和愿景达成一致，实现初步启动。第二阶段，企业将这些愿景与更多合作者分享和扩散，以吸引更多合作者加入协作，实现共同的目标和愿景。

1）愿景启动

随着红豆集团先后在日本、美国等地开设分公司，将业务拓展到了海外市场。在集团产品和品牌初步"走出去"后，红豆集团计划去海外建厂，主要需要考察选址。2006 年至 2007 年在对泰国、巴基斯坦、蒙古国、非洲等国家和地区进行了一番考察后，集团最终决定在柬埔寨建厂发展。为响应国家"走出去"的号召，红豆集团肩负重任牵头在柬埔寨建设园区。之所以选择柬埔寨作为建厂地点，首先，柬埔寨是中国在东南亚最坚定的盟友，另外柬埔寨出口配额限制低，同时设定了较多鼓励出口贸易的政策。这为两国贸易合作往来奠定了良好的基础。其次，柬埔寨商业发展机会丰富，具有大量廉价劳动力。最后，西哈努克市位于柬埔寨西南沿海，是柬埔寨唯一的国际港口城市，作为一座新兴的工业城市，为建厂发展提供了良好的地理环境（李红蕾，2017）。

对于中国来说，一方面，带领国内优势产业如纺织业"走出去"开拓海外市场是必要的；另一方面，作为柬埔寨西港特区的领头企业，红豆集团抱有将西港特区打造成柬埔寨的"深圳"的雄心，努力使其成为共建"一带一路"的样板园区。对于柬埔寨来说，西哈努克省被定位为综合性的示范经济特别区，按照发展规划，到 2030 年西哈努克省计划被打造为柬埔寨沿海地区可持续发展地、多功能经济特区样板、国家发展中心的现代技术产业中心。因此，在柬埔寨建设园区是将两国愿景和需求有效对接的方式，可实现中国优势产业、"一带一路"建设和西哈努克省共同繁荣发展。在此基础上，柬埔寨发展理事会与我国商务部积极沟通合作，西港特区和江苏省结交友好省份，西港特区和无锡市结成友好城市等正向交流为西港特区的发展奠定了基础。

2）愿景扩散

为更好地辅助西港特区的发展，2006 年 10 月红豆集团在无锡市锡山区市场监督管理局登记成立江苏太湖柬埔寨国际经济合作区投资有限公司（简称江苏太湖柬埔寨公司）。作为西港特区的中方股东，自特区成立以来至今，江苏太湖柬埔寨公司持续参加各类"走出去"座谈、培训及推介会等,以介绍西港特区的现状和投资优势,吸引更多国内企业参与投资合作。2012 年 7 月,西港特区公司参加东北地区民营企业"走出去"培训班,结合西港特区建设情况与百余名企业家共同探讨了"走出去"的经验及体会,分享了境外投资做法和风险的控制与防范。2013 年 3 月红豆集团举行的江苏纺织服装企业"走出去"研讨会,会上,西港特区公司董事长陈坚刚以"打造国际平台,创建和谐园区"为主题,介绍了柬埔寨的投资优势及西港特区的发展现状,同与会者分享了"走出去"的体会。2014 年在厦门举办的第十八届中国国际投资贸易洽谈会上,西港特区公司展位备受关注;而且西港特区公司还受邀参加中国境外园区论坛,引起了在座中外企业家的广泛关注。2015 年西港特区公司参展了第 12 届中国-东盟博览会,并受邀参加柬埔寨投资与商业前景专场推介会、中小企业跨境投资与贸易合作洽谈会、东盟产业园招商大会以及国际产能合作对接会等专场活动,以介绍西港特区的发展现状和未来前景。2022 年 3 月,上海市青浦区商务委员会与西港特区公司召开视频座谈会,公司介绍了柬埔寨投资政策、西港特区发展现状及未来愿景,促进了双方长期合作。

　　2013 年,中国提出的共建"一带一路"倡议受到了国际社会尤其是共建国家的普遍欢迎。西港特区在中方股东江苏太湖柬埔寨公司的配合下,先后在中国无锡、南京、苏州、杭州、宁波、青岛、广州、厦门、南昌等城市举办西港特区项目招商推介活动 10 余次,在多届东盟博览会、中国国际投资贸易洽谈会(厦门)、中国进出口商品交易会、中国华东进出口商品交易会和成交会上展示推介,通过网络平台和自身网站、报刊进行宣传。到 2016 年,西港特区入驻企业超过 100 家,达到 102 家,是 2013 年前的 5 倍多,就业人数达到 16 000 人,是 2013 年前的 2.3 倍。到 2019 年,入驻企业达到 165 家,其中,中资企业 144 家,其他国家(地区)的企业 21 家;其中,67 家医疗用品、五金机械、木业建材和矿产能源企业基本上都是 2013 年以后引进的,产业结构得到了优化;就业人数接近 30 000 人;进出口额为 12.4 亿美元,比 2012 年翻了 4 倍多。甚至在 2020 年上半年新冠疫情全球暴发、蔓延的不利环境下,西港特区还实现了进出口总额比上年同期增长 26%的骄人业绩。2012~2022 年江苏太湖柬埔寨公司参与推介会的情况如表 5.2 所示。

表 5.2　江苏太湖柬埔寨公司参与推介会情况

年份	事件
2012	参与无锡市光伏企业赴西港特区投资考察动员会;参与东北地区民营企业"走出去"培训班;参加"2012 年海内外知名企业家齐鲁行";参与中国-东盟境外园区投资推介
2013	江苏省与外国驻沪代表机构新春交流会;江苏纺织服装企业"走出去"研讨会;江苏境外投资推进会暨海外发展协会年会;第十五届浙江投资贸易洽谈会;中国纺织产业实施"走出去"战略交流大会;柬埔寨西港特区(无锡)投资推介会;江苏"走出去"重点企业座谈会;第十届中国-东盟博览会;第 17 届中国国际投资贸易洽谈会上的对接会及中国境外园区推介会

续表

年份	事件
2014	柬埔寨西港特区（青岛）投资推介会；第十六届国际鞋业博览会；第十七届中国（重庆）国际投资暨全球采购会；在越南投资合作企业座谈会；第十八届中国国际投资贸易洽谈会；柬埔寨开发区建设研修班；江苏企业"走出去"座谈会；中国深圳无锡商会
2015	中国江南网商会；日企专场柬埔寨投资说明会；中国企业"走出去"研讨会暨"第十三个五年计划"中国企业"走出去"课题总结会；第12届中国-东盟博览会
2016	"一带一路"（嘉兴）投资推介会；2016年"一带一路"开发区合作发展对接会；柬埔寨投资说明会；中国-东盟博览会系列活动之一——河南省情说明会暨项目签约仪式；江苏企业"走出去"交流会；西港特区昆山推介会；第八届江苏企业跨国投资研讨会
2017	2017侨界新春联谊会暨创新创业交流会；PECC（Pacific Economic Cooperation Council，太平洋经济合作理事会）国际贸易投资博览会；双月座谈会"一带一路与民营企业走出去"；第14届中国-东盟博览会
2018	国际产能合作园区联盟成员单位座谈会；"一带一路"（柬埔寨）投资企业座谈会；第十五届中国-东盟博览会和中国-东盟商务与投资峰会
2019	"助推企业'走出去'参与'一带一路'建设"主题沙龙活动；第二届中国国际进口博览会
2020	2020年"一带一路"沙龙·无锡站活动；商务部经贸合作区专题调研座谈会
2021	企业国际化发展沙龙
2022	与上海市青浦区商务委员会视频座谈

资料来源：作者根据官网信息梳理

2. 建立平台组织

平台作为一个管理界面，企业能够通过平台管理合作伙伴，帮助合作伙伴更好地融入生态系统，形成合作伙伴互动的模型，进而形成更成熟的业务流程和商业模式，促进多元化关系的合作。

西港特区成立以来至今，江苏太湖柬埔寨公司通过持续的宣传和招商引资，已经为特区吸引了来自中国、欧美、东南亚等国家及地区的百余家企业入驻投产，为西港特区的发展以及西哈努克省经济快速发展提供了持续的活力。之所以能够吸引众多企业成功加入并顺利发展下去，除了得益于柬埔寨得天独厚的地理环境、优惠政策及丰富的设施等，还归功于特区内设立平台所提供的行政、人力资源、培训、法律咨询、安保物业、金融物流方面的周到服务。一方面，西港特区引入由柬埔寨发展理事会、商业部、海关、商检、劳工局、西哈努克省政府代表组成的"一站式"行政服务窗口，为入区企业提供投资申请、登记注册、报关、商检、核发原产地证明等一条龙服务，从而为入区企业办理手续提供更多便利，提高办事效率；特区和当地大专院校展开校企合作，以便从学校引入管理人才，并定期举办招聘会帮助企业招聘更多人才，缩短筹建周期；特区内还设立了法律服务中心，方便区内企业咨询法律法规和投资政策等，以辅助其合法经营并及时了解相关政策，抓住机会。2019年，法律服务中心全年完成企业咨询服务400多次，企业办证 320 多项，服务企业超过 130 家，获得了区内企业的认可和称赞。另外特区还引进金融机构为企业搭建融资平台和提供金融服务。另一方面，西港特区定期走访企业，为入区企业搭建沟通平台，通过设立企业意见箱和网络交流平台，帮助企业之间、企业与西港特区公司之间及时共享信息，了解区内企业在运营中出现的问题和新需求，以尽力满足它们，完善特区提供的平台服务，使企业之间互帮互助，实现协同合作和交流。

3. 进行制度重构

1）政策灵活性

在西港特区发展历程中，除了江苏太湖柬埔寨公司通过赢取当地村民、政府的信任，开展推介会招商引资以及搭建平台为区内企业运营提供便利外，中国和柬埔寨双边政府也为特区的持续繁荣发展和一路畅通做出努力，以尽最大可能为特区运营排忧解难。2010 年中柬双边政府签订《中华人民共和国政府和柬埔寨王国政府关于西哈努克港经济特区的协定》，明确了西港特区的法律地位，使其成为首个签订双边政府协定的合作区。协定设立中柬关于西港特区的协调委员会，下设工作组，并根据工作组的建议召开会议，研究如何为推动西港特区发展提供更好的政策支持，最大可能地解决西港特区发展中遇到的问题。

就中国政府方面而言，2013 年至 2014 年无锡市人民政府和江苏省政府分别开展了西港特区投资推介会以为特区吸引国内纺织、服装、建材、机械、电子、五金、文具等行业的企业加入投产。另外，江苏省教育厅为解决西港特区人才需求问题提出建立毕业留学生信息平台，企业可以通过这个平台，实现与毕业生的直接沟通，方便企业选择符合自己需求的人才。同时制定"留学江苏优秀人才遴选计划"，根据企业自身的人才需求培养专业人才，实现企业与高校"订单式"人才培养。

就柬埔寨政府方面而言，2016 年陈坚刚与柬埔寨国家电力局副局长邦朱拉萨讲述了西港特区在电力使用方面的情况，并提出入区企业对提高供电稳定性、增加供电量、进一步降低电价的诉求。当地供电局与西港特区公司达成合作并致力于为特区提供充足和稳定的电力，以为区内生产经营营造良好的环境。2017 年，中国无锡—柬埔寨西哈努克港航线开通，此为落实"一带一路"互联互通的重要举措，将推进两地经贸旅游文化等领域的交流合作，促进西港特区的进一步发展，使无锡与西哈努克省进一步加深友谊、加强合作。《区域全面经济伙伴关系协定》和中柬自贸协定于 2022 年 1 月 1 日正式生效实施，柬埔寨对中国企业的准入将进一步放宽，中国对柬埔寨出口和中国对柬投资都将迎来新机遇。根据柬埔寨王国政府投资法和特区管理法的规定，对于入驻西港特区的企业，不分国别，可享受一系列税收优惠政策，如企业用于生产的机械设备、建筑材料、零配件、原材料等免征进口税，最多可获 6 年至 9 年盈利税的免税期；生产设备、建筑材料免征增值税；服务于出口市场的产业，原材料免征增值税等。入驻企业除了享受一系列优惠政策之外，西港特区还会为企业提供"一站式"行政审批服务、人力资源服务、培训服务、金融服务、法律咨询服务等。

2）社会适应

除了双边政府对西港特区发展的持续关注和支持以外，西港特区公司还需要对柬埔寨的社会风气进行灵活性适应，针对当地状况做出相应反应和行动。首先，西港特区尊重柬埔寨当地的法律、政策制度和民俗等，以实现在柬埔寨长远发展。一方面，西港特区遵从柬埔寨当地法律。西港特区从创立初期开始就聘请当地律师担任特区内的法律顾问，为特区的日常事务如有关购买土地、办理入区手续、特区经营管理提供一定的法律支持。西港特区完全按照柬埔寨当地的法律办事，使一切事务都符合当地的法律程序和规定。除了雇用当地律师外，西港特区内还设立了法律服务中心，联合当地相关单位、机构举办法律咨询会、税收政策解读会等，以引导区内企业遵守法律法规。另一方面，西港特区尊重柬埔寨当地的政策、风俗与信仰等。一是特区严格按照柬埔寨政府制定的包括节假日在内的企业员工应当享有的社会福利政策来执行事务，以确保职工享有合法权益。二是特区尊重柬埔寨当地民众的民族信仰，为方便区内柬籍民众开展信仰活动，将寺庙等场馆列入建设规划。其次，由于区内民众来自世界各地，西港特区公司在区内倡导民众不分种族、肤色，不论地位高低，不管蓝领、白领，都要相互尊重，友好相处，共建平等和睦家园的思想。

在遵从柬埔寨当地法律制度和政策、尊重当地民俗与信仰的基础上，针对柬埔寨当地工人的文化程度低、缺乏专业技能以及思想观念落后的问题，西港特区采取一系列针对性的措施，使其具备园区发展所需的技能和文化。西港特区从当地教育问题着手解决。西港特区公司的年轻大学生业余时间去默德朗乡小学免费授课；由于柬埔寨当地一些贫困家庭无法负担学费，西港特区公司发起爱心结对帮扶活动，公司员工以"一对一"的形式资助品学兼优但家庭贫困的学生。此外，特区公司配合江苏省政府及省红十字会，为默德朗乡小学添置了电教室、图书室等基础设施。针对当地村民文化程度不高、技能欠缺的问题，特区联合无锡商院开设培训班举办中文、企业管理、市场营销、国际贸易等21期培训班，以便让当地村民快速转型为专业的产业工人。另外，特区还积极推进西哈努克省中柬友谊理工学院及西哈努克港工商学院两所大学在区内的设立与运营，两所学校分别侧重技能培训和学历教育。由于中柬双语专业人才较为稀缺，为解决翻译人才不足问题，红豆集团从北京外国语大学高薪聘请柬语教授到红豆大学为国内员工做培训，先后开了三期柬语班。此外，西港特区公司还选派一批优秀的柬埔寨员工到红豆大学学习，为干部人才的本土化打基础。组织协同机制模型如图5.9所示。

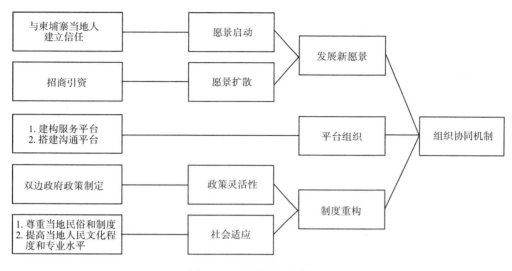

图 5.9　组织协同机制模型

5.2.5　案例小结

本节主要以所选案例——红豆集团为案例分析对象,对集团共建"一带一路"背景下组织协同机制进行解析,试图探究集团在柬埔寨是如何完成发展新愿景、平台组织、制度重构三阶段以实现组织协同的,从而达到价值共创和双方共同发展的目标,践行集团"八方共赢"的使命。

本节核心内容共分为四部分,第一部分简要介绍了纺织服装业自 1949 年纺织工业部成立,发展 70 余年以来,如何踏入国际市场以及过程中遇到哪些挑战和危机,并涉及共建"一带一路"倡议提出后行业的变化和发展。第二部分提及了红豆集团的发展历程,主要包括集团的基本信息和集团发展历程,红豆集团从手工作坊转变为如今中国民营企业 500 强,多元发展涉及房地产、医药、橡胶等领域。集团坚持不懈以创造民族品牌、提升创新能力、培养创新人才、实现"八方共赢"的使命和目标前行。第三部分涉及红豆集团的国际化历程。从起初在日本、美国设立分公司,初步踏入国际市场到在柬埔寨建立 11.13 平方千米工业园区,另外红豆集团旗下子公司通用股份在海外建立的首个生产基地——泰国工厂,响应了共建"一带一路"号召。第四部分介绍了红豆集团国际化历程中组织协同机制分析,分别从发展新愿景、平台组织、制度重构三阶段,结合集团在西港特区选址、建设和后续发展中的行动分析,更好地了解集团是如何维护和推动特区发展。

5.3　正泰集团：知识协同机制分析

5.3.1　光伏行业国际化简介

近年来，为了遏制气候进一步变暖和自然灾害的频发，世界各国提出了"低碳"发展战略，其中，世界各国在光伏、风能、水电等方面已经形成了共识。光伏发电是指利用半导体界面的光生伏特效应而将光能直接转变成电能的一种技术。相比较于其他新能源发电流程更加简洁、无污染，并且由于全世界对光伏技术的研究，光伏技术运行所需成本明显降低，2010～2019 年世界光伏电站的加权平均总成本下降幅度高达 79%，在世界各种可再生能源开发中的降幅最大，由于光伏技术运行正被更多的发达国家作为最有竞争力的电源类型，从而越来越多的发达国家选择采用光伏技术运行，而未来的太阳能光伏发电技术经济性优势更加明显，这也将推动世界太阳能光伏发电技术产业的高速成长，世界各国光伏技术产业的成长动能更加充足。

1. 中国光伏行业发展历程

中国光伏行业十多年间经历了从无到有并且逐渐强大的发展历程，主要分为以下几个阶段。

2007 年前为起步阶段。2004 年，由德国政府所制定的可再生能源法案，大大促进了世界光伏产业的发展，我国光伏产业在欧洲市场需求带动下起步。一些归国华侨创立尚德电力控股有限公司、阿特斯阳光电力集团等第一批光伏企业，我国光伏制造业发展迅速。

2007 年至 2010 年为成长阶段。由于全球投资者对光伏发电扶持的预期降低，再加上金融危机造成光伏生产价格的下降，国外市场份额有所削减，然而中国国内颁布了大量扶持光伏发展的优惠政策，共投入近四万亿元资金促进了光伏行业发展，使得需求由国外转向国内，国内光伏产业快速发展。

2011 年至 2013 年为调整阶段。上一阶段由于光伏工业生产规模扩大速度过快，欧洲各国政府对光伏企业补贴强度显著降低，价格明显下滑，与此同时，欧洲国家开始进行反倾销和反补贴调查，国际贸易保护主义抬头，光伏产业出现了阶段性产能过剩。我国光伏行业经历挫折。

2014 年至 2018 年为回暖阶段。日本政府实施前所未有的光伏发电补助措施，光伏发电产业在美国、欧洲市场迅速兴起，海外需求激增，同时随着国内光伏技术的快速进步，较低的成本使得中国占据了不少海外市场，光伏行业稳步发展。

2019 年至今为升级阶段。2018 年 "531 政策"[①]的发布，使得我国光伏各产业链价格再次下降，光伏产能优化，产业加速升级。同时随着共建 "一带一路" 倡议的提出，中国光伏行业向共建 "一带一路" 国家扩张，非洲、东南亚市场广阔，光伏行业飞速、稳定发展。

2. 光伏行业市场国际化

从全球来看，随着光电产业越来越扩散，光伏已经不单单是传统强国的需求，也早已变成了许多发达国家、发展中国家的共同需求。2021 年，全球新增光伏装机约 170 吉瓦，创历史新高。其中，我国新增光伏装机约 54.88 吉瓦，同比增长约 13.9%，成为最大的光伏市场；欧盟新增装机约 25.9 吉瓦，同比增长约 34%；美国新增装机 26.8 吉瓦，同比增长约 40%；印度新增装机约 11.89 吉瓦，同比增长 218% 左右。2022 年，在光伏发电生产成本降低和全球绿色复苏的利好推动下，全球光伏新增装机将继续快速增长。虽然世界光电装机的总发电量将持续上升，但总发电量中再生能源占比依然偏小，还有较大的上升空间。

2017 年 5 月，国家发展改革委、国家能源局联合发布《推动丝绸之路经济带和 21 世纪海上丝绸之路能源合作愿景与行动》，旨在释放古丝绸之路资源，创造新活力，推动世界能源务实合作迈上新台阶，这也使得我国光伏行业在 "一带一路" 上发展的势头愈盛。非洲、东南亚等地区因能源、资源不足，严重制约了当地工业的发展，我国光伏行业潜在市场巨大，以非洲国家为例，目前仍有不少地方还没有实现电气化，仍然存在较大的光伏缺口，因此，近年来，我国积极地与共建 "一带一路" 国家合作开展光伏业务，尽管部分国家仍存在着贸易壁垒，但我国光伏公司凭借成本优势击穿贸易壁垒，即使印度财政部税务局自 2018 年 7 月 30 日开始对中国的太阳能电池(无论是否封装为组件)征收 25% 的保障性关税，然而，中国光伏产业的整体供应链成本却在逐年下降，加上 25% 的关税，也并不会对印度市场供应格局产生很大影响。

3. 光伏行业产业链国际化

企业全球生产布局已经启动，将逐步完成对光伏产业链的纵向拓展，目前，光伏产业链的上游参与者是硅片、银浆、耐高温聚酯薄膜和氟膜等供应商；中游主要是太阳能电池片、光伏玻璃和逆变器等制造商；下游包括光伏电站和不同的使用环境。我国在全球光伏产业链各环节均已达到很高的比例。受 2018 年 "531 政策" 的影响，中国国内光伏各产业链价格均加速回落，2018 年电池片与组件产

---

① 《国家发展改革委 财政部 国家能源局关于 2018 年光伏发电有关事项的通知》，https://www.gov.cn/zhengce/zhengceku/2018-12/31/content_5433580.htm。

品价格均下降 30%～40%。与此同时，电池利用率的提高速度也在加快，这就导致了光伏电站系统生产成本极大地下降，也导致了我国光伏技术在国外，特别是欧盟、美国、澳大利亚等劳动力成本比较高的地方更具有竞争力。截至 2021 年，我国光伏产业迅速，跨国企业遍布全世界，组件生产已连续 15 年稳居全球第一，根据 Solarzoom，2022 年 3 月组件出口 41.07 亿美元，同比增长 88%，多晶硅产量连续 11 年为全球第一，市场份额达到了 80%～90%，逐步掌控对全球供应的主导权，同时新增装机量连续 9 年位居全球首位（中国历年新增装机量见图 5.10），累计装机量连续 7 年位居全球第一，在生产规模、出口等方面都实现了飞跃发展。另外，中国光伏公司还承揽了许多国外发电工程。

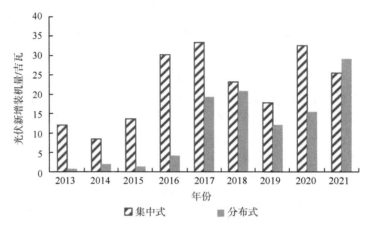

图 5.10　中国历年光伏新增装机量

资料来源：中国光伏行业协会

　　综上所述，受益于政府扶持以及国际光伏发电平价上网，中国的光电行业虽开始较晚，不过发展却很快，国际水准也在持续提升，市场规模在未来将持续增长，同时随着共建"一带一路"倡议加速推进，将加大我国对外投资水平，尤其对于那些发展程度相对落后，但地理环境（光照充足）适合推行光伏发电的这些国家（比如印度）的投资。部分企业，例如下文的正泰集团正是抓住了这一行业机遇，进军共建"一带一路"国家，打通上下游环节，增加技术投入，大力发展光伏产业，从而带来更强的竞争力。

5.3.2　正泰集团简介

1. 企业简介

因正而得泰，正道则泰兴，是谓"正泰"。正泰集团成立于 1984 年，逐步发展成为全球知名的智慧能源解决方案提供商。集团围绕全产业链优势，抓住发展机遇，集中力量，做强绿色能源产业，优化智能电气产业，做大智慧低碳城市产业，不断深耕国际市场，积极培育科创孵化产业，已形成了"3+1+1"现代产业集群，产业制造项目基地重点遍布于温州、杭州、上海、嘉兴等，并在泰国、柬埔寨、越南、马来西亚等设有区域制造厂，公司产品和业务遍及世界 140 余个国家和地区，全球雇员 4 万多名，带动产业链就业人数超 50 万人，2022 年营业收入 1237 亿元，连续 20 多年位列中国企业 500 强。其上市公司正泰电器是中国第一家以低压电器设备为核心业务的 A 股上市公司，位列亚洲上市公司 50 强。

按照"储—储—输—变—配—消"的能源结构，正泰集团正逐步形成包括新能源、智慧电力、能效管理、多能互补、储能、智慧电力运营等在内的绿色科技发电与维护、智慧城市与智能制造发展模式。正泰集团依托"能源的发、输、储、变、配、用"的全产业链发展资源优势，成为不仅生产产品、技术装备，还提供解决方案和服务的企业。正泰集团成为集"绿色智慧源"、新电网、减载、储能于一体的综合性智慧能源供应商。

2. 发展历程

正泰集团始创于 1984 年，主要分为三个发展阶段。

1）1984～2005 年：坚守实业，整合发展

1984 年 7 月，创始人南存辉先生创办乐清县求精开关厂（正泰集团前身）。5 万元起步，依托 50 平方米、8 名员工进军低压元器件行业。求精开关厂成立之初，由于我国低压电器设备缺乏严格的标准和专业经验，假冒伪劣产品盛行。南存辉没有选择随波逐流，多次往返上海，聘请技术专员。1986 年，建成行业第一个热继电器实验室；1990 年前后，国务院出台了"打压、堵截、疏导、扶植"政策，对温州低压家电实施整改，求精开关厂凭着过硬的质量和合理营销，变成各级政府扶植的目标。1991 年，温州正泰电器有限公司成立，随后 1993 年到 1997年，经过集团整合与股份制改造，正泰集团以资本为基础，以市场经济为导向，以生产为龙头，以品牌为核心，30 多家企业先后合并成为正泰的成员企业。1994年 2 月，温州正泰集团成立，正泰集团从此进入集团化经营时代。本着"精益求精"的理念，依靠质量与诚信谋求生存，实现原始资本积累，为公司的发展壮大打下了基石。

2）2006～2015 年：绿色能源，智能制造

2006 年，南存辉看到了清洁能源巨大的市场前景，于是力排众议，决定进军光电行业，优先发展清洁能源，并于 2007 年投入 LPCVD、PECVD、MOCVD 等高端设备研发与制造，2009 年，正泰集团在宁夏石嘴山投资建设我国第一座大型光伏电站，拉开了在全国建设光伏电站的大幕。2014 年，正泰集团通过收购

德国知名光伏公司的组件厂，加速国际产能扩张。从此，正泰集团的光伏产业开始发展，从产品性能、产能布局、工程总承包研发到深度整合国际新能源产业链，正泰集团作为行业先行者，迅速提升了中国国内太阳能光伏发电行业的国际市场份额。

3）2016年至今：构建平台，赋能创新

2016年，正泰集团新能源板块成功注入正泰集团旗下上市公司正泰电器，借助资本杠杆，依托技术创新推动，逐步实现更大、更高的飞跃。此后，正泰集团通过兼并新加坡日光电气，参股中国电器科学研究院股份有限公司、浙江中控信息产业股份有限公司，收购江苏顺风光电科技有限公司等企业股份等，完善产业链及产能布局，提升正泰集团数字化、智能化水平。2019年，正泰集团正式宣布启动"一云两网"战略，将"正泰云"建设成为智能技术管理与信息技术服务的综合平台，完成了企业内部和海外的电子化管理与服务；利用工业物联网技术建设了正泰智慧化生产系统，完成了电器产品的智能应用；利用国际能源物联网技术建设正泰智慧能源体系，积极打造区域能源物联网平台，并继续分阶段推动大数据、物联网、人工智能与制造业的深入结合，努力建设生态型企业，积极引导产业发展的新风向。2023年正泰集团召开全球发展大会暨第十届国际营销大会，亮相2023中国国际石墨烯创新大会，获颁"2023石墨烯行业工匠奖"。图5.11展示了正泰集团发展历程大事记。

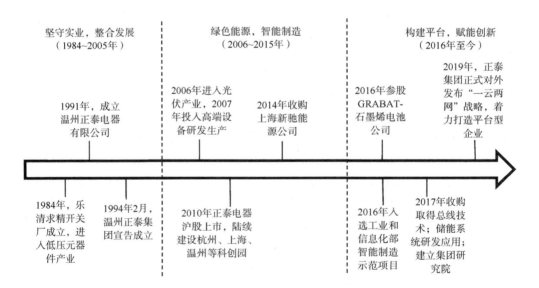

图 5.11　正泰集团发展历程大事记

5.3.3　正泰集团国际化简介

正泰集团发展至今，从一个立足温州的地方性工厂到全国闻名的知名企业，一路走来，历经了无数风风雨雨，一步步成长，以提升产品质量为生存之道走出温州，依托国际标准，以"正泰"之名叫响中国，以技术创新走向世界，目前正泰产品全面进入国际市场，"正泰"品牌知名度逐年攀升，正泰集团已经成为迈向全世界的国际化企业，正泰集团国际化主要分为以下三个阶段。

1. 市场国际化——从单一国内市场迈向国际市场

1993 年，正泰集团首次参与中国进出口商品交易会，取得了第一笔出口订单，从此开启了国际化道路，向海外输出销售、研发队伍，在各地建立销售机构，试图拓展海外市场，依托国内政策，凭借优质的产品质量和技术，正泰集团实施了"农村包围城市"的国际贸易战略——先打开亚非拉新兴市场，再逐步占领欧美高端市场。

1998 年，正泰集团在巴西设立海外办事处，在巴西开启了"拓荒之路"。凭借卓越质量，逐步扩大了在巴西、智利、秘鲁等国的电力公司的项目配套供应国际市场，在拉美地区逐步提高了知名度。2017 年 2 月 19 日，正泰埃及工厂开业。正泰集团开始在埃及设厂，并以此为起点，逐步开拓周边国际市场，最终辐射覆盖欧洲及西亚、北非市场。2017 年，正泰集团收购新加坡日光电气，以后者为核心载体搭建亚太区域总部，布局新加坡、越南、马来西亚等国产能，基本完成了全球研产销一体化格局。当前正泰集团已经深入了 80%的非洲国家和巴西、阿根廷、墨西哥等主要拉美国家市场。

2012 年，正泰集团顺利通过三轮严格测试，成为伦敦奥运会通信设施配套供应商，是当时欧洲以外唯一一家入围的公司。2014 年，正泰集团成功获得了德国奥登河畔法兰克福地区最大的光伏公司 Conergy 在德国法兰克福（奥登）的组件工厂，并为当地企业提供了一定数量的就业职位和税收，通过德国工厂，正泰集团的新能源技术已经达到了光伏组件制造的高度国际化和智能化，逐步在德国市场站稳脚跟。在西班牙，正泰集团通过与当地著名的石墨烯企业合作开发制造新型高性能石墨烯动力电池，在移动储能燃料电池领域掌握了颠覆性技术创新和应用的主动权，推动了正泰集团在分布式光伏领域的发展，在发电、智能微电网、石墨烯储能技术和能源管理的产业布局。

凭借自身过硬的品质，当前，正泰集团已建立了六大全球行销区域、14 家全球分公司、22 家全球配送中心，构建了遍及亚太地区、独联体、欧盟、中亚、西非各区的营销网络，与 80%以上的共建"一带一路"国家保持着不同程度的贸易联系，并取得了良好的合作回报。例如，正泰集团的电力变压器占巴基斯坦市场份额的 70%。除产品出口外，正泰集团还在泰国、马来西亚、巴基斯坦、伊朗等国家设立工厂，积极参与设立"绿色丝路基金"等，并着重在电力新能源、高新科技等方面开展投资项目合作，不断推进国际产能布局。在欧洲、非洲、南亚和拉美等地承建了大批的施工总包建设项目，大大促进了商品和技术的配套出口；在韩国、印度、泰国、意大利、西班牙等地建设了光伏电站。

2. 品牌国际化——从"中国制造"迈向"中国创造"

正泰集团建立之初，低压电器产品在国内市场销售位居第一时，曾有大型跨国企业开出数百亿元意图购买正泰产品，但正泰集团董事长南存辉却坚决不卖，决心打造民族品牌，以正泰品牌为基石，积极进行产业报国，主张"聚精会神干实业，一门心思创品牌"，做强主业，做强品牌。

正泰集团非常重视自主品牌建设，并始终坚持将引用国际领先科技和自主创新成果相结合，也因此先后取得国家授权发明专利四千余项，并参与制作、修改了各类产品国际标准、国家标准、行业标准等 200 余项，为企业品牌国际化提供了有力的技术支撑。正泰集团积极推进国际品牌战略，着力建设"CHINT"和"NOARK"两大自主品牌，并不断增强海外业务开拓能力，通过优良的质量来提升品牌影响力。为进入美式标准汽车的领域，NOARK 产品应运而生，NOARK产品更符合美式的文化语境，含义为"安全、可靠、绿色"，正泰电器对美标的覆盖正是以 NOARK 产品为支点。美国的电器市场高度集中于几大国际品牌企业，而美标市场与欧标、国标市场差距很大，如果品控不到位，将永远无法进入国际市场，因此正泰集团历经了十多年，从开发、制造到营销、售后服务，从在美国成立本地公司到本地供应链管理，NOARK 品牌的整个供应链都得到了完善和塑造，强调各个环节的质量控制和合作，使 NOARK 品牌在美标市场逐步建立声誉。以美国客户为基础，NOARK 已在世界各地设立多家营销中心，服务国外的特需客户。

如今，在全球低压电器领域，正泰集团已能够与当年试图收购自己的美国跨国公司比肩。企业国际化不仅是产品销售国际化，更要实现品牌的国际化，逐步提升品牌影响力。正泰集团积极参与各类国际展会，在海外逐步建立品牌知名度，树立正泰品牌国际形象，同时致力于打造自己的国际会议品牌，开展两年一届的正泰国际营销大会，汇聚多个国家经销商，规模逐年扩大，2017 年在上海召开的正泰首届国际能源峰会，甚至迎来了 60 多个国家的 100 多名政府要员、行业专家及合作伙伴，品牌影响力逐年提升。

3. 资本国际化——从产品经营迈向资本经营

企业国际化之路还在于整合海外资源和生产要素优势，投资组件工厂或公司等，实现资本国际化，随着中国市场经济的发展，中国公司国际竞争力的增强，资本国际化逐渐成为一种趋势。

近年来，正泰集团积极实施资本"走出去"战略，实现合作共赢，通过收购和开办工厂等方式逐步实现资本国际化，在德国、西班牙、埃及、泰国、新加坡等国家和地区提升影响力。2014 年，正泰集团并购了德国奥登河畔法兰克福地区较大的光伏技术公司 Conergy 在德国法兰克福（奥登）的组件制造厂；2015 年，与 Graphenano 合资成立 Grabat 公司，正泰集团持股 25%。着力研发新型石墨烯电池，涉足储能新材料等行业；2016 年，正泰电器股份有限公司在泰国出资建设了泰国光伏公司，成功打造了 300 兆瓦的电池工程，该企业具备了世界上光电领域最领先的自动化仪器、先进品质测试仪器和高端制造工艺能力，也给当地人提供了不少的就业机会，并惠及地方人民；2017 年，正泰集团全资并购了拥有 50 多年历史的日本日光电气公司，而日光电气作为我国台湾以及南洋地区规模最大的低压开关柜公司，在东南亚拥有很大的影响力，而此举促进了正泰集团扎根东南亚市场；同年，正泰集团与埃及 EGEMAC 公司共建低压配电柜厂，在埃及首都开罗投产，并随后几年陆续对其进行增资，该工厂业务区域辐射埃及、利比亚、苏丹等地，极大便利了在埃及市场的拓展。

资本国际化使得正泰集团从产品经营迈向资本经营，为其全球产能布局添砖加瓦，截至 2023 年，正泰集团已在北美、欧洲、亚太、北非地区建立了 4 个研发中心、6 个国际营销区、14 个国际子公司和 22 个国际物流中心，产品和服务遍及 140 多个国家和地区。

5.3.4　正泰集团"一带一路"国际产能合作中企业边界拓展与知识协同

企业海外创新生态系统的形成和拓展，实际上是通过知识边界、地理边界、组织边界的拓展实现的。不同的企业有着不同形态的边界拓展路径，在不同发展阶段，其创新生态系统边界拓展也会呈现出不同的阶段性特征。知识边界拓展主要表现在知识边界拓展的深度和广度两个维度上：知识深度代表了企业在知识利用深度方面的差异，主要体现在应用性知识、基础性知识和实验性知识利用上；知识广度则代表了企业利用知识的范围和类型（陈衍泰等，2020）。地理边界是创新生态系统边界拓展的重要维度，企业国际化过程中的海外地理组合影响地理边界的拓展，东道国与投资企业的知识互补性（Duanmu，2012）、全球产业知识来源可获性、技术跟踪模仿对象差异性（陈学光等，2010）都会对海外创新生态系统地理组合产生影响。跨国企业创新生态系统组织边界的拓展，主要是指不断打破供应链合作伙伴、客户、竞争对手、政府、高校、研发机构等外部环境的壁垒，与这些外部组织或个人建立海外联系,并将其纳入创新生态系统(陈衍泰等,2020)。

　　知识能力是指一个组织所拥有的知识、资源和能力,以及组织内外协调、重构和更新知识、资源的一种能力,它反映了一个组织不断从外界汲取知识能量,以实现与外界环境协调发展的能力。知识能力包含三个方面的内容,即基础资源能力、知识运作能力和知识机制。民营企业国际化过程中,知识能力对于其构建海外创新生态系统起着重要的作用,知识能力也是企业的一种动态能力,影响着企业边界拓展。

　　基于过往研究,案例旨在探究各边界在企业不同知识能力阶段的演化过程,揭示中国民营企业创新生态系统构建的内在机制,其研究框架如图 5.12 所示。

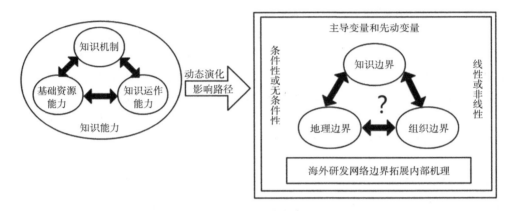

图 5.12　研究框架

　　正泰集团的国际化研发体系主要通过在海外建立研发中心和机构、技术性并购,以及与运营商、竞争对手、国外大学和研发机构的合作研发项目逐步建立,其知识能力一步步增强,企业边界一步步拓展。截至 2019 年,正泰集团拥有 1 个集团技术研究院、24 个专业领域研究机构、3 个技术服务平台和 4 个海外研发中心,研发及工程技术人员 3000 余人,以及有效专利及专利申请 7000 项。加入 60 多个国家级及各级标准化组织机构,累计主导及参与 400 余项国际及行业标准制修订。优秀的研发创新人员在正泰集团设在温州、杭州、上海,以及北美、欧洲、亚太、北非等地的一流的研发创新环境里工作,为中国经济的高质量可持续发展做出贡献。

　　正泰集团的技术研发历程分为三个不同的阶段:第一阶段是技术追赶阶段(1984~2005 年)。1984 年,成立之初,正泰集团就紧抓以质量求生存,要有好的质量,首先必须要有好的技术,该时期,正泰集团求贤若渴,四处请技术专家"出山",以建立技术开发和质量管理体系;返聘国企退休人才,规范管理;建立科研孵化及高端产品基地,以技术摆脱同质化竞争,求取长久发展。正泰集团在技术领域进入大力追赶阶段,提升基础实力,走上国际化道路。第二阶段是技术相持阶段（2006～2015 年）。该阶段在国际金融危机和欧美"双反"的双重冲击下，正泰集团决心进入新能源行业，大步"走出去"到国外投资建设光伏组件厂，建造光伏电厂，吸收引进各地人才，加大自主研发投入力度，加上之前的知识积累，在技术领域，正泰集团进入技术相持阶段，进入国际前沿。第三阶段是技术领先阶段（2016 年至今）。该阶段正泰集团结合时代发展背景，利用资本杠杆，通过推进技术创新，逐步完成更大、更快的跨越，重点在于进行数字化转型，发布"一云两网"战略，决心建设平台型企业，引领行业发展。

1. 技术追赶阶段（1984～2005 年）

1）知识能力和公司战略描述

1984 年，正处于温州柳市假货伪劣家电产品流行之时，求精开关厂四处借人才、借技术，用诚心打动了上海的技术专家，请来了刚从上海人民电器厂退休的宋佩良、王中江、蒋基兴三位工程师，紧抓质量，决心以"质量立市"。1986 年，热继电器实验室率先成立。1994 年 2 月，温州正泰集团宣告成立，集团内部各公司之间实现了生产优势互补、技术相辅相成、产品互补、共享、互利互惠，使公司生产范围快速拓展，并建立了门类齐备的中国工业电器大企业，同时也使"正泰"的品牌效应骤显。把握全国"两网"（全国证券交易自动报价系统和中国证券交易系统）综合改革契机，进一步加强投资实力建设，于 1998 年投入 1.5 亿多元资金，投资建设了正泰温州成套设备工业园。引进德国静电喷涂自动生产线等一批先进制造装备与生产技术设施。通过这些世界领先的装备，从根本上提升了中国企业的制造技术条件，改善了生产方式，并大大地缩短了企业与世界领先公司之间的距离。

2005 年，正泰集团和美国通用电气公司合作，合资成立公司，在此期间，正泰集团意识到了自身产品与全球技术标准之间的距离，于是开始积极对标全球的领先公司。

因此，本阶段正泰集团虽然努力提升研发和制造能力，但是基础资源能力较弱，处于初级阶段，同时由于初创，各方面还不够成熟，知识运作能力和知识机制处于探索状态，知识能力比较低。

本阶段正泰集团处于集团整合与股份制改造阶段，1991 年至 1993 年间，先后将 30 多家企业"收编"进来，实行集团化经营。随后提出了"大公司小核算，纵合横联，优化结构"的新战略，并一手策划，推出了股份制改革方案，将分散的成员单位组成两家股份有限公司和若干个有限责任公司，并实行层级管理模式，加强面对面管理，剥离非主业产业，回到电器专业化轨道上，提出了"立足低压，跳出低压，走低、中、高压和成套设备并举之路"的策略，并将之确立为国家"九五""十五"期间正泰集团的主要目标。从一开始仅生产低压产品逐渐进入低、中、高压和成套设备、汽车零部件以及建筑电器等领域，形成电力设备全产业链格局。2003 年正泰集团提出了"围绕主业，立足温州，接轨沪杭，发挥优势，整合资源，走向世界"的战略方针，正式向国际化迈进。

2）海外创新生态系统边界拓展状况

（1）知识边界拓展。本阶段，正泰集团主要通过借人才、借技术，开始建立研发网络，吸收初、中阶应用性知识，一开始通过引进上海工程师获得初步技术；后来聘请"军师"徐巧兴，逐渐掌握专业管理知识；引进国企各类退休干部，建立专业制度，"存钱不如存技术"深入正泰人心，利润几乎用于研发技术和扩产。此外，正泰集团积极引进国外先进技术和设备，全面落实合资优惠政策，进一步壮大了公司实力，走上了公司制的道路，通过合资并购消化、吸收了大量成熟的应用性知识，使得企业技术得到飞跃发展，但是本阶段正泰集团的知识水平还处于对技术的模仿和局部改进，创新程度较低。

在知识广度上，正泰集团早期主要以低压电器技术为主，主要集中在低压电器领域，后续向其他领域拓展，但是相对来讲，知识广度仍然较窄。

（2）地理边界拓展。该阶段正泰集团主要在国内拓展创新生态系统，向海外部分拓展，主要通过整合多家企业，拓展领域，吸收国内优秀人才和技术，主动接轨上海，学习其先进管理、先进技术和国际化的经营理念，搭建初步研发网络，投资工业园，引进国外优秀设备，获取先进技术，充分借助上海优势的同时，积极打造"先进制造业基地"。以浙江为"大基地"、上海为"大窗口"，构建远距离"前店后厂"的新形态、新格局。让正泰集团的产品和服务通过上海这个"窗口"，源源不断地输向世界各地，推进国际化进程。先后投资 6 亿多元，兴建了温州正泰高科技工业园、仪器仪表工业园等。随后，从 2004 年开始，陆续投资35 亿元，在上海松江建立了占地 1360 亩的输配电工业园（被列为上海市 20 家重大产业升级项目之一）。在上海松江建立了低压电器高端品牌 NOARK 生产研发基地、电源电器生产研发基地，在上海张江建立了高端装备生产研发基地，在闵行收购了国内自动化领航企业新华自动化控制技术（集团）有限公司，在嘉定收购了石墨烯粉体技术专业企业新池公司等。同时，为了充分发挥上海市技术、信息、人力资源和产业环境资源的优势，整合了原机械工业部在上海市的九大研究院的科技资源，在上海市建设起了国家级的技术研发中心。从温州到上海再辐射全国，初步搭建起了研发网络。在海外研发基地建设方面，1998 年正泰集团开始国际化的尝试，在海外设立海外办事处，也是这个时候正泰集团在巴西开启了"拓荒之路"。经过不懈努力，正泰集团和巴西最大的发电机组生产商、各行业的龙头企业，成功达成合作，向海外部分拓展研发网络。

（3）创新生态系统组织外部边界拓展。该阶段正泰集团主要通过合资并购与其他企业技术人员建立关系。在国内外通过整合多家企业、建立生产研发基地以及技术合作搭建研发网络，网络组织外部边界主要是技术人员，此外积极引进海外先进设备和技术，开展技术交流。

创新生态系统组织内部边界拓展。在各地取得优势，建立工业园和生产研发基地，但是还没有形成较大规模，研发网络初步构建，研发网络节点数量少，且呈孤点状态。

2. 技术相持阶段（2006～2015 年）

1）知识能力和公司战略描述

在该阶段，国际金融危机盛行，同时遭受了欧美"双反"冲击，正泰集团顶住压力，寻求突破，大步走出去在海外建立光伏组件工厂，建设光伏电站。

"存钱不如存技术"一直是正泰集团始终坚持的理念。按照不同领域的特点，正泰集团每年把总销售额的 4%～12%用于基础研究，在有的行业中更是做到了 20%、30%或以上。而高端设备研究费用更是超过了 50%。2008 年，由于金融危机，正泰集团从世界一流高科技企业引进了一大批技术专家，组建研发团队，开始向光伏领域进军，2009 年在上海成立理想能源设备（上海）有限公司，追求能源高端装备国产化，进行相关领域核心高端生产装备的研发和制造。随着研发网络的进一步构建，研发资金的不断投入，正泰集团研发成果颇丰，技术能力快速提升，专利数量显著上升。2009 年，正泰集团起诉跨国公司专利侵权并达成全球和解，并在 2013 年被确定为首批国家级知识产权示范企业。2014 年开始的高效率太阳能光伏发电系统背钝化技术装备研究，利用了全球前沿的 ALD（atomic clayer deposition，原子层沉积）工艺技术，顺利研发了用作高效率电池钝化的 Ideal ALD 设备，主要用于钝化发射器和后部接触太阳能电池（ passivated emitter and rear cell，PERC）生产，同时理想能源设备（上海）有限公司推出的国内首台高效率异质结太阳能电池的等离子体增强化学气相沉积（ plasma enhanced chemical vapor deposition，PECVD）设备 2013 年投入市场，转化效率已达 22.57%，并且还在进一步提高，主要参数均达到国际一流水平。

因此，在这一阶段正泰集团知识水平整体提升，知识能力大幅提高，基础知识资源进一步累积，知识运作能力也显著提高。随着光伏行业的发展，正泰集团技术广度越来越宽阔，随着对技术的规范化，正泰集团的知识机制和运作能力得到了提升，研发效率较高，质量有保证，因此，正泰集团的知识能力在国内已经处于领先地位，在国际市场上已经追赶上了先头部队。

本阶段，正泰集团处于国际化初步阶段。在中国加入世界贸易组织前夕，正泰集团提出"国际化、科技化、产业化"的发展战略。随着经济全球化，正泰集团已经在世界许多国家通过了国际质量体系认证，并申请了境外的商标专利，正泰电器已成为中国国内及东南亚市场产销量最高的公司之一，在其他行业中也出现了良好的发展势头，同时经济全球化也在稳步深化，借助国外大型企业的先进运营理念，在国外打造销售网络及投资核电站建设，不断创新模式，逐步从过去的仅仅销售商品向施工总包、建电站收取电费等增值业务转变，实现了产业优势互补，提升了品牌形象，也大大开拓了国际市场。

2）海外创新生态系统边界拓展状况

（1）知识边界拓展。本阶段正泰集团知识边界得到迅速拓展。在部分技术领域，正泰集团开始掌握原创科技，进行独立研发。在此期间，正泰集团在海外设立了多家研究机构和开发机构，并持续对这些研究机构实施能力提升，提高研究水平。

2008年全球金融危机时，正泰集团开展"人才抄底"，先后在日本、欧美等国家和地区的世界级高新技术企业引进了一大批世界领先的太阳能技术人才和工业装备研发人才，并以这批海归高端人才为核心组建了研发团队，正式进军光伏领域，自主研发的光伏逆变器等产品获得有工业设计界"奥斯卡"之称的德国红点设计大奖。

在知识广度上，正泰集团知识域大大拓展。除了低压电器业务，光伏业务等也稳步发展，正泰集团的技术知识广度越来越宽阔。

（2）地理边界拓展。同一时期，正泰集团积极布局国外的营销网络，组建了国外营销子公司，并投资兴建光伏电站，在泰国、韩国、中欧等国家和地区投资兴建光伏电站，在埃及、新加坡等地收购并投资设立高低压电器制造公司等。在2014年，正泰集团还并购了全球最老牌光电公司之一的 Conergy 及其设在德国法兰克福的组装工厂，并引入了先进工艺与装备，秉持本土化战略，在各地吸纳人才，组建海外研发基地，吸收利用各地知识禀赋，构建全球研发体系，因此，本阶段正泰集团研发生态系统地理边界也大大拓展。

（3）组织边界拓展。创新生态系统组织外部边界拓展：本阶段正泰集团研发生态系统外部边界更加多元化，由国内行业技术人员、研发人员等开始向海外当地人才拓展，在国际化的同时，建立一支不分种族、文化背景的队伍，聘请当地专家，积极投入研发，充分利用当地资源，同时也和各地研究机构、组织和大学等建立战略合作关系，组织外部边界逐步拓展。

创新生态系统组织内部边界拓展：该阶段，正泰集团海外研发网络逐渐拓展，各节点内部互动能力增强，但是依旧较为独立，主要研发活动仍然依靠本地研发网络。

3. 技术领先阶段（2016年至今）

1）知识能力和公司战略描述

在该阶段，正泰集团国际化进程持续深入，品牌效应已经深入人心，截至2018

年，正泰集团已在埃及、泰国、新加坡、马来西亚、越南等共建"一带一路"国家布局光伏智能制造工厂、区域工厂和输变电设备研发机构，并坚持本土化经营，逐步形成了与国际市场接轨、与本土环境相适应的经营管理模式，并注重与本地市场营销网络建立良好的合作关系，协同发展，协助本地企业扩大交易链、产业链等，通过输出先进产能技术，发展现代工业产品，以重大地域突破来辐射周边市场，并逐步完成开发、制造、营销、物流和服务的全面国际化。同时融合世界先进科技优势，积极推进国际化人才模式构建，通过联合清华大学、上海交通大学、西安交通大学，以及美国、欧洲等国内外院校、机构探索"产学研"融合模式，通过海外并购或投资入股，积极引进了国外的科技与创新人才，正泰集团掌握前沿技术，为集团在国内技改和打造高智能企业提供了坚实基础。在认识到互联网迅速发展的重要意义之后，正泰集团积极实施企业数字化改造，建设"一云两网"，以促进全球信息化、物联网、个人计算机和制造业的深入融入。

综上所述，目前正泰集团积累了相当强大的基础资源力量，研发人员数量众多，质量优良，在研发上的投入也非常大，随着数字平台的建立，其知识运作能力明显提高，知识机制非常完善。

在该阶段，正泰集团重点推行"全球化、并购整合和智能制造"三大战略，加速国际化布局，构筑全球研发体系；加快"走出去"的步伐，积极开展海内外并购；推进信息技术和工业自动化深度相融，推动数字化，提升企业竞争能力。2019 年，正泰集团正式对外发布"一云两网"战略，"一云"代表"正泰工业云平台"，集合 IOT 传感技术、物联网技术、云计算技术等，提供多层次的云应用信息化服务，通过云平台建设，为集团提供数字决策；"两网"指正泰工业物联网和正泰能源互联网，形成完整生态链。"一云两网"为正泰集团战略转型提供了坚实的数字技术基础。同时正泰集团也积极实施品牌战略，着力打造"CHINT"和"NOARK"两大自主品牌，持续拓展海外市场，不断提高在全球价值链中的地位。

2）海外创新生态系统边界拓展状况

（1）知识边界拓展，该阶段正泰集团科技创新水平一直居于全球领先地位，国际科研平台的建设逐步完善，使该企业拥有很强的自主开发创新能力，并获得了很多研究成果，正泰集团各产业参与制定和修订行业标准 240 多项，获国内外各种认证 2000 多项，累计获得专利授权 4000 余项，近年仅高档智能家电研发领域就已获得国家专利 300 余项。而正泰集团研制的中国第一台太阳能电池关键生产装备——PECVD，突破了西方的技术垄断。在低压电器"昆仑"系列产品开发中，正泰集团组建了 400 多人的专业团队，投入 1.5 亿元，花 3 年时间不断打磨升级，精益求精，获得了 360 多项专利，成为行业中当仁不让的领先产品。

同时，为满足市场需求以及吸收海内外知识、技术，正泰集团持续搭建研发网络，培养人才，整合全球创新资源，推动全球人才培养体系建设，联合了清华大学、上海交通大学、西安交通大学，以及美国、欧洲等国内外院校、机构探索"产学研"融合模式，成立了众多研发中心。

因此，在该阶段，正泰集团知识边界得到空前拓展，技术、知识高度多元化。

（2）地理边界拓展。本阶段正泰集团地理边界由研发中心型向整合创新生态系统拓展。正泰集团凭借智能电气与光伏新能源产业优势，以先进的技术和优质的服务为"敲门砖"打开市场，80%的共建"一带一路"国家和正泰集团建立了各种层面的战略合作伙伴关系；全国范围内，600 多个地面光伏电站和 50 余万座户用光伏电站已先后建设并投用。

通过项目的投资落地推动当地可持续发展，正泰集团赢得了共建"一带一路"国家的信任，从而获得了更多投资机遇。2021 年，正泰集团持续深耕国际市场，智能电气板块新增 7 个海外子公司、6 个售后中心、5 个区域物流中心、3 个区域工厂。未来，正泰集团将聚焦中国上海和新加坡双总部，不断完善集团在全国的产业布局，海外运维、服务中心将达到 14 家，海外配送中心达到 17 家，海外生产车间将达到 10 家。

（3）组织边界拓展。创新生态系统外部边界拓展：在该时期正泰集团全球研发网络逐步搭建完善，截至 2023 年正泰集团拥有 1 个集团技术研究院、24 个专业领域研究机构、3 个技术服务平台和 4 个海外研发中心，研发及工程技术人员3000 余人，有效专利及专利申请 8000 余项，研发技术多元化，包含基础技术、应用型技术等，同时与清华大学、上海交通大学、西安交通大学等国内外院校、机构探索"产学研"融合模式，研发节点向研究机构、大学等拓展，得以获得全球各地人才和知识资源。

创新生态系统内部边界拓展：全球研发网络逐步形成，"一云两网"的搭建使得技术和数据得到系统整合，能够以多渠道、多类型、互联网化的方式反馈，消除了"信息孤岛"，生态链逐步搭建完善，各研发节点之间的互动耦合加强，网络孤点越来越少，全球研发网络逐渐完善，构建了数字化的全球研发体系。

5.3.5 案例小结

正泰集团创新生态系统边界随着知识能力的增强而在各个阶段稳步推进，在技术追赶阶段，由于企业技术基础较为薄弱，企业知识能力较低，但是正泰集团看中了广阔的市场，立足浙江，依托上海，面向全球发展，在国内各地建设了完善的先进制造产业基地，在上海建立起国家级的技术研发中心，并于 1998 年，在巴西设立了海外办事处，地理边界获得明显拓展；在技术相持阶段，随着技术不断积累，企业知识能力得以大幅增强，随之而来的就是企业知识边界的明显扩展，知识广度和深度都不断加深，同时地理边界和组织边界也得到了相应拓展；在技术领先阶段，随着正泰集团技术的不断创新和突破，其技术已经在国际上占有一席之地，但是只有不断创新才能保持竞争优势。因此，在该阶段，企业组织边界拓展最为显著，正泰集团全球研发网络逐步搭建成熟，"产学研"融合模式的探索完善使得集团得以获取全球各地人才和知识资源，数字化的创新突破使得企业研发网络耦合加强，技术和数据得到系统整合，企业组织边界显著拓展。综上所述，企业创新生态系统边界随着知识能力的逐步提升以及战略的改变在各个阶段不断拓展，每个阶段重心有所不同，具有非线性特征，在知识能力"低—中—高"三个阶段，企业边界的拓展是根据地理边界—知识边界—组织边界的阶段特征进行的。同时，知识能力、企业战略和边界拓展呈现动态演化关系。知识能力的提升促进企业不同阶段战略的制定，从而促使企业构建更高级的创新生态系统，使得生态系统边界得以拓展，又会进而影响企业能力的提升。该案例揭示了企业海外创新生态系统边界拓展的动态特征和内在激励，对于未来研究具有一定的启示意义。

5.4　青山控股集团：制度—组织—知识三维协同分析

5.4.1　镍矿行业背景

1. 镍资源需求情况

青山控股集团的主营业务主要布局在不锈钢和新能源产业，其最重要的原材料是镍。镍具有耐腐蚀、耐高温、抗氧化等优点，可用于生产不锈钢、三元动力电池、电镀、合金等，广泛用于冶金、航海、机械、化工等领域。

我国是世界上最大的不锈钢粗钢生产国，不锈钢是镍消费最大的领域。其镍消费量占镍总消费量的 71%，不锈钢产量的增长推动了镍需求的增加。近几年我国电动汽车需求量和产量的增长及全球能源战略的转型推动了企业对高纯度镍的需求。中国是世界上最大的汽车市场，2021 年全球电动车销售的一半以上在中国。因此，我国镍消费量巨大。

镍矿主要有红土镍矿和硫化镍矿两种形式。全球 60% 的镍矿属于红土镍矿，主要分布在印度尼西亚、菲律宾、古巴等热带国家的土壤中。硫化镍矿主要分布在南非、加拿大、俄罗斯、澳大利亚等国家。

共建"一带一路"倡议的重要国家印度尼西亚主要产红土镍矿,是全球镍资源储量最丰富的国家,中国与印度尼西亚地理相近,物流运输快,印度尼西亚是我国镍金属的重要进口国之一。

2. 镍矿企业国际化

过去几十年,我国已有大量国有和民营矿业企业在自身资源需求驱动和国家"走出去"战略推动下进行海外布局并积累了丰富的国际化运营经验。矿业企业"走出去"的目的地主要集中在资源储量丰富的澳大利亚、加拿大等西方国家,巴西、智利、秘鲁等美洲国家,南非、赞比亚等非洲国家以及中国周边如俄罗斯、菲律宾、印度、印度尼西亚等国家。其中,"一带一路"共建国因资源丰富、竞争小,与我国制度距离小,成为我国矿业企业国际化首选国家。

我国的矿产资源企业包括煤炭、钢铁、石油、有色金属、非金属材料等企业。有色金属包括铜、铝、铅锌、锂、稀土、钨钼、钴、镍等,相应的国内知名有色金属企业包括紫金矿业、金川集团、中国铝业、锌业股份、赣锋锂业、北方稀土、洛阳钼业、华友钴业、青山控股集团等。其中,金川集团、华友钴业、盛屯矿业、吉恩镍业、华泽钴镍、青岛中程等与青山控股集团的主营业务相似,均为国内主要镍资源企业,这些国内知名镍生产商主要通过资源进口、风险勘探、购买矿山股权、并购、合资开发、战略联盟等方式进行国际化,从而实现全球资源配置的目标。

5.4.2　青山控股集团简介

青山控股集团是一家总部位于中国温州的民营企业。该集团起步于 20 世纪 80 年代,于 2003 年 6 月正式注册为青山控股集团。2020 中国民营企业 500 强榜单,青山控股集团位列第 14 名;2021 中国企业 500 强,其排名第 80 位,其中钢铁相关企业中排名第 6,在民营钢企中位列第 1。2023 浙江省百强企业榜单,排名第 5 位。2021 年、2022 年、2023 年财富世界 500 强分别排名第 279 位、第 238 位、第 257 位。

青山控股集团主业布局不锈钢和镍生铁,并向新能源领域拓展。经过数十年的发展,已成为中国最大的民营钢铁企业,也是全球最大的镍铁和不锈钢生产商之一。形成了从上游的镍矿开采、镍铁冶炼到下游的不锈钢冶炼、加工的全产业链布局。所生产的新能源材料和电池主要应用于储能系统和电动汽车等领域。青山旗下拥有青拓集团、青山控股集团、上海鼎信投资集团、永青集团、永青股份五大集团以及 500 余家子公司。在全球拥有八大生产基地,国内生产基地遍布浙江、福建、广东等沿海地区；海外则在印度尼西亚、印度、美国和津巴布韦等国家或地区布局。其全球员工有 80 000 多名，其中，外籍员工 46 000 多名，是我国国际化程度最高的不锈钢企业。

青山控股集团的发展最早可以追溯到 1988 年，前身为浙江瓯海汽车门窗制造公司，并于 1992 年成立浙江丰业集团，正式从汽车门窗的制造转型进入不锈钢领域。1998 年，青山特钢公司诞生，是当时中国最大的民营不锈钢生产企业之一。2003 年青山控股集团正式注册成立。2004～2006 年，青山控股集团陆续在浙江丽水、河南、广东等地建设工业园，成立不锈钢公司。2005 年成立河南金汇特钢有限公司，标志着集团开始走出浙江。2007 年，成立上海鼎信投资集团，并于 2008 年开始全球化布局，此后开启了各类全球化业务。2009 年，青山控股集团首次投资印度尼西亚，在印度尼西亚开采红土镍矿。2011 年，投产建设青山福建青拓镍业公司以提升产能。2018 年瑞浦兰均能源股份有限公司投产，着手参与新能源。2019 年，新晋成为财富世界 500 强企业。2020 年与浙江大学等高校开启战略合作，进一步加大科技投入和提升自主创新能力。2022 年位列财富世界 500 强第 238 位。

截至目前，青山控股集团的业务覆盖不锈钢上游原材料镍铬矿开采、镍铬铁冶炼、不锈钢冶炼，到下游的棒线板材加工、钢管制造、精线加工、运输物流、大宗商品交易、国际贸易等。现已形成超过 1000 万吨不锈钢粗钢产能、30 万吨镍当量镍铁产能。我国的不锈钢产量占到全球的六成以上，而青山控股集团的年产量占我国的 30%以上。

5.4.3　青山控股集团国际化简介

青山控股集团所需要的重要矿物资源为用于不锈钢生产和电池原料的镍矿，随着我国工业和电动汽车产业的发展，镍矿越发成为青山控股集团的重要战略资源。因此，对自然资源的寻求构成青山控股集团国际化战略的重要因素。镍矿在全球分布具有不均匀性，我国镍矿长期依赖国际资源。与多数矿业企业一样，青山控股集团较早开始国际布局，现已在美国以及"一带一路"的重要资源国如印度尼西亚、印度、津巴布韦等国家建立八大生产基地，与生态系统产业链上游合作伙伴和东道国本土企业协同进行当地资源的开采和加工。青山控股集团的国际化大致可以分为起步与探索、迈上新台阶、进一步深化三个阶段。

1）2007～2011 年青山控股集团国际化起步与探索阶段

我们将 2007～2011 年视为青山控股集团国际化的起步与探索阶段。2007 年，青山旗下上海鼎信投资集团成立，负责集团的国际化业务，如开展上游矿山资源投资与开发、原材料全球采购、国际海运物流、国际贸易等业务。2008 年左右，青山控股集团开始全球化。权衡镍矿的国内需求，东道国的矿石产量和等级，母国与东道国的制度距离以及东道国的进入成本等因素，印度尼西亚成为中国镍矿的首要供应国。2009 年，青山旗下上海鼎信投资集团与印度尼西亚本土八星集团合资成立苏拉威西矿业投资有限公司，开采苏拉威西省面积 4.7 万公顷的红土镍矿。标志着青山控股集团国际化运营迈出重要的一步。

2) 2012～2019 年青山控股集团国际化迈上新台阶

青山控股集团与母国和东道国的相关利益者协同在矿产资源丰富的东道国成立合资公司，协同建立工业园区实施关键资源的开采。海外园区的构建通常有一个领军企业，协同母国与东道国的利益相关者整合资源，形成互利共赢的长期伙伴关系从而实现价值创造，是海外创新生态系统构建的一个典型模式。此阶段，青山控股集团在"一带一路"产能国的海外园区遍地开花。我们重点分析青山控股集团在"一带一路"海外园区构建的国际化历程，因此，2012～2019 年青山控股集团国际化迈入新的阶段。

2012 年左右，青山控股集团在津巴布韦投资建设铬铁基地，其跨国经营迈上新台阶。铬铁矿因可以增强不锈钢产品的耐腐蚀性成为冶炼不锈钢的重要原料。津巴布韦是世界上铬矿储量最多的国家之一，青山控股集团在当地投资不仅可以获得相应的矿产资源，还逐步投资建设焦化厂和发电站等。2021 年左右，青山控股集团再次在该地投资建设 120 万吨钢铁厂，带动了当地基础设施建设和经济的发展。

2013 年左右，印度尼西亚莫罗瓦利工业园区成立。园区位于印度尼西亚中苏拉威西省莫罗瓦利县，由苏拉威西矿业投资有限公司设立，是中国与印度尼西亚矿产资源开发合作的标志项目，也是"一带一路"国际产能合作的标志成果。2020年印度尼西亚青山园区全年自主发电量 90 多亿千瓦时，生产粗钢 250 万吨、镍铁 137 万吨、铬铁 20 万吨[①]。海、陆、空通道以及配套生产生活发电厂等基础设施齐全。现已成为世界上不锈钢上下游产业链及配套项目最齐全的综合产业园区。

随着国际化业务的逐步推进，2017 年，青山旗下五大集团之一的永青集团成立，专门负责协调与落实海外国际化战略和海外园区的建设与管理[②]。2017 年左右，青山控股集团进一步在印度着手建设克罗美尼工业园区。该园区位于古吉拉特邦卡齐县 Mundra 区，园区建设完成后不仅成为印度最大的不锈钢生产基地，也是世界级重要不锈钢生产基地[③]。青山控股集团与印度 Sunrise 集团等公司合资成立的克罗美尼钢铁私人有限公司一期冷轧项目开工，表明正式进军印度市场。

---

① 《青山实业：三十余年走出一条国际化宽阔道路》，https://baijiahao.baidu.com/s?id=1714222211817010562。

② 《起底青山控股，低调的"世界镍王"》，https://finance.sina.com.cn/chanjing/gsnews/2022-04-04/doc-imcwiwss97 68002.shtml。

③ 《迈入全球化新阶段 青山实业印度工厂即将投产》，https://zhuanlan.zhihu.com/p/74153450。

2018 年左右，青山控股集团在印度尼西亚的第二个工业园纬达贝工业园启动，并于 2019 年左右开始运营。由青山控股集团与法国埃赫曼镍业集团（Eramet）合作建设。位于中苏拉威西省隔海相望的北马鲁古省古中哈马黑拉县，此地拥有世界级红土镍矿资源且品位高，主要目标是建成以镍铁产业链为主导的产业集群。该园区成为印度尼西亚第一个旨在利用矿物生产、加工电动车辆电池原材料的综合性工业区。永青集团在印度尼西亚还建设了第三个工业园区：科纳威工业园区。青山控股集团以工业园区为载体的海外创新生态系统遍地开花，集团的国际化效应进一步加强。

3）2020 年至今青山控股集团国际化进一步深化

在第二阶段打下国际化扎实的基础之后，青山控股集团与产业链上下游的合作伙伴进一步加强了"一带一路"国际产能合作，协同在共建"一带一路"国家开展国际化项目。例如，青山控股集团与华友钴业于 2020 年合资在印度尼西亚生产高冰镍，于 2021 年合资建设红土镍矿湿法冶炼项目。2022 年，青山控股集团进一步与大众汽车等企业协同在印度尼西亚建立动力汽车电池原料生产项目；与中国民营企业 500 强华峰集团共同在印度尼西亚建设冶金—化工综合生产基地。表明青山控股集团国际化程度进一步深化。

5.4.4 青山控股集团"一带一路"国际产能合作中的制度—组织—知识协同分析

1. 制度协同

1）企业与东道国愿景协同

东道国的经济目标以及企业自身的发展愿景若能形成良性的匹配与协同，将有利于促进企业在海外的投资与发展。印度尼西亚政府希望通过吸引有实力的外来投资带动本国基础设施建设和就业，推动本国矿业产业链的升级，此外，青山控股集团希望在地理位置相近且拥有丰富红土镍矿的印度尼西亚投资以实现其布局全球镍铁价值链的战略愿景。高度一致的战略目标促进了青山控股集团在印度尼西亚的投资。

首先，印度尼西亚要实现发展本国经济的战略目标，需要广泛投资基础设施建设。一方面，印度尼西亚政府对本国基础设施建设的投入和对外资企业的支持给外来者带来了巨大的投资机会；另一方面，印度尼西亚政府也希望利用外资企业的投资带动当地工业的现代化，改善铁路、电站、港口、水利工程等基础设施，促进当地就业，改善矿业工业园区周围居民的生活并最终推动本国经济发展。中国已连续多年成为印度尼西亚第三大外资来源地，对印度尼西亚的投资涵盖了三大产业，涉及领域广泛，如农业、矿冶、电力、房地产、制造业、产业园区、数字经济和金融保险等。

其次，尽管印度尼西亚拥有大量红土镍矿等金属矿物资源，但是当地缺乏矿物的开采和冶炼所需要的技术与资本。印度尼西亚政府希望借助中国企业的技术、雄厚的资本和规模化的运作经验提升本国产业的附加值，实现本国发展从上游镍生产到中游镍铁加工再到下游布局电动汽车产业的战略愿景。印度尼西亚将大力发展新能源，高度重视电动汽车产业发展并为中国投资者提供更多可再生能源项目的投资机会[1]。

最后，印度尼西亚镍产量占全球镍产量的 1/3，镍储量占全球储量的 1/4。青山控股集团在印度尼西亚的镍矿布局始于 2009 年，深入东道国本地进行矿产资源的开采和加工不仅有利于保证镍供应和镍价格的稳定，而且对于不锈钢的生产和建立电池金属价值链均具有重要意义。此外，青山控股集团在印度尼西亚发展多年，已积累了深厚资源，是国内其他利益相关者进入印度尼西亚的首要合作伙伴之一。因此，青山控股集团与其国内利益相关者的发展愿景以及东道国经济发展目标高度协同，母国和东道国给予了制度支持，这些为青山控股集团在印度尼西亚镍矿生态系统中的发展提供了更好的条件。青山控股集团已在印度尼西亚投资建设了全球产业链最长的不锈钢生产基地。

2）制度距离

跨越地理边界进行海外投资的企业面临母国与东道国的制度差异，制度差异包括正式的制度差异和非正式制度差异，前者指法律法规等的不同，后者指社会团体和组织机构等在价值观、文化上的差异。制度距离指不同国家在管制、规范和认知上的差异。

除了自然资源储量以外，青山控股集团选择在印度尼西亚进行投资在一定程度上与降低制度距离所带来的国际化运营的挑战和风险有关。首先中国与印度尼西亚地理距离较近，自 2005 年建立战略伙伴关系以来，中国连续多年是印度尼西亚第一大贸易伙伴。其次，中国与印度尼西亚身份认同在不断扩大，印度尼西亚是东盟第一大国，是"一带一路"国际产能合作的重要国家，中国已成为东盟第一大贸易伙伴，中国与印度尼西亚均属于新兴经济体和发展中国家，它们在经济发展上有共同追求，在各领域均有长期良好的合作基础。

由于中国与印度尼西亚地理位置相近，两国文化和习俗相互影响。例如，印度尼西亚与中国均属于亚洲国家，人民的着装相对于欧美人偏保守，均推崇集体主义。此外，中国在印度尼西亚的投资者众多。印度尼西亚华人占其总人口的 5%，

---

① 《专访：中印尼可再生能源合作前景广阔——访印尼能源与矿产资源部部长阿里芬·塔斯里夫》，http://www.xinhuanet.com/world/2021-06/23/c_1127591885.htm。

是世界上华人最多的国家。因此，中国与印度尼西亚在习惯、认知、文化上具有相似性。这些非正式制度距离的降低有利于青山控股集团熟悉当地的市场与制度规范，降低企业在当地运作的文化冲突，同时促进东道国隐性知识捕获与母国知识溢出。有研究表明，有色金属企业倾向于在制度文化相似、心理距离相近的国家开展国际化投资。

因此，从制度距离的角度来看，相比于其他发达国家，青山控股集团在印度尼西亚与当地企业合作进行有色金属的开采与冶炼更能实现价值协同，取得合法性并有效进行投资风险的规避。

3）制度战略

影响组织经营的外部制度环境包括法律法规、行业标准、文化及社会规范等。内部制度环境包括规范性制度、强制性制度及文化认知制度。它们分别与道德规范、政治压力与合法性、集体共享的信仰、价值观和认知框架相联系。制度战略关注组织对外部制度环境压力的战略性回应，指组织采取措施以积极应对或主动改变外部的制度环境。青山控股集团作为外来企业，在印度尼西亚通过成立合资企业并建设工业园区等方式以协同生态系统内的利益相关者实现矿物资源的开采和冶炼，这一过程面临诸多的外部制度挑战和压力，下文将从印度尼西亚东道国的监管政策波动性与合法性两个维度分析青山控股集团的制度战略。

（1）应对监管波动性。印度尼西亚具有一般新兴经济体国家的制度不完善特点，如法律制度不健全、监管政策不确定等，因而自然资源部门监管具有较大波动，尤其政府财政收入中很大一部分依赖于自然资源收入，这更加剧了外部监管环境的不确定性。同时，印度尼西亚政府希望实现从镍开采到中间产品生产加工再到下游新兴的纯电动汽车市场全产业链升级。为此，2009 年苏西洛政府颁布新的原矿出口禁令，鼓励外资企业就近在镍矿产区建设镍铁开采冶炼工厂，并于 2014 年开始实施该镍矿出口禁令，这是印度尼西亚监管高度不确定性的表现。因此，青山控股集团早在 2009 年就与印度尼西亚本地的八星集团合资成立苏拉威西矿业投资有限公司以获得当地镍矿资源开采权，并先后在印度尼西亚建立青山工业园区、纬达贝工业园等，将镍产能从母国移到东道国以应对外部监管压力。

与此同时，作为一个发展中国家，印度尼西亚矿业法律体系和税收体制仍具有很大的不确定性。例如，产业升级愿景指导印度尼西亚投资部考虑对镍含量低于 70%的产品征收出口税。此外，镍加工是一个高污染的过程，当地政府逐渐重视环境资源保护，青山控股集团不得不加大在当地的环保运营投资以应对法律政策。例如，青山控股集团已投入资本建立清洁技术。为了提升自身应对制度不确定性的能力，降低成本，青山控股集团联合产业链上下游利益相关者集体对抗监管波动性风险，我们将在下文分析青山控股集团如何与利益相关者协同对抗东道国风险，构建生态系统实现价值共创。

（2）合法性获取。从上游镍金属的开采到下游不锈钢加工和电动汽车电池的供应，青山控股集团的业务涉及一系列多样化的利益相关者。外部的利益相关者包括母国和东道国的政府、高校、科研机构、环保组织、消费者及当地居民等。内部利益相关者涉及产业链上下游的生产商和供应商、企业员工等。

首先，青山控股集团在当地的投资改善了采矿区及其周边的基础设施以及居民的生活，促进了当地经济的发展，获得了外部的合法性。例如，青山控股集团投资建设的青山工业园区使当地莫罗瓦利县的经济增速在 2015 年一度超过印度尼西亚全国经济增速的 3 倍[①]。青山控股集团在当地上缴了大量的税收，为莫罗瓦利县财政收入做出巨大贡献。青山工业园区不仅为当地居民提供了就业机会，而且通过培训和传帮带传授印度尼西亚本地工人冶炼技术，当地居民身份逐渐从过往的贫困渔民向产业工人转变。苏拉威西也从一个荒岛和小渔村建设成为一个集镍矿开采、镍铁冶炼、不锈钢生产全产业链的现代化新工业基地。因此，青山控股集团在当地的生态系统中得到了外部政府、居民和内部当地员工的身份认同，逐渐融入本地并获得合法性，实现了青山工业园区、当地政府、居民、本地员工的协同发展。

其次，从 2009 年至今，青山控股集团在印度尼西亚本地的镍矿生态系统经营了数十年，其间积累了深厚的资源基础、网络关系和隐性经验。这使得青山控股集团在面对当地的企业以及其他国家的外来投资者时，具有较高的谈判能力和话语权。

再次，大量中国企业"抱团出海"印度尼西亚。涉及镍铁生产商的企业有江苏德龙镍业有限公司、金川集团等。江苏德龙镍业有限公司在印度尼西亚东南部苏拉威西省肯达里投资建立印度尼西亚德龙工业园。其他金属矿产资源企业还包括华友钴业、洛阳钼业等。这些企业集群出海，在生态系统伙伴间进行垂直整合，联合上下游企业共同布局印度尼西亚。大量中国企业扎堆印度尼西亚扩大了青山控股集团在跨地理边界的生态系统中与东道国政府、企业进行对话的影响力。

最后，我国矿产资源储量分类和技术标准逐渐完善并向国际输出，提升了矿业企业在国际行业的制度话语权。2018 年，我国自然资源部就我国矿产资源领域的国家标准《固体矿产资源/储量分类》（GB/T 17766—1999）与联合国资源分类框架进行了对接[②]。中国国家标准规定了矿产资源储量的定义、类型、编码等，为矿产勘查、矿业开发、矿产资源储量管理提供了标准和依据。中国与联合国在矿业领域的标准对接表明我国矿业资源标准在国际上逐渐发挥更大的作用，提升了矿业企业在国际上的影响力。

---

① 《中印尼合作青山工业园：渔村改旧貌 镍业炼新颜》，https://www.imsilkroad.com/news/p/30023.html。
② 《固体矿产资源/储量分类》，https://www.doc88.com/p-5721212550828.html。

青山控股集团在印度尼西亚的国际化案例充分体现了一家有实力的中国民营企业在一个制度不完善的环境和监管高度不确定的发展中国家构建了以其自身为核心的生态系统，不断提升话语权，从而在东道国当地建立了影响力。

2. 组织协同

1）通过子公司与战略联盟等共创价值

青山控股集团的组织协同涉及生态系统内母国与东道国相关利益合作伙伴的组织协同。青山控股集团通过成立集团或子公司，与母国或东道国企业建立合资公司、与母国和东道国上下游产业链上的同质、异质组织构建战略联盟等方式实现组织协同，共同进行印度尼西亚矿产资源的开采和精炼，以实现生态系统合作伙伴间的价值共创。

青山控股集团在东道国内的利益相关者包括印度尼西亚本土企业以及来自日本、韩国、欧美国家和地区的企业。2013 年，青山控股集团与印度尼西亚本土知名镍矿生产商八星集团共同投资开采苏拉威西的红土镍矿。2017 年与法国镍业巨头埃赫曼成立合资公司：纬达贝镍业公司，青山控股集团拥有 57% 的股权，负责基础设施的建设和运营，埃赫曼负责采矿业务[①]。

与此同时，青山控股集团与母国产业链上下游企业包括与同质组织联合拓展，与异质组织进行技术创新协同与优势互补。同质组织包括锂、镍、钴原材料生产企业。异质组织如电池产业链下游的汽车制造商等。例如，青山控股集团与新能源汽车产业链上的原料生产商华友钴业、汽车制造商大众汽车于 2022 年签署战略合作谅解备忘录，以实现动力电池产业链技术创新协同，共同布局印度尼西亚镍钴资源开发。

2）通过共享战略愿景实现互惠共生

青山控股集团扎根印度尼西亚多年，积累了雄厚的资源基础。作为一家有影响力的钢铁核心龙头企业，青山控股集团积极向生态系统的合作伙伴输出自身资源优势和创新能力，吸引和聚集了许多中国企业与其合作，青山控股集团也成为这些企业投资印度尼西亚的"快车"。青山控股集团通过签订战略合作协议、共享愿景等有形和无形的价值创造与价值获取的机制实现组织协同，与生态系统合作伙伴互惠共生。例如，青山控股集团与致力于新材料发展的中国 500 强企业华峰集团于 2019 年签订战略合作协议，共同出资在印度尼西亚成立合资公司，建设化工–冶金综合生产基地，促进钢铁与化工两个行业的协同发展。两者的合作不仅是因为化工与钢铁行业具有产业共性和资源互补性，还建立在双方共同的目标和共享的愿景之上。青山控股集团与华峰集团均希望加快自身转型升级，进一步提

---

① 《"镍"暴涨背后的焦点：一文了解青山控股》，https://zhuanlan.zhihu.com/p/478061947。

升各自的国际化水平并发展循环经济。与此同时，青山控股集团作为国际化水平比较高的不锈钢企业，积极分享其全球资源整合和全产业链打造的经验与知识，两者强强联合、优势互补，从而实现价值共创，互惠共生①。

3. 知识协同

1）不断构建自身知识能力

知识能力是一个组织所拥有的知识、资源和能力以及组织对知识、资源和能力进行重构并更新的能力，是影响海外创新生态系统边界拓展的重要基础。知识能力包括知识资源基础，即企业拥有的研发、专利、人力资本和知识网络。知识运作能力，即企业不断对资源进行更新、整合的过程。知识机制，即企业促进知识基础与环境的匹配过程。

青山控股集团在工艺创新、专利技术、新产品开发方面持续突破，成功开发了超级双相不锈钢、沉淀硬化不锈钢、400 系不锈钢、易切削不锈钢、耐热不锈钢等系列新产品。知识边界的拓展必然要求地理边界和组织边界的拓展。青山控股集团在国内成立了青拓研究院、广青研究院（前身为广东广青金属科技有限公司研发中心）、瑞浦科技特种钢研究院等几大研究中心。其中，青拓研究院约拥有 330 多项专利和软件著作权，自主研发核心专利 200 多项。研发设备累计投入5000 多万元，研发资金投入 6300 多万元。拥有在职人员 500 多人。研究院与产业链战略合作伙伴（如福建海利科技有限公司、广东双兴新材料集团有限公司、佛山市泰裕达钢业集团有限公司等）联合开发不锈钢领域的标准。它们制定的六项产品标准获批中国钢铁工业协会团体标准。广青研究院则拥有技术人员 109 人，科研人员 57 人，大部分是冶金、材料领域知名高校毕业生。研究院不断研发新技术和开发新产品，产品质量处于国内领先水平，在不锈钢生产工艺上持续突破与革新。以瑞浦科技特种钢研究院为基础，青山控股集团创建了多个创新平台，包括国家级实验室 1 个，省级博士后工作站 1 个，引进"青年科学家" 1 人，市级院士工作站 1 个，市级博士工作站 1 个，组建丽水市重点企业创业创新团队 1 个。与此同时，青山控股集团各研究院与国内复旦大学、北京科技大学、福州大学、北京钢铁研究总院、合肥通用机械研究院等高校和科研机构开展深度产学研合作，协同进行技术创新。

此外，随着各国对环保的重视，青山控股集团不断提升环保技术，自引进RKEF（rotary kiln electric furnace，回转窑电炉）技术后，还自主创新 RKEF+AOD等技术。不仅突破了传统的不锈钢生产模式，实现了镍铁和不锈钢一体化生产，而且有效降低了电、煤消耗与二氧化碳等污染气体排放，有助于推动世界不锈钢

①《华峰集团与青山控股集团签订战略合作协议》，http://www.huafeng.com/xwmt/hfxw47/273289.shtml。

生产节能减排。技术的创新和环保设备的购置使青山控股集团在烟气、粉尘、水治理方面都取得了良好的环保效益。

总之，青山控股集团不仅非常重视知识能力的建设，且已为海外创新生态系统的构建积累了深厚的知识基础。

2）通过开发利用实现知识协同

青山控股集团在印度尼西亚拓展海外创新生态系统的动机不是寻求其不具备的焦点技术以实现创新。青山控股集团投资海外园区是基于母国的知识基础和研发技术优势以及东道国的自然资源禀赋进行开发利用型的国际化。企业与东道国生态系统的边界从母国拓展到海外东道国的过程中，企业需要整合和利用不同利益相关者的相似或不同的知识进行创新活动。企业跨边界的知识的类型既可能是与基础研究有关的学科知识，也可能是与研发投资有关的技术知识，还包括将产品和服务商业化的产品市场知识。印度尼西亚当地矿产勘探水平和冶炼技术均较为落后，与中国企业基础学科距离和技术水平距离均较远，因此知识距离较大。青山控股集团通过输出母国研发专利技术或矿产开采冶炼知识，并在印度尼西亚东道国捕获市场知识的方式实现"一带一路"国际产能合作的知识协同。

按照知识内容划分，特定于印度尼西亚本土的市场知识可以分为业务知识和制度知识。业务知识是指与当地客户、竞争对手和市场有关的经验知识。制度知识是指与当地政府管制和规范、文化等相关的知识。按照性质划分，可以分为客观知识和经验知识，前者指可以通过信息收集获得的可归纳的知识，后者指在当地环境中通过行动所积累的知识（戴晓峻，2008）。青山控股集团在投资镍矿产区建设并进行镍开采、加工的过程中，需要通过雇用印度尼西亚本地经理人了解当地的法律法规、文化习俗和市场情况；当地的居民和员工往往具有与本土经营环境有关的隐性知识，比如相比于外来者，他们对矿区及周边环境更加了解，这些降低了青山控股园区运营的不确定性。青山控股集团则负责园区基础设施建设和运营，输出矿产勘探、开采和冶炼技术并培训当地员工。青山控股集团通过协同自身的技术、印度尼西亚本土企业的技术以及印度尼西亚本土员工基于本地化的经验和知识促进生态系统的发展。

5.4.5　案例小结

以 20 世纪 80 年代的浙江瓯海汽车门窗制造公司成立为标志，经过 30 多年的发展，青山控股集团从一家汽车门窗制造公司成功发展成为全球最大的镍铁和不锈钢生产商之一，顺利从温州走向了全国乃至全球。青山控股集团的国际化案例给我们展示了新兴经济体民营企业采取积极主动的国际化战略将自身嵌入其他制度不完善的新兴经济体并获得话语权的国际化过程。通过实现制度—组织—知识的三维协同发展，青山控股集团不仅"走出去"还成功地"走上去"，最终在全球范围内实现了有效的资源配置。

　　面对跨地理边界的制度距离，青山控股集团通过积极主动的制度战略应对东道国外部制度环境的不确定性，在"一带一路"产能国建设以海外园区为载体的海外创新生态系统，通过构建战略联盟、共享战略愿景等方式实现生态系统内相关利益合作伙伴的组织协同和互利共生。该公司积极研发专利技术，提升自身知识能力，进行知识输出以实现开发利用型知识协同。该公司勇于承担社会责任，通过在东道国投资建设基础设施，促进就业，发展环保技术，在海外当地实施积极的环境战略，由此获得了当地居民和政府等外部合法性，以上均为青山控股集团获取全球资源话语权奠定了基础。

中国民营企业参与"一带一路"国际产能合作中的能力体系构建

第 6 章　国际产能合作能力体系构建概论

本篇关注中国民营企业参与"一带一路"国际产能合作的能力体系构建机制，主要探讨企业在"一带一路"投资和国际化过程中面临的能力构建以及能力提升等方面的措施及经验。本书从民营企业参与跨国治理的特殊性出发，结合动态能力理论，构建国际动态能力体系分析框架，全面、深入探讨"一带一路"背景下民营跨国企业能力体系构建及提升问题。

基于国家或区域层面的多重、动态合法性劣势被视为跨国企业在国际产能合作背景下国际化生存和发展的巨大阻碍。但 Ramachandran 和 Pant（2010）认为隐藏最深的劣势其实是基于组织层面的能力劣势。这些劣势存在于组织结构、过程与惯例中，是"组织烙印、组织学习与企业在母国的某种制度经验"影响下产生的结果（McGahan and Victer，2010），将对新兴跨国企业在国际市场中，尤其是进入弱制度或制度复杂性国家时构建竞争优势产生巨大阻碍。按照这一逻辑，我们认为对于进行国际产能合作的跨国企业而言，跨国合作过程中的能力劣势也应该引起重视。本章将从动态能力视角探讨民营企业参与"一带一路"国际产能合作的重要驱动力，概述能力体系构建的理论基础，具体影响能力构建的驱动因素以及其构建机制、过程。

6.1　民营企业"一带一路"国际产能合作重要驱动力——动态能力理论视角

6.1.1　企业动态能力

Teece 和 Pisano（1994）最早提出了基于资源视角的动态能力概念。在长期竞争中，企业需要不断构建动态能力以保持可持续的竞争优势（Teece et al.，1997），并指出动态能力强调环境的变化，战略将随着环境的变化适当地对企业内部和外部的技能与资源进行调整、整合和重新配置（Ethiraj et al.，2005；Helfat and Peteraf，2003）。值得注意的是，尽管核心能力和动态能力是组织能力的一部分，但它们在本质上并不相同。核心能力是一些组织能力的组合，并在组织的关键生产过程中发挥作用，而动态能力则是重新配置资源的能力，包括核心能力（Adner and Helfat，2003；Winter，2003）。用"正确做事"和"做正确的事"来区分上述两种能力（Teece，2014b）。

Teece 等（1997）从两个维度解构并定义了动态能力。一方面，从动态的维度来看，由于外部快速变化的商业环境和技术变革，未来企业和组织竞争的本质将是难以预测的，这需要企业具备因时而动的应变能力，从而维持其在行业价值网络中的竞争优势。另一方面，从能力的维度来看，组织需要具备适应、整合以及重构组织内外部资源及功能性竞争优势的能力，从而得以与外部商业环境快速变化的特征相匹配。在此基础上，Eisenhardt 和 Martin（2000）从过程观的角度明确了动态能力是一系列特定的组织战略和可识别的组织流程，是组织进行资源重构的工具，包括为组织带来战略价值的产品发展和组织间联盟。Winter（2003）则从组织静态惯例的角度定义了动态能力的概念，认为动态能力是"经学习之后稳定的集体模式，组织可通过这种模式形成或者修改自身的运营惯例"。此后对于动态能力的研究逐步回到组织战略管理的本质，认为动态能力应该关注企业和组织面临的基本战略问题，即如何识别和选择能够使组织保持竞争优势的能力。而且由于历史偶然性、"黑天鹅"现象以及突发自然灾害等的长期存在（Taleb，2008），商业环境的变化变得更加难以预测，不确定性俨然已经成为组织战略管理需要关注的重点（Teece et al.，2016）。也正是因为不确定事件的常态化影响，组织更需要具备良好的感知市场供给和需求两侧潜在的机会与威胁的能力，通过构建动态能力从而在一定程度上降低组织所面临的不确定性（Teece，2018）。

6.1.2　企业国际化动态能力

在过去的几十年时间里，内部化观点主导了许多关于跨国公司的文献。这种观点试图通过呼吁对"市场失灵"的考虑来解释国际生产的原因和跨国公司的现象。这种"失败"有助于解释为什么企业会将跨国交易内部化。然而，这一观点并没有解决企业绩效差异的原因。Teece（2014b）提出跨国公司的本质不在于节约跨部门成本，而在于差异化的组织和技术能力开发，以及转移和协调方面的创业精神。同时，Helfat 和 Winter（2011）指出，世界总是在变化，如果用局部思维来观察全球企业现象，可能会掩盖组织战略或能力的重要变化。地方和全球的巨大差异将在很大程度上影响公司绩效，与在当地运营的公司相比，跨国公司对快速创新、适应和灵活性、获得共同专业化资源、获得非常规活动的"批准"、感知商业机会以及寻找全球部署能力的方法有更严格的要求（Augier and Teece，2007）。因此，国际化动态能力被视为跨国企业在动态国际环境中抓住机遇、获取可持续国际竞争力的重要前提，是动态国际商业环境中最重要和最关键的能力（Teece，2014b）。然而，目前将动态能力与国际化联系起来的研究仍然非常缺乏。

通过对已有文献的可视化分析，我们发现在国际化动态能力方面的研究主要聚焦在早期国际扩张的复杂性（Luo，2002）、跨国公司能力发展（Tallman and Fladmoe-Lindquist，2002；Lisboa et al.，2011）、出口战略、天生国际化企业（Knight and Cavusgil，2004；Weerawardena et al.，2007）、增量国际化（Vahlne and Johanson，2017；Ledesma-Chaves et al.，2020）、国际营销及合资企业（White et al.，2014）、创业导向的国际新创企业（Knight and Liesch，2016）等多个方面。另外，还有将学习及吸收能力（Autio，2017），关系、网络及联盟能力（Weerawardena et al.，2014；White et al.，2014；Mikalef and Pateli，2017），组织敏捷性能力（Mikalef and Pateli，2017），绿色动态能力（Maksimov et al.，2022），保存能力等视为一种特殊形式的国际化动态能力。盛斌和杨丽丽（2014）研究了企业国际化动态能力的内涵、维度及其对国际扩张战略、企业绩效的影响效应。

6.1.3　企业国际双元动态能力

在国际化背景下，Prange 和 Verdier（2011）认为，国际背景下动态能力的本质和内涵将发生变化，从而形成一种能够帮助跨国企业学习、改进、变革知识和惯例，以发展普通国际化运营能力的高阶能力——国际双元动态能力。国际双元动态能力涵盖国际探索能力、国际利用能力（van de Vrande et al.，2009）。其中，国际利用能力作为一种动态能力，涉及路径依赖性学习和知识积累等活动。跨国组织往往从一开始就专注于现有市场的开发，只有在具备足够的能力时，才会扩展到新市场。在这种情况下，它们不仅减少了对不确定性的探索和检测，还提高了企业的生存机会（Prange and Verdier，2011）。跨国组织通过不断学习，将不仅有助于跟踪和响应本地客户的需求与感受，掌握异国市场机会，并提供适当的目标产品，从而实现盈利能力、销售额增长和客户保持率的提高（Piao and Zajac，2016），还可以避免重复性错误的发生，降低生产成本和交易成本，积累在本地融入、协调、理解等方面更为丰富的经验和教训（Spyropoulou et al.，2018）。更有学者发现，通过这些重复过程，跨国组织可以提高利润并实现产品的持续改进（Brucks et al.，2000），甚至带来流程的优化，引发企业创新能力的进一步跃升。

国际探索能力是一个组织生存的基础，致力于帮助跨国企业在缺乏资源和产业发展实力的竞争环境下寻求增长机会，增强创新能力（Pinho and Prange，2016）。在企业国际化过程中，探索能力反映了企业动态增值或破坏性能力，灵活、快速学习新事物的颠覆能力，以消除或改进阻碍公司学习能力的原有柔性模式，建立新的柔性模式，实现新的创新竞争优势。同时，破坏性能力可以增强组织进行快速结构性和破坏性改革的倾向，使组织能够克服路径依赖和惯性，促进组织成长。鉴于这一观点，国际探索能力不仅创造新产品和服务，开发新市场（Jansen et al.，2006），而且鼓励组织寻求适当的组织结构，并通过组织重组和组织再造等结构性变革方法，纠正市场环境和未来客户需求带来的变化（He and Wong，2004）。另外，从事探索性活动的公司分析现有的区分不同于竞争对手的产品或解决方案，以获得创新产品或问题解决方案，帮助技术创新，避免长期处于不利的环境中（Pinho and Prange，2016；Prange and Verdier，2011）。

6.2　民营企业"一带一路"国际产能合作能力体系构建的理论基础

众多学者从不同的角度对动态能力的内涵和维度进行了界定，形成了不同的看法。因此，梳理动态能力形成的理论脉络，对于深刻理解动态能力和指导管理者具体实践具有重要意义。动态能力最重要的三大理论基础为行为理论（behavorial theory）、演化理论（evolutionary theory）和资源基础观（resourced based view）。

6.2.1　行为理论视角下的能力构建

行为理论肇始于"有限理性"的提出，即个人的有限信息及认知盲区和决策时间的限制导致了个体决策中"有限理性"现象的存在，因此"创造性行动"的概念被纳入到了动态理论的分析工具中。在有限理性的理论基础上，Cyert 和 March（1963）提出了组织研究的宏观框架结构：组织目标、组织期望、组织选择与组织控制，分别对应组织内部的四大标准化操作流程——任务绩效规则、持续报告、信息处理制度和计划。Cyert 和 March（1963）认为管理者的有限信息处理能力使其无法从最优化的角度思考并完整窥探组织所处的情景，因此限制了组织采取行动流的选择范围。同样地，Eisenhardt 和 Martin（2000）认为组织状态经常表现为"静态惯例"，原因在于组织和个体都处于有限信息导致的有限理性状态，将 Simon 个体层面的有限理性进一步拓展到了组织层面的有限理性。市场在瞬息万变的商业环境中不断演化，由此导致组织无法准确预测并掌控组织内外部发生的变化。因此，从有限理性的角度来看，尽管组织的动态能力相当重要，但是由于"创新者窘境"的存在，行业内的现存企业或者成熟企业无法像新兴企业那样能够灵活地从低端市场的技术轨线切入，产生具有创造性破坏性质的技术和产品。

所以，Eisenhardt 和 Martin（2000）所强调的组织"最佳实践"这一概念是组织动态能力的静态体现，根植于组织的静态操作流程、实地调研和决策延迟。Teece 和一些学者关于动态能力的研究工作，部分也是基于行为理论。高层管理者队伍中企业家具备的能力，对组织适应和影响不断演化的环境具有显著的作用，而管理者的有限理性使其在感知市场中存在的机会时将是不完全的、异质性的，因而组织洞察市场潜在机会的能力也将下降。

6.2.2　演化理论视角下的能力构建

演化理论由于更加关注市场的动态变化，受到众多学者的关注。演化理论更多地强调熊彼特的"创造性破坏"创新式语境下组织和行业动态的、变化的结构以及组织的非均衡流程，认为动态能力使得企业能够成功适应动荡的市场环境。Nelson 和 Winter（1982）关于演化理论的研究工作，为 Teece（2007）对于动态能力概念的界定提供了重要的理论视角，同时将 Cyert 和 March（1963）提出的组织内部"标准化操作流程"拓展到了组织惯例层面——通过对组织惯例的整合、再整合和模仿，以及组织内部随机的和不可预测的异变惯例，组织可以创造出新的"想法"。从演化理论的角度出发，Teece（2007）认为组织的动态能力内嵌于组织演化过程的不同阶段，在组织生命周期的不同发展阶段有着不同的外在显现。因而，动态能力是与组织协同演化的，是组织内部对环境变动的回应性力量。在熊彼特关于创新的语境下，旧的均衡状态不断被打破，产业和行业结构处在不断变动的非均衡状态，并在组织内外部创造潜在的机遇，使得组织能够不断地识别和抓住机会，以此实现组织在不同技术轨线上的升级变换。与行为理论视角下动态能力体现为组织"静态惯例"不同，演化理论视角下的动态能力更多的是组织"动态惯例"的体现。"动态惯例"的理论基础同样可以追溯到 Schumpeter 和 Backhaus（1934）提出的"创造性破坏"理念。Arndt 和 Pierce（2018）在其关于动态能力的理论溯源工作中指出，组织的"动态惯例"内嵌于组织创新产品、流程和商业模式的过程中，受到组织研究与试验发展研发投入的影响，并在组织寻求技术迭代的过程中得到增强。Zollo 和 Winter（2002）拓展了演化理论视角下组织动态能力的一般模型，通过识别组织行为、组织认知和其他有关组织要素（组织目标、组织内部的管理以及员工认知和特质等），探求组织的创新能力、应变能力和学习能力，以及组织动态能力在跨组织边界之间的扩散。

6.2.3　资源基础观理论视角下的能力构建

资源基础观最早由 Wernerfelt（1984）提出，关注的是特定的资源特征如何决定组织的竞争优势（Morgan et al.，2009）。资源在组织之间的分配是高度异质性的，而组织资源的非完全流动特性又使得资源的异质性特征难以随时间而发生改变（Barney，2001；Mahoney and Pandian，1992；Wernerfelt，1984）。由此，资源基础观的内涵在于组织资源的静态性，即组织资源无法同外部环境的变动相协调，其核心在于将组织拥有的资源和能力作为组织竞争优势的关键。其中，组织是否拥有那些有价值的、稀缺的、难以被模仿的和不可替代的资源将促使或者限制组织选择其能够进入潜在市场的范围及其预期盈利水平（Wernerfelt，1984）。演化理论下的动态能力弥补了资源基础观的劣势，更加关注组织资源的动态演化。随着组织外部环境的变动，组织资源和组织能力也在随之演化，并强调对于组织演化起着关键作用的特定组织流程（Wang and Ahmed，2007）。

6.3 民营企业"一带一路"国际产能合作能力体系构建与驱动因素

6.3.1 民营企业参与"一带一路"国际产能合作能力体系的构建机制

部分学者将演化理论看作组织动态能力建构的基础，而组织的学习机制则是演化理论关注的重点。动态能力的建构是一个长期的、累积性的过程，在一定程度上被认为是组织试错的正向反馈，组织重复的、连续性的实践以及过去经验和错误的总结提升了组织内部以知识为基础的学习能力和组织创新网络的自我强化能力（Eisenhardt and Martin，2000）。组织学习的一个重要范式是组织内的并行学习和经验转化，并行学习发端于组织的初始结构、强化于组织的结构一般化，稳定于组织结构精炼期，在组织结构演化的不同阶段，组织可以同时发展多个动态能力；经验转化则将正向经验转化和负向经验转化区分开来，并体现在组织绩效水平上（Bingham et al.，2015）。Zollo 和 Winter（2002）在组织学习机制之外强调了组织准自动化的经验积累过程，将组织谨慎的认知过程（知识的表述和编码）纳入了组织动态能力的建构机制中。Zahra 等（2006）认为在组织建构动态能力的过程中，组织的试验、错误、提升与模仿对于组织纠错起着重要作用。Donada 等（2016）提出了组织动态能力建构的三阶段模型：第一阶段为外部因素触发组织识别和搭建外部关系的阶段；第二阶段为抓住机会阶段；第三阶段为在动态环境中能够为组织提供其可持续支付租金基础的资产、技能和管理的整合阶段。Pisano（2017）认为，组织在构建动态能力时面临着能力建构结果的不确定性和特定市场中能力经济效益的不确定性，因此组织需要做好充分的市场调研工作以此保证能力建构的可行性和合理性。同时，组织在需求端和供给端面临的不确定性使得组织不得不区分针对特定市场的能力和一般化能力（Pisano，2017）。组织知识贯穿于组织动态能力的搜寻和建构过程中，因此组织知识指明了动态能力建构和发展的路径。在组织能力的建构过程中，组织的集权化、惯例化和正式化对组织动态能力产生了差异化作用——集权化和惯例化对动态能力的构建产生了负向影响；而正式化则对动态能力的构建有着显著的正向作用（Arndt et al.，2018）。林海芬和苏敬勤（2012a；2012b）则指出，管理创新越来越成为企业竞争优势最重要和持续的来源，然而其复杂性及其对组织绩效影响的滞后性尚不明朗，因而以战略管理中的动态能力为研究视角，构建提升组织和企业管理创新效力的思路或研究框架，从组织和个体层面阐释动态能力的提升路径将成为行之有效的方法。

6.3.2 民营企业参与"一带一路"国际产能合作能力体系的驱动因素

在动态能力建构的驱动因素中，我们总结出了以下因素。①组织文化。组织文化可以被定义为：组织的集体价值观、信仰和约束组织成员的规则。②组织结构。不同的组织结构对于组织活动（任务分配、协调和监督等）转化为组织绩效具有差异性影响（Felin and Powell，2016）。③组织资源，即组织中有价值的有形资产和无形资产（Salge and Vera，2013），包括人力资本、社会资本、知识资本和其他组织资本（Zollo and Winter，2002）。④组织的社会氛围。Fainshmidt等（2016）指出组织的社会氛围可以形塑组织成员的态度、行为和个人关系的模式，良好的社会氛围更有助于组织动态能力的建构。⑤组织的外部环境，即组织赖以运作的外部环境和条件（Killen et al.，2012）。⑥组织经验，即组织对于事实和事件的直接接触和观察（Chen et al.，2012）。⑦跨组织间结构，即组织间相互联系的关系模式（Roberts and Grover，2012）。⑧组织管理。组织中规则的订立、决策流程的规范化和能力的建构都有赖于良好的组织管理（Arndt and Pierce，2018）。⑨管理者认知。管理者认知被定义为：管理者的心理表征、行为，以及对知识的获取和理解程度，包括身体层面的认知和精神层面的认知（Leiblein，2011；Huy and Zott，2019）；并将元认知、情感管理和自我调节视为核心动态管理能力的构成要素（Hodgkinson and Healey，2011）。⑩信息技术。组织运用信息技术存储、加工和提炼数据的能力将对组织竞争优势的构建产生关键影响（Li and Chan，2019）。⑪历史观。更广阔的历史视野是一种至关重要的认知能力，组织中的管理者如果有较强的历史意识，可以增强关键决策者充分利用技术变革创造机会的能力。

第7章 国际产能合作能力体系构建案例解析

7.1 富通集团: 泰国光纤市场能力建设历程

7.1.1 光纤光缆行业国际化简介

1. 中国光纤光缆企业海外布局

近年来,国内光缆市场需求不足导致产品价格持续下跌,2019年上半年国内普通光缆产品平均单价下降近50%,2020年下半年进一步下降约30%。伴随价格下跌推动的市场出清,头部光缆企业纷纷推动国际化布局,寻求海外市场。中国信息通信研究院数据显示,长飞光纤在全球光纤光缆市场中占比14%,中天科技占比9%,亨通光电占比11%。

在国际化布局的过程中,发展中国家对于光纤具备较大需求。发展中国家人均拥有光纤数量距发达国家仍有差距,随着经济发展及技术普及,光纤有望继续普及,需求不减。

在全球光纤光缆榜单中,10强企业出自4个国家,分别是美国(康宁)、意大利(普睿司曼)、日本(古河电工、住友电工、藤仓)、中国(长飞光纤、亨通光电、烽火通信、中天科技、富通集团),中国企业占据半壁江山。长飞光纤、亨通光电及烽火通信等占据了不小的市场份额。长飞光纤的市场份额为9.14%(第三),中天科技为8.28%(第四),亨通光电为7.94%(第五),富通集团为7.49%(第七),烽火通信为6.48%(第九),康宁、古河电工、普睿司曼、住友电工和藤仓分别占比为16.68%、10.86%、7.27%、7.54%和4.79%。

在2020年全球光传输和网络接入设备榜单中,华为继续保持领先优势,竞争力综合得分高出第二名讯远通信73分。此榜单10家企业分别来自5个国家:芬兰(诺基亚)、日本(日电、住友电工)、美国(讯远通信、爱立信、英飞朗)、中国(华为、烽火通信、中兴通讯)和德国(ADVA)。其中,华为牢牢占据龙头位置,在光传输和网络接入设备的全球市场份额达到20.49%,讯远通信以14.33%位居第二,诺基亚第三(12.45%),烽火通信位居第四(10.97%),爱立信位列第五（10.24%），中兴通讯排名第六。日电、英飞朗、ADVA 和住友电工分别占据了 5.01%、7.26%、3.49%、1.28%的市场份额。

2. 中国光纤光缆行业发展前景

需求、技术、市场以及政策的多重推动，使中国成为全球光纤光缆的最重要市场。对于中国市场的重要性，从业人员做了以下四个方面的解读。

一是中国市场的巨大规模，成为产业链上下游"兵家必争之地"。

二是中国光纤厂商正在走出去，向全球提供产品。光纤光缆的出口量持续增长，据了解，长飞光纤、亨通光电等均制订雄心勃勃的海外扩张计划，在接受媒体采访时庄丹透露，长飞光纤在缅甸的光缆厂、印度尼西亚的光纤厂进展顺利，下一步国际化的重点是非洲市场。

三是国家战略带来的机遇。一方面，共建"一带一路"倡议构想的发展方向与中国光纤光缆厂商目前最重要的海外市场高度重合；另一方面，中国虽然在固网宽带上的普及率超过了全球的平均水平，但是与发达国家相比仍然有差距，还没有达到"宽带中国"的发展目标。固网宽带普及率 2022 年全球平均水平是 17.6%，欧洲地区是 35.4%，非洲地区是 0.7%，亚太地区是 17.9%。国务院投资 1400 亿元完善电信普遍服务补偿机制，也对光纤行业产生了长期积极影响。

四是中国政府确定了十年目标，希望能够接近或者达到当今世界制造业最领先的水平。新一代信息技术和制造业深度融合会影响整个行业的深远发展，形成新的生产方式、产业形态、商业模式和经济增长点，包括设备的互联、协同工作、供应链管理、产品全生产周期的云服务等，所有这些都离不开光纤光缆这一最基础的网络设施。

7.1.2　富通集团国际化简介

1. 东南亚布局过程

杭州富通通信技术股份有限公司（简称富通集团）创立于 1987 年，主要致力于信息产业内光通信领域的发展，专业从事光纤、光缆等光通信系列产品的研发、制造、销售和服务，是中国最大的光通信系列产品研发、制造基地之一。

富通集团早在 2012 年就于泰中罗勇工业园建成了东盟地区规模最大、品种最为完整、技术最先进的通信光缆工厂，以及东盟地区规模最大、品质最高的产品研发和检测中心，并取得了当年投产、当年见效的经营业绩。

如今，凭借富通集团（泰国）通信技术有限公司［简称富通（泰国）］，富通集团在东南亚建立了"桥头堡"。2018 年，富通集团在东盟的市场份额超过 15%，在泰国的市场份额超过 40%。可以说,只要在泰国,使用各种通信设施时,总会直接或间接地接受到富通集团的服务。在"泰国 4.0"的改革大计中,数字经济是重点发展的产业,而富通(泰国)亦为泰国面向未来的崭新变化而贡献着力量。

经过 30 余年的发展,富通集团已经成为互联网基础传输材料光纤通信产业的全球领军企业和国家能源电力线缆传输产业的重要推动者。这家位居中国民营企业 500 强前列的行业龙头企业下辖的 30 家实体工厂中有 15 家是国家级高新技术企业。富通集团也是中国光纤预制棒、光纤产品和技术的国家标准制订者。

富通集团对泰国并不陌生,早在十多年前,富通集团已经在泰国开展贸易,并借其辐射东南亚。建立制造基地,是向泰国及东南亚地区进一步布局的道路。

富通(泰国)的诞生,对于富通集团而言,效果可谓立竿见影。"泰国及其他东南亚国家和地区大多处于信息产业快速发展,基础设施更新换代的节点。富通集团的产品早在全球有口皆碑。因此,泰国工厂当年投产,当年就见效,产品供不应求,很好地服务和保障了东盟地区的信息化建设。"

这个现代化的工厂,为富通集团立足泰国、服务东盟战略奠定了坚实基础。它是东盟规模最大、光缆品种最为完整的工厂,也是东盟地区最大的光缆产品检测中心。富通集团借此全面服务于包括泰国在内的东盟各国以及中东、北非乃至欧洲等地。

近年来,富通(泰国)先后承担了缅甸国家光缆干线通信工程、柬埔寨国家光缆干线通信工程等一大批有国际影响力的项目,并为泰国多家主要电信运营商供货,为共建"一带一路"国家的通信、电力基础设施建设注入了新活力,也为"中国制造"特别是"浙江制造"赢得了声誉。

2. 国际化布局分析

历经了"开眼看世界",到"借梯登高"的国际合作,到"借船出海"的国际并购,再到当下的"走出去"战略。在这样的战略指导下,基于国际光电缆市场良好的发展态势,以及东南亚市场巨大的开发潜力,富通集团自 2011 年开始布局东盟,选择在泰国建设光电缆生产基地。

(1)市场基础和发展潜力。富通集团耕耘泰国市场开始于 2006 年。通过中国出口产品到泰国,富通集团逐步了解了泰国市场,积累了客户基础和市场经验。根据市场需求和产品特点,完全依靠中国制造、出口泰国的模式,对客户需求的全面满足特别是在供货周期方面存在较明显的不足。此外,相较于中国市场三家主要电信运营商的格局,泰国的电信运营商有近十家,而产品的安装和使用模式也与中国有很大的区别。随着泰国经济的发展和社会的需要,泰国通信事业快速发展,对光电缆产品的需求急剧上升。一方面,通信普及率大幅上升;另一方面,5G 和光纤到户(fiber to the home,FTTH)进一步推动了网络建设的需求。富通集团在发展泰国市场的同时，也积极拓展东南亚多个国家和地区的市场，现已成为柬埔寨、缅甸等国家干线网络光缆产品主要的供应商。2022 年，包括泰国在内的整个东盟市场，约 6 亿人口，占全球总人口的近 9%，但光缆需求量不及全球年总需求量的 5%，已累计敷设光缆的占比更低，区域内多个国家和地区的通信普及率和服务水平较低，通信网络建设及对光缆的市场需求有很大的发展潜力。

（2）投资环境和政策。富通集团在选择海外生产基地时，综合考虑多方面的因素特别是本地化生产的优势和风险，以实现事业的有效发展。泰国的发展历史，总体呈现平和的现象，泰国与中国的关系良好。富通（泰国）所在的泰中罗勇工业园对入园企业给予众多优惠政策，包括新设企业免缴 8 年企业所得年税，此后 5 年年税减半；免缴 8 年进口机器关税；为外销目的的进口原材料免缴 5 年关税；可将交通、水电等费用作为成本自所得税中双倍扣除，时间为初次销售之日起 10 年内；基础设施的安装和建设费的 25% 作为成本在利润中扣除，时间为有收入之日起 10 年内，任选一年扣除。上述优惠税率措施，相比多个国家和地区，是比较明显的。

（3）海外制造与供货的优势。以往通过在中国制造、海运等方式供应泰国市场，需要较长的时间和费用，不利于市场竞争力的提高。通过在泰国本地化制造，能够及时供货给泰国客户。此外，利用泰国所处的地理位置的优势，极大地扩大了市场，可以服务于周边的东南亚市场。更重要的是，通过在本地设厂，对客户需求的理解更加直接和全面，反应也更加及时，可更好地服务区域客户并极大地提高公司的市场竞争能力。

3. 富通（泰国）国际化经营成果与经验

2012 年底，富通（泰国）光电缆产业基地建成，产品主要涵盖 ADSS 电力通信光通、"8" 字自承式光缆、蝶形光缆、数据电缆、同轴电缆等几十个品种和系列。此外，公司还设有高水平线缆产品研发检测中心。2013 年，富通（泰国）投产当年，即实现产销两旺，富通产品份额占据市场领先地位。富通（泰国）也是东南亚等多个市场的主要供应商。当然，富通（泰国）在推进国际化特别是在泰国工厂建设的过程中，也遇到了许多的挑战，主要包括以下几点。

（1）国际化需要时间和相应的准备，包括了解当地的文化、制度、法律和市场，以及可能出现的问题和困难。在生活和工作中，看到的、通过翻译听到的，未必是他们所理解的真实情况和想法。

（2）国际化推进过程中，人才是关键，但国际化人才的培养不仅仅在于语言，更在于交流和体验，而人才的成长需要历练。在国际化的征途中，国际化人才培养刚刚起步。

（3）此外，尊重各方不同的利益和关注点，才能求同存异、共谋发展。中方派遣人员工作和生活在异国他乡难免辛苦，当地员工有自己的生活习惯和诉求，需要综合考虑和平衡。

富通（泰国）的建设和顺利运营，为富通集团进一步在东南亚和其他区域的发展，积累了经验，培养了人才，进一步推动了富通集团"打造具有全球竞争力的综合线缆企业集团"的发展目标的实现。

7.1.3　光纤光缆行业能力建设简介

1. 光纤光缆能力建设背景

2020 年，欧盟委员会正式决定对中国进口的单模光缆产品进行反倾销调查，一旦证实中国厂商在欧洲市场存在异常低价出售该产品的情况，将会采取提高关税、限制配额及其他制裁性措施。

近年来，由于生产技术门槛降低和市场供需关系变化等因素影响，国内光纤光缆行业普遍存在产能过剩的现象，价格竞争激烈，为了经营下去，各大厂商纷纷制定"走出去"战略，大力拓展海外市场。2016~2019 年，欧洲对中国光缆的进口量增长了 150%，其中 2019 年在欧洲销售的 120 万公里光缆中，15%~20%的份额来自中国厂商。据悉，此次反倾销调查由欧洲光缆行业组织提出申请，理由是他们认为中国厂商正在用低于正常生产成本的价格进行销售，涉嫌以不正当竞争方式打压欧洲本地制造商，从而抢占市场。

单模光纤适合高速率、长距离、大容量、多波长系统，通信网络中常用的型号有四种，分别为 G.652、G.653、G.654 和 G.655 光纤，其中 G.652 和 G.655 光纤衰减小、色散低，窗口性能表现优异，被广泛用于干线网和城域网中；而 G.654 光纤主要应用于海底光纤通信，不在此次反倾销调查的目录范围。

在大规模通信建设需求的带动下，国内光纤光缆产业经过多年时间发展，早已形成光纤预制棒—光纤—光缆—光网络产品完整的产业链，成为全球最主要的光纤光缆市场和制造基地，高中低端系列产品在世界范围内颇具竞争力，拥有可观份额。

不过国内销售过于集中，每年以三大运营商的集采项目为主，占据市场总需求量的 80%以上。正是由于这种单一模式的存在，整个行业周期性强，缺乏基本定价权，受三大运营商的需求影响十分明显。据不完全统计，国内光纤光缆企业已经超过 150 家，价格混乱，产品质量参差不齐。

从市场供给来看，光纤光缆产能过剩的格局并未得到结构性改善，而且，国内光纤光缆市场的巨头垄断格局基本稳定，中小型企业生存空间堪忧，如何快速开拓海外市场已经成为各大厂商未来战略的重中之重。

相关市场调研报告显示,全球享受宽带服务的人群不及 50%,发展中国家尚不及 40%,尤其是东南亚、南亚、中东及非洲等地区光纤通信网络基础薄弱,宽带普及率较低。在国家宽带战略推动下,南亚、东南亚、欧洲等地区的主流运营商纷纷加快固网宽带规模建设。

2015 年,国家发展改革委、外交部、商务部提出在共建"一带一路"国家共同推进跨境光缆等通信干线网络建设,共享信息丝绸之路,目前三大运营商针对信息丝绸之路建设已做出部署。我国提出的共建"一带一路"倡议为光纤光缆产业实施"走出去"战略、开拓国际市场提供了坚实的政策支撑。未来,随着海外市场宽带的普及和 FTTH 带来的光进铜退,国内市场将迎来光纤接入网建设高潮,而光纤光缆市场也将迎来新的发展机遇。

目前国内主要的光纤光缆厂商为中天科技、富通集团、亨通光电、烽火通信及长飞光纤。而欧盟的主要供应商为意大利普睿司曼、美国康宁、法国耐克森和爱克。

意大利普睿司曼创建于 1872 年,是全球通信和能源电缆行业的领导者,拥有深厚的技术积累和庞大的客户群体,几乎垄断美国、澳大利亚 90%以上的传输电缆和光纤控制电缆市场,同时在欧洲也占据重要市场份额。

美国康宁公司位于北卡罗来纳州的工厂是世界上第一家光纤制造工厂,也是目前最大的光纤制造厂商之一。自 1970 年通过发明低损耗光纤引领电信革命以来,康宁公司已经累计制造出超过 10 亿芯公里的光纤。作为光纤光缆行业的领导者,康宁公司拥有三大核心技术,四大专业制造平台,能为全球客户提供业内领先的综合解决方案。

法国耐克森公司是全球知名的光缆电缆厂商,拥有众多先进制造技术专利和工艺,能为客户提供最完整、全面的光缆电缆及其部件解决方案,凭借多年来不断的技术创新和全球化产业部署,耐克森公司已经成为全球电信与电力领域内领先的设备供应商。

法国爱克工业集团成立于 1932 年,是欧洲电信电缆行业处于领先地位的制造商,在欧洲地区与各大电信运营商拥有 70 余年的合作经验。2020 年集团超过 56%的销售收入来自法国以外地区,其中在中国上海和武汉设有分公司,正在大力拓展中国市场。

由此可见,国内光纤光缆厂商的竞争对手都是历史悠久的老牌巨头,在欧洲本土深耕多年,拥有坚实的客户基础以及技术积累,国内厂商要想顺利打开欧洲市场,除了过硬的产品质量以外,低廉的价格自然成为最有效的冲击手段,这也是此次反倾销调查的直接原因。

据悉,此次反倾销调查周期长达 15 个月,但临时关税可以在 8 个月内实施,有效期限为 5 年。不过,眼下正是欧盟希望借助全球数字经济快速发展带动本国经济复苏的关键节点,作为全球通信行业最重要的市场之一,老牌巨头纷纷加大对中国市场的开拓力度。

与此同时,我国商务部发布公告称,根据《中华人民共和国反倾销条例》的有关规定,国务院关税税则委员会决定,自 2020 年 9 月 26 日起,将原产于日本的进口光纤预制棒的反倾销税率进行调整。

2. 光纤光缆产业链分析

当前,新一轮科技革命和产业变革在全球深入发展,特别是新冠疫情发生后,在线教育、远程医疗、远程办公等应用快速发展,各领域对网络的依赖不断增强,夯实网络基础设施成为各国共识。以 5G、千兆光网为代表的"双千兆"网络是制造强国和网络强国建设不可或缺的"两翼"和"双轮",是新型基础设施的重要组成和承载底座,在拉动有效投资、促进信息消费和助力制造业数字化转型等方面发挥着重要的作用。

在此背景下,我国的光纤光缆产业发展迅速,已经形成了从光纤预制棒—光纤—光缆—光网络产品完整的产业链。

3. 中国光纤光缆行业龙头对比分析

目前,中国光纤光缆行业的主要龙头企业分别是长飞光纤和天津富通信息科技股份有限公司(简称富通信息)。长飞光纤与富通信息各项指标对比如表 7.1 所示。

表 7.1 长飞光纤与富通信息各项指标对比

指标	长飞光纤	富通信息
业务布局	光棒、光纤、光缆	棒材—光棒—光纤—光缆
产业链布局	"光棒—光纤—光缆—光器件"全产业链覆盖	"棒材—光棒—光纤—光缆"布局
2020 年全球市场份额	9%	7%
2020 年营业额	62.4 亿元	10.1 亿元
销售地区分布	70 多个国家和地区	东南亚、欧洲等地区

7.1.4 富通信息光纤光缆业务布局

我国光纤光缆行业从生产光缆起步,到生产光纤,再到取得光纤预制棒技术的重大突破。生产企业通过技术研发及创新,实现行业的全面发展和产业链的持续完善。我国已经成为全球最重要的光纤光缆制造基地,也是全球最重要的光纤光缆消费市场之一。

作为行业中的龙头企业,富通信息成立于 1997 年 9 月 16 日,经中国证券监督管理委员会批准,1997 年 9 月 29 日在深圳证券交易所首次公开发行。自成立以来,截至 2021 年公司成立了 5 家核心子公司,覆盖了从产业链上游的预制光纤棒到中游产品光缆的制造和研发。

1. 产业链布局：旗下公司协同合作

公司专注于光通信领域的发展,已逐步形成了"棒材—光棒—光纤—光缆"的光通信全产业链优势。公司是国内主要的光纤预制棒、光纤和光缆专业供应商,产品服务于国家信息化网络建设,广泛应用于骨干信息网、城域网、接入网、基站、室内分布等领域,公司持续向客户提供优质的产品与服务。

在产业链中,久智光电子材料科技有限公司(简称久智科技)向产业链下游天津市津通光纤光缆发展有限公司(简称天津光纤)、富通集团(成都)科技有限公司(简称富通成都)提供光棒、大套管等产品,后期还可以向山东富通化学有限公司(简称山东富通)提供炉管等高端石英仪器和制品;山东富通向天津光纤、富通成都供应光棒、光纤等产品;天津光纤的光纤可供给天津富通光缆技术有限公司(含滨海新区分公司)、富通成都。公司销售管理部和运营管理部在上市公司整体层面紧密合作,高效处理客户订单,安排内部排产和发货,及时响应、满足市场和客户的需求。

2. 产品结构：光棒—光纤—光缆

公司主要产品为通信普通光缆、特种 8 字光缆、大芯数微缆、光电混合光缆、蝶缆等光缆类产品;G.652D、G.657A2、G.654、G.655 等单模通信光纤类产品;光纤制造所需合成光棒、天然石英光棒大套管等产品。

3. 产销量分析：需求萎靡导致产销量下跌

公司公告的数据显示,2019～2020 年公司的光纤产品产销量呈现下跌趋势;从产量来看,从 2019 年的 1153.16 万芯公里下跌至 2020 年的 924.27 万芯公里,下降约 19.85%。

从销量来看,从 2019 年的 842.8 万芯公里下跌至 2020 年的 824.38 万芯公里,下降约 2.19%,2022 年光纤销量 1308 万芯公里,同比下降 20.60%。导致产销量下跌的原因主要是 2019～2022 年下游采购商的需求虽有定量增长,但增幅不高,有颓靡之势,再加上采购价大幅下跌。

4. 市场地位分析：市场份额减少

中国通信学会光通信委员会的数据显示,富通信息在全球范围内一直保持着第二的位置。在 2022 年 12 月 16 日,中国通信学会光通信委员会公布了"2020

年全球光通信最具竞争力企业 10 强",其中,在全球范围内,富通信息排名第七,市场份额达到了 7%。

5. 优势面:全产业链覆盖造成成本低

公司主营业务立足于光通信,凭借"棒材—光棒—光纤—光缆"产业链布局,在光通信行业发展壮大。其中,在技术方面,公司拥有博士后科研工作站和"棒材—光棒—光纤—光缆"产业链全套的设备和工艺。久智科技凭借自主知识产权的高频等离子沉积技术可生产天然高纯石英材料,其自主研发的光棒大套管、光棒等产品已实现产业化;山东富通通过引进、消化国外先进设备和技术,不仅拥有合成光棒工艺技术和制造能力,且已开始合成石英材料研制。

6. 业绩分析:稳定国内市场需求

从经营业绩来看,由于 2019 年的光纤光缆采购价大幅下跌,光纤光缆业务的收入大幅下跌。而 2020 年,受益于国内 5G 网络建设加快实施,国内光缆总体需求规模稳定;但国内运营商光缆集采价格的进一步下跌,给国内光纤光缆厂商的经营带来了较大的挑战。

作为龙头企业的富通信息也不例外。公司克服疫情和市场价格持续下滑带来的诸多困难,恢复并稳固"棒材—光棒—光纤—光缆"产业链各实体的运营生产。2022年光通信(包括但不限于光纤光缆)主营业务收入 13.31 亿元,同比减少 6.92%。

7.1.5 富通光纤光缆业务战略转型推动能力建设

1. 光纤光缆业务发展规划

公司公告显示,公司将继续以国家加速 5G 网络建设为代表的"新基建"为契机,继续围绕独有的"棒材—光棒—光纤—光缆"产业链布局,确保产品质量,降低综合成本,继续稳固市场份额和强化品牌影响力;同时沿"棒材—光棒—光纤—光缆"主产业链,向横向、纵向延展新产业、新业务,主动寻找布局新的业绩增长点。

2. 助力泰国"一带一路"通信建设

2017 年初,富通(泰国)成为缅甸国家光缆干线通信工程的供应商,致力于进一步提高缅甸国内信息网络建设水平,推动中国-东盟互联互通。

基础设施互联互通是"一带一路"建设的重要领域。近年来,富通(泰国)作为信息和能源电力基础传输材料的重要提供者,全面参与"一带一路"建设进程中信息高速公路建设。富通(泰国)先后承担了缅甸国家光缆干线通信工程、束埔寨国家光缆干线通信工程等一大批有国际影响力的大项目，并为泰国多家主要电信运营商供货，为共建"一带一路"国家的通信和电力基础设施建设注入了新活力，也为中国制造赢得了声誉。

"一带一路"建设带来新机遇，富通集团正在加快开拓共建"一带一路"国家市场。2017 年，富通集团的光纤、光缆产品已远销阿联酋、俄罗斯、德国、法国等 50 多个国家和地区。2016 年，富通集团实现营业收入 280 亿元人民币。其中，海外事业销售占比约 10%，与上年相比增长 15%。

3. 持续创新助推产业转型升级

富通集团第二次转型升级，是建构面向企业可持续发展的产业布局。2012 年以来，为实现企业中长期战略规划，富通集团开始实施"双主业"战略，在巩固光纤通信产业的基础上，发展以"高温超导电缆、高压和超高压电缆、海洋光电复合缆以及精密铜材"为核心的能源电力线缆传输产业。在全球信息化和城市化进程加速推进的过程中，富通集团的"双主业"战略已经初具规模并正在快速集聚优势。

富通集团的第三次转型升级，是产业链的转型升级。2022 年以来，富通集团正放眼整个产业链，聚焦"实体经济+人工智能"，进行一系列创新和布局，以"产业组织模式、生产制造组织模式和市场（商务）模式"的创新，实施光通信全产业链智能制造，打造具有全球竞争力的现代先进制造业产业集群。

4. 以泰国为跳板，参与全球竞争

在参与全球化方面，富通集团紧紧跟随共建"一带一路"倡议"走出去"，实现了从产品输出到技术输出，再到全产业链竞争的不断升级。

在"走出去"的同时，富通集团更加注重建立本土化的长效合作机制，因地制宜创新经营思路与管理模式。富通（泰国）工厂运行以来，不断融入当地文化，实现本土化经营，取得优良的经营业绩。

凭借 20 多年的全球化实践，通过海外设厂或投资入股，富通不断提升实体制造业的智能制造水平，实现了从"技术引进"向"创新输出"转变，形成了一个可持续、循环的战略规划。

5. 拥抱"5G+万物互联"新时代

光纤预制棒、光纤、光缆的光通信全产业链作为信息传输的基础材料，是 5G 网络建设的重要组成部分。富通集团较早地在泰国等地围绕 5G 及下一代通信技术发展实施新一轮产业升级和产品研发，研发出热敏光纤、弯曲不敏感光纤、超低损耗大有效面积光纤等多项特种光纤技术。

同时，为快速满足 5G 时代海量光产品需求，富通集团设立光纤通信智能制造工厂，结合"自主存取、射频识别技术自动传感、智能输送、自动切换"等技术，将"制造技术、自动化技术和信息化技术"三者融合，形成以"机器自主者"为核心的智能制造。通过产品、工艺、设备、物流等的升级，实现工厂全面互联互通，工序的无缝对接和生产现场无人值守，降低生产能耗和综合制造成本，打造具有全球竞争力的光通信产业和技术研发、制造基地。

7.1.6　案例小结

未来，富通集团将继续扮演信息化推进者、光通信全产业链引领者的角色，努力打造"行业不可复制、产业具有可模仿和可复制性"的全球光纤、光缆领域最具竞争力的企业集团。在新一轮科技革命和产业变革与我国加快转变经济发展方式所形成的历史性交汇时期，富通集团将紧紧把握住共建"一带一路"倡议所带来的光通信行业战略机遇期，在未来建成全球光纤、光缆领域具有竞争力的企业集团。

7.2　华为：标准话语权建立路径选择

7.2.1　行业国际化简介

倡导和规划"一带一路"是中国实现伟大中国梦的重要举措。在"一带一路"的蓝图中，信息基础设施不可或缺。因为当今是数字信息的世界。作为"一带一路"建设的重要优先领域，通信技术可以大幅度促进我国经济发展。如今，历经多个时代，为了找到自己的发展引擎，通信科技也早已走向了物联网的 5G 时代。5G 与 4G 相比，不仅具有更高的速度、更稳定、更宽的带宽、更低的延迟等特点，最重要的是 5G 可以帮助实现未来万物互联的伟大构想。帮助 5G 实现梦想，加强 5G 通信技术建设，大力发展 5G 新技术，建立 5G 新基站。作为全球 5G 通信网络技术的领导者，中国的当务之急是让 5G 与共建"一带一路"倡议携手发展。

中国信息通信研究院估计，从 2020 年至 2025 年，中国 5G 网络工程的累计投入将超过 1.2 万亿元，并推动全行业上下游产品和各产业应用总投入达到 3.5 万亿元。实现 5G 高精度定位能力，利用 5G 的新基础设施可以实现室内外无缝高精度定位服务已成为全球发展的新方向，对于解决室外到室内的高精度问题以及提供低成本定位服务具有重要意义。因此，密切关注 5G 高精度定位技术的发展，开展 5G 高精密定位技术的标准化工作，对我国定位服务的发展具有重要意义。

北京邮电大学无线网络定位与通信融合研究中心多年来一直深入从事移动网络高精度定位领域。通过逐步攻坚,突破了在移动互联室内精确定位的国际难点,并提供了在通用频段移动互联内增强定位系统的理论方案与框架,在星地导航通信一体化、信号系统、对复杂环境精确测量的理论方案,以及在异相信号融合、空间信息建模、视觉导航等理论与技术问题上实现了突破。这一理论和方法上的重大突破,为我国 5G 高精度定位标准提供了重要依据。

随着 5G 高精度定位在全国各地的应用,5G 高精密定位技术的标准化势在必行。对此,中国通信标准化协会给予了支持。在科研小组与中国信息通信研究院的联合倡导下,北京组建了"导航定位服务特设工作组",主动地进行与信息通信领域有关的导航定位系统业务规范研发,建立信息通信导航服务一体化技术标准体系,并主动地与组织者参加了第三代合作伙伴计划(3rd Generation Partnership Project,3GPP)、美国电气与电子工程师协会(the Institute of Electrical and Electronics Engineers,IEEE)、开放移动联盟(Open Mobile Alliance,OMA)等国际标准化机构的有关研究,以促进北斗系统与室内定位系统技术标准在北京的全球应用,并在该特设工作组下成立第三工作组,负责制定 5G 高精度定位国家标准。5G 高精度定位国家标准体系诞生。2018 年 4 月 3 日,北京邮电大学、中兴通讯和中国信息通信研究院在中国通信标准化大会上提交了推荐国家标准《基于移动通信网的带内和共频带定位技术要求及测试方法》的项目申请,得到与会单位的一致认可。2020 年 10 月,国家标准《基于移动通信网的带内和共频带定位技术要求及测试方法》完成了标准草案的编制征求意见,正式进入初审阶段,计划于 2022 年完成标准报批。2018 年 10 月 8 日,在中国成都举行的 5G 定位子会议上,北京邮电大学邓教授提出的公共频段定位技术,作为一种新兴的 5G 位置定位技术,受到业界的广泛关注。邓教授的团队经过与国际主要企业的激烈谈判和讨论,最终将 5G 定位精度要求从几十米提高到了三米。

2020 年 7 月 3 日,国际标准化组织 3GPP 发布了冻结的 R16(5G 标准)规范,标志着首个移动 5G 规范演进版本的实现,也标志着中国 5G 高精度定位国际标准迈出了重要一步。世界已进入标准规范和约束市场的时代,5G 通信国际标准的竞争日趋激烈。5G 精确定位标准的发展,为 5G 奠定了精准定位服务的标准规范,以及 5G 应用标准在各方面的标准地位,为基于新基础设施的 5G 服务的全面开展,提供了坚实基础。未来,北京邮电大学将与华为、中兴通讯等国内外知名企业一道,为 R17 和 R18 演进 5G 高精度定位建立起国际标准体系,进一步引领这一领域的全球技术创新和科技进步。

随着市场需求的加速释放和应用场景的增加,5G 未来的发展还有很长的路要走。据统计,近年来,我国已完成部署 160 多万个 5G 基站,占世界的 60% 以上,

5G SA（standalone network，独立组网）网络已基本实现全国覆盖。在下一阶段中国 5G 网络建设中，无线端的需求是如何满足不同场景的覆盖，实现绿色节能。2.6 吉赫和 3.5 吉赫结合大规模多进多出（multiple-in multiple-out，MIMO）主要用于大容量和高速场景，700 米、900 米、2100 米等中低频段主要用于 5G 打底网络和 5G 覆盖场景。

从当今我国 5G 行业的国际化标准不断向前迈进的情况来看，华为在其中起到了非常重要的作用。华为在抢占 5G 的国际标准话语权中起到了龙头代表性作用，帮助我国 5G 行业标准化进程取得进步和领先，并且携手"一带一路"团结合作地向前迈进。

7.2.2　华为简介

华为技术有限公司（简称华为）是中国国内乃至全球首屈一指的信息与通讯技术（information and communication technology，ICT）方案提供商。专注于 ICT 领域，公司秉承稳定运营、不断革新、开放协作精神，通信运营商、公司、企业用户和云计算服务已经形成端到端的解决方案，为运营商、企业用户及顾客带来了具有价值的 ICT 方案、技术与产品，并致力于满足未来大数据时代的需求，建立一个与全球联系的更美好世界。

华为创建于 1987 年，地处中国广东深圳龙岗区，创始人任正非。公司的主要业务包括信息交换、传送和数据通信等，以及向全世界所有电信行业的用户提供重要产品销售、网络服务和解决措施。在 2013 年，公司收入已经超过了当时世界上最大的通信技术企业爱立信，在美国《财富》世界五百强中排名第 315 位。公司的产品销售和服务已应用于全世界 170 多个发展中国家，服务于世界前 50 位经营者中的 45 位和世界 1/3 的人口。2017 年 6 月 6 日，"2017 年 BrandZ 最具价值全球品牌 100 强"公布，华为排名第 49 位。2018 年，公司在中国 500 强最具价值品牌排行榜中位列第 6。2019 年 7 月 22 日，美国《财富》杂志发布 2019 年世界 500 强排行榜，公司位列第 61 名。2018 年 2 月，沃达丰（Vodafone）与中国电信合作进行了首次 5G 通话测试。2019 年 8 月 9 日，华为宣布推出鸿蒙系统；2019 年 8 月，华为以 7212 亿元营收位列中国民营企业 500 强第一；12 月 15 日，华为荣获首届"2019 中国品牌强国盛典年度荣耀品牌奖"。2020 年 11 月 17 日，华为整体出售荣耀商业资产。至于交付后的荣耀，公司并不拥有全部股权，也不进行运营、管理和决策。2021 年 8 月 2 日，美国《财富》周刊发布了世界五百强（企业名单），公司名列第 44 位。华为的销售业绩在很大程度上得益于其在研发方面的巨大投资。华为每年的科研投入为 150 亿元至 200 亿元，位居世界前五位。当然，研发工作不但需要金钱，而且需要大量人力资源，没有"自由就业"的招聘

形式和"人才增值培训"的培养方式，华为就无法找到和留住具有创新精神的高
科技人才。此外，华为深圳基地还是国内高科技领域最有活力的区域之一。它不
但具备交通优越性，同时为吸引各种高技术人才、开拓国际市场创造了条件。共
建"一带一路"倡议的提出，为华为的全球发展提供了条件，既能够利用目前最
有效的国际机遇发展平台，又能够与各国发展成为良好的经济合作伙伴。而经过
跨文化协作，华为也能够完成世界同步发展战略。目前华为的研究机构不但遍布
于我国的多个地区，同时也遍布在全球多个国家。比如，在美国的达拉斯、硅谷，
在印度的班加罗尔，以及在俄罗斯的莫斯科。另外，通过自己的制造能力和供应
力量，可向各国进行科技援助，以增强品牌吸引力。而且通过自己的国际影响力，
吸引了外资并将其用于商品制造和开发。

1. 华为发展历史的第一阶段（1987～1994 年）

1987 年底，任正非和五位伙伴一起投入 2.1 万元创办华为。在此期间，在产
品策略上主要采用了后续战略，先是代理香港公司的新产品，继而逐步发展成独
立研发生产产品的集中战略。在国际市场竞争策略方面，主要采用了持续发展和
生产新的产品、乡村包围都市的销售策略，采用低价的方法快速抢占市场，增加
市场占有率，并扩大了企业规模。

2. 华为发展历史的第二阶段（1995～2003 年）

公司现阶段的工作要点是：在产品策略方面，由单一市场集中到横向整合；
在区域方面，从以国内市场为主转化为国内国外双市场，以国外市场为主；在国
际市场拓展方面，仍坚持"农村包围城市"的发展策略，并选择在发达国家起步，
以低价策略逐渐走向发达国家市场。

3. 华为发展历程的第三阶段（2004～2012 年）

在这一阶段，华为选择了垂直整合、多样性和全球化的策略。在市场竞争策
略方面，华为选择与合作伙伴实现共赢的策略。同时华为还由一个提供全面通信
问题解决策略的电信设备供应商，转型为一个提供全面端到端通信问题解决策略，
以及客户和市场驱动的综合电信设备服务供应商。与成长期的组织架构一样，这
一时期华为的组织架构也经过了一次渐进的发展，由最初的部门和区域部相结合
的组织架构，到现在以产品线为主的组织架构。

4. 华为发展历程的第四阶段（2013 年及以后）

在此阶段，华为建立了基于三个维度的组织结构：客户、产品和地区。所有
部门共同为顾客提供价值，并对公司财务绩效的合理提升、市场竞争力的增强以

及顾客满意负责。产品与解决方案是该公司专门为运营商和公司/产业客户提供
ICT 技术整体解决方案的产品组织。它包括设计、研发和交易及市场的建立，提
供良好的客户服务。

7.2.3　华为国际化简介

20 世纪 90 年代中期，政府放开了受管制的通信设备市场。当时，华为刚在
美国建立研究所。在这样一个动荡的市场中，华为开始了国际化进程。

1. 突围阶段

1996 年，华为走向全球化的第一步就是打开外国的市场。起初，俄罗斯不认
为中国企业可以生产交换机等高端设备。而最初迈出国门的华为也并未获得任何
机遇，但华为并未放弃，继续在俄罗斯扩张。1999 年，通过三年的不断努力，华
为最终拿到了俄罗斯通信部的第一个订单。通过这个客户，俄罗斯客户群见证了
华为的技术实力与业务水平。此后，华为在俄罗斯的客户数开始以年均 100% 的速
度增加。2001 年，华为在俄罗斯的总销售收入已经达到了 1 亿元。如今，华为已
经成为中俄信息通信行业的领导品牌。

1998 年，中国电信正式进军印度尼西亚。当时的主要用户是 AIS，它是在印
度尼西亚的一个中小型网络。华为凭借其优秀的技术和卓越的客户服务使 AIS 成
为印度尼西亚最大的网络。华为在印度尼西亚不但获得了用户，还获得了声誉。
同年，华为还进军了巴基斯坦机场。

1999 年至 2000 年，华为先后进军了非洲、中东、亚太、独联体、拉丁美洲
等十多个市场，在第三世界国家彻底建立起了产品形象。

2. 发展阶段

2000 年后，华为开始专注于欧美市场，并准备进入全球信息通信巨头的腹地。
国家对供应商有许多规定，而华为没有相关的经验，所以华为很难取得突破。2002
年，由于参与了投标，华为进入伦敦电信采购的短名单，因此华为获得了两年伦
敦通信认证资格。这一证书，也让华为得以掌握并了解发达国家对供应商的需求。
通过持续不懈努力，华为终于获得了这项证书，为一举拿下 18 亿美金项目打下了
坚实基础。而对于另一家欧洲巨头沃达丰，华为更是用了 2 年多的时间才打开这
一局面。

2004 年，华为公司中标了雅典奥运会的通信器材项目。这些投资让华为一举
成名。同年，华为在伦敦建立了欧洲地区公司。《泰晤士报》评价说，这是一个
公司全球化的标志。2005 年，华为海外销售收入已达到总销售收入的 60%。2009

年，华为在欧美的市场占有率达到了 10%。随着华为在欧美业务的进一步突破，华为突然开始被视为竞争对手。早在 2003 年，美国思科就对华为手机发起了专利诉讼，由于当时正值华为手机突破欧美国家市场发展的时期，所以不少欧美国家用户都终止了与华为手机的合作关系。

随后，华为与思科终于实现了庭外和解。尽管对华为而言，与思科的合作一直是华为开拓欧美市场的绊脚石，但是思科最害怕的企业之一便是华为。

3. 深化阶段

自与思科事件谢幕以来，华为开始将其国际化道路从一条强有力的突破路线转变为握手谈判路线。华为计划将对手变为伙伴，双方开展战略合作，分享利益。在 2003 年华为和 3Com 组建了合资企业，以利用 3Com 世界级的网络营销平台出售公司品牌。在 2005 年，公司与西门子组建了鼎桥通信技术有限公司，以联合拓展移动通信领域。2006 年，华为与摩托罗拉在 OEM 合作伙伴的平台上组建了联合研究机构。2008 年，华为与赛门铁克公司建立了合资企业。公司还与日本电气集团在日本成立了合资企业。另外，公司还与高通、爱立信、诺基亚等公司签署了多种技术交叉授权合同。而这一联盟战略和合作方式，有助于华为进一步扩大在世界其他国家的市场占有率，提升公司的国际客户地位。

7.2.4 华为"一带一路"国际产能合作中建立标准话语权的路径选择

企业抢占标准话语权已然成为获得行业地位、获取行业资源的主要工具。标准话语权的本质是：决定规则、制定规则。标准话语权可以决定一个企业，甚至一个国家的前途。本案例通过剖析华为在抢占话语权中的路径选择，阐述企业发展中争夺话语权的重要性。

不同行业技术的标准化模式不同，以信息、ICT 行业为例，标准化模式特点如表 7.2 所示。

表 7.2　标准化模式特点（一）

项目	机制	标准形式
政府	强制性引入	管制性标准
共同体	自愿的基础上以形式化方式通过	自愿性标准
专业协会	达成协议或共识	形式化标准
联盟	按照各自利益关系协调并达成协议	预设性标准
市场	自立性、非协议的	事实性标准

另外,将技术标准联盟的三种模式比较,得出如表7.3所示的标准化模式特点。

表7.3　标准化模式特点(二)

模式	技术研发阶段的企业个数和企业行为活动	技术推广阶段的企业个数和企业行为活动	关键点
混合式	单个企业,自主研发	多个企业,共同推广某个企业自主研发的技术	协作推广技术标准
多企业协作式	多个企业,协作研发	多个企业,共同推广协作开发的技术	贡献必要专利,协作技术开发,协作推广技术标准
折中妥协式	多个企业,自主研发	多个企业,共同推广折中妥协的技术	技术兼容

从表7.2和表7.3的内容可以得知,对于华为来说所完成的新技术的自主开发,持续不断的创新研发,取得专利,以及建立战略联盟,都是华为成功地抢夺5G标准话语权的路径,其核心就是扩大市场份额。接下来将华为在"一带一路"抢占5G标准话语权的路径分为技术创新、战略联盟和重点突破三个维度。

1. 华为本身的技术标准战略——技术创新

截至2022年底,华为在全球已经持有有效授权专利12万多件,其中,发明专利已经达到90%以上。事实上早从2001年起,华为在全世界的专利申请规模就已超过了思科、苹果、高通等美国大公司的同等规模了。华为之所以能够一直在技术竞争上保持着持续的竞争优势,其原因就是华为一直都注重自主创新和自主研发。公司每年将总收入10%以上投向产品开发。

当2021年美国政府最严厉打压华为的时候,美国不仅动员所有政府力量把华为纳入实体名单,也不允许国内厂商再和华为有业务来往,就连谷歌公司都数次封锁了华为。2021年华为的年报表明,在这一年,销售收入大幅度跌落的情况下,华为依旧投入大量研发成本,维持了自己的初心和愿景。华为一直坚持在最重要的芯片研发、云服务、智能驾驶、智慧互联、低碳创新等领域持续投入。

现代通信技术中最重要的问题,就是如何降低错误信息。解码与调度是现代无线通信技术发展中最基础、最关键和最深奥的组成部分,被称为顶级的无线电技术。根据IPlytics专利数据库平台统计的数据,截至2021年1月,华为已经位居全球持有已宣告5G SEP(标准和标准必要专利)的公司之首位。其中最重要的当属极化码(polar code)方案。5G标准是3GPP牵头制定的。在2016年3GPP的RAN1(无线物理层)87次大会上,确立了华为领导的极化码方法作为信号通道的解码方法,以及美国高通领导的低密度奇偶校验码(low density parity check code,LDPC)用作数据通道的解码方法。

早在2008年,埃尔达尔·阿里坎教授就发表过有关极化码的学术论文。任正非曾在专访中表示，我们很早就看到了埃尔达尔博士关于这篇极化码的学术论文，他很坚定地为极化码技术做出了巨大的投入，在几年之后，就有了今天的 5G 技术。也正是因为极化码技术，以及华为对极化码的敏感性和坚持投入，才使得华为今天成为 5G 技术的领跑者。

技术创新及华为对专利的研发投入，使得华为成功地成为行业 5G 标准的建立者之一。华为公司持续不断的技术创新以及保持对专利申请的加大投入的初心，使得自身在不受外界影响的情况下牢牢地站稳了脚跟。

2. 华为在"一带一路"的技术标准协作战略——战略联盟

华为早就认识到与各国企业建立战略联盟的重要性。战略联盟是在同一行业基础上不同企业之间的联合合作，可以共同促进行业标准的建设。共建"一带一路"倡议启动前，华为在俄罗斯、泰国、非洲、拉美等国家和地区开展了市场突破活动，为华为赢得了忠实的客户资源。这为华为在"一带一路"领域实施 5G 合作联盟奠定了基础。

由于与西方国家的冲突，俄罗斯国内市场 5G 设备的供应被切断。高通、爱立信、诺基亚等相关通信企业纷纷关闭对俄出口大门，这使得俄罗斯 5G 网络建设陷入两难境地。俄罗斯本身不具备 5G 建设能力，因此不得不依赖外国企业的帮助，但这一次许多出口商停止了发货，这对俄罗斯来说是一个不小的打击。此外，俄罗斯做出了仓促回应，计划投资约 9000 亿卢布，一部分用于鼓励当地企业发展，另一部分用于 ICT 技术研发。在俄罗斯宣布此计划后，华为的"及时雨"到来了。据悉，华为表示将与俄罗斯进一步合作，2022 年开展价值 1500 万美元的 5G 设备进出口合作。

正是华为的"及时雨"使俄罗斯 5G 建设项目得以继续。与此同时，俄罗斯正式将华为列为全球第一个值得信赖的合作伙伴。2021 年，中国电信联合俄罗斯移动通信系统公司在莫斯科的十四座地标式建筑中启用了 5G 网络，并借助了当地的"5G 即将到来"宣传活动，全面向用户呈现了快速的 5G 接入、高速下载，以及良好游戏感受的新型移动通信方式。这代表着中国 5G 产品商品化步伐的加速，也是双方在"5G 城市"联合创新项目中的首次成果。

在泰国曼谷市中心，救护车在交通堵塞中无法移动。车内的抢救工作人员已启动了高清视频摄像机和心电监护仪，将病人的视频图片、生命体征信息、病历等经过 5G 网络及时传送至 Siriraj 医院。在医院专家的引导下，抢救队伍迅速地对病情危急的病人实施了患者入院时的初步处理。Siriraj 医院院长 Weishi 告诉新华社记者，道路十分拥堵，因此省时省力对抢救病人有着重要作用。5G 救护车投入使用后，急诊病人的存活率明显提高。5G 救护车也是泰国 5G 智慧医疗计划的重要组成部分。在 2021 年底，该国已经开始了这一数字技术的研究计划，Siriraj

医院作为试点。该计划将采用华为和国内先进的 5G 及人工智能等核心技术，从 5G 救护车入院、人工智能支持治疗到出院的远程治疗，并协助 Siriraj 医院完成业务流程的全方位智能改造。这是华为在东盟区域内正式推出的第一个 5G 智能医院建设项目。在 2022 年，华为计划把这个解决方案带到泰国的其他公立医院。

在拥有 100 余年历史的 Siriraj 诊所，工作人员把药品置于白色无人机上，通过选择温度范围和目的地，轻型无人机可以立即在诊所建筑之间自由往返，从而大大地减少了疫情期间人员的联系。数百公里之外的屏幕上的医生可以快速获取高清 CT（computer tomo-graphy，计算机断层扫描术）图片，并开出正确的药物。屏幕的另一端与数百公里外的患者相连。病人不再需要像以前那样翻山越岭地去看医生。Siriraj 为泰国玛希隆大学下辖的一家诊所。玛希隆大学医学院主任巴什告诉记者："由于泰国的经济发展并不均衡，偏远地区的医学资源不足。5G 网络可以实现公平诊疗。我们已经利用最强大的技术手段，在泰国进行了 5G 智能诊疗。我们也对中国的技术进步充满信心。"他还说道，"远程检查和治疗中对病人图像的清晰度和传输速率要求都非常高，这是普通 4G 传输无法做到的。" 5G 网络由于拥有大带宽和低延时的特性，能够实现对医疗图像的 2 次下载和对超高清视频的无损传送，可以有效地改善远程医院的诊疗体验。在使用电子射野影像系统（electronic portal imaging device，EPID）期间通过与华为的协作，中国医生可以将每位患者的治疗时限由 15 分钟减少至 25 秒，并将 CT 胶片的准确率提升至 97%。巴什表示，我们不但在 Siriraj 医院建立了 5G 互联网基础设施，还为医生提供了混合云框架以保证安全，并进行了技术培训。该项目汇聚了华为、医院以及泰国初创公司中的年轻人，共同开发有针对性的医疗程序，并探讨怎样提供最好的医疗服务，为 5G 智能医疗项目提供了一个创新模型，并准备把该模块引入整个东盟医学院网络。

华为技术（泰国）有限公司相关负责人表示，泰国已经拥有了完善的互联网基础设施，而 5G 网络只是刚起步，目前医院里还在探讨怎样通过 5G 网络服务病人。华为还希望与 Siriraj 医院成立 5G 智慧医院合作实验室，共同探讨未来 5G、区块链技术以及人工智能在医院方面的运用。除了医疗，华为还在泰国智慧城市、通信、电力、金融等十多个领域建设了数字生态系统。

3. 国际标准话语权的竞争战略——重点突破

孟加拉国的通信运营商 TeleTalk 和华为联合，在孟加拉国城市达卡发布了 5G 业务。由孟加拉国总理哈西娜，电信与通信技术最高顾问瓦吉德于 2021 年 12 月 12 日主持的"5G 新时代"工作会议中，宣布将开始推出 5G 视频业务。瓦吉德在讲话中，重申了与数字社会互联互通的重要意义，并表示良好的环境将能够协助世界各国把握发展机会。华为亚太区副主席在视频致辞中表示，我们也在努力向全球多个城市开放基础设施与服务，并引入了 5G 技术。我们也将通过先进技术帮助孟加拉国促进信息通信领域的发展。据悉，在初期，5G 系统会安装于孟加拉国议会大楼、首相办公楼、国家纪念馆等地方，未来范围会逐渐拓展。

随着美国政府的限制，以及华为在 5G 领域的开发速度明显下降，不少发达国家的地方政府停止了和华为的交易。不过，这些国家的通信运营商还是选择了相信华为。甚至包括英国和法国，这两个国家的本土通信运营商都投票不排除华为存在于本土市场。法国第二大电信运营商 SFR 的大股东公开表明，华为设备将是世界最佳的 5G 设备。在接见华为的技术代表团时，巴基斯坦方表示将支持华为 ICT 解决方案公司在巴基斯坦的投资项目。在这样一个关键时刻，"巴铁"挺身而出，及时提供援助，全力支持华为 5G，给华为打了强心针。当然，从技术合作本身来说，尽管巴基斯坦选择华为是基于两国友谊，但其实质原因是华为技术卓越，价格非常合理。此前，海外媒体曾报道称，华为的 5G 方案比其他通信公司的方案价格低 20%，这对于世界其他国家或地区而言有不小的吸引力。

在建立了自身的稳健技术创新的基础上，华为的 5G 技术可以说一骑绝尘。战略联盟的建立让华为目前的专利技术量和 5G 装置发货量都位居全球第一。但其实，美国政府之所以故意压制华为，原因在于华为移动 5G 能力过高，直接确保了中国在全球科技上的领先地位。华为重点突破之后，一些发展成为合作伙伴的共建"一带一路"国家，使得华为突破了自我和困难，继续努力抢占 5G 的国际标准权。

华为曾不止一次地公开指出，其科技领先于其同行已有一年半至两年的时间。另外，华为在巴基斯坦拥有了坚实的发展根基。华为公司不但在巴基斯坦提供信息技术网络支持，还负责为巴基斯坦政府的工作人员进行信息技术培训，以及为巴基斯坦伊斯兰共和国大学生提供信息技术培训机会。这就是华为在当地扎根的诚意。但值得一提的是，巴基斯坦并不仅仅是在重点突破阶段的华为的唯一合作伙伴。华为会继续在重点突破阶段，保持初心不忘、发展技术和战略联盟的同时，与共建"一带一路"的合作伙伴携手并进，稳定自己的 5G 通信技术在国际上标准话语权的制定权。

7.2.5　案例小结

华为的 5G 国际行业标准制定以及"一带一路"的 5G 攻略案例，体现了中国民营企业在"一带一路"国际产能合作中能力体系建构的行业标准话语权获取能力。华为抢占国际标准话语权非常成功，并且成功地制定了 5G 行业标准，不忘初心，坚持不懈地持续走在技术创新道路上，不论是否遭到国际竞争对手的打压，都坚持将每年销售收入的 20%以上投入到研发产业。华为拥有的专利总数已经超过了 12 万件，又基于对于前沿理论的敏感性发现了 5G 极化码，成为全球 5G 标准制定的领跑者之一。通过技术创新站稳脚跟的华为，通过与各国企业达成战略联盟，开始了在"一带一路"上的 5G 创新，携手并进播种开拓之路。面对美国还有其他欧洲国家的压迫，华为在共建"一带一路"国家进行战略协作，通过与俄罗斯、泰国、巴基斯坦的合作和联盟，奠定了自己在"一带一路"的技术标准协作战略，又通过重点突破关键伙伴真正拿下了 5G 的行业标准话语权。由此可见，拿下行业标准话语权的路径选择非常重要，只有自身实力过硬，掌握着顶尖的技术，与合作企业、生态系统内的企业组成战略联盟，才最终拿到行业标准话语权。

7.3　均胜电子：全球价值网络升级能力建立

7.3.1　汽车零部件行业背景

1. 全球汽车零部件市场概况

1）中国汽车零部件企业与国际龙头企业差距逐步缩小

汽车零部件厂商主要分布在美国、日本、德国，具有独立性、专业性、经营全球化特点。根据中商情报网的 2021 年全球汽车零部件企业百强榜，全球汽车零部件前十的公司除潍柴集团（排名第 4）位于中国外，其他九家均在德国、日本等传统汽车工业强国内；百强企业中日本、德国和美国零部件企业最多。相较而言，中国汽车零部件企业起步晚，但处于不断进步中。2021 年，中国汽车零部件企业凭借商用车、新能源领域优势增势突出，整体营收逆势增长，在全球零部件百强企业营收的占比从 9% 增长至 11%，全球排名提升明显；2023 年的全球百强榜共有 14 家中国企业入围：宁德时代新能源科技股份有限公司（排名第 7）、华域汽车系统股份有限公司（排名第 13）、潍柴集团（排名第 18）、北京海纳川汽车部件股份有限公司（排名第 37）、均胜电子（排名第 45）、广汽零部件有限公司（排名第 55）、中国航空汽车工业有限公司（排名第 65）、中信戴卡股份有限公司（排名第 67）、中策橡胶集团股份有限公司（排名第 75）、广西玉柴机器集团有限公司（排名第 80）、亿纬锂能（排名第 86）、福耀集团（排名第 91）、双星集团（排名第 99）、赛轮集团（排名第 100）。

2）汽车零部件产业逐步由发达国家市场向新兴市场转移，采购实现全球化

当前，美国、日本和欧洲等发达国家和地区的汽车消费市场逐渐饱和，中国、印度等新兴国家汽车市场已成为世界上最具增长性的汽车消费市场。究其原因，

是这些国家劳动力丰富且具有价格优势，随着汽车制造行业竞争日趋激烈，为了有效降低生产成本并开拓新兴市场，汽车及零部件企业开始加速向中国、印度、东南亚等国家和地区进行产业转移。

伴随着汽车零部件工业逐渐迈向全球化，整车厂及一级供应商对所需的零部件按产品质量、价格、交期等条件在全球范围内择优采购，不再局限于仅采购本国零部件产品，而零部件企业也不再局限于仅供应给本国的下游企业，将其产品面向全球销售。

3）零部件系统集成化，汽车零部件行业愈发重视节能环保新技术

汽车零部件系统的集成化就是通过全新的设计和工艺将以往由多个零部件分别实现的功能，集成在一个部件中，以减少生产成本，提高生产效率。汽车零部件系统集成化有利于减少零部件数量，达到汽车的轻量化，进而实现节能减排的目的。汽车零部件系统的集成化目前已成为汽车零部件行业，尤其是乘用车汽车零部件行业一个重要的趋势。

随着全社会对环境问题的日益重视，节能环保技术将成为汽车及零部件行业未来的技术趋势。以燃料电池汽车、混合动力汽车为代表的新能源汽车正在加速发展，汽车零部件的轻量化设计、高效内燃机的研究和使用也是节能环保的关注点。节能环保新技术将成为未来汽车零部件产业竞争的制高点。

2. 我国汽车零部件行业发展现状

1）我国汽车零部件行业发展前景广阔：销售收入不断扩大

随着中国汽车行业的高速发展、汽车保有量的增加以及汽车零部件市场的扩大，我国汽车零部件行业得到了迅速发展，增长速度整体高于我国整车行业。数据显示，我国汽车零部件的销售收入从 2016 年 3.46 万亿元增长至 2022 年的 5.2 万亿元，年均复合增长率是 7.02%。2016～2022 年中国汽车零部件销售收入如图 7.1 所示。

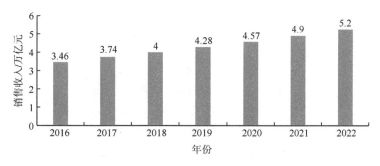

图 7.1　2016～2022 年中国汽车零部件销售收入

资料来源：中国汽车工业协会

2）中国汽车零部件行业出口现状

在汽车零部件出口结构中，汽车关键件出口金额为 318.64 亿美元，占比为 42%；汽车零部件出口额为 279.83 亿美元，占比为 37%；汽车轮胎出口额为 143.44 亿美元，占比为 19%；汽车玻璃及后视镜出口额为 13.87 亿美元，占比为 2%。2021 年中国汽车零部件出口占比如图 7.2 所示。

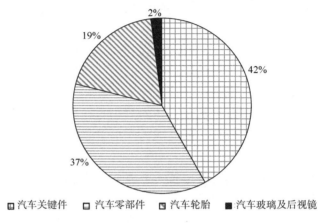

图 7.2　2021 年中国汽车零部件出口占比

资料来源：中国海关

2021 年，我国汽车零部件出口至全球 755.77 亿美元，同比增长 33.76%；其中，亚洲出口额 273.08 亿美元，同比增长 29.90%，占比 36.13%；北美洲出口额 167.07 亿美元，同比增长 32.23%，占比 22.11%；欧洲出口额 165.34 亿美元，同比增长 35.87%，占比 21.88%。2021 年中国汽车零部件主要出口地区如图 7.3 所示。

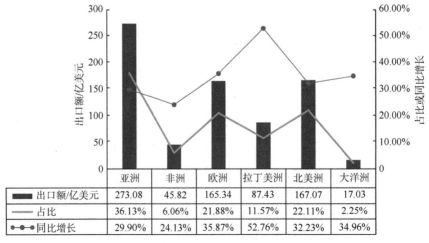

	亚洲	非洲	欧洲	拉丁美洲	北美洲	大洋洲
出口额/亿美元	273.08	45.82	165.34	87.43	167.07	17.03
占比	36.13%	6.06%	21.88%	11.57%	22.11%	2.25%
同比增长	29.90%	24.13%	35.87%	52.76%	32.23%	34.96%

图 7.3　2021 年中国汽车零部件主要出口地区

资料来源：中国海关

2021 年，我国汽车零部件出口至美国 148.52 亿美元，同比增长 34.13%；出口至日本 57.93 亿美元，同比增长 41.53%；出口至韩国 43.34 亿美元，同比增长 28.38%；出口至墨西哥 41.71 亿美元，同比增长 54.54%；出口至德国 32.24 亿美元，同比增长 43.61%。2021 年中国汽车零部件出口目的国如图 7.4 所示。

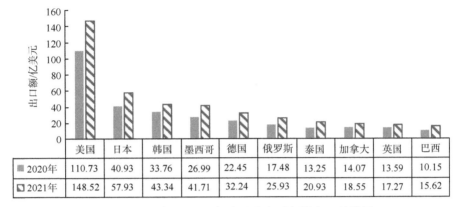

	美国	日本	韩国	墨西哥	德国	俄罗斯	泰国	加拿大	英国	巴西
2020年	110.73	40.93	33.76	26.99	22.45	17.48	13.25	14.07	13.59	10.15
2021年	148.52	57.93	43.34	41.71	32.24	25.93	20.93	18.55	17.27	15.62

图 7.4　2020 年和 2021 年中国汽车零部件出口目的国

资料来源：中国海关

7.3.2　均胜电子简介

1. 发展状况与现状

宁波均胜电子股份有限公司（简称均胜电子）是一家全球汽车电子与汽车安全顶级供应商，主要致力于智能座舱、智能驾驶、新能源电控和汽车安全系统等的研发与制造，在全球汽车电子和汽车安全市场居于领先地位。均胜电子于 2004 年，由王剑峰先生创立，是一家年轻的、志存高远的高科技公司，总部位于中国浙江省宁波市。现有汽车安全、汽车电子和智能车联三大事业部，并设立智能汽车技术研究院和新能源研究院，在 30 个国家拥有员工逾 4 万人，在全球各汽车主要出产国设有 3 个核心研发中心和超过 70 个主要工厂。

2009 年均胜电子开始实施并购战略。由于缺乏相关经验，王剑峰决定先在国内小试身手。2009 年，均胜电子成功并购上海华德衡器有限公司，实现了国内产品的扩张与整合。紧接着，均胜电子的海外并购之路便一发不可收。2011 年收购德国普瑞控股有限公司（简称普瑞）至今，公司先后收购了德国 PREH、德国 Quin GmbH、美国 KSS（Key Safety System Holding Inc）以及日本高田资产（PSAN 业务除外）等。通过企业创新升级和多次国际并购，公司实现了全球化和转型升级的战略目标。凭借先进的创新设计、生产制造、品质管理及优质服务，均胜电子成为宝马、奔驰、奥迪、大众、通用、福特、本田和丰田等全球汽车制造商的长期合作伙伴，并屡获保时捷、大众、通用等汽车制造商优秀供应商奖。

　　根据均胜电子 2021 年的公告，受全球新冠疫情和芯片短缺的持续影响，公司营业收入 456.70 亿元。值得关注的是，尽管受到缺芯、疫情等因素的扰动，公司汽车电子业务仍然维持了较高的增速，报告期内，2021 年公司汽车电子业务实现高速增长，主营收入约 127.1 亿元，同比增长约 24%；毛利率 18.99%，同比增长 1.63 个百分点。均胜电子 2021 年营业收入来源如图 7.5 所示。

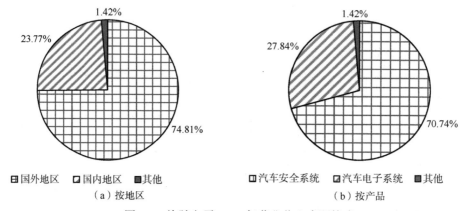

图 7.5　均胜电子 2021 年营业收入来源构成

资料来源：均胜电子 2021 年度报告

2. 创始人介绍

作为均胜电子的创始人，王剑峰 1970 年出生，毕业于中国美术学院。

王剑峰上大学时，正值中国市场经济步履蹒跚发展之际。深受宏观经济的影响，中国汽车零部件行业遭遇了一场寒流。与众多的乡镇企业一样，由于规模小，抗风险能力差，王剑峰家族成员创立的一家主营汽车紧固件的企业，毫无意外地在这场寒流中遭到了冲击。或许是从家人那里遗传了良好的商业基因，又从小在宁波浓厚的商业氛围中耳濡目染，加上自己的勤奋，王剑峰不仅帮助企业在寒流中屹立不倒，还一步步将其发展壮大，成为地方颇有名气的明星企业。

1999 年，王剑峰不再满足于国内市场，他将目光瞄向了来华拓展市场的巨头天合光能股份有限公司。王剑峰深知，这次极为难得的国际合作，将是他未来事业的重大起点。经过不懈努力，他最终拿下了与天合光能股份有限公司的合作，成立天合（宁波）电子元件紧固装置有限公司，他亲自担任总经理一职。然而，王剑峰逐渐意识到：国内同行更多地还是在下游产业链互相竞争压价，如果自己一直在这个领域，产品容易被模仿，竞争优势有限。2004 年，王剑峰决定跳出束缚，成立宁波均胜电子股份有限公司。王剑峰离开天合（宁波）电子元件紧固装置有限公司之时，企业营业额已从几百万元飙升至过亿元。

当时的国内汽车零部件行业水平参差不齐，很难有所突破。王剑峰将目光投向国外企业。2008 年，金融危机爆发。普瑞控股方德意志交易所集团有意出售普瑞的股份。王剑峰果断抓住机遇，用自己的诚意和专业能力，赢得了普瑞高层和工会组织的信任，成功收购普瑞。通过收购，均胜电子突破重重壁垒，获得普瑞 400 多项全球顶级的专利，为均胜电子打开了融入世界的大门，从一个名不见经传的中国民营企业一跃成为宝马、奔驰、劳斯莱斯等多家高端汽车品牌的供应商。

2014 年 12 月 15 日，均胜电子发布公告，以 6.9 亿元收购德国 Quin GmbH 的 100%股权。对 Quin GmbH 的收购，能够帮助企业迅速提高市场拓展能力，扩大重要高端客户市场，使公司能够在更高层面上与国际大型汽车零部件供应商进行竞争，进而使均胜电子从对重要客户的地区级供应走向全球级供应，使公司客户服务得到进一步提升，提高整体盈利水平。

2016 年，汽车产业进入"汽车 4.0 时代"。在王剑峰看来，安全和智能互联已经成为汽车行业的重点发展方向，于是将目光投向了 TechniSat Digital GmbH Dresden（德国 TechniSat Digital GmbH Daun 的子公司，简称 TS）以及 Key Safety System Holding Inc（简称 KSS）。通过收购 TS 和 KSS，均胜电子成功打通了欧洲市场和美国市场，再协同以"汽车零配件生产为主、汽车电子发展为辅"的路线，逐步扩大营业范围，提高营业收入，使均胜电子真正成为一个成功的跨国企业。

2017 年，高田深陷困境。当其他公司纷纷想与高田撇清关系时，王剑峰则再次展示了其对机会的敏锐嗅觉。那一年，均胜电子以 15.88 亿美元收购高田。通过此次并购，均胜电子真正成为全球汽车安全领域的巨头，市场占有率位列全球第二，实现了发展的里程碑式突破。在追求汽车产品"更安全"、"更智能"和"更环保"的战略推动下，均胜电子借助"KSS+高田"进军汽车安全和高级驾驶辅助系统（advanced driving assistance system，ADAS），依托"普瑞+PCC（Preh Car Connect）"布局车载信息系统，持续保持新产品研发力度，为客户提供安全、可靠的产品，根据不同地区的经营需求，持续保持产能的合理水平，致力于夺取智能时代的竞争高地。

王剑峰以其卓越的商业才能，富有远见的眼光，以及专业的个人能力，在均胜电子的发展历程中，关键时刻做出正确的抉择，引领均胜电子走出国门，成为汽车零部件行业国际顶尖企业之一。[①]

---

① 参考《中国管理案例共享中心案例库——何以"均胜"：均胜电子的全球化之路》。

3. 均胜电子"一带一路"投资

均胜电子在共建"一带一路"国家，如罗马尼亚、波兰、匈牙利、捷克、俄罗斯等国设立了 10 多个生产基地，年总产值超过 50 亿元，为当地提供就业岗位超过上万个，也在最大程度上优化了共建"一带一路"国家的资源配比。

1）均胜电子在匈牙利

匈牙利"超级工厂"——米什科尔茨工厂是均胜电子在共建"一带一路"国家进行布局的最新力作。

2019 年 5 月底在匈牙利举办的浙江（宁波）—匈牙利经贸科技合作交流会上，均胜电子与当地子公司签署投资协议，拟投入 1 亿欧元用于匈牙利和罗马尼亚子公司的技术升级与设备改造。这是均胜电子适应汽车行业电动化、智能化、自动化发展趋势做出的主动性变革。位于匈牙利的米什科尔茨工厂经过近 6 个月的产能整合和改造升级，一跃成为欧洲技术先进、装备一流的"超级工厂"。扩容后的米什科尔茨工厂年产 2000 万套汽车安全气囊，成为全球汽车行业中规模最大、设备自动化程度最高的安全气囊工厂。

均胜电子此次在匈牙利建设米什科尔茨工厂，主要考虑到以下因素：中东欧国家产业基础良好，配套完善，有着大量成熟的产业工人，这对均胜电子来说都是不可多得的宝贵资源。同时，立足匈牙利、辐射欧洲，对公司保持在欧洲市场的领先地位至关重要。

2）均胜电子在印度

2016 年，均胜电子即通过海外并购和整合，率先布局印度市场，成为当地汽车安全系统的重要供应商。

据不完全统计，印度每年约有 15 万人因交通事故身亡。近些年，印度政府及其国人对行车安全系数的要求越来越高。除了排放标准以外，汽车安全方面新动作不断。例如，安全气囊和 ABS（antilock braking system，防抱装置）加入强制性要求。正是相中这一机遇，及早布局的均胜电子，拥有了在印度市场汽车安全领域的先发优势。

2019 年，均胜电子与印度汽车零部件领先企业阿南德集团（ANAND Group）以及阿布舍克工业集团（Abhishek Industries）联合宣布，成立合资企业印度均胜阿南德阿布舍克汽车安全系统公司（简称 JAASS），继续深化在印度市场的布局。此次新整合的 JAASS，将继续专注于机动车安全系统的研发与生产。合并后，JAASS 在印度拥有四个制造工厂，特别是马内萨工厂还拥有与全球任何安全系统供应商同等先进的研发设施。JAASS 将成为印度领先的关键性车辆安全系统和设备供应商，主要生产安全气囊、安全带和方向盘等安全关键部件。

7.3.3　均胜电子国际化简介

1. 均胜电子发展历程

1）阶段一：初创岁月（2004～2008 年）

均胜电子成立于 2004 年，创立伊始就确立了与汽车整车厂商同步设计开发的发展理念，初期产品涉及发动机涡轮增压进气系统、空气管理系统等高端功能件。2006 年，公司开始向大众、通用、福特等客户供货。

2）阶段二：晋级核心供应商（2008～2010 年）

2008 年，均胜电子晋级成为大众的 A 级供应商，同时成为通用的全球供应商。公司通过不断创新发展，在国内汽车零部件市场崭露头角，逐步确立了细分市场的领先地位。2010 年，均胜电子与德国普瑞在宁波成立合资公司，更加专注于汽车电子业务。

3）阶段三：上市与全球化起步（2010～2016 年）

2011 年，均胜电子在上海证券交易所上市，成为中国本土成长并拥有自主知识产权的国际性汽车电子股份公司，A 股代码为 600699。产业和资本的完美结合助推均胜电子在汽车智能化和新能源汽车领域更快地发展。

2011 年，均胜电子成功并购德国普瑞，被评选为年度中国十大并购案之一。自此，均胜电子在国内宁波、上海、长春、成都等地设有工厂或研发基地，海外实体布局拓展至德国、美国、葡萄牙、罗马尼亚、墨西哥等国，为公司全球化发展奠定基础。其间，均胜电子并购德国伊玛和德国 Quin GmbH。

4）阶段四：全球资源整合优化（2016～2020 年）

2016 年，均胜电子并购汽车安全供应商美国 KSS 和智能车联技术专家德国 TS，并设立智能车联公司。2018 年公司并购日本高田优质资产，与 KSS 整合成为均胜汽车安全系统，在全球汽车被动安全市场占有约 30%的份额。2019 年，均胜电子成立智能车联事业部，运营主体为均联智行。经过全球整合优化，进一步完善公司在汽车安全和智能驾驶领域的布局。

5）阶段五：新征途（2020 年至今）

2021 年，均胜电子设立均胜智能汽车技术研究院和均胜新能源研究院，以前瞻领域的创新研发赋能发展。同年，汽车安全事业部引进战略投资者，在政策、产业、资源、资金等方面获得更全面的支持。目前，均胜电子已形成智能座舱、智能驾驶、新能源电控和汽车安全系统等业务齐头并进的良好局面，踏上了发展的新征途。均胜电子发展历程如图 7.6 所示。

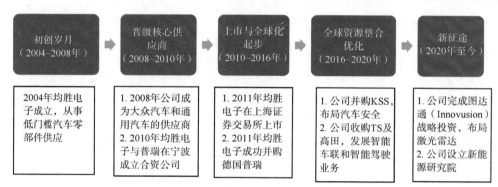

图 7.6　均胜电子发展历程

资料来源：公司官网、开源证券研究所

2. 均胜电子并购历程

均胜电子通过多次与其主业相关联的国际并购，实现了全球化和转型升级的战略目标，成为一家汽车零部件市场的重要供应商。表 7.4 展示了均胜电子的并购历程。

表 7.4　均胜电子并购历程表

年份	公司	收购价	公司介绍	效果
2011	普瑞	16 亿元	德国汽车零部件公司，主要客户为宝马、奔驰、大众等全球前十大车企；产品包括汽车空调控制系统、iDrive/MMI、中控、仪表、方向盘按键制、刹车片感应、行车电脑主控模块、电子燃油泵控制、汽车内外饰件等	公司从国内汽车内外饰功能件零部件企业变成集汽车电子和汽车功能件于一体的跨国公司
2013	Innoventis	56 万欧元	德国汽车制造业与相关行业中从事关于电子系统联网的测试系统、软件组件研发和工程服务的软件开发公司	提高德国地区研发能力
2014	IMA（已剥离）	1430 万欧元	德国工业机器人研发、制造和集成厂商，主要客户包括大陆、博格华纳、泰科、宝洁、格雷斯海姆、罗氏制药、博朗电器等世界级企业	增强公司在工业机器人领域的竞争力
2014	Quin GmbH	9000 万欧元	德国高端方向盘总成与内饰功能件总成供应商，客户包括奔驰、宝马、奥迪等整车企业，在细分市场的排名全球领先	内饰功能件业务高端化，渗透北美、亚太市场；完善智能驾驶领域的布局
2016	KSS	9.2 亿美元	全球领先的汽车主被动安全系统供应商，在全球拥有五大研发中心，产品用于全球 60 多个客户	提高汽车安全市场的全球化程度，完善智能驾驶布局
2016	TS 道恩（汽车信息板块）	1.8 亿欧元	德国车载信息系统供应商，涉及汽车行业模块化信息系统开发、导航辅助驾驶及智能车联等业务	全面涉足车载娱乐系统、导航系统、车联网及信息处理领域，完善智能驾驶领域布局

年份	公司	收购价	公司介绍	效果
2016	EVANA	1950 万美元	美国工业机器人与自动化系统厂商，客户包括天合汽车集团、MAGNA、ALERE 和 ALCON 等世界顶级企业	完善工业自动化及机器人产业的全球布局
2017	高田（PSAN 业务除外）	15.88 亿美元	全球领先汽车安全系统制造商，主要产品有汽车安全带、安全气囊系统、方向盘等，客户有宝马、奔驰、大众、福特、通用、丰田、本田、尼桑等，56 个生产基地遍及全球 20 个国家	扩张全球汽车安全领域，有望晋升为全球汽车安全市场巨头，市场占有率为全球第二
2017	ePOWER	—	致力于电力电子系统的研发生产，包括纯电动车及混动汽车的动力装置总成、车载充电器、逆变器、转化器和整流器等	提高公司在新能源汽车领域的核心竞争力，巩固行业领先地位

资料来源：均胜电子官网、均胜电子公司公告、天风证券研究所

7.3.4　均胜电子全球价值网络升级能力

1. 价值链升级概述

"价值链"这一概念最早是由迈克尔·波特提出的，但在后续的价值链发展中，价值链的范围缩小到企业价值链这一范围。1992 年，宏碁董事长施振荣根据全球价值链理论提出了"微笑曲线"这一理论，用于描绘价值链升级的过程。他认为在产品生产过程中的上游阶段（技术）和下游阶段（品牌）为产品创造较高的附加值，而在生产过程的中间阶段为产品创造较低的附加值，如图 7.7 所示。其形状像一个微笑，故取名为"微笑曲线"（崔晓杨等，2016）。

"微笑曲线"可以清楚地显示出价值链的两端分布着不同的环节，其中价值链的右端分布着售后、销售、品牌等环节，价值链的左端分布着技术研发、产品设计等环节，位于价值链上底端加工制造环节的企业能够从这两个方向进行价值链的攀升，这就是价值链的内部攀升（刘睿文，2021）。接下来，我们分别对均胜电子价值链左端升级、右端升级及底端升级进行分析。

2. 均胜电子全球价值链升级分析

1）价值链右端升级（2010～2012 年）

均胜电子价值链右端升级的主体事件便是 2011 年收购普瑞。在此之前，均胜电子主要从事低端的塑料内外饰功能件制造，客户也主要是国内市场刚起步的制造国产车以及合资车的企业，整车技术含量不高，售价低廉。自身以及供应链下游的整车厂商均不能获得足够的利润积累。在此时期，均胜电子通过供应链整合和吸收普瑞新技术来实现价值链右端升级。

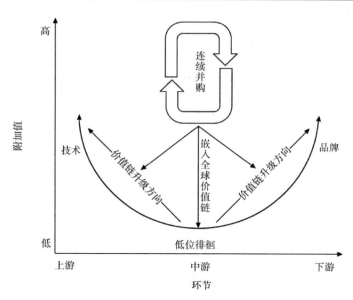

图 7.7　全球价值链"微笑曲线"

供应链整合：均胜电子着重推动普瑞的全球化采购体系的完善，如建立中国采购部并将其纳入普瑞全球采购体系，扩展东欧和中国的采购份额；另外，优化供应协议，推进供应商资质的系统管理，并要求供应商根据市场实际拟订成本控制方案。

同时，在供应链管理中，均胜电子需要解决的首要问题就是把现在的供应流程和物流系统进行标准化，并通过降低运输价格和不断降低库存来进一步压低维持物流系统的成本，主要目标是：建立和完善物流系统、推广跨工厂的最佳实践流程、运输成本优化和监控、优化供应商网络和保障产品转移等。均胜电子可以结合既定的市场和技术策略，逐渐地实现自身全产品线的原材料国产化的目标。

如表 7.5 所示，均胜电子生产的产品以产品原材料作为分类标准，汽车电子产品和工业自动化制造设备主要来自德国普瑞。均胜电子的原材料成本占当年总成本的比重逐年降低，通过完善全球采购体系和优化供应链管理，针对原料成本上升和供应不足问题，采取了降低采购成本和保证及时供应等措施，使供应链的整合效果显著提升，而原材料国产化的逐步推进降低了成本，在面对原材料价格上涨和电子部件交货期以及价格的压力方面，产品竞争力取得了有效提升。

表 7.5　普瑞生产产品原材料成本分析表

项目	汽车电子产品	工业自动化制造设备
2011 年原材料成本/元	1 100 745 770.33	64 432 195.13
2011 年原材料成本占本期总成本比重	75.00%	75.00%
2012 年原材料成本/元	2 114 011 048.63	117 401 955.05

续表

项目	汽车电子产品	工业自动化制造设备
2012 年原材料成本占本期总成本比重	75.00%	75.00%
2013 年原材料成本/元	2 268 892 099.45	143 565 694.81
2013 年原材料成本占本期总成本比重	71.59%	74.62%
2014 年原材料成本/元	2 365 947 541.08	178 195 580.18
2014 年原材料成本占本期总成本比重	68.28%	64.51%

资料来源：2011～2014 年均胜电子年报

接收普瑞生产技术：普瑞作为一家老牌的汽车零部件制造商，有深厚的技术积累。这些技术积累包括了从空调控制系统、驾驶员控制系统、电控单元、传感器系统到自动化生产等几个模块。吸收普瑞的生产能力，极大地丰富了均胜电子的产品线。2011 年均胜电子仍然只以生产功能件和内外饰件类汽车部件为主，2012 年产品扩充了两个新的门类，汽车电子类和工业自动化制造设备类销售收入大幅增长，2013 年时四大类产品已经实现平衡增长，均胜电子使产品丰富度提升的效果显著。产品的丰富度能够快速地满足国内客户的需求，极大地提高了均胜电子产品的竞争力。

对于均胜电子来说，对普瑞的并购不只帮助其突破了国际零部件领域的技术壁垒，进入了更大的产品供应市场，提高了自身产品的丰富程度。还有一点值得注意的是，王剑峰表示：在生产方面的很多诀窍和技巧都是从普瑞学习来的，尤其是自动化的生产。德国普瑞创新自动化业务可以向内部和外部客户提供创新的自动化解决方案，即与自动化的生产线相配套的制造设备。2010 年时德国普瑞创新自动化生产线外部客户已覆盖天合光能股份有限公司、易赛迪汽车零部件贸易有限公司、博泽汽车技术企业管理有限公司、高田汽配制造有限公司、李尔公司（Lear Corporation）和采埃孚公司等，旨在为它们提供优化汽车电子部件的生产工艺、提高生产效率的自动化服务。均胜电子 2011～2013 年主要类别产品如图 7.8 所示。

普瑞提供了较为成熟的自动化生产方案。德国普瑞在自动化制造方面一直有不错的积累，其自身的自动化生产线既有自有技术的优势，同时又因为适配汽车零部件生产行业的要求，可以极大地提升均胜电子在这方面的能力。均胜电子一直处于国内劳动力低廉的竞争环境中，没有能力和条件展开对自动化生产的研究。但是，进军国际市场不能缺少自动化生产的帮助，其提升自身的生产效率倒是其次。在愈发标准化和自动化的汽车生产行业，成熟的自动化体系是为客户提供合格的标准化产品的保障，对此有要求的优质整车厂商会以此设定门槛。普瑞现有自动化生产方案恰好为均胜电子一步到位地解决了问题。

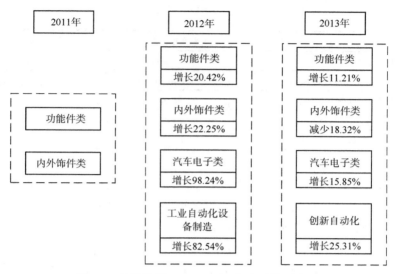

图 7.8　均胜电子 2011～2013 年主要类别产品

　　自动化和标准化的生产流程带来了产能的提升。均胜电子—普瑞主要产品生产流程图 7.9 显示，四大类产品在 2012 年开始并入均胜电子后，在 2013 年继续保持着平均 20%的增长水平，相关产能提升效果显著。产能的提升为均胜电子扩张国内市场、进军国外市场提供了现实的保障。

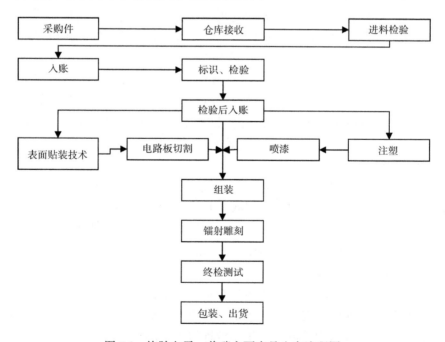

图 7.9　均胜电子—普瑞主要产品生产流程图

2）价值链左端升级（2013～2015年）

均胜电子的价值链左端攀升时期的主体事件是并购德国 Innoventis、IMA 和 Quin GmbH（Quin GmbH 是德国高端方向盘总成供应商，在细分市场全球排名领先），此时均胜电子已经从普瑞获取了一定的生产规模。但是市场需求仍在变化，汽车消费的下沉使得高端功能件的需求变得旺盛，均胜电子的功能件生产水平极其薄弱，以高端化提高核心竞争力势在必行。下面，我们将从"产品"和"研发"两个角度，分析均胜电子的价值链左端升级。

（1）产品融合。2014年，均胜电子并购 Quin GmbH，此次并购加速了均胜电子在汽车内外饰功能件的产品和市场的突破速度。均胜电子制定了功能件"高端化、全球化"的战略，对内外饰功能件产品进行优化整合，有序地将相对低价的产品所占产能转到事业部高端核心产品上，完成了产品系调整，努力提高功能件的市场竞争力。均胜电子把 Quin GmbH 的优质产品推向国内市场，从高端向中端和主流渗透，提高国内市场的竞争力。此外，均胜电子利用 Quin GmbH 高端功能件的技术和客户优势，积极开拓国外一线整车厂商客户并在海外建厂，扩大营收来源，实现功能件产品全球化布局，从中国地区级的供应商一跃成为奔驰、宝马、奥迪的高端功能件供应商。同时，均胜电子加大对概念产品的研发，实现了汽车功能件从精密制造向创新制造转变，帮助 Quin GmbH 把制造工艺从高端天然材质和复合材料扩展至铝制和碳纤维等多种新型和环保材质的领域。更新设计理念，充分发挥 Quin GmbH 的多面模具的灵活性的优势，紧跟内饰件"简洁、奢华、时尚、环保"的趋势。通过服务升级提升企业的盈利能力。

（2）提高研发设计能力。为保持在行业内技术的领先，实现公司人机交互（human-machine interaction，HMI）的布局，均胜电子持续加大研发方面的投入。随着汽车电子和消费电子的融合，驾驶者对传统内外饰件已不满足于简单的功能实现，更在智能化方面提出了新的要求。公司敏锐地捕捉到这一机遇，对传统功能件进行了升级。2014年时 HMI 产品系继续保持高速增长，特别是在主要整车厂商增速放缓的情况下，仍取得了超越同行业的高增速，这主要得益于公司的技术储备和产品线的提前布局。同时，均胜电子在新能源动力控制方向开始发力，2014年公司继续为宝马 i 系列电动车、混合动力汽车和电动摩托车提供电池管理系统（battery management system，BMS），并在该领域作为其全球独家供应商。与美国特斯拉公司达成了合作意向，并从2015年初开始为其供应 BMS 方面传感器和控制零部件。均胜电子的汽车电子板块在大量研发投入下产品竞争力全面提升。2015年，均胜电子汽车电子类下的 HMI 产品全球前五大客户分别为宝马、奔驰、大众（包括奥迪）、福特和通用，HMI 的产品从高端客户向主流车型渗透。有效地促进了盈利能力的提高。

根据以下数据（2012～2015年均胜电子研发支出对比，如图7.10所示），均胜电子的研发投入每年都有提升。同时，在 2014 年和 2015 年由于并购多家注重技术研发的公司，进行价值链内的左端攀升研发投入增速明显增加。

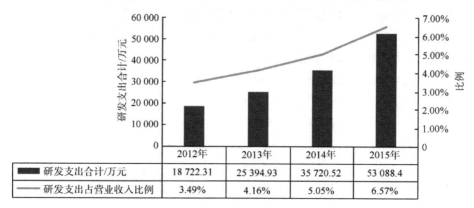

	2012年	2013年	2014年	2015年
研发支出合计/万元	18 722.31	25 394.93	35 720.52	53 088.4
研发支出占营业收入比例	3.49%	4.16%	5.05%	6.57%

■ 研发支出合计/万元　　　—— 研发支出占营业收入比例

图 7.10　2012～2015 年均胜电子研发支出对比

资料来源：2012～2015 年均胜电子年报

　　汽车电子部件生产有一个很重要的环节就是终检测试，这一个步骤的工作虽然在整个生产过程中靠后，但是是一个操作难度大、承担责任也较大的环节，既是对自己产品质量负责也是对客户服务体验负责。同时，汽车电子系统的软件测试关系到汽车电子的底层设计，在均胜电子打算把汽车电子产品转入 HMI 和新能源电控的趋势下，软件设计能力不能缺少。均胜电子并购的 Innoventis 虽小但在汽车电子系统基础软件设计和总线测试工具方面却有很高的技术水平，类比博世的 ETAS，ETAS 帮助博世成熟的汽车电子件嵌入式系统提供相应解决方案，使得博世在汽车电子需要更加智能的时代没有被淘汰。均胜电子拥有 Innoventis 后，研发和量产的成本在保证同等质量的前提下低于同行。均胜电子生产流程终检测试如图 7.11 所示。

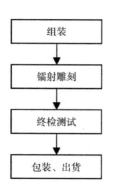

图 7.11　均胜电子生产流程终检测试
示意图

　　3）价值链底端升级（2016 年至今）

　　均胜电子价值链升级时期的主体事件是并购德国 TS、美国 KSS 和日本高田。这个时期的市场环境有了很大变化，汽车市场加速向智能汽车和自动驾驶的方向发展。均胜电子看到变化，也明确了自己的战略方向，这时均胜电子的目标是做智能汽车和自动驾驶市场的领导者，带领行业前进。均胜电子通过对 KSS 和高田的整合实现了在汽车安全系统上从无到有的变化，具备了提供完整汽车智能驾驶方案的能力。下面我们将从结构重组和服务重组两方面来介绍均胜电子价值链底端升级。

4）结构重组

在均胜电子智能汽车和自动驾驶的战略指引下，继续沿用过去的公司的业务框架会严重制约各个业务的发展潜力和协同能力。均胜电子开始重组旧的事业部同时新设事业部。

汽车电子事业部为通过外延式收购发展而来，分别为 2011 年收购普瑞及 2016 年收购 TS 汽车信息板块。汽车电子事业部的业务分为 HMI 和新能源汽车电子两大子业务。汽车电子事业部是均胜电子开始发展其他业务的基础，从并购普瑞之后一直是均胜电子的核心部门。但是随着市场变化和公司的战略调整，如果汽车事业部仍然囊括太多的业务，将不利于公司的整体发展和资源倾斜。

2019 年，智能车联业务从汽车电子事业部中分拆，独立为智能车联事业部。智能车联事业部的主体是收购的德国 TS 的汽车信息板块，包括汽车行业模块化信息系统开发和供应、导航辅助驾驶和智能车联相关业务。其实，自 2016 年起，驾驶舱电子中 HMI、信息娱乐、远程信息处理、智能车联几大功能的融合趋势越来越明显，成为各大厂商争夺的热点。均胜电子通过收购普瑞，已经在 HMI 领域取得行业领先地位，而收购 TS 的汽车信息板块，使得均胜电子在信息娱乐、远程信息处理、智能车联等相关业务方面取得重大突破，这些也是与智能汽车和自动驾驶最为相关的技术。单独成为一个事业部后，均胜电子能够以此聚焦更多资源到前瞻研究中，为整体战略服务。

均胜电子以汽车功能件业务起家，早期主要是做一些汽车塑料制品。2009 年收购中德合资公司华德塑料制品有限公司后，体量得到了一定提升，一跃成为当时比较大的汽车功能件公司。2014 年均胜电子收购德国高端方向盘总成与内饰功能件供应商 Quin GmbH，汽车功能件业务得到了升级与补充；同年出售华德塑料制品有限公司，剥离了一些较低价值的功能件业务。汽车功能件事业部逐步完成了高端化的升级。但是随着均胜电子把战略注意力转移到智能汽车和自动驾驶方向后，汽车功能件业务的战略重要性开始越来越边缘化。

2016 年以来，均胜电子通过外延式并购，实现了汽车安全事业部从无到有、从小到大的规模变化。汽车安全事业部的营收数据显示，2015 年之前相关营收为零，2016 年的营收突破 73 亿元，2018 年的营收位列全球市场第二，达到 429 亿元。上述一系列的飞速发展得益于均胜电子 2016 年收购 KSS 和 2018 年收购高田。均胜电子汽车安全事业部客户包括世界各大主流主机厂，客户结构均衡，是四个事业部中营收最高、体量最大的。此外，汽车安全不仅体量大，它作为自动驾驶的前置技术在均胜电子的未来发展战略中的重要性也非常高。均胜电子各事业部重组示意图如图 7.12 所示。

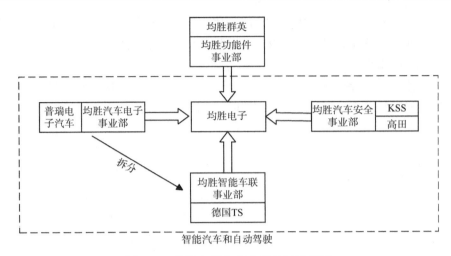

图 7.12　均胜电子各事业部重组示意图

宁波普瑞均胜汽车电子有限公司（简称普瑞电子汽车）；宁波均胜群英汽车系统股份有限公司（简称均胜群英）

5）服务重组

均胜电子过去做的汽车电子业务较为混杂，在整个汽车电子业务板块中，均胜电子提供包括 HMI 和新能源电控在内的众多产品服务。随着智能汽车的概念被提出，处在 HMI 下的智能车联不再适合作为一个子业务存在，均胜电子为了实现智能汽车和自动驾驶的战略目标，服务重构势在必行。并购德国 TS 为均胜电子提供了这个机会，通过收购德国 TS 的汽车信息阶段业务，均胜电子拥有其他智能导航、机动辅助驾驶和车载系统模块商品，可以与公司现有产品进行整合，为汽车制造商提供更多完整的解决方案，为未来自动驾驶布局提供关键技术，实现后续功能升级和应用。高精度的地图和交通信息通过主动安全 ADAS 和 HMI 系统反馈给用户，引导和辅助用户驾驶，让驾驶变得越来越简单，一点一滴地推动智能驾驶和自动驾驶的普及；安全、优质的车内娱乐技术，在安全的前提下，确保驾驶员将有更长的时间来处理不同的工作事务或直接从车内娱乐服务中获得乐趣。智能车联技术可以通过多屏（手机、车载、远程设备设施）同步、联动、互动，满足智能驾驶下的沟通和交流需求；整合汽车信息、地图信息和包含交通信息的云服务系统，可以为驾驶员智能地安排最佳行驶路线，成为城市智能交通的重要组成部分。此外，均胜电子与智能互联合作伙伴致力于汽车专用模块的识别功能和应用（如交通标志识别、语音识别等）的开发与整合，这些能提高客户的使用体验，使汽车更加智能化，是智能驾驶的重要环节。

2017 年对日本高田的并购进一步提升了均胜电子在汽车安全方面的技术成熟度，日本高田是世界四大安全气囊生产商之一，在主被动安全技术上有着深厚的积累。对 KSS 产品的整合加快了均胜电子以自动驾驶为目标的服务重构的速度。

提高了均胜电子在提供智能汽车和自动驾驶方面的产品竞争力。

7.3.5　案例小结

均胜电子作为一家民营企业，通过并购国外先进零部件企业，实现价值链的升级，处于全球汽车零部件行业的领先地位。在一定程度上，均胜电子推动了我国汽车电子技术发展。在技术发展日新月异的今天，机遇可遇而不可求，通过并购有核心技术的企业，对于自身技术和核心竞争力的提升具有重要意义。另外，中国企业在汽车零部件领域的海外并购案例较少。企业提升自身技术能力和管理能力需要大量时间、资源的投入，而海外并购可以大大缩短这个进程。有条件的企业都应该积极主动整合有核心技术的企业，完成从模仿学习到超越领先的价值链升级，以此来突破困扰中国企业发展的瓶颈。

均胜电子在不同的价值链升级时期有不同的战略思路。均胜电子的价值链分为右端升级、左端升级和底端升级三个阶段，均胜电子分别制定和采用"走出去，引进来""高端化，全球化""智能汽车和自动驾驶"的战略。在"走出去，引进来"对应的价值链右端升级时期，均胜电子主要进行了资源整合和规模扩充，有效地沟通了均胜电子中国和欧洲的两地市场，供应链的整合和新技术的吸收使均胜电子能够在获得两地市场的同时保证不丢失保护市场份额的竞争力。在"高端化，全球化"对应的价值链左端升级时期，均胜电子通过产品融合和加大研发投入，极大地提升了企业的研发能力，支撑其在当前行业的优势地位。在"智能汽车和自动驾驶"对应的价值链底端升级时期，均胜电子采用结构重组和服务重组帮助其快速地进入了新的领域，获得市场份额的同时具备了一定的竞争力。每一次对自身战略的准确评估，使均胜电子能够有效地在获取资源后提出相应的资源整合措施，这大大地提高了均胜电子每一次并购的成功率。中国企业在未来"走出去"并购的同时，应不断地动态调整全球战略并培育国际动态能力，这样才不会在价值链升级的道路中失去方向。

7.4　泰中罗勇工业园：国际双元动态能力剖析

7.4.1　中国境外经贸合作区的发展简介

1. 合作区发展历程

在共建"一带一路"倡议不断深化落实的背景下，境外经贸合作区（简称境外园区）呈现出规模化扩张、集群式据点和多元化结合的发展趋势，已然成为我国企业"走出去"的重要平台、国际产能合作的承接载体和共建"一带一路"的实现机制。

　　到目前为止,对境外园区的定义还没有一个全球的共识。虽然我国商务部对其业务含义进行了详细定义——在中华人民共和国境内(不含香港、澳门和台湾地区)注册、具有独立法人资格的中资控股企业,通过在境外设立中资控股的独立法人机构进行投资建设基础设施完备、主导产业明确、公共服务功能健全、具有集聚和辐射效应的产业园区。但在全球视野中,海外经济特区(overseas special economic zones,OSEZs)——以世界级的基础设施和服务划界的地区,其对商业领域友好的政策和相关激励机制的概念广泛地与我国境外园区的现象所联系。

　　经济特区的国际化之路往往可以被划分为内向国际化和外向国际化两部分。1980 年,深圳、珠海、汕头、厦门四个城市率先被确定为我国首批经济特区,其目的就是汲取国外先进技术、经验、知识、对外政策等,大力推进我国的现代化建设,这代表了我国经济特区内向国际化的开始。随着时间的推移,这些园区被证明是进行重大结构转型的孵化器。从 1979 年到 1995 年,中国获得了发展中国家 40% 的国际直接投资。90% 流向沿海地区,广东省占 40%。广东省的三个特区吸收了其中的 50%。换句话说,在 1979 年到 1995 年间,这三个经济特区获得了新兴市场全部外国直接投资的 7.2%,以及中国全部外国直接投资的 18%。中国已成为全球最大的制造业出口国,也是新兴经济体中吸收外国直接投资最多的国家,经济特区的巨大贡献不可否认,甚至还有学者提出中国在利用经济特区建设产业能力方面是世界上最成功的(Fias et al.,2008;Graham et al.,2004)。

　　而对于经济特区的外向国际化,更多体现在了早期的海外工业园和如今提倡的境外园区建设。早在 1995 年,中国就开始探索海外工业园的建设,如 1998 年福建华侨实业公司在古巴投资创办合资企业,2000 年该公司在古巴投资建设境外加工贸易区;1999 年海尔集团为开拓美国市场,在美国南卡罗来纳州建立美国工业园区;2004 年天津保税区投资有限公司在美国南卡罗来纳州成立了美国商贸工业园区等。但这些园区基本以企业自建平台为主,缺乏具有支撑性的顶层设计,导致其发展迟缓甚至无法在制度复杂性程度较高的国家长久生存。直到 2005 年底,商务部提出了境外园区的建设意向,并于 2006 年出台《境外中国经济贸易合作区的基本要求和申办程序》,正式开启了我国以"政府主导+公共平台+市场运营"为主要模式的境外园区建设提速期,并在 2006 年和 2013 年进行了两轮扩建。第一轮是 2006 年正式启动的海外经贸合作区建设项目。如海尔-鲁巴经济区成为中国和巴基斯坦共同推进的第一个中国境外园区。此后商务部先后出台了一系列相关支持和考核文件,境外园区建设进入加速期。2006~2013 年,7 年间共新建境外园区 77 个,是 1995~2006 年的 3 倍。2013 年共建"一带一路"倡议提出后,中国的合作区数量再次激增，在 5 年内增加了 100 多个。商务部统计显示，截至 2021 年末，被纳入商务部统计的境外园区累计已为当地居民提供了 39.2 万个就业岗位，为东道国缴纳税费 66 亿美元[①]。

2. 合作区分布与分类

据商务部统计，截至 2022 年底，我国已经在建且初具规模的境外园区共 125 个，其中通过确认考核的国家级境外园区 20 个（表 7.6）。自此，境外园区成为中国对外开放的新模式，受到了学界的广泛关注。

表 7.6　国家级境外园区名录

合作区名称	起始年份	主要开发商	主要产业
柬埔寨西港特区	2006	江苏太湖柬埔寨国际经济合作区投资有限公司	制衣、制鞋、家纺、电子、箱包、家居、文具、医疗用品、五金工具等行业
泰中罗勇工业园	2006	华立集团	汽配、机械、建材、家电和电子等
越南龙江工业园	2007	前江投资管理有限责任公司	电子、冷却设备、机械装配、木材制品、生产家用品、橡胶行业（胶乳生产加工除外）及塑胶制品等
巴基斯坦海尔-鲁巴经济区	2006	海尔集团电器产业有限公司	家电、汽车、纺织、建材、化工等
赞比亚中国经济贸易合作区	2007	中国有色矿业集团有限公司	电线、电缆、矿山设备组装、重型设备机修、选矿药剂厂、建材生产、汽车维修、食品加工、商业、生活配套等
中埃·泰达苏伊士经贸合作区	2008	中非泰达投资股份有限公司	新型建材、石油装备、高低压设备、机械制造四大主导产业
尼日利亚莱基自由贸易区（中尼经贸合作区）	2007	中非莱基投资有限公司	商贸会展物流业、产品加工制造业、房地产开发业、金融、休闲旅游等其他城市服务业等
俄罗斯乌苏里斯克经贸合作区	2013	康吉国际投资有限公司	轻工、机电（家电、电子）、木业等产业
俄罗斯中俄托木斯克木材工贸合作区	2008	中航林业有限公司	森林抚育采伐业、木材深加工业、商贸物流业
埃塞俄比亚东方工业园	2007	江苏永元投资有限公司	纺织、皮革、农产品加工、冶金、建材、机电产业，将以外向型加工制造业为主
中俄（滨海边疆区）农业产业合作区	2004	黑龙江东宁华信经济贸易有限责任公司	以种植业、养殖业为主
俄罗斯龙跃林业经贸合作区	2013	黑龙江省牡丹江龙跃经贸有限公司	以林木采伐、粗加工、运回国内深加工为主
匈牙利中欧商贸物流园	2012	山东帝豪国际投资有限公司	供应链物流服务、B2B（企业对企业）平台、B2C（企业对消费者）平台

---

① 《以共建"一带一路"促高质量共同发展》，http://fec.mofcom.gov.cn/article/fwydyl/zgzx/202204/202204033 05313.shtml。

续表

合作区名称	起始年份	主要开发商	主要产业
吉尔吉斯斯坦亚洲之星农业产业合作区	2016	河南贵友实业集团有限公司	农业种植、畜禽养殖、屠宰加工、饲料加工、物流仓储、农机配件加工、农业自贸保税区、国际贸易中心等
老挝万象赛色塔综合开发区	2010	云南省海外投资有限公司	农产品出口加工基地、轻工产品出口加工基地、服务和物流中心、保税区、现代化商务区、公共配套和住宅区、休闲旅游区等
乌兹别克斯坦鹏盛工业园	2009	温州市金盛贸易有限公司	瓷砖、皮革、鞋类、龙头阀门、卫浴、宠物食品等
中匈宝思德经贸合作区	2016	烟台新益投资有限公司	化工、工业气体、能源、机械加工等
中国·印尼经贸合作区	2007	广西农垦集团有限责任公司	汽车装配、机械制造、家用电器、精细化工及新材料等
中国印尼综合产业园区青山园区	2016	上海鼎信投资（集团）有限公司	镍铁和不锈钢生产、加工、销售的产业链
中国·印度尼西亚聚龙农业产业合作区	2015	天津聚龙集团	以农业开发、精深加工、收购、仓储物流为主

　　由表 7.6 可知，境外园区的产业主要集中在发展中国家具有比较优势的纺织、家电、机电、微电子等产业，另外也有资源开发和科技研发等产业。总体而言，境外园区的已有投资项目往往是在结合企业自身类型和所在国、地区的国情与资源条件的综合考量下而确定的，因此不同国家、地区的境外园区呈现出差异性特色，且兼具东道国和本国产业发展的特色。例如，俄罗斯乌苏里斯克的康吉经济贸易合作区主要以温州民营企业为主，所涉及的投资项目以鞋类、服装、家居、皮革、木业、建材等为主；而赞比亚中国经济贸易合作区则以铜钴开采为基础，进行铜钴的炼制，形成有色金属矿产业群。

　　3. 境外园区发展特点

　　（1）政府搭台。我国出台了一系列有关境外投资和境外经贸园区发展的相关政策，如有关管理办法的《企业境外投资管理办法》《对外投资合作"双随机一公开"监管工作细则（试行）》等；有关考核办法的《境外农业合作示范区认定考核办法》《境外中国经济贸易合作区的基本要求和申办程序》等；有关投资规范的《关于做好"对外投资"监管方式海关申报的通知》等；有关风险应急的《合作区风险防控和安全防范的政策依据和基本要求》等；以及有关环境保护的《对外投资合作环境保护指南》等。

　　（2）投资动机多元。①贸易壁垒规避，外贸方式转型。最初我国境外园区的建立动机主要是为了能够规避贸易壁垒，减少国际贸易摩擦。但随着我国对外贸易的不断发展壮大，贸易进出口额都呈现了不同程度的大幅提升，大量的"中国制造"开始涌入海外，占据国外市场。因此在这种形势下，我国的贸易顺差不断提升，而进出口国则出现了严重的贸易逆差或逆差持续增大，这进一步引发了进口国的一些贸易干涉，如设置贸易壁垒，限制我国贸易出口品类和数量等，引发了常态化的国际贸易争端和摩擦。面对这种情境，我国一些具备实力和规模的中大型企业率先走出国门建立境外园区，这种对外直接投资的模式不仅可以打破规模贸易的壁垒，减少贸易摩擦，还能更好地利用东道国的资源禀赋和庞大的市场蓝海。同时随着境外园区的逐步完善和成熟，吸引了国内更多的中小型企业在海外产业园区的集聚，尤其是劳动密集型和资源密集型产业，境外园区成为它们降低国际复杂风险、提升海外扎根和嵌入能力的重要保障之一。②优势资源获取，互补资源协同。境外园区的建立在很大程度上考虑到了东道国优势资源属性和互补条件问题。目前我国大多数境外园区在建设初衷上还是遵循了与当地自然资源和人力资源互补或优势资源获取的目的，如尼日利亚广东经贸合作区的选址因素之一就是本地丰富的固体矿产资源、石油、天然气、木材等，而园区的整体产业建设方向也聚集在了对以上优势原材料的深加工，形成了以家居、建材、五金、木材加工为主的海外园区。当然除了丰富的自然资源外，有些园区还考虑到了先进的技术资源，如中国—比利时科技园就是以比利时生命科学、技术通信、智能制造等先进技术为基础，在两国政府、企业及科研机构的共同协力下构建而成，其主要目的就是探索更多高新产业发展空间。③过剩产能转移，产业结构升级。境外园区的建设可以成为我国国内传统产业或者优质产业转移及境外延伸的主要载体，是我国与东道国实现双方利益共享的关键战略部署。我国有很多传统产业已经在国内面临濒临淘汰或者成本过高等严峻形势，但这些产业在一些欠发达国家仍然是朝阳产业，处于产业发展的初级或者快速成长阶段，境外园区的建立可以有效地带动上述产业在两国之间进行无障碍转移，通过产业集群的形式发挥规模效应、集群效应，有效带动东道国相关产业基础的夯实和全产业链的发展。另外，一些劳动密集型产业的境外转移还能有效缓解国内产业过剩的问题，通过将一些产业从劳动力成本过高、土地要素制约区域转移到境外更有利于在这方面形成竞争优势的国家，为我国企业着力发展新兴产业、转型低端产业带来机遇。当然在发达国家建立境外园区，可以通过技术的逆向外溢效应将先进技术和前沿科技反哺回流到母国，为母国产业的整体结构升级、产业链转型、技术迭代更新带来佳音。

（3）分布集中在共建"一带一路"国家。截至 2023 年，在已知的 184 个境外园区中，亚洲、非洲和欧洲是占据前三的主要区域，分别有 73 个、45 个和 59 个，占园区总数的 39.67%、24.46% 和 32.07%。而北美洲、大洋洲和南美洲则相对分布较少，仅 2 个、1 个和 2 个。进一步分析发现，首先，在亚洲的境外园区较为集中在东南亚地区，共 39 个，其中以柬埔寨、老挝、印度尼西亚、泰国、越南等国为热门园区选址，泰中罗勇工业园、柬埔寨曼哈顿经济特区都是最早建立的境外园区。其次是中亚，有 12 个境外园区建立，集中在哈萨克斯坦、塔吉克斯坦、乌兹别克斯坦等。其中，中哈霍尔果斯国际边境合作中心是最早成立的园区。再次有 11 个园区在西亚建立，集中在阿联酋、阿曼、沙特等国。而非洲则以东非和南非为主，以埃塞俄比亚、乌干达、莫桑比克、赞比亚等国家为主。虽然西亚数量排在第三位，但是在第一批境外园区中占据了 1/4 的席位，如尼日利亚莱基自由贸易区、塞拉利昂国基工贸园区等。此外，欧洲的境外园区则主要集中在北欧和俄罗斯，共 44 个。匈牙利作为中欧的主要集中地，已经建立了 3 个主要园区，分别是中欧商贸物流合作园区（布达佩斯中国商品交易展示中心、切佩尔港物流园）和中匈宝思德经贸合作区。

（4）主建企业为国内大中型企业。目前已经通过商务部考核确认的境外园区领军企业基本都是具有综合实力、丰富产业经验和成熟管理模式的中大型企业。这些企业往往利用其自身产业优势、技术优势或资源优势形成了较高的行业壁垒，进而有效缓解了在海外（尤其是共建"一带一路"国家）开发运营园区所遇到的风险，如华立集团、聚龙股份有限公司、海尔集团电器产业有限公司、奇瑞汽车股份有限公司、中国交通建设集团有限公司、中国土木工程集团有限公司等。同时，这类企业不仅有能力、财力、人力去完成境外园区所必需的前期基础设施和配套服务建设，而且能够与母国政府、东道国政府及其相关部门密切联系和沟通协调，个别甚至已经获得了当地政府及民众的一致认可和肯定，只有这样才能为合作区的建设和运营争取最大限度的优惠条件，为合作区内的国内企业谋取更好的制度红利。

4. 境外园区建设的重要意义

近年来，境外园区俨然已经成为中国对外直接投资、促进国际产能合作的重要手段，并在过程中获得了显著的成绩，进一步积累了丰富的经验。不仅对类似中国的发展中国家如何吸引外商直接投资、促进经济发展带来了较好的经验启示，而且为中国与共建"一带一路"国家进行互联互通发挥了重要的桥梁纽带作用，堪称是共建"一带一路"倡议实现的重要抓手。

（1）境外园区有助于推动更多中国企业"走出去""走进去""走上去"。在共建"一带一路"倡议的积极引导下，越来越多的中国中小企业开始积极走出国门，在海外寻求更广阔的发展空间。但现实是，这些企业由于缺乏国际化投资经营经验，对东道国经济、文化、语言、政策等缺乏深入调研和了解，往往无法很好地在当地"活下去"，有的甚至连进入本地市场的入门券都没有获取，众多的投资、收购失败案例屡见不鲜。尤其在共建"一带一路"背景下，个别共建国家往往具有一些不利因素和发展困难，因此根本无法成为国内中小企业的海外投资伊甸园。但自从有了境外园区的形式，越来越多的企业能够在合作区内"抱团取暖"，通过合作区领军企业所搭建的平台获得最佳的投资咨询、法律意见及其他相关配套服务设施和投资福利条件等，这使得中小企业能够有信心、有机会在东道国存活下去，并逐步发展壮大，反哺国内市场。

（2）境外园区有助于推动共建"一带一路"国家的国际产能合作，加速形成命运共同体。国际产能合作是"一带一路"建设的重要内容之一，而境外园区则是"一带一路"国际合作的重要引擎，因此合作区的建设将有望使更多共建国家搭上"一带一路"的快车，成为区域经济增长的新增长极，加快双边国家在经贸、文化、科技等各个领域的交流和往来，有效推动命运共同体宏伟愿景的加速实现。当然，境外园区也完全契合我国目前国内产能过剩矛盾突出、结构转型需求显著等相关现状，合作区有望通过将国内过剩产能及比较优势产能的针对性输出，并与东道国本土产能实现无缝对接、优化双边资源配置、提升双边资源利用、拓展双边发展空间，为我国产业链走深、走强奠定坚实基础。

（3）境外园区是展示大国风范的重要窗口。首先，我国境外园区的创新对外投资模式，已经遍布大多数共建"一带一路"国家，该模式不仅带动了中国对外直接投资的投资步伐，更成为东道国经济发展、基础设施建设、法制改革、人文素养提升等各个方面的福音，也为其他发展中国家、欠发达国家寻求突破式发展提供了更富参考价值的案例。其次，中国境外园区的发展极大地促进了可持续发展目标 9 中有关"建设弹性基础设施，促进包容性和可持续的工业化，促进创新内容"的实现。境外园区推动了共建"一带一路"国家城市包容性工业化的发展。随着大量中国公司、东道国公司和第三国公司的聚集，园区提高了工业增加值及其在当地城市生产总值中的份额，扩大了当地城市的工业就业和总就业人口的比例，升级了当地的工业发展基础设施和商业环境。同时在创造就业、改善工业基础设施和商业环境的帮助下，境外园区还将在无贫困（SDG1）、零饥饿（SDG2）、人民健康和福祉（SDG3）、负责任的消费和生产（SDG12）以及气候行动（SDG13）等目标中发挥重要作用[1]，显示出促进可持续经济发展的巨大潜力，再依靠环境和社会发展，帮助东道国实现 2030 年议程的目标。

7.4.2　华立集团及其国际化战略简介

华立集团从 20 世纪 90 年代初涉足国际贸易领域时，开始只是通过外贸公司销售电能表，1995 年公司取得自营进出口权之后组建了国际贸易部，在进出口领域不断试水与突破，到最后正式将"国际化"确定为公司"技术领先、资本经营、全球配置"三大发展战略的重要内容之一，主动参与国际竞争，不断加快"走出去"步伐。2000 年，华立集团提出"技术创新、资本经营、全球化"三大战略，

---

① SDG 全称为 sustainable development goal，可持续发展目标。

第一站选定泰国。对于泰国市场的选择，华立集团负责人告诉我们："技术、市场、团队等各方面的要素都具备了，可以走全球化的路线了。"为了更加清晰地明确华立集团在泰国的发展历程，我们将其发展历程进行了记录（图 7.13）。

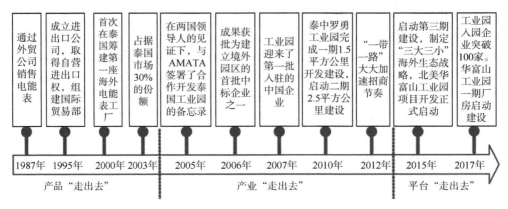

图 7.13　华立集团泰国市场发展历程

如今华立集团已经在 120 多个国家和地区进行产品销售，遍布五大洲。例如，华立集团在 2000 年就已经积极响应国家"西进战略"，接手了西部地区特色资源——青蒿，并以强烈的责任意识率先承担起青蒿素产业的国际化重任，打造了全球唯一的从青蒿种子培育、青蒿种植、加工提取、成药制造、科研开发、国际营销完整的青蒿素产业链。华立集团旗下青蒿素类抗疟药已在非洲 40 多个国家注册、销售，自有品牌 Cotecxin、Artem、Artemedine、Duo-cotecxin 等青蒿素类制剂累计销售上亿人份，每年拯救疟疾肆虐的非洲数百万患者的生命，成为拉近中非距离的民间使者。同时，华立集团在全球范围内建立了十大生产制造基地，如乌兹别克斯坦、越南、泰国等。还通过"三大三小"境外工业园的模式助力中国制造业"走出去"，其中华立·泰中罗勇工业园、华立·北美华富山工业园获评省级优秀园区，华立·柬埔寨农业园获评省级良好园区。除上述介绍的已建园区之外，华立集团正在布局摩洛哥北非工业园、乌干达东非工业园，以及中亚乌兹别克斯坦工业园。"三大三小"境外工业园将逐步助力上千家国内中小制造业企业参与"一带一路"国际产能合作，实现全球制造资源配置。

7.4.3　泰中罗勇工业园概况

1. 东道国概况

1）市场基础庞大

首先，东盟十国自由贸易区本身就是一个庞大的市场，这个区域共有 6 亿多人口。同时，这里也是全球经济高速增长地区之一。从贴近市场、贴近客户的角度出发，来到泰国是理所当然的。其次，泰国是全球最大的天然橡胶生产国，原材料供应十分丰富。再次，在东南亚地区，泰国的整体工业配套能力还算不错，可以支撑企业的发展。最后，泰国的税收政策很优惠。此外，电力、劳动力等资源相对便宜。而泰国政府的稳定和对外来文化的包容等方面，也利于外资企业的长期发展规划。泰国对吸引制造业投资十分重视，外资制造业投资泰国可以 100% 控股，投资者在工业区购置土地可获永久所有权地契，享受国家给予的税收及非税收优惠等。华立集团就是首批在泰国本地注册的外资 100% 控股的制造型企业之一。

2）人工成本增长缓慢

罗勇工业园在招商之初曾一度理解错了泰国市场。"最初着眼于服装、纺织等劳动密集型企业，以为东南亚人工成本要比国内低很多，但事实并非如此。"与越南、柬埔寨等地不同，经济相对发达、旅游业繁盛的泰国，一线员工用工成本实则与中国差距不大。"普通员工每月基本工资也要三四千元人民币。但相比国内，泰国工人工资的增长较为缓慢。从十年前每月 2000～3000 元的工资到现在，泰国的工资涨幅并不大。" 中国财政科学研究院的调查数据显示，2010～2014年，民营经济最为发达的广东、浙江和江苏三省，工资增幅都在 10% 以上，速度远超泰国。在国内，人力成本的不断攀升，不仅源于薪资水平的提高，还受到"五险一金"支出的巨大压力。泰国的企业需要向员工支付社会保险金，其金额约占员工工资的 5%。

3）对华态度友好

从人文角度看，泰国当地华人多，对华人一直比较友好，不少华人在当地也都有体面的工作。从地缘位置看，泰国与中国邻近，且没有领土接壤，不会有领土纠纷或冲突。泰国居民的生活习性与我国南方一些地区比较接近。另外，华立集团生产的电能表质量好，在泰国有明显的性价比优势，而且有不错的市场容量。

4）投资风险较低

由于泰国允许外国投资者永久拥有土地所有权，企业甚至可以向当地农民直接购买土地，极大地解决了用地成本问题，也免去了因政策调控和断裂带来的土地使用争端。当地一位负责人透露，园区每亩土地价格在 28 万元人民币左右，远低于国内经济发达地区的工业用地价格。更重要的是，避免了因商业、居住用地等价格飙升推高城市新增工业用地地价及挤压用地占比等风险。

5）融资渠道多元

中国经济进入新常态后，大中型国企与大型民企仍能与银行议价，相对容易获得融资，这是中国国内的优势。数据显示，仅不到 20% 的中小企业能以贷款基准利率或上浮 5～10 个百分点的利率水平的利率获得贷款，且主要集中在中小型企业中的较大企业。泰国拥有众多商业银行，银行与企业之间的关系趋于平等，企业贷款的平均利率为 5%～6%。投资泰国的企业融资成本较低，这是中国企业在国际市场上的竞争优势之一。现在中小企业的融资渠道已经非常多元化，比如债务融资、理财产品、股权融资等都可以帮助企业更好地在海外发展。此外，一些新型互联网金融平台正在涌现，为中小企业提供了一些新的融资选择。作为一个法治国家，泰国保护一切合法的投资经营活动，健全而合理的制度和规则有很好的延续性。从这一点来看，投资泰国具有安全感，这也是中国企业在国际市场上选择泰国作为投资目的地的原因之一。

2. 泰中罗勇工业园建设发展的动力因素

境外园区的建设设想是在国内外动荡大背景下提出了创造性构想，具有明显的时代特征，更集聚了多元的动力因素。本书将泰中罗勇工业园的建设动力分为外部拉力和内部推力两种。

（1）在外部拉力方面。首先，泰中罗勇工业园的成功建立基于中泰两国之间良好的政治生态基础。自 1975 年中泰两国正式建立外交关系以来，在 40 多年的风雨兼程中两国始终保持关系平稳发展、经贸合作日益紧密、民间交流频繁的良好发展势头。多年来，两国之前签订了多项促进双边贸易和经济共同发展的协议，如《中华人民共和国政府和泰王国政府关于促进和保护投资的协定》《关于成立中泰经济联合合作委员会协定》《中华人民共和国政府和泰王国政府关于对所得避免双重征税和防止偷漏税的协定》《中华人民共和国政府和泰王国政府关于扩大和深化双边经贸合作的协议》《中华人民共和国和泰王国经贸合作五年发展规划》《中泰农产品贸易合作谅解备忘录》等。其中，2012 年建立的全面战略合作伙伴关系，以及 2017 年泰国官方有关"东部经济走廊"计划与中国共建"一带一路"倡议对接的宣布都极大地推动了更多中国本土企业在泰国的投资和生根。其次，自 1997 年金融危机以来，中国由于遭受到来自欧美国家的各种贸易和技术壁垒阻挠，很多外向型制造企业不得不改变对外贸易思路，通过境外直接投资来实现产品的产地多元化，以便拓宽国际经营渠道，寻找更多的国际新增长点。而中国政府也正是看到了这一巨大需求，在 1997 年就开始酝酿"走出去"战略，并在 2001 年将"走出去"战略正式写入《中华人民共和国国民经济和社会发展第十个五年计划纲要》，上升为国家战略。并在接下来的实践中，通过出台"一次申报、一次查验、一次放行"改革方案、支持区域通过改变模式创新，推进"属地申报、口岸验放"、减少自动进口许可货物种类、整顿进出口环节经营性收费、减少行政事业性收费等政策激励手段对外向型企业给予重点支持，而且 2013 年提出的共建"一带一路"倡议更是为境外园区发展起到了极大的助力作用，大大提高了企业海外投资的热情。最后，华立集团在 2000 年就开始在泰投资建厂，开始了"销地产"的尝试。万事开头难，虽然在初入时遇到了很多抵制和不公平待遇，但最终结合自身优势，经过长达三年的坚守，逐步被当地市场所接受，于 2004 年在泰国安美德春武里工业区买了一块地作为自建厂房所用，为后续成功申报、获批合作区建设方案奠定基础。

（2）在内部推力方面。泰中罗勇工业园的建立从内部推力来说，主要来自泰国优越的地理区位条件和与产业的完美互补性以及强大竞争力。一方面，近几年在泰国政府的努力下，其国内基础设施得到了巨大的改进。如建成了拥有 28 个商用机场覆盖的全国航空网络，拥有了全长超过 25 万公里的公路运输网络，112 个港口和码头完全承担起了 3219 公里长的海岸线和 4000 公里长的内陆河道运输功能，3 条全长 4000 公里的铁路将马来西亚和新加坡成功连接起来，并且还有覆盖全国的电信网络和国际互联网。在投资政策上，泰国投资促进委员会（Board of Investment，BOI）对泰国和外国投资者提供了非常可观的税收和非税收的鼓励政策，使许多投资行为都得到了最大程度的优惠力度。尤其对于泰中罗勇工业园所在的第三区，更是有如免缴机器设备进口税、免缴法人所得税八年、免缴用于生产出口产品所必需的进口原料进口税五年等优惠待遇。此外，还有土地产权、房产、外汇等各方面的特别照顾，也因此成为中国企业家出海投资的必选之地。另一方面，泰国目前虽然农业仍占据重要席位，但工业和服务业的发展迅猛，其对于投资农业和劳动密集型产业的制造业所给予的优惠力度也是最大的。这与我国的实际情况正好吻合。由于我国已经出现的传统制造业产能过剩问题，亟须将一批优势但过剩产能向外输出，而泰国对制造业的强大市场需求和对工业资本的积极引入，与我国一拍即合。而且目前泰国的很多优势资源，如橡胶、木材等正是我国所缺的资源，作为大宗商品，较高的运输成本和国内关税导致很多拥有这方面优势的企业不在国内生产，而转向泰国投资建厂。另外，从工业园的角度来看，虽然目前泰国工业地产行业已经有如"304 工业园"和"合美乐"工业园的强大竞争对手在，但这种类型的工业园都是由泰国本土开发建设而成，并未针对中国企业，更不会提供"一站式"的中文服务和享受中国政府相关政策支持，因此相比而言，泰中罗勇工业园仍占有一定优势，并能够在招商竞争中处于比较有利的地位。

3. 园区运营现状

泰中罗勇工业园是中国商务部评定的首批"境外经济贸易合作区"，于 2006 年成立以来，连续两年入选了浙江省"一带一路"建设成果清单，成为中国境外园区的示范园区之一，因此其具有当之无愧的合作区典型性。

在主导企业方面，工业园由中国华立集团和泰国安美德集团合作开发。其领军企业华立集团作为泰中罗勇工业园的领导型企业，创立于 1970 年，多次入选中国企业 500 强，为"一带一路"建设的示范企业。从 2000 年进军泰国以来，拥有了较高的市场占有率，并遍布在除泰国外的 120 多个国家和地区，拥有十大国际生产制造基地，还致力于打造"三大三小"境外工业园，因此泰中罗勇工业园更具代表性和说服力。而合作企业泰国安美德集团，作为东南亚地区领先产业城的开发商和运营商，其在泰国、越南等地运营多家地理位置优越的产业园区，为广大出海企业提供灵活的全产业链服务，创造安全且引人注目的投资机会。特别在泰国，安美德集团已成功开发、运营春武里、罗勇两大安美德工业园。其中，春武里安美德工业园，开发于 1989 年，2022 年园区开发面积已超 100 平方千米，入驻企业超过 1400 家，成为跨国企业在泰国投资合作的首选。罗勇安美德工业园，尽管开发较晚，却携手浙江华立集团，共同打造了一块专门面向中国公司的区域——泰中罗勇工业园，不仅被批准为中国首批"境外经济贸易合作区"，还被中国商务部认定为中国在海外最成功的工业园区之一。

在产业规划方面，工业园主要产业定位涉及汽摩配件及其零部件、新能源、新材料、机械、电子、五金等，一般包括工业区、保税区、物流仓储区和商业生活区。园区目标是建成中国传统产业在泰国的产业集群中心与制造出口基地，最终形成集制造、会展、物流和商业生活区于一体的现代化综合园区。园区是与泰国工业区管理局（Industrial Estate Authority of Thailand，I-EA-T）签约合作的工业园区，因此可享受泰国工业区管理局提供的快捷服务。企业在入驻以及后期运营过程中，将享受园区"一站式"全免费的全中文服务，极大地方便了投资者，包括 BOI 证书申请、企业注册服务、企业建造服务、法律政策、人力资源招聘、员工培训、生活配套服务、租赁服务等。

截至 2021 年底，泰中罗勇工业园已有涵盖汽摩配件及零配件、机械制造、光伏、电子等行业的超过 170 家国有、民营制造业企业落户园区并投入生产经营，累计实现工业总值超 155 亿美元，解决当地就业近 5 万人。而入驻的 170 余家企业中母公司为国内上市公司的近 30 家，其中包括很多国内 500 强企业，知名企业有：杭州中策电缆有限公司、力帆集团有限公司、宗申摩托有限公司、昆山震雄铜业有限公司、保定立中车轮有限公司、宝利钢管有限公司、杭州富通有限公司、浙江盾安环境有限公司、江苏天合光能有限公司、中利光能有限公司、鼎胜集团有限公司等。入园的中资企业可享受企业所得税最高八年全免、免缴进口机器关税八年、以外销为目的的进口原材料免缴关税五年、可吸入外籍技工或专家及其配偶、外籍人士可拥有土地所有权等优惠政策等。经过十多年的发展，园区目前已经通过了 ISO14001 环保认证，已成为泰国产业集群中心与制造出口基地。截至 2022 年，园区已成功吸引入园企业超过 170 家，累计工业总产值超过 150 亿美元，园区产业工人泰籍员工 47 000 余人，90% 以上是泰籍员工。未来，园区全部完成 12 平方公里的开发和配套，预计可容纳 300 家中国企业，计划打造成集制造、仓储、物流和商业生活区于一体的现代化综合园区，成为中国优势产业在泰国的产业集群中心和制造出口基地。

7.4.4 泰中罗勇工业园的国际双元动态能力剖析

本节的案例研究内容主要来自收集的一手和二手资料。一手资料的获取来自半结构访谈、焦点访谈、现场观察等，并结合部分会议纪要、档案文件和网络宣传资料进行"三角验证"，其整体过程可分为三个阶段。第一阶段本团队就开始对华立集团在泰国建立园区进行跟踪调研，收集了大量的一手和二手资料，这可以理解为第一阶段的摸索。第二阶段，对关键人员进行了逐一访谈，其中包括华立集团董事局主席汪力成、泰中罗勇工业园前总裁徐根罗以及其他参与园区规划、建设和决策的多位中层与基层管理人员。第三阶段，我们开始对泰中罗勇工业园中的部分入园企业、本土竞争对手、东道国利益相关者进行了采访调研，以获取更多真实的有关园区的建设情况。除了一手资料的收集外，我们还辅助性地参考了诸如"一带一路"统计数据库、中国海外园区官网、中国一带一路网、国内外新闻文章（包括人民日报、国际商报、曼谷邮报、暹罗早报等）等在内的 300 多页的二手数据资料，大大提高了整体研究的可信度。

1. 泰中罗勇工业园的阶段式跃升

1）1.0 模式——"买地卖地或者建房租房卖房"的工业地产开发模式

2000 年，华立集团开始布局海外市场，第一站就选定泰国。面对将要赴泰的徐根罗，华立集团掌门汪力成赠了 12 个字："自我积累，自我滚动，自我发展"。在试水了国际贸易领域后，2005 年华立集团与泰方企业合作建起了 12 平方公里的现代工业园——泰中罗勇工业园。

2006 年 5 月 18 日，华立集团正式启动"泰中罗勇工业园"项目，同时向全球企业抛出了"绣球"。2006 年 3 月园区正式动工，并在 2006 年 11 月华立集团成为中国商务部首批"境外经济贸易合作区"的中标企业之一。自此泰中罗勇工业园正式正名且开始了建设招商之路。泰中罗勇工业园的园区处于泰国并不发达的第三区，但交通便利，距离曼谷 114 公里，距离素万那普国际机场也只有 99 公里，再加上第三区的优惠待遇受到了很多中国跨国企业的热捧。工业园的建设共分成三期，总体规划面积 12 平方公里，其中一期规划占地 1.5 平方公里，二期规划占地 2.5 平方公里，三期占地 8 平方公里，以机械、电子、汽车、摩托车为主要产业链。园区在建设过程中极为重视对于基础设施和服务设施的建设。例如，已建成的水库蓄水量达 350 万立方米、变电站提供 22 千伏的电力、铺设天然气管道、备有 2048 线的光纤电信系统和 ISDN/ASDN、所有道路皆属钢筋混凝土铺设、可保证处理每个工厂的废水排放以及 24 小时的安保服务等。在服务方面,园区在公司注册、银行开户、BOI 申请、工业用地许可申请、土地过户、项目专项联系人、专业的泰语全程泰语翻译、24 小时诊所、学校、公寓、高尔夫球场等方面都为每一个来泰国投资建厂的中国企业提供了"家"一般的体验。在这样的高规格配套条件下,通过园区负责人多次在泰国媒体、中国媒体上的宣传以及各类宣讲会,一年的时间就已经有 11 家企业签约入驻园区,投资近 9000 万美元,所处行业主要为汽车零部件、机械与金属加工、电子电器等,并与浙江、福建、广东、福建等多地企业保持紧密联系,还有很多港澳以及海外企业对此表示了浓厚兴趣,部分入园企业投资情况如表 7.7 所示。该阶段主要由企业占据主导地位,并对于园区的规划、建设以及招商引资过程进行了全程把控,华立集团希望以自身在国际化经营开拓过程中所积累起来的经验、审慎细致的前期调研准备、以"利他即利己"的经营理念,帮助中国制造业以"门槛更低、风险更小、更易成功"的路径"走出去",通过"抱团出海、抱团取暖、抱团竞争"的方式实现全球产能布局。部分入园企业明细如表 7.7 所示。

表 7.7　部分入园企业明细

序号	入园企业	投资产业	序号	入园企业	投资产业
1	浙江皮尔轴承有限公司	汽车轴承	16	美国菲利普	海洋食品
2	江苏震雄铜业集团有限公司	IT 产业用铜线	17	韩国 Monami 文化用品有限公司	文具
3	浙江巨泰汽配有限公司	汽车传动系统	18	重庆力帆摩托有限公司	摩托车
4	镇安欧华金属有限公司	氧化钼	19	重庆宗申摩托有限公司	摩托车
5	浙江盾安环境有限公司	空调配件	20	无锡西姆莱斯钢管有限公司	无缝钢管
6	深圳中集集团有限公司	集装箱挂车	21	浙江富通集团有限公司	通信电缆
7	江苏常红塑胶有限公司	注塑产品	22	北京安泰钢研有限公司	工具机械
8	江苏兰花蜂蜜有限公司	蜂蜜香料	23	河北立中车轮有限公司	汽配
9	山东亿利达有限公司	园林机械	24	江苏泰鑫达有限公司	食品添加剂
10	江苏贝尔装饰有限公司	强化地板	25	宁波永宏有限公司	紧固件
11	上海健嘉五金有限公司	紧固件	26	北京同正有限公司	工具机械
12	四川 DENKA KOGYO 有限公司	电子线缆	27	无锡和晶有限公司	智能家电控制系统
13	辽宁恒通蜡烛有限公司	工艺蜡烛	28	苏州欣盛有限公司	化纤
14	四川威玻有限公司	玻纤	29	杭州中策有限公司	橡胶
15	宁波万基特高化纤有限公司	化纤	30	新泰车轮有限公司	车轮

资料来源:《泰国泰中罗勇工业园入园企业》,http://www.mofcom.gov.cn/article/zt_jwjjmyhzq/subjects/201401/20140100450369.shtml

2）2.0 模式——中国制造业企业"走出去"的全方位生态化服务平台

虽然泰中罗勇工业园在一开始就处于"一带一路"的最前沿，不断地服务中国企业"走出去"，但其负责人强调："我们不能只是工业地产开发商，虽然业务量不断扩大，但不能满足于现状，要居安思危。"在 1.0 的基础上，华立集团不断强化在全球化中自身产业的布局基础，使其更扎实、更安全，协同能力更强，要成为中国制造业企业"走出去"的全方位生态化服务平台。在该阶段，园区重视企业发展，无论是在争取泰国优惠条件还是优化企业服务方面，都取得了一定成果。在优惠条件方面，入驻企业可申请 BOI 减免企业所得税，企业最高可享受企业所得税 13 年减免，免缴进口机器关税，以出口为目的的进口原材料免缴关税，可拥有土地所有权等优惠政策。在优化企业服务方面，目前园区为入驻企业提供一站式中文服务，从投资前的商务考察、政策咨询，到土地产权办理、公司注册、BOI 优惠申请，再到工程承包、会计税务服务推荐、员工招聘与培训等。此外，园区格外重视对于本土主流社会层面的融入问题，除了一开始寻找像安美德集团这样在当地拥有好口碑、责任感极强、国际化视野广的企业外，园区更需要不断融入当地，尤其是了解本地员工的一些习惯、价值观和基础能力等。为了更好地融入当地，泰中罗勇工业园还开立了微信公众号、设立了工会等更多可以联系企业和员工的平台，通过各种文艺活动、短文视频、节庆生日等拉近彼此的距离，获得各相关者的一致认可。除了内部相关者之外，园区更积极主动地与东道国和母国政府沟通，及时把握政策主导方向，并积极配合各项活动。尤其在新冠疫情期间，园区除了积极改变战略，通过云招商、云服务、云注册、云登记、云动土等线上线下结合的服务为园区企业和潜在企业提供帮助外，更是主动为当地部门和企业捐献防疫物资，坚定地与泰国当地共克时艰。另外对于媒体方面，园区本着开放的态度，积极接待各方媒体以及高校、研究院的人员，集众力、汇众智为园区更好地发展提供平台和机会。因此在该阶段，园区完全依赖于市场运营，能否长治久安最关键的是能否符合泰国市场特点、借力已有优势、满足各方需求等。

3）3.0 模式——协同跨国经营共同体

现在是泰中罗勇境外园区的 3.0 版本，即在园区内选择一些规模较大的企业，帮助它们一起在曼谷申请跨国企业地区总部政策，抱团建立中国企业东盟总部，进一步促进人员、资金、资本、技术研发、投资等全方位的本地化经营，演变成真正的跨国经营格局。尤其是在《区域全面经济伙伴关系协定》（Regional Comprehensive Economic Partnership，RCEP）正式生效的背景下，RECP 将成为支持和促进区域经济一体化的有力制度框架，强化区域供应链和生产网络，并促进成员国之间经贸合作。对于泰中罗勇工业园而言，RCEP 将为成员国之间关税减让以及产品和服务市场准入提供重要机遇，势必带动更多中国企业到泰国投资建厂，更有望以境外园区为平台引导更多有实力的中国企业一同到其他国家和区域复制泰中罗勇工业园的优秀经验和模式，以实现更广泛的多边经贸合作纵深发展。

2. 三阶段视角下的国际双元动态能力构建

1) 1.0 模式下的国际双元动态能力构建

（1）国际利用能力。华立集团在最初并无任何国际化经验和可利用的本地优质资源，2000 年在初入泰国时，华立集团抱着试一试的心态，通过在曼谷租用厂房、从母公司派遣骨干以及将关键生产设备发配到泰国的形式将半成品在泰国进行组装，最终实现在本地的销售和营销。利用国内先进的技术、人力、设备及资金的绝对支持，以及对于本地市场的充分调研、摸索和实践，华立集团在多次的被围剿中成功突围，在 2003 年成为泰国电力市场上的主力军，占据泰国电能表市场的 30%份额。在已经有了一定的市场份额和市场影响力后，华立集团与泰国主流市场的部分企业有了更多的交集，在一次宴会中华立集团董事长与具有华裔血统的著名泰国工业地产商、安美德集团董事长邱威功先生一见如故，并讨论了有关在泰国建立一个专门为中国企业而开设的海外园区。有了安美德集团的实力加盟，在泰国构建境外园区的想法变得更具可行性。于是，泰中罗勇工业园选址在安美德罗勇工业园内，此块土地享有最优惠的政策和最好的地理位置，周边水、陆、空立体交通网络都非常发达，非常适合加工转型型企业，且相关优惠政策相当丰富，根据不同行业类别泰国政府给予了不同程度的优惠补贴，如知识型产业可以获得免八年企业所得税，而且无上限，免去原材料进口税及其他非税收优惠权益。即使是技术不太先进的行业，只要能增加其国内原材料价值以及加强产业链发展，仍可以获得免去企业三年所得税的优惠政策支持。这些条件都不是单个企业在泰国建厂可以获得的，为国内中小型制造业企业在泰国实现生存提供了可能性。

（2）国际探索能力。在园区的前期规划和开发过程中，华立集团负责人充分认识到在泰国建立工业园区不是简单的跨国企业合作问题，而是需要得到双边政府的认可和支持。但是由于境外园区的模式没有先例，因此只有得到双边政府支持和认可才能更好地推进园区的整体建设和运营情况。幸运的是，在中泰建交 30 周年的契机下，泰中罗勇工业园的合作备忘录在中泰两国国家领导人的见证下在北京正式签约，由此项目真正开始启动。在 2006 年泰中罗勇工业园的负责人又发掘了国家级境外园区的重要机会，并成功申报成为首批国家级境外园区，为获得政府支持、吸引外资奠定了良好的基础。因此可以说泰中罗勇工业园的整体模式是一个从无到有的创新过程，是华立集团在泰国摸索出的一条全新的中国企业对外直接投资的新路径。为了更好地为国内制造业企业提供优质的生产环境，园区 80%的土地进行了平整，保证坚实的厂房地基，使其适合大多数企业安置重型机械和建筑厂房，为其节省了打桩的费用。另外，园区还提供了 350 万立方米蓄水量的水库，22 千伏电力的变电站，110 千伏泰国地方电力局的专线，泰国国家石油公司铺设的天然气管道，以及与环保相关的污水及废物处理系统和 30%的绿化率，这些都为保障入园企业在泰国的可持续发展提供了重要助力。

2）2.0 模式下的国际双元动态能力构建

（1）国际利用能力。为了推广泰中罗勇工业园，不断扩大园区知名度，园区设立了专门的对外宣传团队，经常参加各类国内外园区推介会，包括一些学术研究论坛，或者一些政府性会议。对于招商专线的人员，园区招聘了兼具中、英、泰三语流利的人员，并且开通在线自动答复，满足 24 小时的咨询服务需求。同时为了更好、更优、更快地与国内外企业进行交流，园区还成立了新媒体运营部，主要从事各类新媒体平台，如微博、公众号、微信及直播等渠道的快速更新与讯息双向传递。另外，泰中罗勇工业园除了为入园企业提供一站式的服务外，将"选商胜于招商"确定为主要招商战略和宗旨，严格把控园区业态，从根源上确保产业链的上下、内外协同，避免中资企业之间的同质化恶性竞争，有效形成产业集聚和规模效应。其中，引入行业内的龙头企业是园区达成上述战略和目标的重要手段，如中策橡胶集团股份有限公司、富通集团股份有限公司、力帆摩托等都是园区最早一批入驻的企业。

在入驻园区后，不仅拓展了其自身的海外市场，也填补了泰国光纤技术的空白，成为东盟地区最大的现代化光纤生产企业，为当地经济发展、产业转型、劳动力素养提升等都提供了助力。目前园区已在汽摩制造、轮胎制造、太阳能光伏三大领域初现集群效应，并创造了 150 家入园企业零污染的绿色纪录。

（2）国际探索能力。园区除了从一开始就寻找了安美德集团这样的社会责任感强、口碑好、深度合作的本土伙伴外，还积极改变自己以融入当地社会。如在员工问题上，园区工作人员告诉我们，一开始他们和泰国籍员工的相处较为不顺，形成了一个固化的认知，觉得泰国人工作总是磨磨蹭蹭。而且对于异国员工，园区领导人无法将国内的员工管理方法复制到园区员工管理上，一是担心不恰当的管理可能会对两国之间的友好关系产生不良影响；二是担心过度的强硬措施会适得其反，反而失去当地民众的认同和支持。在多次的讨论和调研后，泰中罗勇工业园开发了一套精细化的本地员工管理模式，将原先的计件制转变为包干制，即员工只要完成既定的工作任务，可以选择提前下班，或者以赚取加班工资的模式超额完成工作任务。另外，在员工的语言问题上，园区利用本地人管理本地人的方法，将本地有能力、有梦想的年轻骨干提拔为基层或中层领导，这既能够实现更好的属地化管理，同时也为本地员工提供了一个更为广阔的职业规划空间。为了更好地融入当地，园区负责人带头吃泰餐、学泰文、过泰节、守泰礼，就连生活习惯和脾气秉性都有点像当地人了。同时，鼓励更多来自国内的员工多了解当地习俗和文化，并鼓励两国员工之间的联姻，举办了具有特色的"集体婚礼"。这也印证了园区负责人对于泰中罗勇工业园的定位——不是一个"熔炉"，而是一个"沙拉碗"。最后，泰中罗勇工业园积极与各类科研院所进行合作，如 2015 年与泰国曼谷博仁大学等 26 家教育机构共同申办的海上丝路孔子学院签署战略合作伙伴协议；2017 年与江苏大学签署校企人才委托培养合作备忘录；2019 年成立了泰中罗勇丝路学院和泰中罗勇机电学院，为本地化的技术型、应用型人才队伍建设提供园区力量。

3）3.0 模式下的国际双元动态能力构建

对于泰中罗勇工业园而言，其 3.0 模式正处于广泛探索阶段，园区将充分利用之前两阶段奠定的坚实基础，通过已有的境外园区建设及运营经验，以及共建"一带一路"国家对外直接投资属地化生产和管理知识，将这种目前已经相对成熟且较为成功的境外园区运营模式在不同国家、不同制度背景下进行复制。也就是目前园区已经在尝试的通过在园区内选择一些规模较大的企业，帮助它们一起在东道国申请跨国企业地区总部政策，进而抱团建立中国企业区域性总部，进一步促进人员、资金、技术研发、投资等全方位的本地化经营，进而演变成真正的跨国经营格局。如墨西哥北美华富工业园的筹建和运营过程，就是在原有泰中罗勇工业园的基础上进行了本地化特色的个性化设计。由于墨西哥的外部制度比泰国更加复杂，因此华立集团在选择墨西哥时，既考虑到了其政治的风险性，同时又做好了应对风险的有效措施——与当地的名门望族 Santos 家族合作共建墨西哥北美华富工业园，这一战略方法与之前泰中罗勇工业园的做法如出一辙。同时墨西哥北美华富工业园也同样配置了一整套全链路境外投资服务平台，从法律咨询、基础设施提供、国际化加本地化服务团队到"中西英"三语的一站式服务为有计划投资墨西哥的中外企业提供了一个量身定做的高水准软硬件集合的平台，解决了原先我国企业在墨西哥投资建厂所遇到的与制度、文化、人力等多方面相关痛点。而且这一园区不仅只是由华立集团和当地企业共同组建，还得到了首批入驻泰中罗勇工业园的富通集团的鼎力加盟。这意味着这次的园区尝试不仅只是一次简单的复制，更是泰中罗勇工业园赋能中国企业出海，布局全球化战略的一次较好尝试。如今，北美华富园已经成功获批浙江省境外园区（加工制造型园区），同时被列入浙江省外经贸综合服务体系试点工程。自 2018 年全面招商以来，已然带动了中国对墨投资超 5 亿美元，带动当地 5000 人就业，成为中资企业开拓美洲市场的重要渠道和平台。

7.4.5　案例小结

通过对案例的分析，我们可以发现境外园区对于我国在共建"一带一路"国家开展对外直接投资而言，无疑是一种创新模式，更是一种可行方案。当然除了以上的案例之外，目前我们已有的园区类型包括加工制造型、资源利用型、农业产业型和商贸物流型四种，已然形成了较为成熟的发展模式。如果说最初的园区建立是一种探索，需要了解的更多的是区位选择、模式规划、招商引资、设施建设等基础问题，那么接下来园区将更多考虑如何进行特色定位、如何解决融资难题、如何减少政策风险、如何丰富盈利渠道、如何真正成为共建"一带一路"的航母，为更多有意出海的中国企业提供如何通往世界的新议题，而重要的基础则是园区双元动态能力的构建与升级。

中国民营企业参与"一带一路"国际产能合作的治理机制研究

第8章　国际产能合作治理机制概论

本篇关注中国民营企业参与"一带一路"国际产能合作的跨国公司治理机制，主要探讨企业在"一带一路"国际产能合作过程中面临的治理问题以及治理机制建设、治理能力提升等方面的措施及经验。共建"一带一路"倡议的提出推动越来越多的中国民营企业走上国际舞台，通过投资设厂、跨国并购、出口贸易等方式实现海外市场扩张和国际影响力的提升。商务部《2022年度中国对外直接投资统计公报》数据显示，2022年末，中国境内投资者共在全球190个国家和地区设立境外企业4.7万家。近60%分布在亚洲，北美洲占13%，欧洲占10.2%，拉丁美洲占7.9%，非洲占7.1%，大洋洲占2.6%。其中，在共建"一带一路"国家设立境外企业1.6万家。中国对外直接投资存量达2.75万亿美元，连续六年排名全球前三。然而，与之相对应，企业在国际化过程中由于内部管控不到位、治理机制薄弱等，海外风险事件频发，在一定程度上反映了我国跨国企业快速发展和治理有效性之间的矛盾。如何完善我国民营企业在"一带一路"国际产能合作中的治理机制，提升企业的治理效率值得关注。本书从民营企业参与"一带一路"跨国治理的特殊性出发，结合社会网络理论，构建网络治理分析框架，沿着"治理——关系治理——外部治理"逻辑主线全面、深入探讨"一带一路"背景下民营跨国企业网络治理机制问题。

跨国企业由于组织边界扩展、制度边界扩展，其治理往往呈现出不同于传统公司治理的独特性与复杂性。一方面，母国与东道国之间的制度距离，即两国在制度文化、法律体系、经济发展水平、公司监管环境等方面的差异，加剧了企业在跨国经营中的适应难度与外部不确定性（Dikova et al.，2010）；另一方面，制度边界拓展导致的利益相关者和治理主体多元化，使得跨国企业面临的治理风险和违规风险超出了本国范围，在一定程度上增加了治理的复杂性与协调成本。基于传统公司治理框架下的理论已难以运用于跨国公司特殊的治理情境中，跨国公司作为一种超越边界的网络组织，其治理呈现出特殊的网络结构特征，是一种网络治理形式，强调网络组织中的关键资源所有者（网络节点）围绕协作目标进行结构优化与制度设计，包括对网络节点的治理、节点间关系治理以及网络外部治理等（李维安，2014）。以跨国公司网络关键节点、联结关系及外部利益相关者为治理对象，通过结构安排与制度设计，规范网络主体行为，促进网络中各资源、要素的合理配置与协同发展，并实现各节点及网络整体的利益最大化，是跨国公司治理的关键。

　　基于此，本书将在梳理民营企业参与"一带一路"跨国治理特殊性的基础上，结合社会网络理论，构造一个整合的跨国公司网络治理分析框架，关注以下三个研究主题。第一，民营企业参与"一带一路"国际产能合作网络节点治理。跨国企业的网络节点具有多样性，本章将重点关注母公司和海外子公司两个关键网络节点的股权治理、董事会治理、高管团队治理等治理机制，以实现双方公司效益的最大化。第二，民营企业参与"一带一路"国际产能合作网络关系治理。海外子公司扮演的不同战略角色会导致不同的母子公司关系，而不同的母子公司关系又会使跨国企业面临不同的治理问题。本章将结合母国网络嵌入和本地化嵌入两个维度，识别和探讨母公司与海外子公司不同类型的关系治理模式。第三，民营企业参与"一带一路"国际产能合作外部治理。本书所强调的跨国公司的外部网络主要是由海外子公司嵌入东道国市场与不同利益相关者之间形成的网络。本章将关注跨国企业对于外部利益相关者的治理行为、治理机制和治理效果等，以实现网络整体的协同有序发展。

　　中国民营企业在参与"一带一路"国际产能合作和对外投资过程中暴露出的一系列治理问题引起了学术界和企业界的广泛关注。本书基于社会网络理论探究跨国公司治理，不仅可以为理解和分析跨国公司治理的特殊性和复杂性提出新的方法和研究范式，同时为从整体视角探究跨国公司不同网络关系间的协同机理及提升跨国公司治理有效性提供了理论分析基础。

8.1　民营企业"一带一路"跨国治理特殊性及网络治理框架

　　跨国公司治理以公司治理研究为基础。公司治理的本质在于通过一套合理的机制设计与制度安排，规范和协调所有利益相关者之间的关系，使公司决策科学、有效，并最终实现公司价值的最大化。随着社会发展和外界环境不断变化，治理风险的上升促使传统公司治理面临新的问题与挑战（陈仕华和郑文全，2010）。跨国企业是全球经济一体化下的产物，跨国企业的发展放大了治理的协调成本与复杂性程度，使跨国公司治理超越了传统公司治理的边界，出现了一些新的特征。具体而言，主要表现在国家制度边界拓展和利益相关者范围扩大，而相比投资到欧美等西方国家，企业参与共建"一带一路"国家的投资与合作在跨国治理特殊性上又会呈现出不同的特点。总之，跨国公司治理超出了一般国内企业的治理边界，使得传统治理框架下的公司治理理论在跨国企业中的运用存在不足，需要构建新的跨国公司治理分析框架对此进行深层次的解析。

8.1.1　制度边界拓展，制度顺差明显

根据制度理论，企业的生存和发展嵌入在一国特有的制度环境中，制度提供了一个国家法律、经济和社会体制的安排，构建了交易行为的约束和激励机制，决定了商业活动中的交易和协调成本以及创新活动的程度。跨国企业除了要面对母国的制度环境外，还要受到东道国制度的影响，如遵守当地法律法规、市场规范、政治制度等以获取外部合法性，且不同制度发展水平下的国家对于跨国企业的战略选择、集团控制方式及治理模式等的影响存在差异。跨国企业由于组织运营的跨国界性，推动着制度边界和制度因素影响进一步扩大，企业需要面临来自母国和东道国环境的双重制度压力。

国家间制度环境差异形成的制度距离对跨国公司治理具有重要影响。从内部来看，制度距离不仅限制了母子公司间的联系，使子公司员工的接受意愿降低，且阻碍母子公司间知识和组织行为的有效转移（Kostova and Roth，2002）；从外部来看，国家间的制度距离加大了东道国利益相关者认可和接受跨国企业的难度，跨国企业天然的合法性劣势使其往往受到来自东道国歧视性的管制和约束，增加了企业跨国经营的风险（李雪灵和万妮娜，2016）。国家间的文化差异（即文化距离）同样会增加跨国公司治理的复杂程度，文化距离越大，东道国利益相关者对跨国公司母国文化理解和接受的程度越低，跨国企业进行跨文化沟通与协调的成本也就越高。

国家间的差异不仅表现为制度距离的大小，还存在制度化程度高（完善）与低（欠完善）的差异，表现为"制度落差"（李康宏等，2017）。当东道国制度水平低于母国时，表现为制度顺差，如巴基斯坦；反之，当东道国制度水平高于母国时，表现为制度逆差。随着共建"一带一路"国家数量的增多，中国民营跨国企业所面临的投资国多样性增加，其中来自非洲和亚洲的国家占比超过60%。根据世界银行全球治理指数对一国制度治理的衡量指标，中国企业参与"一带一路"国际产能合作对于投资目标国呈现明显的制度顺差特征。制度顺差不仅影响跨国公司治理结构安排还会影响企业股权投资模式选择。当东道国制度环境较弱时，信息不对称严重、交易成本较高，跨国企业难以通过市场交易获取资源，需要更多地依赖当地社会网络或合作伙伴，因此企业更倾向于选择合资而非并购的

股权进入模式。制度边界的拓展使得跨国公司面临的制度环境更加复杂和具有多样性，增加了跨国公司的治理难度。

8.1.2　利益相关者范围扩大，双边合作关系突出

利益相关者理论的发展打破了传统组织"股东至上"的原则，强调公司应该平衡各利益相关者的利益，以实现利益相关者利益最大化为目标（Freeman，1984），即公司除了满足股东利益外，还要了解并尊重所有与公司行为和结果密切相关个体的利益及需求。在跨国企业参与"一带一路"国际产能合作中，由于国家制度边界的拓展，跨国企业的利益相关者超出了本国范围，还涉及东道国利益相关者群体及国际组织等，投资的国家和投资战略不同，企业涉及的利益相关者范围也有所不一。利益相关者的多元化与复杂化加大了跨国公司治理的难度，也进一步提高了跨国企业与不同利益相关者间的协调成本。

区别于国内一般公司，跨国企业的内部利益相关者除了股东、董事会、管理层及员工等外，股东还包括国外机构及个人投资者，尤其近年来企业海外上市的频繁，极大地扩展了海外利益相关者范围。跨国公司管理层呈现出多国籍特征，不同专业知识和技术背景的各国专家在跨国公司担任管理职位，基于本国文化影响下的不同管理者对于跨国公司的治理会产生差异化的结果。就外部利益相关者而言，跨国企业还涉及东道国的政府、行业协会、供应商、消费者及合作伙伴公司等。其中，东道国政府作为重要的外部利益相关者，通过制定法律法规、政策等约束跨国公司行为，加大对外国投资者的资格审查，对跨国企业外部合法性获取产生重要影响。此外，跨国企业近几年频频遭受海外子公司罢工、环保机构质疑等，与国外的工会组织、行业协会等社会组织的力量密不可分。

不同于在欧美等西方发达国家投资，中国企业参与共建"一带一路"国家的投资与建设呈现明显的双边合作特征，并影响企业国外利益相关者关系治理。截至 2023 年 6 月，中国已同全球 152 个国家和 32 个国际组织签署 200 多份共建"一带一路"合作文件。

双边关系对跨国企业公司治理产生重要影响，一方面，双边政治关系有助于促进政治互信，降低企业海外经营的风险和交易成本（刘晓光和杨连星，2016）；另一方面，良好的政治关系作为一种替代性的制度安排，能够使企业较好地适应东道国投资环境和获取合法性，提高海外投资的成功率（杨连星等，2016）。相比之下，企业在非共建"一带一路"国家投资往往会由于合法性问题和限制性政策等加大企业跨国治理风险，提高与国外利益相关者相处的难度。因此，相较于国内一般企业，跨国企业需要考虑更多国内外不同利益相关者间的动态平衡。跨

国企业处于一系列多边关系的中心,其运营状况直接影响各利益相关个体或群体,利益相关者边界的扩大使得跨国公司治理具有了网络的特征。

8.1.3　民营企业参与"一带一路"网络治理分析框架

网络组织不仅是企业内部的一种组织形式,也是企业间的一种联系方式,网络组织中的成员有差别地占据不同的资源,不同成员之间基于共同目标通过交流、互动促进网络中知识、信息、资源的转移和共享,从而维持整个网络系统的正常运转。跨国公司由于组织边界、知识边界、制度边界拓展扩大了其潜在的利益相关者范围,涉及母国、东道国、母公司、海外子公司及合作企业等,不同治理主体(节点)基于相互间动态交互关系(线)形成了复杂的网络(面)。不同网络关系在为跨国公司实现信息传递、资源共享、降低交易成本的同时,也给跨国公司整体治理带来诸多问题和挑战。因而,跨国公司治理本质上是一种网络治理,即母国、东道国与跨国公司三者基于公司治理进行动态交互,通过一系列机制设计和治理结构安排实现跨国公司的整体网络协同。

海外子公司作为跨国企业网络的关键节点,嵌入在两个不同的网络结构中(周常宝等,2016)。一个是由跨国公司母公司、子公司及其相互联系构成的内部网络。跨国公司内部网络有利于不同子公司之间信息传递、知识转移和资源共享(Inkpen and Tsang,2005;Andersson et al.,2002),从而协助海外子公司更好地应对母国和东道国环境的挑战。另一个是由海外子公司所在东道国的社会关系组成的外部网络。海外子公司与当地组织建立联系,不仅能够降低信息不对称成本,还能更好地了解和适应东道国环境,提高外部合法性。(薛求知和侯仕军,2005)

整体上,跨国公司网络治理包含三个层面:一是网络节点治理,侧重于母公司治理和海外子公司治理,涉及股权治理、董事会治理等方面;二是网络关系治理,即母公司与海外子公司之间的关系治理;三是网络外部治理,强调母公司和海外子公司对于东道国利益相关者和外部环境的治理(图8.1)。跨国公司网络治理不单是网络内少数几个环节或子系统的治理,其涉及网络治理的结构、机制、效果等多个方面,且各个不同的方面密切联系、交互影响(李维安,2014)。跨国公司网络治理框架如图8.1所示。

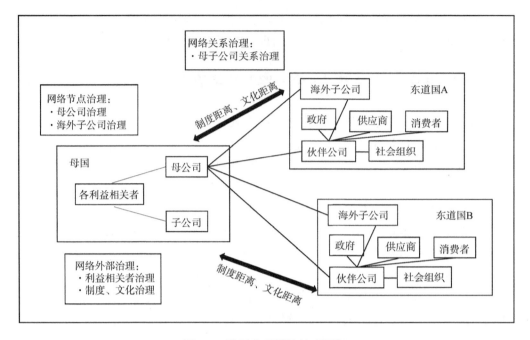

图 8.1　跨国公司网络治理框架

8.2　民营企业"一带一路"国际产能合作网络节点治理

跨国公司的网络节点具有多样性，从整体来看，主要包含母公司及海外子公司两个关键节点。母公司是国际化战略的制定者，作为跨国公司网络的核心，母公司通过跨国投资实现海外市场扩张，是企业国际化经营的主要推动者。海外子公司是母公司国际化战略下的产物，是实现母公司在东道国战略发展的重要主体，跨国公司治理不同于一般意义上的集团治理在于其子公司跨越国境并扮演不同的角色。围绕母公司和海外子公司两个节点向内及向外扩散形成与不同治理主体间的联系，构成了跨国公司网络基本结构。本节将从经典公司治理研究框架下的股权治理、董事会治理和高管团队治理三个方面探讨跨国公司网络节点治理——母公司治理和海外子公司治理。

8.2.1　母公司治理

跨国公司母公司治理是指母公司通过合理的机制设计和制度安排，实现国际化战略框架下整体利益的最大化。以往研究侧重于从母子公司关系视角探究母公司治理模式，强调委托代理理论下母公司对海外子公司的管控问题（Dimitratos et al.，2010）。本书侧重于将母公司视作网络组织的节点，强调母公司在国际化战略及与其他行为主体互动下如何通过完善治理结构和治理机制，提高跨国公司治理有效性。

（1）股权治理。母公司股权治理体现为对海外子公司的控制程度。跨国公司进入东道国的股权治理模式可划分为全资、控股和参股三类。国内外学者从不同视角对跨国企业股权治理模式进行分析。如基于交易成本理论，研究认为跨国企业最有效率的股权进入模式是控制权和资源投入成本之间权衡的函数，决定最优控制的三个因素是内部不确定性、外部不确定性和交易专用性；进入模式中所有权程度越高，资源投入成本越高，控制能力就越强（Anderson and Gatignon，1986）。也有学者从制度理论视角解释跨国企业股权进入模式选择问题，当东道国制度质量较高时，企业倾向于选择绿地投资或并购等股权控制模式；反之，倾向于选择合资等模式以更好地获取当地资源和合法性（Meyer et al.，2009）。此外，股权治理模式还会受到制度距离、企业股权性质、高管特征等因素影响（林润辉等，2015；Xie，2014）。民营企业参与“一带一路”国际产能合作，主要面对的是亚非拉等地区的发展中国家，不少企业在这个过程中倾向于选择全资控股的股权治理模式以更好地实现对海外子公司的管理和在技术、经验等方面的输出。如本篇案例中，华友钴业多年来通过跨国并购、绿地投资、合营等方式在刚果（金）、印度尼西亚等国家成立多家海外子公司，并对其拥有 100% 的控股权。该全资控股的股权治理模式不仅使得华友钴业加强了对子公司的统一领导和控制，还能提高领导者决策执行的效力，最终使华友钴业发展成为全球锂电新能源材料行业领导者。

（2）董事会治理。董事会是公司治理的核心（Jensen，1993），承担企业战略决策制定和管理层监督的重要职责。已有研究发现，跨国企业董事会规模、独立董事占比、董事长两职合一（兼任 CEO）等对中国企业对外直接投资产生显著影响（吕萍和郭晨曦，2015；Giannetti et al.，2015）。也有研究探讨了董事网络结构，认为企业董事网络规模越大、中心度越高，越有利于其获取国际化投资所需的资源和信息；同时能否基于连锁董事网络的联结公司并购经验是跨国企业并购成功与否的重要因素（Xie and Wang，2022）。除了董事会的特征及结构外，企业还应关注国际环境变化对董事会治理提出的新要求。一方面，企业应重视具有东道国海外背景董事的重要作用，东道国海外背景董事可以为母公司积累当地的知识和社会资源，处理与当地利益相关者的关系（Xie and Wang，2022）。另一方面，在董事会下设“跨国投资委员会”，承担相关跨国投资咨询、风险把控、决策监督等职能，使企业的跨国经营更加合理、规范。更重要的是，董事会还应合理地监督和激励经理层，防止在跨国投资过程中出现内部人控制和机会主义行为等导致公司资产的海外流失。

（3）高管团队治理。母公司高管团队治理主要关注高管团队的特征以及激励约束机制等对国际化投资的影响（林润辉等，2019）。根据高阶理论，高管团队特征通过影响其认知和价值观等对企业战略决策和绩效结果产生影响（Hambrick and Mason，1984）。已有研究围绕高管国际化经验、任期、年龄、教育经历、专业背景及高管团队异质性等方面展开了丰富的实证研究（Ramón-Llorens et al.，2017），如国内外学者普遍认为高管国际化经验对促进企业对外投资和提高海外经营绩效具有积极影响，而影响的效果受获取经验的时间（近期经验、远期经验）和经验类型（成功经验、失败经验）不同而存在差异（贾镜渝和孟妍，2022）。在本篇华友钴业案例中，企业高管团队中拥有海外背景高管人数占35%，硕士及以上学历高管人数占55%，国际化、专业化的高管团队为华友钴业快速打开国际市场奠定了基础。此外，现有跨国公司治理文献对母公司高管薪酬和薪资结构的影响进行了深入探究，指出 CEO 薪酬水平和长期激励与企业国际化程度正相关，且高管团队的薪酬效应随着跨国企业国际化程度的提高而增强（Carpenter and Sanders，2004）。

8.2.2　海外子公司治理

不同于母公司治理，海外子公司一方面受母公司国际化战略和母国政府的影响，另一方面海外子公司同时嵌入东道国制度环境中，其公司治理受到东道国法律法规的制约。因而，海外子公司治理的中心议题在于如何在母公司定位的不同战略角色中完善自身公司治理机制和治理结构，同时兼顾东道国的制度安排，使公司绩效实现最大化。海外子公司的战略角色根据公司决策自主权的高低通常分为三类（Birkinshaw and Morrison，1995）：一是专门贡献者，该角色下海外子公司的战略和任务由母公司决定，较少拥有自主权；二是当地实施者，该角色下海外子公司不依赖于母公司控制，拥有自己的决策权和控制权；三是世界命令者，该角色下海外子公司积极参与全球资源整合，尽管拥有自己的决策权，但仍依赖于母公司并与其他子公司密切互动。海外子公司治理结构与治理机制对于应对东道国环境的不确定性和复杂性具有重要作用。

本书将从以下三个方面进行论述，首先，针对海外子公司股权治理，如何选择海外子公司股权结构是国内外学者关注的问题。从海外子公司角度，研究发现以下三个条件对于公司股权治理产生影响：①本地公司的能力能够弥补跨国母公司的不足；②两个公司通过契约合作比通过股权合作更昂贵；③通过合资的收益比其他方式要高，跨国企业偏爱与东道国公司建立合资子公司而非完全控股子公司（Gomes-Casseres，1989）。也有学者从公司治理的角度认为股权结构的设计主要针对控制海外子公司经理人的机会主义行为倾向（Musteen et al.，2009）。其次，对于海外子公司董事会治理，不同的海外子公司战略角色下的治理模式存在差异。如在董事会规模方面，规模较大的董事会不仅可以加强对经理层的监督和控制，还有助于获取多元化的知识和资源，提高子公司的当地响应能力。因此，承担当地实施者角色的海外子公司可以适当扩大董事会规模，以减少母公司较少监管下可能导致的机会主义行为和更好地融入当地环境。此外，海外子公司通过连锁董事与其他子公司和当地企业建立联系，不仅有利于促进海外子公司之间相互协调和互相监督，也能更好地应对外部不确定性。在世界命令者和专门贡献者角色中，海外子公司扩大连锁董事网络规模有助于提高公司的整体效益。最后，从海外子公司高管团队治理来看，其同样受到海外子公司战略角色的影响。与专门贡献者相比，当地实施者和世界命令者角色要求海外子公司高管团队掌握更多的专业化知识和管理决策权，并且还会因信息不对称而增加母子公司之间的代理问题。海外子公司高管的背景特征对海外子公司绩效有重要影响。研究发现，随着海外子公司运营的时间增加，东道国国籍的高管能够更好地管理当地的员工以及获得合法性，比母公司外派高管具有更好的绩效表现；而在海外子公司运营初期，母公司外派高管的绩效表现更好（Sekiguchi et al.，2011）。

8.3　民营企业"一带一路"国际产能合作网络关系治理

跨国公司网络不同节点之间相互交叉融合，形成了众多复杂的网络关系，而其中最重要的是母公司与海外子公司间的关系。海外子公司扮演不同的战略角色会导致不同的母子公司关系，而不同的母子公司关系又会使跨国公司面临不同的治理问题。有关母子公司关系的类型，学者从不同角度进行了分析，如基于全球价值网络视角和海外子公司承担的角色差异，可以划分为本国中心型母子公司关系、多元中心型母子公司关系、区域中心型母子公司关系和全球中心型母子公司关系。本节将在已有研究的基础上，结合企业参与"一带一路"国际产能合作实践，探讨中国民营跨国企业与海外子公司不同的母子关系模式及其相应治理机制。

8.3.1　民营企业"一带一路"国际产能合作的母公司控制与母子公司关系

跨国母公司与海外子公司实际上是一种企业集团关系，虽然海外子公司是具有独立法律地位的实体，但其行为要受到母公司的控制，尤其是当母公司对子公司拥有多数股权时，这种控制同时需要考虑东道国制度文化及利益相关者的利益。不同于中国企业在欧美等西方国家的投资，由于投资合作性质和东道国制度环境的差异，民营跨国企业参与共建"一带一路"，其母公司控制呈现以下两个特点：一是以母公司为主的控制模式，民营企业主要通过基础设施建设、国际产能合作等实现技术、产品、资本及管理经验的输出，在这一过程中母公司通常以绿地投资或全资股权并购的方式主导海外子公司生产、经营和管理；二是以子公司为主的本地嵌入模式，共建"一带一路"国家制度环境水平、市场开放程度相对较低，且存在多元种族、多元文化的特征，海外子公司需要嵌入东道国网络、建立与利益相关者之间的关系以获取外部合法性。因此，海外子公司一方面内部嵌入于母子公司关系网络中，依附于母公司并受母公司控制；另一方面，海外子公司外部嵌入于其所处的当地社会网络中，子公司发展需要与当地的不同利益相关主体相融合、相适应，并满足当地的社会经济发展需要。

海外子公司不同的双元网络嵌入程度会形成不同的母子公司关系结构，且随着海外子公司发展周期不同呈现出差异化的关系模式。在海外子公司成立初期，由于天然的外来者劣势和合法性劣势，海外子公司获取当地资源和对外部响应的能力较低，同时需要母公司的资源支持和知识技术转移开拓东道国市场，因此该阶段倾向于以母公司为中心的关系模式。随着海外子公司的发展，适应当地环境的能力逐渐提升，与外部利益相关者的联系更加紧密，海外子公司不再是单纯依附于母公司的从属角色，而是在特定区域环境条件下母公司战略的参与者与相对独立的行为主体，海外子公司外部嵌入程度和自主程度增强，该阶段下倾向于以子公司为中心的关系模式。当发展到后期，母公司的全球化发展与海外子公司的日趋成熟推动着母子公司关系由单中心型向合作型方向演化，跨国公司网络规模的不断扩大推动母公司与海外子公司之间知识、资源、信息的交换与共享越来越多，双方通过加强合作与互动更好地应对外部复杂的环境，该阶段下呈现双中心型的关系模式。母子公司间的关系模式如图 8.2 所示。跨国公司不同的母子公司关系与适当的治理机制相匹配，是取得预期组织绩效的关键。

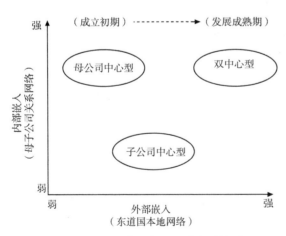

图 8.2　跨国公司母子公司关系

8.3.2　母子公司关系治理模式

母子公司关系治理是跨国公司治理的核心，针对不同的母子公司关系模式，需要设置相应的公司治理结构及治理机制，这二者的匹配决定跨国公司的治理有效性。

（1）母公司中心型关系治理模式。该关系模式下，治理的主要目标是提高母公司对海外子公司治理的有效性，减少代理成本。从母公司来看，一方面，母公司在选派外驻高管时，需要对其进行严格的考核及评估，减少其潜在的机会主义行为；另一方面，母公司要制定并完善海外子公司的治理结构和治理机制，加强对海外子公司的统一领导、监督和控制，如委派财务总监进入海外子公司或引入一定比例的外部董事参与海外子公司战略决策等，防止个人完全控制子公司。此外，母公司还要关注跨国并购后海外子公司的后期整合问题，积极发挥主导作用，从总部派人与被并购方多次协调、沟通，统一战略目标，降低整合成本与双方不适应程度。从海外子公司来看，在该关系模式下，海外子公司应积极配合母公司的战略安排，定期召开董事会并向母公司汇报工作，完善公司的信息披露和监督制度。同时，海外子公司还应提升自身对当地环境的应对能力，克服外来者劣势的障碍，加强与当地多方利益相关主体的联系与合作，获取当地政府和民众的认可，逐渐融入当地的社会环境中。

（2）子公司中心型关系治理模式。该关系模式下，治理的主要目标是协调海外子公司与其他各利益相关者间关系，加强子公司自身行为约束，以实现公司整体效益的最大化。从母公司来看，海外子公司成为相对独立的行为主体，母公司赋予海外子公司一定的战略制定权和管理控制权，并适时对其情况进行了解和监督。尽管该情况下母公司对海外子公司的控制减弱，但重要的战略决策和管理活动仍在母公司进行，母公司还需对海外子公司可能的违法违规行为进行约束，并协助海外子公司处理好与当地各治理主体间的关系。从海外子公司来看，在本土化过程中，一方面，海外子公司嵌入当地市场环境，与其他外部组织和个体形成紧密联系，这种紧密的关系表现为海外子公司与外部主体之间的相互依赖、相互妥协与相互适应程度；另一方面，海外子公司自主程度和组织合法性不断增强，并能作为相对独立的战略主体参与当地的经济活动，此种情况下，海外子公司应遵守当地的市场规则与法律规范，通过完善自身的治理机制与制度安排，使公司的战略制定与决策执行与当地的制度环境发展相适应。此外，子公司中心型关系治理模式并不意味着海外子公司完全脱离母公司的控制而独立存在，如子公司在核心技术和关键产品开发上仍依赖于母公司，且在重要的战略决策上还需向母公司汇报。在本篇的 TCL 案例中，TCL 印度子公司依靠母公司的核心技术和不断研发的高科技产品迅速打开了印度的彩电及显示屏市场，与此同时，TCL 印度子公司在市场营销方面积极探索和融入印度本土文化,通过赞助国家级体育项目、举办线下粉丝互动活动、与当地核心连锁经销商建立合作关系等方式逐步扩大在东道国市场的网络规模。

（3）双中心型关系治理模式。该关系模式下,治理的主要目标是通过加强母子公司间的协作,促进知识共享和资源整合,提升双方核心竞争力,以实现共同目标和网络价值最大化。张竹等（2016）表示,跨国公司较高的一体化（母公司中心型）会使海外子公司丧失自主权,不利于对东道国市场需求做出及时反应,而较高的本土化（子公司中心型）又会降低跨国公司的整体协同性。因此,当母公司和海外子公司发展日益成熟时,双中心型关系治理模式有利于避免单中心控制模式的不足,通过母子公司双方组织协同和知识协同充分发挥各自的资源优势,以获取更大的市场份额及提升应对外界不确定性的能力。该关系模式适用于跨国公司发展后期,规模效应和范围经济降低了跨国公司治理的边际成本,同时母公司海外网络规模的扩大和海外子公司能力的增强促进了双方企业的资源共享,并产生协同效应,形成了内部市场主体间的互补互益,并最终实现跨国治理有效性的提升。然而,当前多数中国民营企业参与"一带一路"国际产能合作尚处在初期阶段,企业往往由于国际化经验不足、集团管控不到位、合法性缺失等遭到东道国利益相关者的诟病。随着"一带一路"建设的不断深入和中国民营跨国企业治理能力的不断提升,母子公司关系治理的发展最终会向合作型、双中心型方向演进。

8.4　民营企业"一带一路"国际产能合作外部治理

跨国企业外部网络主要是由海外子公司嵌入东道国市场与当地政府、合作伙伴、客户和社会组织等利益相关者组成的网络。民营企业国际产能合作极大地拓展了利益相关者边界,并且将企业置于全球产品市场竞争、要素市场竞争和公司控制权市场竞争环境下。跨国企业的外部治理超出一般国内企业外部治理的范围,不仅受到母国与东道国双重制度环境因素的影响,还需要审时度势、协调与东道国利益相关者关系,并通过规范自身行为和提升外部合法性避免出现潜在的冲突和外部治理风险。本节将围绕民营企业参与"一带一路"国际产能合作的外部治理机制,从东道国利益相关者治理、跨国企业社会责任与声誉、外部风险防范机制三个方面展开,同时从国家与区域层面探讨推动民营企业参与"一带一路"建设的外部政策力量。

8.4.1　民营企业参与"一带一路"国际产能合作外部治理机制

获取合法性是中国跨国企业外部治理的关键问题（程聪等，2017）。当民营企业参与"一带一路"国际产能合作时，首先面临的是获取东道国的合法性地位，遵守当地的法律法规并积极融入当地的制度、文化环境。由于母国与东道国之间天然的制度差异，东道国利益相关者对国外企业的投资行为产生抗拒，若企业的合法性程度高，企业的行为受到当地利益相关者的认可和支持，有利于保障海外投资经营的顺利进行；若企业的合法性程度低，企业的投资行为容易被视作不合法，会受到东道国政府更多的限制，甚至是歧视性对待。合法性强调组织的行为符合某个特定社会所构建的规范、信仰及价值观体系，合理的外部治理机制是企业国际产能合作中获取合法性的有效途径。

（1）东道国利益相关者治理。中国民营企业参与"一带一路"建设具有投入大、周期长、复杂化的特点，在这个过程中不可避免地受到东道国利益相关者的影响。为了提高外部合法性和实现海外子公司的可持续发展，必须处理好与东道国利益相关者的关系（赵德森，2016），主要包括：①东道国政府。共建"一带一路"国家政府对于吸引中国对外投资通常表现出较高的合作性，但有时也会由于国家安全、社会反对等问题对投资项目进行阻碍。尤其个别国家政局形势不稳定等会对海外子公司的生存和发展产生影响。②宗教、民族。部分共建"一带一路"国家内部民族矛盾和冲突激烈，企业若不重视当地民族文化的特殊性和差异性，会增加海外经营的风险。③社会组织与媒体。民营企业到共建"一带一路"国家投资需要关注社会、环保等非政府组织的影响，尤其处理好与东道国社会媒体的关系，做好外部公关。④当地社会民众。东道国的社会民众直接受益于国外投资者在当地建设的项目，并对项目的日常经营产生影响，如参与就业或联合抵制等。因此，民营跨国企业还应考虑当地民众的利益和诉求，以获取他们的信任和支持。⑤当地雇员和工会。企业雇用当地的员工必须充分考虑双方文化差异和员工特点，采取本土化人力资源管理策略以避免不必要的跨文化冲突；同时，企业在参与国际产能合作过程中还应积极处理与当地工会的关系。⑥供应商、竞争者和顾客。由于中国政府对于民营企业出口补贴的优惠政策，可能会引起东道国竞争者的反倾销、反补贴调查，因此企业在海外经营过程中应选择合适的竞争策略，同时考虑消费者的偏好和需求，不断创新以产出高质量的产品。

（2）跨国企业社会责任与声誉治理。跨国企业主动承担社会责任是树立公司品牌和提高企业声誉的重要部分。当前中国民营企业参与国际产能合作，在一定程度上从技术、产品方面的竞争升级到理论、道德水准等软实力上的竞争。跨国企业从服务自身战略出发，主动承担企业社会责任，有助于促进和改善与东道国各利益相关者的关系，提升公司形象和外部合法性。共建"一带一路"国家多数是发展中国家，这些国家通常更加注重于经济发展、社会就业、减少贫困和满足人民的基本生活需要。跨国企业承担社会责任和完善声誉治理可以从以下方面进行，首先是拉动当地经济发展，主要体现在改善当地基础设施建设、增加当地就业、提高当地医疗卫生水平、完善教育条件以及注重当地生态环境保护等方面。其次，严格遵守东道国法律规范，积极履行信息披露制度，公平、公正地参与东道国市场竞争与经营活动，并在这个过程中不断完善自身的管理和服务；同时，企业应积极配合当地政府和社区等开展活动，融入当地社区改善服务质量，提高公司的国际品牌影响力。最后，企业还应重视与当地客户形成利益共同体，提供值得客户信赖的质优价廉的产品和服务，并注重保护客户隐私和信息安全。

（3）"一带一路"国际产能合作外部风险防范机制。由于东道国政治经济环境复杂多变，中国民营企业参与"一带一路"国际产能合作面临大量的风险，主要包括政治风险、经济风险、技术风险、市场风险、合规风险、文化与管理风险等。这些风险主要是由政治变动、制度和文化差异、经济波动以及企业不熟悉东道国法律法规等引起的，并会对跨国企业的生存和发展产生重要影响。如当前逆全球化的发展，不仅制约了技术、资本、国际劳动力等的自由流动，导致全球生产链、价值链的破坏，还将直接导致部分海外工厂停工、停产，给民营跨国企业带来巨大损失。面对企业国际产能合作过程中可能面临的风险，一方面企业应对投资目标国进行前期调研，熟悉目标国的制度环境和投资环境，并对风险因素进行充分评估；另一方面，完善海外子公司的治理结构和制度体系，建立应对突发事件的风险防范机制，提升组织韧性和抗风险能力。此外，政府及行业协会等也应建立健全保障机制，为企业参与"一带一路"建设提供政策支持和专业指导，帮助企业提高海外经营风险的预警和处理能力。

8.4.2　民营企业"一带一路"国际产能合作的外部政策力量

随着共建"一带一路"倡议的深入实施，再加上我国民营企业逐步发展成为高质量共建"一带一路"的重要主体，在"以国内为主，国内国际双循环"和"共同富裕"等新形势下，协同国内国际两个市场、协调国内不同区域的民营企业参与到"一带一路"国际产能合作具有重要的理论和实践价值，而这不仅需要中央政府的政策推动，更需要中央与地方政府协同。国家和地区层面政府为推动我国民营企业参与"一带一路"建设贡献了诸多力量。

截至2019年底，在国家层面，国务院、最高人民法院等在2013～2019年先后出台关于促进我国与共建"一带一路"国家产能合作的公开政策文本共计38份，使用了三种政策工具，从不同的效用维度相互配合共同作用于国际产能合作创新生态系统。其中，环境型政策主要是战略性和指导性的政策文本，对国际产能细分产业给予了具体政策指引，搭建了创新生态系统中不同生态单元活动的规范性框架和目标引导；供给型政策通过供给手段保障促进了国际产能合作的要素供给，提供创新生态系统促进国际产能合作所需的要素支持；需求型政策通过政府这只"看得见的手"对市场缺陷进行弥补，减少企业在"走出去"过程中所面临的来自母国和东道国两方面的不确定性，从而稳定市场预期，为创新生态系统的纵向和横向延展提供政策保障。

在区域层面，我国各省（自治区、直辖市）发展水平存在差异性，不仅区域民营经济发展、制度发展存在差异，而且区域创新生态系统中多元主体的协同程度也存在显著差异。这些综合因素导致我国不同区域民营企业参与"一带一路"国际产能合作的程度和绩效存在着多样性和差异性。在共建"一带一路"倡议指导下，我国不断完善对外开放区域布局，提高区域国际合作的水平和层次，构建优势互补的区域创新生态系统，巩固共建"一带一路"国家的产能合作基础。我国积极与共建"一带一路"国家签订多边贸易协定，制定开展国际产能合作的贸易法规等，在解决国内产能危机的同时为企业"走出去"提供了巨大的契机，增强了企业在国际社会的抗风险能力。政府—企业—研发机构等创新主体之间的协同作用提高了我国民营企业在国际产能合作过程中的经济效益和国际竞争力。

第 9 章　国际产能合作治理机制案例解析

9.1　华友钴业：主导型治理引领行业腾飞

9.1.1　华友钴业简介

浙江华友钴业股份有限公司（简称华友钴业），前身是浙江华友钴镍材料有限公司，成立于 2002 年，总部位于浙江省嘉兴市下属的桐乡市。华友钴业是一家专注于钴新材料和新能源锂电材料深加工，以及研发、生产、销售钴、铜、镍、三元前驱体等有色金属的高新技术企业，2015 年在上海证券交易所上市（603799.SH），是中国钴行业首家上市公司，中国民营企业制造业 500 强，2023年入选浙江省百强企业。自上市以来，公司融资能力显著提升，对内扩产、对外收购步伐明显加快，是中国最大的钴产品供应商，市场占有率 40% 以上，在钴新材料及加工工艺、锂电材料前驱体领域位居全国前列。

华友钴业致力于国际化发展，连续多年入选浙江本土民营跨国公司 20 强。鉴于全球钴资源集中分布于刚果（金），公司于 2006 年在刚果（金）设立全资了公司 CDM 公司，并于 2008 年收购 COMMUS、MIKAS、WESO 三家刚果（金）矿业公司，在上游资源端建立先发优势。经过 20 余年的发展，公司通过逐步深入刚果（金）、印度尼西亚、津巴布韦等共建"一带一路"国家，完成了上游资源在非洲及印度尼西亚、中游制造在中国、下游市场在全球的空间布局，钴制品产能世界第一，业务范围遍布全球 35 个国家和地区，核心产品进入 SDI、LG 等国际高端客户供应链。同时，公司通过收购韩国 TMC 公司 70% 的股权和台湾碧伦生物技术股份有限公司 100% 股权，布局境外资源循环利用业务；并于 2018 年与 LG化学投资有限公司和 POSCO 成立 4 家合资公司，切入正极材料领域。目前，公司在钴、铜产品产能，以及锂电新能源材料领域已初具规模，围绕公司发展战略，将从钴行业领先者转型发展成为全球锂电新能源材料行业领导者。

华友钴业长期坚持科技创新与绿色发展。公司拥有浙江省重点企业研究院、国家级博士后工作站、华友—中南大学联合研究基地等科研平台和研发机构，多年来主持、参与国家/行业/团体标准制修订 100 余项，完成 1000 多项科技项目的研发和攻关，承担 6 项国家级重大科研课题，拥有有效国家专利 106 项，在多形态钴资源、锂电材料等方面拥有国际领先的自主知识产权。曾先后获得 2019 年浙江省科学技术进步奖一等奖、浙江省高新技术企业创新能力百强等荣誉。此外，公司积极推动绿色制造、循环经济发展，多次承担国家级绿色建造项目，引进国内外先进的清洁生产管理理念和管理模式，被评为"浙江省绿色企业"和"全国首批绿色工厂"。华友钴业各项业务展示如图 9.1 所示。

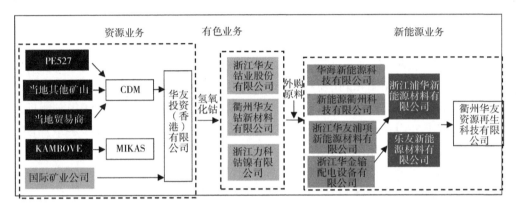

图 9.1　华友钴业"三位一体"全产业链布局

资料来源：公司年报

"十四五"规划以来，华友钴业围绕"上控资源、中提能力、下拓市场"的战略转型方针，全面实施"两新三化"发展战略。"两新"指以钴新材料和锂电新能源材料为核心，"三化"指实现产品高端化、产业一体化和经营国际化发展。基于资源、有色、新能源三大业务板块一体化协同发展的业务布局，全力打造从钴镍资源、冶炼加工、三元前驱体、锂电正极材料，到资源循环回收利用的一体化产业新生态（图 9.1）。

1. 上游资源业务：多渠道保障原料供应

资源业务板块是公司产业一体化的源头。多年来，华友钴业深耕非洲资源开发，在刚果（金）建立了集采、选、冶于一体的资源保障体系。通过"自有矿山、当地采购、贸易商"三种模式保障原材料的供应。钴业务主要集中于刚果（金）子公司 CDM 公司和 MIKAS 公司；此外，华友钴业逐步深入镍资源开发，在印度尼西亚规划年产 6 万吨的红土镍矿湿法冶炼项目，保障公司镍资源稳定供给。同时，公司还参股潜在世界级锂矿 AVZ 公司，进一步布局刚果（金）锂矿资源。

2. 中游有色冶炼业务：承上启下，提升产能

中游有色业务板块主要从事钴新材料产品的深加工及冶炼业务，是公司制造能力的重要支撑，在一体化的产业结构中起到承上启下的作用。钴原料主要来自国际矿业公司和非洲子公司的直接供料，通过冶炼加工，生产四氧化三钴和硫酸钴等钴盐、硫酸镍等产品。钴盐和硫酸镍等产能的提升，同时为下游新能源板块提供原料，保障三元前驱体、正极材料等新能源材料所需原料的低成本稳定供应。

3. 下游新能源业务："自建+合资"，布局新能源市场

新能源业务板块主要从事三元前驱体和锂电正极材料产品的研发、生产和销售。其中，三元前驱体业务主要采用"自建+合资"的方式，华海新能源科技有限公司与国家电投集团衢州新能源有限公司为新建全资子公司，同时分别与 LG 化学投资有限公司、POSCO 公司合资成立华金证券股份有限公司和浙江华友浦项新能源材料有限公司；正极材料业务则以合资模式为主，2020 年起逐步释放产能。此外，华友钴业成立循环科技有限公司和再生资源有限公司，积极布局锂电池循环回收业务。在市场拓展方面，华友钴业现已形成资源保障在境外、制造基地在中国、市场在全球的空间布局，产品进入全球核心车企供应链体系，通过 POSCO-LGC 电池产业链，应用于大众 MEB、沃尔沃、福特等新能源车企。

9.1.2　华友钴业国际化历程

1. 钴行业全球市场分析

钴是银白色铁磁性金属，电化学性能良好，是生产耐热合金、硬质合金和磁性合金的重要原料，从手机、笔记本电脑电池，到航天、兵器工业等领域，都离不开钴的身影。钴最早的应用领域是着色剂，受益于锂电池等下游产业快速发展，2000 年来钴矿的产量显著上升。2000 年，全球钴矿产量仅为 3.33 万吨，2020 年增长为 14 万吨，年均增速达 7.44%，2022 年，全球钴产量为 19.40 万吨，同比上涨 22.8%。

在供给端，全球钴产量分布较为集中，刚果（金）占统治地位，为 72%，其次为俄罗斯和澳大利亚，排名前七的国家占全球钴产量的 87%（图 9.2）。从企业来看，全球钴行业集中度较高，前十大钴矿企业的钴产量占全球产量的 75%；其中，瑞士的企业嘉能可斯特拉塔股份有限公司（简称嘉能可）占据主导地位，每年钴产量占全球约 30%。近年来，受新冠疫情影响，刚果（金）的钴矿开采和销售受到限制，同时，刚果（金）的钴业政策从 2018 年来日趋缩紧，两度提升矿业税，在一定程度上削弱了矿企的投资意愿，加剧了全球钴供给端的不确定

性。2021 年，中国钴产量为 2105 吨，同比下降 8.5%。2019 年全球钴产量分布如图 9.2 所示。

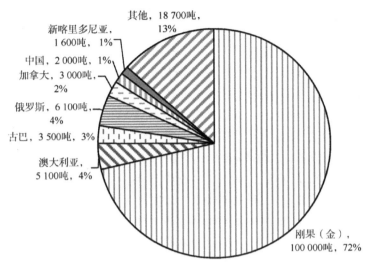

其他，18 700吨，13%

新喀里多尼亚，1 600吨，1%

中国，2 000吨，1%

加拿大，3 000吨，2%

俄罗斯，6 100吨，4%

古巴，3 500吨，3%

澳大利亚，5 100吨，4%

刚果（金），100 000吨，72%

图 9.2　2019 年全球钴产量分布

资料来源：作者绘制

在需求端，钴的下游需求主要分为化学和冶金两大块。化学应用方面的需求以锂电池为主，包括消费电池（3C 产品，即计算机类、通信类和消费类电子产品统称）和动力电池（新能源汽车）；冶金方面的需求来源于高温合金和硬质合金。随着产业升级和社会发展，钴的核心需求逐渐从传统领域（高温/硬质合金）向锂电池方向转移。2020 年，3C 电池领域的钴消费量占全球钴产品消费量的 54.4%，动力电池位居第二，占比 14.4%；这一比例在中国市场更高，2020 年我国锂电池的钴产品消费量占比达 84.4%。此外，中国的制造业发展需要消耗大量的切割工具，因此，硬质合金成为中国钴产品第三大消费领域，2020 年占比为 7.9%。值得注意的是，尽管中国是钴产品消费大国（2021 年中国钴消费总量占全球的 66%），但钴资源储备却十分有限，近年来我国钴矿资源保有量约为 8 万吨，仅占全球约 1%。

随着数字经济的发展和 5G 时代的到来，5G 换机潮带来的消费周期缩短将极大提升 3C 产品对钴的需求；与此同时，汽车新四化（电动化、网联化、智能化、共享化）的快速发展也将带动新能源汽车动力电池需求量的持续扩大。未来以锂电池为主的钴产品消费比重将进一步提升。当前，中国已形成完整的钴产业链，钴湿法冶炼技术达到世界先进水平，在全球钴行业的竞争力不断提升。特别在共建"一带一路"背景下，以华友钴业为代表的中国钴企"走出去"开展国际产能合作，开采、加工和冶炼钴矿资源的能力不断增强，2022 年，中国精炼钴的产量已占全球市场的近 76%；加上中国企业在生产成本、下游产业链配套等方面比欧美企业更具优势，因此，在未来一段时间，全球钴产品的产能将持续向中国聚集。

2. 华友钴业国际化发展

1）第一阶段（2006～2016 年）：开疆拓土，扎根非洲市场

在 20 世纪末 21 世纪初，中国的钴资源储量十分稀少，90%以上的原料都依靠进口，而非洲等地的矿山早已被西方国家占据，西方国家打通了原材料的供应，中国企业却迟迟未反应过来。2003 年华友钴业董事长陈雪华提出要去非洲找矿，通过在非洲克服重重困难进行了多年的考察实践后，华友钴业最终于 2006 年决定在刚果（金）进行投资。2006 年 6 月，华友钴业在刚果（金）建立了子公司 CDM 公司，注册资本 600 万美元，由华友钴业持股 98%、华友投资（香港）有限公司（简称华友香港）持股 2%，后来 CDM 公司被称为是"华友非洲事业的诞生地"。由于刚果（金）除了是世界上最大的钴生产国外还是主要的铜生产国，华友钴业同时筹划了钴和铜的业务，并且铜钴冶炼厂在刚果（金）正式建成。其中，钴矿业务主要为原料收购与加工，铜矿业务主要是生产与销售，它们在刚果（金）的网点布局主要通过 CDM 公司来操作。两年后华友钴业又以 2.64 亿元人民币的价格收购刚果（金）MIKAS 公司等矿山公司的控股权，开始了获得刚果（金）矿山资源开采的话语权，且获得了稳定且低成本的钴矿原料来源。

在刚果（金）先后投资了逾 10 亿美元于 CDM 火法和湿法、鲁苏西和鲁库尼矿山开发和选矿厂、湿法厂、MIKAS 湿法厂等项目上后，华友钴业已经在主要矿产区建立了完善的钴铜资源开发体系。截至 2021 年 7 月，华友钴业在产业规模上拥有电积铜 10 万吨，钴金属量氢氧化镍钴 2.14 万吨，为国内制造基地的原料供应提供了有效保障。现在华友钴业在刚果（金）已经拥有了 4 个矿山的股权，其中包括下属子公司 MIKAS 拥有的 KAMBOVE 尾矿和 SHONKOLE 铜钴矿山，钴矿石储量中含钴金属量 1.63 万吨；非洲刚果（金）CDM 公司拥有 PE527 采矿权，PE527 铜钴矿含钴金属量为 5.41 万吨。不仅如此，为了完善原料采购体系，CDM 公司已经与包括嘉能可、ENRC 在内的多家矿业企业以及大型贸易商建立了良好的合作关系，并在科卢韦齐、卢本巴希、利卡西等地共设有 3 个采购网点。至此，华友钴业已经形成了包括上游矿山资源、中游金属冶炼、下游新能源材料的一体化产业链，在钴产品销量上稳居国内第一。此外，华友钴业还于近年先后布局了刚果（金）的镍、锂资源。

2）第二阶段（2017～2021 年）：挺进印度尼西亚，加大上游资源布局力度

从 2017 年开始，钴价持续下跌，导致华友钴业的钴产品收入绝对值占比下降，而随着近年来全球新能源汽车的不断发展，高镍三元材料的需求量飞速增加。在那样的严峻情况下，华友钴业董事长陈雪华敏锐地意识到了镍具备的潜力，他认

为镍价上涨只是时间问题。印度尼西亚的镍资源储量占世界的 23.7%,是世界红土镍矿最丰富的国家之一,于是华友钴业于 2018 年开始了对印度尼西亚镍资源的开发。

2018 年 10 月,华友钴业全资子公司华青公司与青山系企业青创国际等合资方签订了《印尼 Morowali 红土镍矿湿法冶炼项目合资协议》,拟设立合资公司华越公司,其中华青公司出资 2900 万美元持股比例为 58%。该项目一期拟建设年产 3 万吨镍金属量的红土湿法冶炼项目,第二阶段扩产至 6 万吨,于 2020 年 3 月开工建设,预计建设周期为两年。为了进一步提升镍资源保障能力,2020 年 5 月华友钴业发布新一轮定增预案,通过非公开发行股票方式募集资金不超过 60.18 亿元,联手青山控股集团在印度尼西亚建设年产 4.5 万吨高冰镍等项目。华友钴业拟成立合资公司华科镍业印度尼西亚有限公司,并与印度尼西亚纬达贝工业园投资 36.6 亿元建设高冰镍项目,预计建设周期为两年。该项目产出的镍产品经过精炼加工后将主要用作华友钴业三元前驱体的生产原料。

此外随着镍资源愈发紧俏,为了争夺有限的镍,很多公司开始结成联盟共同参与单一项目。2021 年 5 月 24 日,华友钴业和亿纬锂能为首的 4 家公司共同签订了《印尼华宇镍钴红土镍矿湿法冶炼项目合资协议》,据协议各方将投资约 134 亿元人民币在印度尼西亚建设年产镍 12 万吨、钴 1.5 万吨的红土镍矿湿法冶炼项目。其中,华友钴业持股 20%,亿纬锂能持股 17%。电池厂商与材料厂商合作已经属于常态化,在当前镍布局的紧要关头,这种抱团效应愈发明显。而华友钴业作为传统稀有金属巨头本身具有一定的镍资源积累,在这场镍争夺战中发挥着重要作用,已经成为下游电池厂商合作对象最密集的成员之一。华友钴业通过多年的积累,如今已经成为上市公司中布局镍资源项目最多的上市公司之一,围绕着镍在国内外开展了五大项目,年总产量高达 23 万吨。

华友钴业身为后来者之所以能突破国外巨头公司的重围扎根刚果(金)市场,还依赖于其积极投身当地的社会发展。华友钴业一来到刚果(金)就拿出了十分的诚意,招收并培训当地工人,还以刚果(金)为起点在非洲建立了完备的上下游产业链。为了应对来势汹汹的新冠疫情,华友钴业不仅为刚果(金)捐赠资金用于防疫,还从国内空运了大量防疫物资。这些都在很大程度上提高了当地政府对华友钴业的好感度,为后来顺利获得刚果(金)4 个矿山及在非洲的发展拓宽了道路。

3)第三阶段(2022 年至今):进军津巴布韦,深化海外资源合作

近年来全球性新能源汽车浪潮的掀起,同样引起了全球对锂资源需求的高速增长,供求失衡导致锂价不断走高。津巴布韦是全球十大锂生产国之一,锂产量却仅占全球总产量的一小部分。而且三元正极材料和三元前驱体一直被华友钴业所重视,华友钴业对锂资源的需求非常高。为了应对锂资源的短缺问题,华友钴

业将目光瞄准了津巴布韦。而津巴布韦方面为了使萎靡的经济复苏，迫切地希望吸引投资者进入其采矿业，因此向中国公司敞开了大门，这给华友钴业进入津巴布韦带来了机会。

华友钴业 2021 年 12 月 22 日晚公告中表示公司拟通过子公司华友国际矿业以 4.22 亿美元收购位于津巴布韦的前景锂矿公司，该锂矿公司已完成第一批锂产品装船销售。公告显示，前景锂矿公司拥有津巴布韦 Arcadia 锂矿 100% 权益。截至 2021 年 10 月，前景锂矿公司公布的 Arcadia 项目 JORC（2012）标准资源量为 7270 万吨，氧化锂品位 1.06%，五氧化二钽品位 121 克/米^3，氧化锂金属量 77 万吨（碳酸锂当量 190 万吨），五氧化二钽金属量 8800 吨。根据 Arcadia 此前公布年处理矿石量 240 万吨优化可研报告得知，通过重选+浮选工艺，实现年产 14.7 万吨锂辉石精矿、9.4 万吨技术级透锂长石精矿、2.4 万吨化学级透锂长石精矿及 0.3 吨钽精矿。

津巴布韦当地时间 2022 年 4 月 20 日 18 时，华友钴业与澳大利亚上市公司 Prospect Resource 及其全资子公司持有的津巴布韦前景锂矿公司等三方在津巴布韦当地举行了 Arcadia 锂项目交割典礼。收购完成后，华友钴业将对项目生产规模、投产时间、产品和产量等做进一步提升和优化。Arcadia 作为世界上知名的锂矿之一，华友钴业将为 Arcadia 项目带来重要的资本投入，此项目对中津两国以及华友钴业具有深远的历史意义和重要的发展意义，有利于华友钴业强化上游锂资源布局，对公司中下游产业链形成强有力的资源保障，推动公司在"十四五"期间的战略转型发展。将锂电新能源材料产业作为重点发展核心业务，符合公司坚持走"上控资源、中提能力、下拓市场"的转型升级之路的发展思路。

9.1.3　华友钴业主导型治理模式

1. 主导型治理特征一：股权集中度高，母公司控制力强

股权治理是公司治理的重要内容，不同的股权结构类型决定公司的战略制定与决策执行。华友钴业于 2015 年在上海证券交易所上市，前十大股东合计持有公司 51.36% 股份，主要包括大山私人股份有限公司（大山公司）、浙江华友控股集团有限公司（华友控股）、桐乡华幸贸易有限公司及多个基金公司，且多年来股权结构没有太大变化。大山公司为最大股东（持股 22.85%），主营批发贸易、商业管理和咨询服务业务，实际控制人为公司副董事长谢伟通先生；公司第二大股东华友控股（持股 17.99%）实际控制人为董事长陈雪华先生，二者为一致行动人（图 9.3），此外，陈雪华先生直接持有公司 6.94% 的股权。

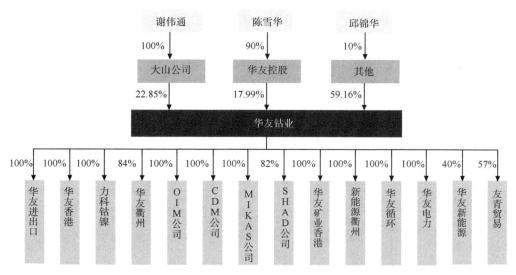

图 9.3　华友钴业股权结构

资料来源：公司年报

浙江华友进出口有限公司（简称华友进出口）；浙江力科钴镍有限公司（简称力科钴镍）；衢州华友钴新材料有限公司（简称华友衢州）；华友国际矿业（香港）有限公司（简称华友矿业香港）；华友新能源科技（衢州）有限公司（简称新能源衢州）；浙江华友循环科技有限公司（简称华友循环）；浙江华友电力技术有限公司（简称华友电力）；浙江华友新能源科技有限公司（简称华友新能源）；浙江友青贸易有限公司（简称友青贸易）

　　华友钴业属于集中型股权结构，控股股东（大山公司和华友控股）合计持有华友钴业 40.84%股份，股权集中度较高，且股权结构相对稳定。集中型股权结构中，控股股东具有较高的控制权和决策权，一方面，能够促进公司战略制定和提高决策执行效力，在面临外部环境不确定时快速做出反应，减少由股权分散带来的潜在沟通时间成本与协调成本；另一方面，较高的股权集中度有利于调动控股股东的积极性和主动性，更好地监督管理层，降低代理成本。在华友钴业案例中，陈雪华先生既是公司董事长，又是创始人，具有较高的主观能动性且把握公司战略发展方向。集中型股权结构有利于更好地管控公司发展和制定战略决策，这对于初期民营企业快速占领市场、提升竞争优势及抵御外部风险尤为重要。自华友钴业上市以来，陈雪华与谢伟通一道带领团队，在共建"一带一路"国家开疆拓土，积极开展国际产能合作，围绕企业发展战略加速国内外产业布局，推动企业从钴行业领先者向全球锂电新能源材料行业领导者的转型和跨越式发展。

　　华友钴业拥有控股及参股子公司 38 家，其中一级子公司 14 家，二级子公司 19 家，主要的子公司包括华友衢州、华友香港、CDM 公司、MIKAS 公司、华越镍钴有限公司、华海新能源科技有限公司等。多年来，华友钴业通过跨国并购、绿地投资、合营等方式，完成对外投资公司十余家，主要分布在刚果（金）、印度尼西亚、中国香港等地。华友钴业（母公司）对其子公司同样拥有较高的控制权,旗下多个境(外)内子公司由华友钴业 100%控股。此外,华友钴业的多名高管成员同时在子公司担任董事长、总经理等职务,如表 9.1 所示,公司董事、总经理陈红良先生兼任海外子公司 CDM、MIKAS、SHAD 的董事长及 OIM 公司总经理。华友钴业对于子公司在股权及关键岗位上的控制体现了母公司主导型治理角色,该治理模式下,母公司通常委派高管进入子公司,加强对子公司的统一领导、监督和控制;子公司则需要积极遵守与配合母公司战略安排,并向母公司汇报工作。华友钴业高管在子公司兼任情况如表 9.1 所示。

表 9.1　华友钴业(母公司)高管在子公司兼任情况(部分)

母公司高管成员	子公司兼任情况
陈雪华	兼任力科钴镍董事长、华友香港执行董事、华友电力执行董事等
陈红良	兼任华友衢州董事长、CDM 公司董事长、MIKAS 公司董事长、SHAD 公司董事长、OIM 公司总经理
陈要忠	兼任浙江华友浦项新能源材料有限公司董事长、浦华环保有限公司董事长、华金证券股份有限公司董事长、乐友国际商业集团公司董事长
高保军	兼任华越镍钴(印尼)有限公司总经理
王云	兼任 MIKAS 公司总经理
袁忠	兼任 CDM 公司管理总监及企管部部长

资料来源:公司年报

在华友钴业成立海外子公司初期,对东道国环境尚不了解,尽管刚果(金)拥有丰富的钴矿资源,但其自然条件以及经济发展环境较弱,且与中国存在较大的制度、文化差异,加上国外公司天然的外来者劣势与合法性劣势,海外子公司适应当地环境与获取当地资源的能力较低,需要母公司在管理、技术及财务等方面的资源支持;同时,母公司需要通过组织管理与知识技术转移,借助海外子公司开拓东道国市场。在这种情况下,华友钴业采用主导型治理模式,不仅有助于提高海外子公司的外部响应能力,且有助于其通过对海外子公司的统一管理促进海外市场的快速发展,提升公司的整体经济效益。

2. 主导型治理特征二:组建业务精专、东道国经验丰富的高管团队

高管团队通常包括董事、总经理及其他高层管理人员,是公司战略发展与经营管理的核心。高管团队成员构成及其背景是影响团队作用发挥的关键因素。华友钴业是一家专注于钴新材料和新能源锂电材料产品研发和制造的高新技术企业,专业性强,从原材料的开采、冶炼、研发到产品的制造、安全生产与应用等,需要较高的专业知识与技术背景。同时,公司的业务集中度高,近 90%的营业收入来源于钴、铜、镍产品及锂电池业务。华友钴业的经营模式与业务范围决定了其需要组建既懂技术又懂管理、业务精专的高管团队,以保障公司的科学决策与持续发展。

华友钴业拥有高管成员 20 人，陈雪华担任董事长兼总经理（2002～2016 年），其中，独立董事 3 人，拥有海外背景高管人数 7 人（占比 35%），拥有硕士及以上学历高管人数 11 人（占比 55%）；从专业背景来看，多位高管具有有色金属、矿业等方面研究与工作经验，且博士学位占一半以上（表 9.2）。组建业务精专的高管团队有助于更加科学、合理地评估企业的战略制定，同时有助于企业有效地处理与协调在对外投资、经营管理与全球价值链构建过程中遇到的挑战。华友钴业（部分）高管团队成员简历如表 9.2 所示。

表 9.2　华友钴业（部分）高管团队成员简历

姓名	职务	主要教育及工作经历
陈雪华	董事长	卢本巴希大学名誉博士，华友钴业创始人，中国有色金属工业协会钴业分会副会长
方启学	副董事长、副总经理	中南大学工学博士，曾任北京矿冶研究总院教授级高级工程师、矿物工程研究所所长，五矿有色金属股份有限公司技术总监，南非标准银行中国区矿业与金属总监
朱光	独立董事	中央财经大学经济学博士，中南大学客座教授，曾任中国钨业协会副会长、国际钨工业协会主席、中铜联合铜业有限责任公司董事长、五矿铝业有限公司董事长、美国 Sherwin 氧化铝厂董事长等
余伟平	独立董事	中国人民大学法学博士，曾在中国华润总公司、恒泰证券股份有限公司投资银行部任职
胡焰辉	副总经理、财务总监	东北财经大学经济学硕士，研究员级高级会计师，美国密苏里州立大学高级管理人员工商管理硕士，全球特许管理会计师资深会员，全国企业类高端会计领军人才
周启发	副总经理	管理学博士，高级经济师，曾赴美国、新加坡现代企业管理高级人才研修班学习，曾任西部矿业集团公司副总裁，中国职工教育和职业培训协会有色金属分会副理事长，中南大学董事会副董事长
王云	副总经理	硕士，高级工程师，有色行业设计大师，国务院政府津贴专家，曾任冶金研究设计所所长，北京矿冶研究总院副总工程师
高保军	副总经理	项目管理硕士，有色金属冶炼学士，教授级高级工程师，从事有色金属冶炼项目设计、研发、工程管理工作，曾任北京有色冶金设计研究总院工程师
陈要忠	副总经理	硕士，曾任天津巴莫科技股份有限公司（从事锂离子电池业务）副总经理

资料来源：公司年报

例如，面临当前新形势下的行业发展格局，副董事长方启学审时度势，结合制造业及新能源行业发展趋势，指出了华友钴业未来国际合作方向。他指出，"金属资源开发的现状远不能满足未来新能源汽车和储能行业的市场需求"。一方面，太阳能、风能等新能源发展带动储能电池产业进入增长快车道；另一方面，5G 时代下各类电池产品的兴起给未来电池市场带来新的发展机遇。基于此，"十三五"期间，华友钴业逐渐从传统的以钴矿的开采和冶炼为主向锂电新能源材料的开发及应用转型。在公司高管团队带领下，不仅在上游端进一步加深与印度尼西亚、阿根廷、刚果（金）等在镍、钴、锂资源方面的国际合作，同时，与韩国 LG、POSCO 等公司合作推动新能源锂电材料产品技术研发；在下游端，企业与美国、欧洲等多个国家和地区的新能源车企（如大众、沃尔沃、雷诺、福特等）合作开拓全球锂电池市场。华友钴业在锂电行业的成功转型离不开高管团队对于行业发展敏锐的洞察力、判断力，以及科学的战略制定及有效执行。

除了高管团队结构与专业背景外，高管的国际化经验也是企业发展不可忽略的关键因素。对于中国民营企业"走出去"，高管具有国际化经验不仅有助于企业缩小对国外市场的认知偏差，增加对国外政治、经济、文化等的理解程度，同时有助于提升企业海外市场适应能力（Cui et al.，2015）。不同于其他企业国际化高管团队，华友钴业积累了丰富的东道国国际化经验。在企业并购刚果（金）项目之前，董事长陈雪华及高管团队成员在刚果（金）有长达 5 年以上的实地调研及考察经历。相比于非东道国海外经验，华友钴业提前了解和熟悉东道国目标市场，建立与东道国的联系，对于企业更好地评估海外投资项目的价值与风险，获得东道国利益相关者的支持与信任具有重要作用（Xie and Wang，2022）。

在早期，董事长陈雪华看好钴行业的发展前景，但当时中国的钴资源十分有限，而从欧美等国家和地区购买，价格昂贵。相比之下，刚果（金）是全球钴储量排名第一的国家，陈雪华及其团队于是将目标瞄准了非洲市场。然而，对于一个缺乏海外投资经验的公司来说，进入非洲市场并非易事，刚果（金）的法律、政治环境复杂，经济发展相对落后，但这动摇不了陈雪华的决心，他指出，尽管有很大的困难和风险，但只要熟悉当地的基本情况，循序渐进采取稳健、谨慎的行动，在非洲建立起加工基地并非不可能。在最初几年，陈雪华几乎每年有 10 个月都会在非洲进行市场调研，跟随当地老百姓四处找矿井，了解当地矿业情况，并接触国家的责任部门来熟悉当地的人文环境。由于对当地法律知识不了解，陈雪华把当地的劳动法、矿业法、境外投资企业法、税法等法律带回国内，找人翻译并仔细研读。通过在刚果（金）广泛地走访、调研，陈雪华及其团队在当地积累了丰富的资源与经验，并建立起关系网络。在进入刚果（金）的 5 年后，华友钴业一举收购当地 COMMUS、MIKAS 和 WESO 三家矿业公司，并成立自己的海外子公司，同时委派公司高管在当地的子公司任职。华友钴业丰富的东道国经验为其开拓刚果（金）市场和今后的国际化发展道路奠定了坚实的基础，不仅极大地提高了外部合法性，也增强了公司海外市场适应能力。在短短 10 年时间内，华友钴业现已发展成为浙江省本土民营跨国公司 20 强，中国跨国公司百强，在国际舞台上的知名度大大提高。

3. 主导型治理特征三：行业企业中推行 ESG 管理的先行者

ESG，即环境（environmental）、社会（social）和公司治理（governance）

是关注企业环境、社会、公司治理的投资理念和评价标准，强调企业的社会责任和可持续发展。近年来，ESG 逐渐成为机构投资者衡量企业价值的重要指标。华友钴业一直践行 ESG 建设，高度重视环境保护和绿色发展，积极推进节能减排；主动承担社会责任，在海外投资项目中坚持企业与当地社会共同发展。同时，积极完善公司治理体系建设，致力于股东、消费者、员工等利益相关者价值最大化。华友钴业积极推行 ESG 管理，不仅极大地提升了企业在国际化过程中的外部合法性，且有助于促进全面、协调、可持续发展。2018 年，华友钴业入选"中国 ESG 美好指数 50 强公司"，并被评为"浙江省企业社会责任标杆企业"。

1）环境保护

华友钴业始终秉持"安全环保大于天"的理念，积极推进节能降耗、循环经济与绿色制造，通过引进国内外先进的绿色管理理念与管理模式，从源头上削减污染，提高资源利用效率，致力于打造环境友好、效益领先的行业标杆。

钴作为重金属之一，在冶炼及加工过程中会对环境（包括水、土壤等）造成一定的污染。由于 20 世纪初期国内采集和冶炼钴矿的工艺尚处于起步阶段，相比于国际领先的工艺技术，华友钴业在钴的生产及能耗上仍存在较大差距。为此，公司在 2006 年引入了国外"有效益的环境成本管理"（EoCM）清洁生产管理模式，旨在通过非产品产出分析，解决生产中能耗、物耗不合理的问题，提高资源综合利用率。华友钴业在公司成立了 EoCM 内审小组，由常务副总裁李笑冬担任组长，成员涉及公司生产、设计、技术、工艺、仓储、环保等多个部门，主要采取工艺改进、节能减排、原材料监控、改善能源结构等八项措施。如在节能减排方面，逐步建立水、电、气等节能制度，并对工厂节能进行绩效考评。同时，公司还会在生产车间通过宣传橱窗、板报的形式宣传 EoCM 管理模式，让一线员工了解实施清洁生产的意义，并为实现公司减污增效共同努力。

通过推行 EoCM 清洁生产管理模式，华友钴业有效地控制了原材料的使用和减少了"三废"（废水、废气和固体废弃物）的排放，员工在这一过程中也更加关注本部门、本岗位的成本控制与环境保护问题。华友钴业将绿色生产理念输出并渗透到海外子公司管理及海外项目生产实践，赢得了当地政府和民众的支持与信任，短短十几年间，成为全球钴行业领先企业。此外，华友钴业持续加大绿色科技投入，致力于将产业链各环节、全球各生产基地建设成"零碳"工厂。公司通过全面推动新能源汽车全产业链绿色、低碳发展，为全球应对气候变化做出积极贡献。

2）社会责任

公司副总裁钱小平曾表示，华友钴业一直秉承"不管在哪里投资，都要为当地经济社会作贡献"的投资理念，促进企业与投资地社会经济的共同发展。自华友钴业在非洲投资以来，积极投身当地的社会公益事业，不仅致力于当地基础设施建设，改善医疗卫生条件，同时积极参与当地环境保护、社区共建和教育发展，树立了良好的中资企业形象。

以在刚果（金）投资为例，华友钴业坚持不遗余力地为当地居民解决民生难题。在基础设施方面，刚果（金）的农业较为落后，基本属于"靠天吃饭"，2011年，华友钴业联合浙江大学和当地卢本巴希大学出资建立现代农业示范区，帮助提高当地农业水平。考虑到当地饮水问题较为严重，公司先后出资 12 万美元为 KAMATETE 村、KAWAMA 村及偏远地区修建四口太阳能水井。同时，公司还为当地修建公路、疏水工程等，并聘请当地村民参与施工建设，不仅解决了道路泥泞、出行不便的问题，还增加了当地村民收入。在教育及医疗卫生方面，华友钴业在当地设立了 CDM 助学金，每年从周边学校资助多名困难学生入学，同时定期为科卢维齐修女学校 Bon Pasteur、鲁库尼孤儿院等捐赠生活物资。为了改善当地的医疗条件，华友钴业与当地 MOM 诊所合作，为 KAWAMA 村民组织义诊活动；特别在新冠疫情期间，公司不仅为当地政府捐赠 10 万美元，还捐赠 X 光机、口罩、酒精等一系列防疫物资，缓解当地居民就医难的问题。此外，公司积极促进当地就业，为当地提供上千个就业岗位，同时实行管理人才本土化，每年从卢本巴希大学招收 15 名本科生到我国中南大学进行两年的岗前培训。华友钴业十分关心海外员工发展，不仅为其提供较高的工资待遇，还在当地开诊所为员工家属看病拿药，为员工子女发放奶粉和教育津贴。华友钴业尊重当地的风俗与文化，积极履行社会责任，赢得了当地民众的好感与支持，刚果（金）总统曾多次到公司参观考察，打造了中国企业共建"一带一路"的"刚果样板"。

3）公司治理

作为 A 股上市公司，华友钴业认真遵守《上市公司治理准则》，在信息披露、股东权益保护、内部控制等方面表现优异。自 2015 年上市以来，华友钴业先后被评为上市公司中国百强企业、A 股最佳上市公司 20 强、中国上市公司投资者关系最佳董事会，并获得"十大上市公司最佳表现奖""高工金球奖""2020 年度十佳上市公司"等多项荣誉。

华友钴业长期坚持信息公开、透明，不仅详细进行环境会计信息披露，还在社会责任报告中披露污染物治理绩效、三废处理情况和环境监察制度实行情况等；同时积极反映公司海外投资建设的基本情况、存在问题及项目进展。此外，公司关注投资者关系管理，在公司官网中实时披露有关公司治理、董事会决议、对外合作、子公司发展、内部控制、审计独立性等方面信息，并开放网络互动平台，围绕投资者的问题及时进行答疑。华友钴业在公司治理、信息披露等方面规范运作赢得了资本市场的充分认可，为其海外投资与国际化发展保驾护航。华友钴业 ESG 管理主要事迹如表 9.3 所示。

表 9.3　华友钴业 ESG 管理主要事迹

ESG 管理	主要事迹
环境保护	1. 坚持"安全环保大于天"理念，积极推进节能降耗与绿色发展 2. 实行 EoCM 清洁生产管理模式 3. 致力于将锂电材料全球各生产基地建设成"零碳"工厂
社会责任	1. 促进海外投资地基础设施建设，如修建公路、疏水工程，投资建设多个太阳能水井，建立现代农场等 2. 在当地开展捐资助学教育事业，如设立 CDM 助学金，为当地学校、孤儿院捐赠物资，向 LUALABA 省教育基金资助 50 000 美元 3. 投入当地医疗卫生建设，组织义诊活动，在疫情期间捐赠防疫物资 4. 促进当地就业，实行管理人才本土化，关心海外员工发展
公司治理	1. 荣获高工金球奖，2020 年度十佳上市公司，2019 年上市公司中国百强企业，2018 年度十佳企业，2017 年度十大上市公司最佳表现奖等 2. 第十一届中国上市公司投资者关系天马奖最佳董事会

资料来源：作者整理

9.1.4　案例小结

本节以华友钴业为案例分析对象，主要分析其作为全球锂电新能源材料行业领导者如何实现产业链上下游协同布局，并探索公司在"一带一路"国际产能合作过程中的主导型治理模式。

作为一家致力于国际化战略布局的企业，华友钴业积极塑造全新产业生态，推动上下游业务板块的可持续协同发展。在此过程中，公司深度推进海外资源的整合与共享，以实现资源的最大化利用。在治理机制上，华友钴业采取了母公司主导型治理模式。在股权结构方面，华友钴业保持较高的股权集中度，母公司具有较强的控制力，这种股权结构有利于提高公司决策的执行效力，确保企业战略的快速推进。此外，公司组建了一支业务精专、具备丰富东道国经验的高管团队，以适应不断变化的国际市场环境。在华友钴业的发展过程中，企业始终将社会责任视为核心竞争力之一，在行业内率先推行 ESG 管理，将环境保护、社会责任及公司治理等各方面充分融入到企业运营中。华友钴业通过贯彻 ESG 管理理念，不仅为环境保护和社会责任贡献力量，同时也提升了公司治理水平，为企业的长远发展奠定了坚实基础。

在主导型治理机制的引领下，华友钴业成功引领行业蓬勃发展，进一步推动海外市场的迅速扩张。在全球经济一体化的背景下，公司紧紧抓住发展机遇，不断提升整体经济效益，为全球环境保护和社会进步贡献力量，为股东和社会创造更多价值。

9.2　TCL 印度子公司：本土嵌入型治理助力扎根

9.2.1　TCL 科技集团简介

TCL 科技集团股份有限公司（简称 TCL）总部位于广东省惠州市，前身可追溯至 1981 年成立的惠阳区电子工业公司，2004 年在深圳证券交易所上市（000100，证券简称 TCL 科技），是中国第一家整体上市公司，为国有企业产权改革的试点单位。2023 年《财富》中国 500 强 160 位，民营企业 500 强 49 位。经历了 40 余年的风雨历程，TCL 从惠州走向了全世界 160 多个国家与地区，是我国制造企业发展和改革的示范单位，如今已形成智能终端、半导体显示及材料、半导体光伏三大核心产业群，产业金融和投资创投两大子产业；坐拥完整的全球化供应链、产业链布局，从原先的家电业务企业成长为具有全球竞争力的半导体科技产业集团，完成了商业版图的华丽蜕变，是目前国内最大的、实现全球化发展的消费电子企业之一。2019 年 TCL 再次完成集团内部重大战略资产重组，整体拆分为 TCL 科技集团股份有限公司（简称 TCL 科技）和 TCL 实业控股股份有限公司（简称 TCL 实业）。

TCL 长期致力于国际化发展，2020 年荣获中国上市公司品牌价值榜 100 强和海外榜 50 强。顺应彩电行业全球发展趋势，于 1999 年开始通过收购方式"走出去"，在海外市场进行早期资本布局。2021 年上半年 TCL 实业海外销售收入 333.82 亿元，占比超过 66.8%。TCL 实业旗下各项业务位居全球前列，2021 年 TV（电视）业务全球市场占有率位居前三，持续大力完善全球化供应链布局建设，实现以中国、越南、印度和墨西哥等共建"一带一路"国家为核心的全球产业中心体系。TCL 科技聚焦半导体显示及材料业务，向产业链上游靠近，以产业金融与投资创投等方式支持主业发展，加速向技术密集型、资本密集型的高科技产业集团转型，2021 年实现营收 1635.4 亿元，突破千亿元困境，并发布了全球生态合作发展战略——"旭日计划"。预计在未来 5 年将投入超过 200 亿元，在智能终端、半导体显示及材料、半导体光伏与半导体材料产业领域，与全球合作伙伴共建产业生态。

TCL 长期坚持科技创新与企业社会责任的履行。截至 2023 年 2 月，在全球拥有 32 个制造基地，43 家研发中心，申请专利 101 465 项。TCL 华星光电技术有限公司（简称 TCL 华星）凭借 1954 件 PCT（patent cooperation treaty，专利合作条约）国际专利申请量位列 2021 年申请人排行榜全球第 8 位，中国企业第 4 位。2021 年全球最大专利持有者排名中 TCL 科技排名 25，共 24 375 项专利。TCL 也于 2012 年在深圳市民政局的支持下成立了深圳市 TCL 公益基金会，以"追求公共利益，推动社会进步"为价值观，多年来积极参与如云南地震、四川雅安地震、新冠疫情等社会重大灾害的救助工作。此外支持国内公益事业的发展，扶持了许多基金的公益项目，在扶贫济困、助学、救灾三大公益领域中做出了重大贡献，承担对于社会各方利益相关方的责任，为社会稳定、经济发展做出贡献，成为可持续发展的中坚力量。

1. 产业链上游科技转型：实现技术、资本密集型驱动发展

自 2007 年国内液晶面板遭遇技术"卡脖子"，TCL 向产业链上游进行科技转型，以发展供应链整合能力、核心技术能力和基础零部件制造能力作为集团的长久战略规划。经过多年产业链向上延伸及资源整合，TCL 已基本实现了集团内部的产业协同运作效应。TCL 产业链上下游协同效应如图 9.4 所示。

图 9.4　TCL 产业链上下游协同效应

资料来源：作者整理

1）产业链下游全球化供应链布局：推进全球一体化品牌战略

20 年来 TCL 在海外市场深耕细作，逐渐通过优势互补型收购、兼并及绿地投资，在越南、印度、埃及、波兰、俄罗斯等共建"一带一路"国家，完成了智能终端的全球化布局，拥有了多个在产和在建的海外生产基地，且持续开展产能扩充建设计划，业务范围覆盖了欧洲、南美洲、非洲、东南亚、北美洲等地区，力求维持海外优势，完善全球化供应链布局建设，实现以中国、越南、印度和墨西哥等共建"一带一路"国家为核心的全球智能终端产业中心体系。

2）产业链上游的资源整合和科技转型：聚焦泛半导体产业领域

TCL 在向产业链上游转型的过程中主要聚焦半导体显示及材料、半导体光伏领域。2009 年与深圳市政府合作成立了集团下属子公司 TCL 华星，TCL 华星是一家专注于半导体显示领域的创新型科技企业，目前已发展成为全球半导体显示龙头之一，以中国深圳、武汉、惠州、苏州、广州，以及印度为基地，拥有 9 条面板生产线、5 大模组基地。2020 年 7 月里程碑式以全资控股形式收购天津中环电子信息集团有限公司（简称天津中环），实现在半导体和新能源双赛道的并行战

略布局与资源储备,实现核心面板业务与天津中环半导体业务的协同效应,实现了TCL 向上游产业进军。2022 年第一季度 TCL 华星 TV 面板市场占有率长期稳居全球第二,商用显示产品出货量全球第一,正处于全力释放产能的高速发展阶段。

2. 企业发展历程

1)TCL 初步成长——业务多元化发展壮大(1981~1997 年)

1980 年广东省惠州市惠阳区机械局电子科分离出了一批时代先行的创业者,通过借贷 5000 元成立了惠阳区电子工业公司,次年与香港耀和电业有限公司一起创办了中国最早的 12 家合资企业之一——TTK 家庭电器(惠州)有限公司(简称 TTK),主要开展录音磁带业务,以求实现磁带供给国产化,港商负责提供技术与资金支持,而内地则负责生产及市场开发。李东生于 1982 年从华南工学院(华南理工大学前身)无线电专业毕业进入了 TTK 工作,凭借自身才能历任技术员、车间副主任、业务经理、TCL 通讯设备股份有限公司总经理、TCL 电子集团公司总经理,于 1996 年接替张济时(TCL 前董事长兼总经理)出任 TCL 总裁。

1985 年 TTK 与港商合资成立 TCL 通讯设备股份有限公司,并注册使用"TCL"商标,成为我国第一个使用全英文名字注册的公司名称。次年抓住国内市场需求成功开发出国内最早的免提扬声式按键手机,并在之后的三年位居全国同行业销量第一,被国务院发展研究中心市场经济研究所授予"中国电话大王"称号。1991年在上海成立第一家销售分公司,随后又在哈尔滨、西安、武汉、成都等地建立销售分支机构,为 TCL 业务多元化奠定了坚实的渠道基础。

1992 年,TCL 通过 2000 万元的投资进入彩电行业。当时国内彩电市场供过于求,而大尺寸彩电的市场需求却愈发强烈,但老牌电视生产厂不具备生产能力,使得进口彩电占据了大尺寸彩电 80%以上的市场空间,且利润颇丰。以此为契机,TCL 通过本土的销售网络和品牌价值,与具备技术的长城电子(香港)有限公司达成合作,以 OEM 方式完成 TCL 品牌彩电的生产,研制生产出第一台国产 28英寸彩电,通过这一细分领域业务的增长,TCL 品牌成功拓宽至彩电行业。同时,TCL 着手导入企业识别系统,成为国内较早实施企业识别系统的企业之一。1993年 TCL 通讯设备股份有限公司在深圳证券交易所挂牌上市(000542,后于 2004年退市),成为我国第一家通信终端产品业务上市公司。同年 TCL 国际电工(惠州)有限公司成立,业务拓展到了电工领域。TCL 科技集团股份有限公司也在这一年正式成立,其名下 20 多家企业被划分成 TCL 电子、TCL 通信、TCL 天云三大集团,主营彩电、电话机以及地产项目。1995 年 4 月 TCL 电子集团与香港长城集团各投资 50%组建惠州王牌视听电子股份有限公司,利用长城集团在惠州的工业村、技术和设备,成功在国内形成自己的品牌效应及完整营销网络。

1992 年由于长城集团内部股权变动,生产合作关系被迫搁置,TCL 于 6 月在香港注册成立 TCL 电子（香港）有限公司，注册资本 1.5 亿港元，增发 1 亿港元的股份，与香港陆式实业有限公司达成协议，收购其位于深圳蛇口的彩电生产基地，兼并了陆式实业有限公司的彩电业务和经营资产，实现 TCL 走向资本经营的第一步，开创了当时国有企业兼并港企的先河，基于此 TCL 获得了自有的彩电生产、研发基地。次年 TCL 注资 6000 万元与河南新乡美乐彩电有限公司，共同成立河南 TCL—美乐电子有限公司，将其位于河南新乡的美乐电视机制造厂纳入麾下。两次成功的兼并使 TCL 成功进入国内彩电行业三强之列，开启了今后优势互补型的并购兼容之路，产品成功出口至美国、俄罗斯、新加坡等国家，成为中国彩电"走出去"的领头企业。

2）TCL 产权改制——开启产业多元化、国际化之路（1997~2007 年）

1997 年 TCL 取消了旗下设立的 TCL 通信、TCL 云天、TCL 电子三大子集团，实行内部重构整合，中国第一家增量资产股权激励企业 TCL 集团股份有限公司正式成立。李东生与惠州市政府签订了 5 年授权经营协议，TCL 在万众瞩目下成为国有企业产权改革的试点单位，进入二次创业阶段，李东生总裁表示要把公司建成"以电子通信产品系列化、多元化、国际化"的综合大型企业集团，并开启了 TCL 融资、收购、兼并发展之路。同年 TCL 内部开展 ERP（enterprise resource planning，企业资源计划）系统构建活动，在此过程中收购了北京开思公司（ERP 软件供应商）以及负责系统集成业务的东通公司。同时国内 IT 产业、计算机市场高速膨胀发展，市场潜力巨大，TCL 决定以家用电脑作为切入点打入国内 IT 产业。1998 年 5 月 TCL 与台湾 GVC 公司各出资 5000 万元成立了 TCL 致福电脑公司，正式进入家用电脑领域。吸取之前兼并北京开思公司和东通公司的经验，TCL 于次年向金科集团注资 1 亿元人民币控股 50%，以求实现与 IT 行业的深入融合。同时又与广州南华西实业股份有限公司、北京翰林汇科技有限公司共同出资成立翰林汇软件产业有限公司，成为第二大股东。TCL 在 IT 产业的一系列兼并合作，初步构成了 TCL 在 IT 产业的信息产业群。1998 年，由 TCL 全资控股的 TCL 国际控股有限公司在香港成功上市，共筹集 10.5 亿港币。1999 年，当时还是国有资产绝对控股的 TCL 以异地无偿划拨的方式接受了内蒙古电视机厂的全部股份，成立了内蒙古 TCL 王牌公司，享受到了国有企业独特的政策红利。而之后为了更好地适应市场经济走向世界，TCL 在惠州市政府的强力支持下逐渐开始了企业产权改革之路，到 2001 年 12 月底，TCL 股本结构转变为：国有股 53.35%，高管股 23.51%，工会股 23.14%。

2002 年，TCL 集团第一届董事会成立。TCL 引入五大战略投资者——日本的东芝株式会社、住友商事株式会社，香港的方正（香港）公司、南太集团有限公司和 Pentel 文具用品有限公司，并通过现金购买方式持有 TCL 集团 18.38% 的股权。而惠州市政府则由于一系列外部资金的注入从绝对控股变为持股 40.97% 的相对控股大股东，TCL 管理层股权上升至 25%，其他非管理层、非战略投资者股东则持股 15.65%。至此，TCL 由一个地方政府绝对控股的国有企业成为地方政府相对控股的多元股权架构企业，以实现内部重构改制的"阿波罗计划"（内部资产重新整合，实现整体上市）也在孕育许久后正式公开，目标为通过集团整体上市大量融资，重构 TCL 业务结构和发展线路，提高股权流动性，优化股权结构，促进 TCL 的民营市场化。2002 年 TCL 手机业务成长为国产品牌第一，收入达到 82 亿元。2003 年海外业务成为 TCL 营收的重要组成部分，总销售额同比增长 50%，达到 316 亿元人民币，TCL 位居中国电子信息百强企业第四。2004 年 TCL 通过内部运营，吸收合并 TCL 通讯设备股份有限公司，实现 100%控股，随后在深圳证券交易所上市交易，成为中国第一家整体上市的公司，同年 TCL 通讯科技控股有限公司在香港联交所上市，TCL 的产权改革之路完成。通过一系列重组上市，TCL 募集了庞大的资金，连续收购、兼并了如法国汤姆逊集团和阿尔卡特朗讯等大型企业的部分业务，但这一系列过程中也遭受到了重大失败，在经历削肉剔骨般的重组之后，李东生带领 TCL 人实现了"鹰的重生"，迎来第二春。

3）TCL 鹰的重生——削肉剔骨，重新起航（2007～2016 年）

TCL 在经历了快速收购、兼并的失败之后，大刀阔斧地对各子公司进行业务重组、裁员，将 TCL 从死亡线拉回。同时启动新品牌战略，用 "The Creative Life"（创意感动生活）替代原先的 "Today China Lion"（今日中国雄狮）为 TCL 品牌注入新的内涵，面向国际化；剥离了原有的电脑业务，TCL 电脑业务 82%的股权低价易主；聚焦自身彩电和通信主业，收购乐华 ROWA 彩电，建立乐华数码科技有限公司，进一步支持彩电业务发展。于 2007 年底扭转了 2005 年 3.2 亿元亏损、2006 年 19.32 亿元亏损的经营惨状，后续保持连年盈利和增长，TCL 股票也摆脱 ST 标记。

2009 年 TCL 与深圳市政府合资成立了 TCL 华星，作为首批国家智能制造试点示范单位，开辟了 TCL 的科技创新转型之路。液晶面板显示产业一直是我国重点发展的战略产业，当时我国国内自主创新建设的第 8.5 代 TFT-LCD（t1）生产线项目落户深圳，标志我国在建立平板显示产业竞争力和实施产业转型升级方面迈出关键一步，也是中国电子信息产业一个新的里程碑。2011 年 8 月 TCL 华星 t1 项目正式竣工投产，点亮第一款屏幕，标志着我国平面显示产业"缺芯少屏"的现状即将逐渐被改变。到 2016 年为止，TCL 已成功在半导体显示领域构建了企业核心竞争力，TCL 华星 t1、t2 项目保持行业领先水平，全球最高世代液晶面板生产线——第 11 代 TFT-LCD 及 AMOLED 生产线（G11）开工建设。

4）TCL 再次蜕变——集团再拆分，齐头并进（2016 年至今）

2016 年英国脱欧，外汇大幅波动，美国主导的贸易保护主义进一步加剧，中国国内也面临着经济调速换挡的压力。2016 年底 TCL 实现 1065 亿元营收，同比增长 1.81%。连续三年在千亿元销售额的浮动，迫使 TCL 进一步推动改革，全力推动"智能+互联网"转型和建立"产品+服务"的商业模式的"双+"转型战略以及拓展国际业务的双轮驱动发展战略。2017 年，TCL 已成为涵盖半导体显示、智能终端、互联网应用、销售物流和金融投资等多种业务的综合性集团公司。多媒体、通信等产品业务及其他服务业务虽然仍能贡献高额营收，但利润较低，总体而言老牌业务"干打雷不下雨"，已触达发展瓶颈，影响集团整体发展与估值潜力，如 TCL 华星的高成长性和高利润率被老牌业务所拖累。自此 TCL 展开了一系列内部资产重组、非核心资产剥离并通过出售的方式来持续优化集团内部架构，将重心放在未来高潜力的主导业务之上。

2019 年 TCL 再次成功实现资产重组，拆分为 TCL 科技和 TCL 实业，TCL 科技继承原有 TCL 集团上市主体地位。TCL 科技出售了电子、家电等智能终端业务以及相关配套业务，聚焦半导体显示以及材料业务，向产业上游靠近，以产业金融与投资创投支持主业发展，向高科技产业集团转型。TCL 实业则接手智能终端等产品及服务。2020 年 7 月，TCL 战略收购天津中环，实现在半导体及新能源领域的重要布局与战略储备，以半导体显示、新能源材料与半导体材料为核心的业务架构驱动发展，一系列资产重组可以看出 TCL 向产业链上游迁移，由传统劳动密集型企业向资源和技术密集型企业转型。

如今 TCL 坐拥聚焦智能终端业务的 TCL 实业以及聚焦泛半导体产业领域的 TCL 科技。2023 年 TCL 科技实现营收 1736 亿元，各项经营指标大幅提高，走出了经营困境，集团发展进入新阶段，向 2000 亿目标稳步迈进。TCL 科技组织架构主要包括半导体显示、新能源光伏及半导体材料、产业金融三部分。TCL 实业涉及 TCL 电子、TCL 空调、TCL 白电奥马电器、TCL 健康电器、TCL 环保等。

9.2.2　TCL 国际化历程

1. 第一阶段（1997~2003 年）：海外初探，扎根东南亚市场

1997 年经历了内部重组的 TCL 开始了国际化历程，逐步对下属公司进行优化重组以及国内和海外上市。李东生先生在合并后的集团员工会的报告中表明：TCL 将以电子通信产品系列化、多元化、国际化的综合性大型集团公司发展战略逐步对下属公司进行优化重组以及国内和海外上市。

20 世纪 90 年代末由于国内市场增速逐渐放缓，内部竞争激烈，TCL 科技集团开始放眼内地之外的市场，先以香港地区为枢纽开展"走出去"。1999 年

TCL 电子控股有限公司在香港成功上市（01070.HK），总共筹集 10.5 亿港元，至今已发展为行业内唯一一家具有产业链垂直一体化优势的多元化消费电子中国企业。

1999 年 TCL 正式打出国际化的第一枪，由 TCL 国际化事业部总经理易春雨带领团队尝试拓展越南市场，通过收购越南本地的彩电制造公司 DONACO（原隶属于香港陆氏集团）正式获得越南经营许可，成立了 TCL 越南分公司。越南当年国内市场彩电需求量为 65 万台左右，拥有将近 4 倍产能，市场竞争激烈（日韩等国领先企业、越南本土后发企业），但由于人口基数庞大，市场需求历年升高，TCL 历时不久便站稳了脚跟。从 2001 年开始，TCL 越南分公司实现年年盈利，成为本土知名品牌，持续为 TCL 集团带来可观的海外收入。同年 TCL 进军印度市场，但 2002 年铩羽而归，又于 2004 年重新进入，并吸取先前失败经验，成功站稳脚跟跻身印度家电市场十强行列。TCL 也在同时期进驻东南亚地区和俄罗斯，通过 OEM 方式进入中东、非洲、大洋洲、拉丁美洲、远东等国家和地区的彩电市场。

2003 年海外业务已成为 TCL 越来越重要的营收来源，同比增长了 50%，达到 316 亿元人民币，李东生总裁提出国际化之路将是 TCL 成长为一个国际化企业的核心一步，TCL 从进出口贸易到海外投资的力度逐渐增大，是必然的。

2. 第二阶段（2004～2010 年）：挺进欧洲，扩大全球市场

TCL 在产权改革的过程中引入国际战略投资为其后续国际化打下了坚实基础。2002 年 TCL 以 820 万欧元的价格并购德国的施耐德光学仪器公司，成为首家进军德国的中国制造企业，跨入欧盟市场。次年收购美国 GoVideo 公司，并成立英特尔–TCL-3C 联合实验室。2004 年 TCL 在实现整体上市之后鲸吞法国汤姆逊公司电视、DVD 业务和阿尔卡特公司的手机业务，前者是当时法国最大的家电企业之一，更是全球第四大消费类的电子生产商，常年霸占全球彩电老大之位，后者则是业务遍布全球的世界通信领域资深巨头。对于阿尔卡特公司的收购，为了节省成本，TCL 自建调查小组完成了从商业调研到并购计划的制定，忽略了太多细节信息以至于"捡了芝麻丢了西瓜"；而汤姆逊公司收购案中聘请了波士顿咨询公司做出收购方案可行性报告，在不被看好的情况下 TCL 还是选择了豪情收购。而后一年汤姆逊公司彩电业务的巨额亏损和阿尔卡特公司手机业务的停滞不前甚至负增长，将 TCL 一下子拉入泥沼。为此买单的是，后续 TCL 对旗下非核心业务进行重组，将其控股的 TCL 楼宇科技（惠州）有限公司、TCL 国际电工（惠州）有限公司转让予法国罗格朗集团。李东生也在之后的回忆录中提到，两次庞大的海外收购过程中 TCL 做出的决策缺少足够的商业性思维，受到了较多外部因素的组合影响，但这一系列事件却给 TCL 及时地浇了一盆冷水，重新审视其国际

化道路，但至少 TCL 以惨痛的代价进入了欧洲市场。

3. 第三阶段（2011 年至今）：整合全球，完善全球供应链布局

在经历了一系列风波之后，TCL 海外计划重回理性，意识到组织内部人力资本的不足，开展了全球范围内的人才招聘，包括技术、管理、跨国管理经验人才。同时与北京大学联合对集团内部中高层管理人员进行管理技能培训以求实现实施国际化战略过程中的有效管理。经历了"鹰的重生"，TCL 重整旗鼓。2011 年 TCL 通讯科技控股有限公司收购萨基姆移动电话研发（宁波）有限公司，成立 TCL 通讯宁波研发中心，成为 TCL 通讯科技控股有限公司国内第五大研发中心；2014 年 TCL 电子以 1.2 亿港元收购三洋松下电器墨西哥彩电工厂的相关资产，包括土地、厂房、设备和其 90% 股权，以求收复美洲市场；随后 TCL 又从惠普手中收购了美国老牌智能手机和掌上电脑产商 PALM 公司，仅收购其品牌，不涉及员工等其他资产，计划将其作为独立高端品牌加以运营。

2016 年 7 月 22 日，TCL 电子宣布与巴西家电龙头企业 SEMP 合作，共同出资 2 亿雷亚尔（约 6000 万美元）投建合资公司 SEMP-TCL，此举是 TCL 电子拓展巴西及南美家电市场的重要举措，将进一步完善 TCL 国际战略布局；2020 年，TCL 电子完成对 SEMP 的收购，TCL 电子首席执行官王成表示全球新冠疫情不会影响 TCL 全球化部署的脚步和信心，他们期待 SEMP-TCL 在巴西扎根后，进一步将业务向南美其他国家拓展。2017 年 TCL 联手阿根廷家电巨头 RADIO VICTORIA 成立合资公司 RVF 和 Sontec，TCL 均认购其 15% 股份。借助此次合作，TCL 将自身产业垂直的一体化能力与 RADIO VICTORIA 在阿根廷的生产制造及渠道开拓能力相结合，进一步增强 TCL 品牌在阿根廷乃至周边国家的快速发展，继而帮助 TCL 在与巴西 SEMP 合作之后进一步扩大南美市场。TCL 多媒体首席财务官王轶表示阿根廷是南美洲地区的重要市场，具有庞大的业务增长潜力，同时也能积极地影响其邻近国家（如智利、秘鲁及哥伦比亚）。

2018 年 12 月 20 日上午，TCL 印度模组整机一体化智能制造产业园（简称 TCL 印度产业园），在安得拉邦（Andhra Pradesh）蒂鲁帕蒂（Tirupati）正式动工建设。伴随着印度成为全球三大彩电市场之一，TCL 在印度的战略目标提升至进入印度市场电视机品牌前三列。印度项目的开启是 TCL 在印度半导体显示产业链一体化布局的开端，也代表着 TCL 华星走向海外的第一步，实现海外的屏到整机的产业链一体化输出。2018 年 TCL 欧洲研发中心在波兰华沙揭牌成立，这是 TCL 在国际战略中布局智能科技领域以及开拓欧洲市场的重要举措，也是在共建"一带一路"倡议下中国企业"走出去"的又一实践。2019 年 TCL 实现了全球化布局的又一突破，TCL 越南模组整机一体化制造基地在越南平阳省的越南新加坡工业园正式开工建设，有利于后续在越南市场以及东南亚市场的进一步深耕

细作。至此 TCL 已基本在全球市场形成了成熟的海外工厂建设。

9.2.3　TCL 印度海外子公司本土嵌入型治理模式

伴随着全球经济一体化，中国企业从早期进出口贸易转向对外直接投资，且深度和广度连年增加，成为我国企业国际化发展过程中重要的一步。而伴随着跨国公司海外子公司的发展，其在东道国培育和形成了有别于母国市场的优势和资源，增强了跨国公司的竞争力，而东道国的制度、文化、市场等一系列因素的挑战也使得海外子公司遭遇各项公司治理问题，时刻面临着经营失败以及海外市场份额被侵蚀的风险。TCL 在国际化初期瞄向了地缘周边国家，以东南亚、南亚市场为目标，率先打开了海外投资之路。

公司治理作为企业内部以科学决策为目标的一套制度安排，协调以企业股东为核心的一系列利益相关者之间的关系（李维安等，2019）。而跨国公司海外子公司治理不仅是一个管理层与企业股东之间关系的协调系统，用来处理其内部股东和董事会之间的关系（周常宝等，2016），更要考虑子公司所处东道国与母国之间的制度、文化差异，国外股东和东道国利益相关者受东道国本土制度、文化约束等差异化因素，增加了跨国企业在东道国的治理成本以及复杂性（Luo，2005），而海外子公司在东道国的天然进入者劣势以及合法性获取的困难是海外子公司治理的核心问题。海外子公司在母国跨国公司内部主要承担着三种战略角色（Birkinshaw and Morrison，1995）——本地执行者、专业贡献者和世界受托人，代表母公司在进入东道国时的战略动机，而子公司的战略角色也会伴随其在东道国的发展而动态调整。从社会网络视角来看，海外子公司是跨国母公司在全球网络中的一个节点，母公司是由分散在不同地理位置的不同业务主体组成的集合（张安淇和李元旭，2020）。而对于海外子公司主体而言，既位于母公司和其他海外子公司组成的内部网络之中，又嵌入在了东道国的供应商、客户、政府和竞争对手等组成的外部网络中（周常宝等，2016）。

1. 印度子公司简介

TCL 于 1999 年初步进入印度市场，2002 年退出，2004 年重返，再到 2011年的几乎全面退出，直到 2016 年的国际化再出发，真正在印度站稳脚跟，可谓经历了二十余年的风雨历程。印度的宗教、文化、语言较为复杂，具有庞大的人口，历史悠久。印度彩电市场早期只有零散的主攻低端的本土家电企业，日韩企业早已于 20 世纪 90 年代初就已进入，Samsung、LG 于 1991 年后印度改革开放初期便进入开展市场调查，且均于 1997 年投资建厂，多年来占据高端市场，但由于价格高昂，而印度本地消费力有限，导致日韩彩电企业早期连年亏损，如今均已稳定占据大量的市场份额，成为它们重要的海外收入来源。

虽然 TCL 进入印度市场已经有了十几年的历史，但是随着 2015 年 TCL 的"国际化再出发"战略的出台，2016 年成为 TCL 在印度市场征战的又一新起点，重新将自有品牌推向印度市场。在 2011 年的全面退出之后，经历了 5 年的准备期限，TCL 全力回归，在产品、团队、销售、营销、渠道、供应链等各方面全面施行大动作，带来了全新的产品、全新的技术、全新的团队和全新的文化，依托多年在印度深耕细作积攒下来的残余品牌效应和用户基础，在印度迅速打开了局面。2017 年 TCL 彩电业务在印度同比增长 100%，2018 年同比增长 375%，2018 年全年 TCL 电视印度销量同比增长 258%，2019 上半年持续同比增长 216.8%，且 2019 年首三季度市场占有率稳居前五。特别的是，TCL 产品销售结构远高于行业平均水平，48 寸以上产品销售占比 22%，智能产品占比达到 63%，4K 彩电产品占比达到 25%；2019 年上半年线下渠道增长超过 500%。2021 年 TCL 印度分公司在疫情期间逆流而上，彩电业务营收增长 10%，TCL 面板工厂持续产出。

2019 年起 TCL 彩电业务在全球增长力排名第一，尤其在印度市场，实现了重新进入之后的连续三年（2017～2019 年）的三级跳跃，不断蚕食市场份额，在各尺寸彩电业务中均进入前五，且在大尺寸和中高端产品上开始展现自身实力，实现从物美价廉到中高端的转型。当前已经成长为 Samsung、LG、索尼的头号竞争对手，这离不开多年来 TCL 印度子公司在当地的有效治理。TCL 在长达 20 余年攻占印度市场的过程中，如今能取得如此优秀的成绩，原因在于：①离不开其早年进入印度的经营历史，有一定品牌认知基础和用户基础；②依托母公司核心科技和卓越品控，对印度市场现有的产品形成强力冲击；③优秀的文化嵌入以及卓越的消费体验；④绝对领先的性价比和售后服务。

2. 公司治理分析

1）TCL 印度子公司本土嵌入型治理特征一：背靠母公司尖端技术，进军高端

TCL 进入印度市场已有 20 多年的历史，而日韩企业一直在中高端产品上保持科技领先，迫使 TCL 早期一直采取农村包围城市策略，而印度底层社会文化复杂，始终未能撬动这一下沉市场，在开拓过程中几经波折。2016 年 TCL 重返印度，在智能终端显示技术方面，TCL 押注 Mini LED 技术，认为其代表着未来，并于 2017 年开始研发，并在后续三年占据了全球 Mini LED 的绝对领导地位。TCL 印度子公司背靠母公司的一系列核心技术，使得来自新技术和品质的智能终端产品对印度市场造成了强力冲击，优良的消费体验加上历史品牌口碑和用户基础，使得 TCL 短期内在印度迅速被燃爆，历史上第一次真正在印度市场扎根。

2018 年 12 月 20 日上午，TCL 印度产业园在安得拉邦（Andhra Pradesh）蒂鲁帕蒂（Tirupati）正式动工建设，这是 TCL 华星的首个海外工厂，实现生产到销

售的全面覆盖。伴随着印度成为全球三大彩电市场之一，TCL 在印度的战略目标提升至成为印度市场电视机品牌的前三。TCL 印度产业园项目的开启是 TCL 在印度半导体显示产业链一体化布局的开端，也代表着 TCL 华星走向海外的第一步，实现海外的屏到整机的产业链一体化输出。2019 年 9 月，TCL 华星印度模组项目已经正式动工，项目一期规划年产出 800 万片 32 英寸至 75 英寸大尺寸电视面板和 3000 万片 3.5 英寸至 8 英寸中小尺寸手机面板。在 11 条生产线中，5 条将用于电视面板，6 条将用于手机显示器，在 2020 年上半年开始量产。2021 年 8 月 24 日上午 11 时 30 分，"TCL 华星印度模组厂首台设备搬入仪式"在印度安得拉邦蒂鲁帕蒂市 TCL 印度产业园内成功举行，标志着 TCL 华星海外第一个项目正式拉开生产阶段的序幕。

自 2016 年 TCL 自有品牌全面进入印度，TCL 坚持对开发高端技术产品的承诺以及对产品质量的不懈追求，保持高速产品迭代，并且实行全球新品印度首发的战略，在 6 年间为印度市场带来了各种领先于世界技术的产品，同时给出了极具竞争力的价格。从市场定位来看，TCL 此次进入，主要针对印度中年群体和高端家庭用户，前者具备足够的购买力，后者对家庭智慧大屏有强烈需求。TCL 2017~2021 年电视面板发展历程如图 9.5 所示。

首款配备IMAX增强　首款支持IMAX增强的迷
功能的8K QLED电视　你LED 4K Android电视

首款内置超低音扬声
器的4K QLED电视

首款配备视频通话和摄像
头的4K QLED Android电视

首款配harman/kardon
扬声器的4K Android
电视

首款搭载哈曼卡顿
扬声器的4K QLED
电视

首款带免提语音控
制的4K QLED电视

首款带免提AI的
4K QLED电视

首款配备Android 11
和视频通话摄像头
的4K HDR电视

| 2017年 | 2018年 | 2019年 | 2020年 | 2021年 |

图 9.5　TCL 2017~2021 年电视面板发展历程

资料来源：TCL 印度官网

在印度彩电市场中精英消费群体逐渐从 Samsung、LG 转向 TCL，此类群体对于产品的品牌、技术、文化因素具有更高要求，这一现象代表着日韩企业所统治的高端市场逐渐被 TCL 撕裂出一定的空间。

2）TCL 印度子公司本土嵌入型治理特征二：融入本土文化

这一次，TCL 在营销方面采取了更加灵活多变的方式。充分通过软文化方式将 TCL 推至印度人民心中，主打场景体验、粉丝营销、社群营销、活动营销等，并且积极赞助印度国民级体育项目的板球赛事活动以及其他各项赛事，这使得印度人民快速认识、认可 TCL 品牌。2019 年 5 月 TCL 赞助的当地板球活动在社交媒体上受到广泛关注；同期的新品发布会上成功邀请到 5 位板球明星与粉丝近距离接触，让消费者感受到了 TCL 所蕴含的本土文化属性以及对于印度市场的重视，逐渐在年轻人群体中成为一个文化价值标签。此类粉丝营销活动不仅创造了产品本身的固有使用属性，更创造了一种基于 TCL 文化的精神层面的追求，满足了年轻消费群体渴望被关注、被重视的内心。

2020 年 2 月，TCL 在印度班加罗尔专卖店举办了首次由其品牌粉丝主导的"T粉节"活动，在科技创新之余利用文化软实力融入印度。此次活动在 TCL 与其核心粉丝之间构建了一个平台使其更好地聆听市场声音，TCL 印度分公司总经理表示此类行为极大地将消费者纳入了 TCL 的产品开发过程之中，有力地抓住了追求科技产品的印度年轻一代。"文化软着陆"是 TCL 在印度所希望的发展模式，不仅需要科技创新与日韩企业进行硬对抗，同时也需要利用文化逐渐渗透，扩大品牌的长久影响力。TCL 也通过联手专业卖场在重大节假日促销，短期内积累了大量潜在用户，品牌提及率显著提升。这一系列活动体现在 TCL 在经过多年沉淀之后，所具备的聚合消费者需求的能力和对于生态链的精准打造。同时 TCL 与当地媒体交好，本地媒体对 TCL 有更多积极的报道也转化了大量的潜在用户。

TCL 这一次不仅在印度推广自身的产品，还将其所创造的生活理念在印度铺展开来。2016 年 TCL 将 4K、曲面屏幕引入印度彩电市场，掀起了一阵曲面电视热潮，实现了从满足需求到创造需求的成功转变。从 2016 年的 4K 及曲面电视，到 2017 年作为第二个品牌介绍谷歌认证版的安卓电视和搭载哈曼卡顿音响的电视产品，再到 2018 年 TCL 在印度推广首台谷歌认证安卓 QLED X4 和全系列的 AI 安卓电视（iFFALCON 在印度启动了全球首台 32 寸认证版的 AI 安卓电视），这一系列生活方式的变革，都成功影响了印度高端消费者，将 TCL 的创新通过他们所倡导的生活理念传递给印度消费者。

3）TCL 印度子公司本土嵌入型治理特征三：建立牢固东道国关系网络

在 2016 年进入印度初期，TCL 依靠着其全球战略合作伙伴 Amazon 进行线上独家销售打开市场。之后 TCL 将重点聚焦在线下市场，于 2017 年开始在印度东部和南部建立自己的分销网络，经过一年的积累，2018 年第一季度 TCL 已通过印度本土 13 家核心分销商将其分销网络基本覆盖至印度全国，并且与所有当地的核心连锁经销商建立了合作关系，如印度知名电商 Croma、Reliance Digital、Vijay Sales、Kohinoor 等，截至 2018 年第二季度 TCL 在印度已经有超过 3000 家门店销售 TCL 产品。同时 TCL 也启动了 iFFALCON 线上子品牌，通过与印度本土最大电子商务零售商 Flipkart 独家合作进行销售，专攻 25 岁到 35 岁之间的年轻和单身一族，以满足印度庞大的年轻消费者对智能电视和高科技产品的需求。至此

TCL 和印度线上两大电商平台 Amazon 和 iFFALCON 已经建立了合作。

TCL 面对印度市场中日韩彩电的高额市场占有率，选择采用近乎苛刻的售后服务成功破冰。面对普遍一至两年的售后保修期，TCL 将其统一延长至三年，成功截取一大批本土消费者以及经销商，通过极高的性价比和售后服务在各方之间建立了极为牢固的合作关系。TCL 坚持客户至上的策略，截至 2023 年，TCL 已在 29 个邦和 7 个中央直辖区开展业务，覆盖 3000 多个城镇和村庄。

TCL 印度子公司还会安排经销商和内部管理人前往中国 TCL 总部进行参观学习。TCL 印度马邦的合作伙伴之一 Rajiv Godhwani 在参观学习之后将在总部看到的一切与渠道商和员工进行了分享。通过如 Rajiv Godhwani 的一系列合作伙伴，TCL 成功地将自身实力通过印度本土合作伙伴传递给了市场。

疫情暴发以来，TCL 印度团队迅速做出调整，通过与智能学习应用 TOPPSCHOLARS 合作，为印度学生提供在线家庭学习解决方案。在内容方面，为了提供更丰富的内容，与印度娱乐流媒体平台 MX Player 建立合作伙伴关系，从而进一步丰富了娱乐内容。TCL 印度分公司总经理陈士凯说："2020 年之前，TCL 在印度线上线下双轮驱动，线下体验店已经取得了一定成效。但由于疫情，销售模式出现变化，因此，我们集中精力在线上以多种形式展示产品。同时针对线下合作伙伴，通过成立专门的服务小组，动态与渠道商保持密切合作。解决他们需要的问题，在售后安装等服务方面做到快速执行，从而不影响用户购买后的体验。"

2021 年 8 月，伴随着 TCL 华星印度模组厂正式开工，实现了印度本土手机、电视整机的液晶模组本土供应，成功开发利用印度本土资源，打造出本土供应链，摆脱了对于母公司供应链的强大依赖。同时 TCL 华星印度工厂部分产能匹配其在印度的智能终端业务，这一关键变化大大提高了 TCL 印度子公司的抗风险能力以及降低了市场变化风险。按照 TCL 华星的规划，印度华星会跟 TCL 实业在印度的整机项目进行协同，打造从面板到整机一体化的加工制造能力。

9.2.4　案例小结

本节主要以 TCL 印度子公司为案例分析对象，对 TCL 参与"一带一路"国际产能合作背景下的外部治理机制进行解析。本节试图在探究母国与东道国之间制度、文化差异的基础上，分析国外股东和东道国利益相关者如何有效处理面临的合法性及各项外部治理问题。

本节核心内容共分为三个部分，第一部分介绍了 TCL 自创立以来经历的 40 余年风雨历程，通过改制、收购、转型等形成了如今集智能终端、半导体显示及材料、半导体光伏三大核心产业群于一体，坐拥完整全球化供应链、产业链布局的半导体科技产业集团。第二部分阐述了 TCL 的国际化历程，即通过探索、深扎东南亚市场，到挺进欧洲，扩大市场占有率，最终实现整合全球供应链布局，并在全球市场构建成熟的海外工厂体系。第三部分总结了 TCL 印度海外子公司本土嵌入型的治理模式，即通过背靠母公司尖端技术，进军高端市场，以及融入本土文化，建立牢固东道国关系网络的治理模式，成功开发利用印度本土资源，打造本土供应链，摆脱对于母公司供应链的依赖，提升企业国际竞争优势。

9.3　迈瑞医疗：深化外部治理共促协同发展

9.3.1　医疗器械行业国际化简介

医疗器械是指直接或间接用于人体的仪器、设备、器具、体外诊断试剂及校准物、材料及其他类似或者相关的物品，也包括所需要的计算机软件。自 1816 年听诊器出现开始，随着新产品和新技术的出现，医疗器械行业已形成颇为丰富的产品品类，按终端客户和产品品性，大致可进行如表 9.4 所示的分类。

表 9.4　医疗器械产品分类

医疗机构	医疗设备	监护设备、影像类设备（X 光机、CT、MRI、超声等）； 诊断设备（血液细胞分析仪、生化分析仪等）； 消毒灭菌设备、手术室灯床吊塔等
	耗材	一次性输液设备、纱布、止血海绵等； 骨科、心脏支架等高值耗材； 诊断设备用试剂
家庭		血压仪、血糖仪、按摩椅、体重秤等

资料来源：企业官网

注：MRI，全称为 magnetic resonance imaging，磁共振成像

医疗器械行业与人类生命健康息息相关，是医疗卫生体系建设的重要组成部分，其发展程度已经成为衡量一个国家科技水平和国民现代化水平的重要指标。从全球范围来看，医疗器械市场保持持续增长态势：2016 年全球医疗器械市场规模为 3810 亿美元，2020 年增长到 4840 亿美元，预计到 2025 年全球市场规模将近 6312 亿美元，2020～2025 年预计复合增速为 5.4%。中国医疗器械市场是全球第二大医疗器械市场，2016 年市场规模为 2700 亿元，2020 年增长到 7232 亿元，2020～2025 年预计复合增速为 13.7%。

在需求布局上，发达国家和地区居民收入水平高，对产品质量和水平要求较高，市场规模庞大，市场需求随产品技术的更新而稳定提升，欧美市场占据全球市场近 70% 的份额；而对于经济欠发达的发展中国家和地区，人口基数庞大，产

品普及需求和更新换代需求并存,医疗系统有着极为广阔的改善前景。尤其对于共建"一带一路"国家来说,民生是其广泛关注的重点领域,而医疗体系的可持续发展是其普遍面临的难题。提升医护人员技能和设备使用能力、提高医疗设备品质、扩大高性价比医疗器械的覆盖率,是共建"一带一路"国家的迫切需要。

在细分领域上,体外诊断是医疗器械行业销售额最高的细分领域,2019 年全球市场规模约为 588 亿美元,其次为心血管市场,影像类器械、骨科和眼科分别位列第三、四、五。而随着 2020 年新冠疫情的暴发,全球各国对医用防护用品、医学影像设备、检测试剂等医疗订单量激增,中国医疗器械产业以复工复产和驰援全球的速度备受全球关注。在抗疫过程中,我国体外诊断产品出口呈喷井式增长,与疫情相关的新冠抗体、抗原、核酸等检测试剂受到全球的青睐。

从市场集中度上,医疗器械行业网站 Medical Design and Outsourcing 发布了 2021 年全球医疗器械公司百强榜,榜单前十企业总营收额为 1932.96 亿元,占全球超过 40%的市场份额,其中美敦力以 301.17 亿美元位列榜首。而我国医疗器械龙头企业迈瑞医疗 2021 年度营业总收入为 252.7 亿元(折合 37.9 亿美元),与国际器械龙头相比仍有较大差距。但随着医疗新基建的开展、国产化进程加速,以及国际对健康产业的重视,中国医疗器械企业增速较大。

在疫情常态化背景下,2021 年医疗器械进出口贸易额为 1440.87 亿美元,其中出口 994.09 亿美元,美国、德国、英国和日本为主要出口市场,共建"一带一路"国家医疗器械出口占比 30%以上,随着共建"一带一路"倡议不断落实,未来共建"一带一路"国家将是重要区域。疫情催化下,我国医疗器械企业国际化进程加速,加快海外市场渠道开拓和营销网络覆盖,中国医疗器械企业代表迈瑞医疗完成了 1500 多家国际高端客户突破,在共建"一带一路"国家中的 17 个国家布局了 19 个子公司,竞争力得到进一步体现。随着中国医疗器械企业对产品技术创新能力和原材料研发投入不断增强,我国医疗器械设备出口将不断扩大,中国医疗器械企业将在全球医疗器械贸易中承担更为重要的作用。

9.3.2　迈瑞医疗简介

1. 企业概况

深圳迈瑞生物医疗电子股份有限公司,前身为开曼迈瑞医疗电子(深圳)有限公司(简称开曼迈瑞)。1991 年,武汉中科创新技术股份有限公司和香港长润自动化系统有限公司合资创办迈瑞电子科技有限公司(简称迈瑞电子),后经股权变更,由开曼迈瑞于 2000 年持有迈瑞电子 100%股权。2006 年,迈瑞医疗作为中国首家医疗设备企业正式在纽约证券交易所上市,并于 2016 年进行股份制改革。2018 年，迈瑞医疗在深圳证券交易所创业板发行上市。迈瑞医疗在境内有 15 家全资子公司，境外共 38 家全资子公司。

迈瑞医疗是中国医疗器械领域的绝对龙头企业，同时也是全球领先的医疗器械与解决方案供应商。迈瑞医疗以生命信息与支持、体外诊断、医学影像三大支柱业务深耕全球，同时积极拓展微创外科、兽用器械等新兴业务，进一步推动形成层次感的产品管线，提高可持续发展的实力。

公司总部设在中国深圳，在国内设有 21 家子公司及近 40 家分支机构，在北美、欧洲、亚洲、非洲、拉美等地区的约 40 个国家设有 52 家中国境外子公司，其中涉及 17 个共建"一带一路"国家的 19 个子公司；建立起基于全球资源配置的研发创新平台，全球范围内共设十大研发中心；迈瑞医疗的医疗市场遍布全球，近 200 个国家和地区应用并体验着迈瑞医疗的产品和服务，全球员工超 14 000 人，形成了庞大的全球化研发、制造、营销及服务网络。2022 年，迈瑞医疗实现营收 303.66 亿元，同比增长 20.17%，境外收入达到 116.98 亿元，占总营业收入近 40%，主要市场为欧洲、亚太、北美和拉丁美洲。自 2000 年进军海外市场以来，迈瑞医疗的国际化之路迄今为止已走过 20 余年，公司的海外业务体量从 0 增长至 100 亿元，医疗器械产品从进口替代到全球替代，企业整体实力从全国第一向全球第一冲刺。

三十余载，迈瑞医疗始终坚持专注于医疗器械、坚持普及高端科技、坚持研发持续高投入、坚持严格的质量标准、坚持合规经营、坚持敢为天下先的精神、坚持人才培养。正是这些坚持，促使其实现一系列重大突破：从单产品到整体解决方案，从低端基层医疗市场发展至海外高端客户群，从中国本土走向国际化市场。而荣誉是实力最好的见证。迈瑞医疗积极推动研发成果转化，在医疗器械领域的诸多创新科技及解决方案荣膺多项荣誉，凭借出色的产品引领行业趋势的发展，并通过领先的科技为改善人类福祉做出贡献。2006 年，产品 BeneView T8 高端监护和 DC-6 彩超双双荣获 iF 大奖，创国内业界工业设计之先河；2013 年和 2020 年分别荣获第十五届、第二十一届中国专利金奖；先后于 2008 年、2017 年和 2020 年荣获国家科学技术奖；2020 年，发挥企业核心优势、贡献企业力量，迈瑞医疗荣获"工业和信息化系统抗击新冠疫情先进集体"称号；2022 年，国家知识产权局专利检索咨询中心发布报告，展示了我国近 20 年来在超声、监护、体外诊断领域发明专利申请和授权情况，迈瑞医疗在这三大领域的专利申请和授权数量均位列中国企业首位。

迈瑞医疗作为全球资源整合者，积极布局全球资源协作网络，推动行业发展，携手全球医疗机构为更多人提供专业医疗产品服务。随着共建"一带一路"倡议的落地，迈瑞医疗发挥地处"海上丝绸之路"始发港的优势，把握机遇向全球化纵深推进。作为"走出去"的标兵，迈瑞医疗充分利用国家和地方政府的政策，积极与共建"一带一路"国家展开卫生合作,通过提供医疗设备和医疗解决方案、开展培训服务、搭建产学研医学协作平台等多种方式,为国家创建先进水平的区域医疗中心、医疗人才中心添砖加瓦,同时也为推动全球医疗科技创新贡献力量。

2. 主营业务

迈瑞医疗主要从事医疗器械的研发、制造、营销及服务,始终以客户需求为导向,致力于为全球医疗机构提供优质产品和服务。公司融合创新,紧贴临床需求,支持医疗机构提供优质的医疗服务,从而帮助世界各地改善医疗条件、降低医疗成本。

迈瑞医疗深耕医疗器械领域,走内生式和外延式并重的发展道路,不断拓展产品线与地域,主要产品覆盖三大领域——生命信息与支持、体外诊断及医学影像,拥有国内同行业中最全的产品线,以安全、高效、易用的"一站式"产品和IT解决方案满足临床需求。同时,迈瑞医疗也在新兴业务(如微创外科、兽用器械、AED[①]、骨科等)发力,加快在这些领域的研发节奏。迈瑞医疗产品覆盖领域如图9.6所示。

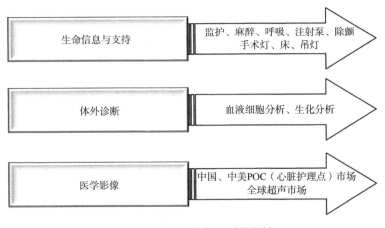

图 9.6　迈瑞医疗产品覆盖领域

资料来源:公司官网,作者整理

1)生命信息与支持业务

该业务为迈瑞医疗传统核心优势业务,2022年实现营业收入134.01亿元,同比增长20.15%(扣除抗疫相关产品后增长超过55%),营收占比为44.14%。产品主要包括监护仪、除颤仪、麻醉机、呼吸机、心电图机、手术床、手术灯、吊塔吊桥、输注泵,手术室、重症监护室整体解决方案等一系列用于生命信息监测

---

① AED 全称为 automated external defibrillator,自动体外除颤器。

与支持的仪器和解决方案的组合,以及包括外科腔镜摄像系统、冷光源、气腹机、光学内窥镜、微创手术器械及手术耗材等产品在内的微创外科系列产品。2008年,迈瑞医疗完成对美国 Datascope 公司生命信息监护业务的收购,成为全球监护仪第三大品牌。迈瑞医疗的监护仪是最成熟的品类之一,发展至今,已构成多个细分市场不同类型的产品组合,满足高中低终端不同客户需求,国内市场占有率第一,全球市场占有率第三,未来增长可期。在除颤领域,迈瑞医疗是最早推出除颤产品的国产企业,打破多项技术垄断,是国家除颤标准的制定者之一。而当前国内除颤仪的渗透率远低于美国、日本,有广阔的市场发展空间,因国内医疗新基建、常规采购复苏和种子业务 AED 高速增长,2021 年,迈瑞医疗除颤仪销量 113 078 台,同比增长 93.08%。

2）体外诊断业务

体外诊断是全球医疗器械第一大细分领域,市场容量大,从市场空间来看,超过其他两项业务的总体之和。此类产品是通过对人体样本(如血液、体液、组织等)的检测,而获取临床诊断信息,包括血液细胞分析仪、化学发光免疫分析仪、生化分析仪、凝血分析仪、尿液分析仪、微生物诊断系统等及相关试剂。2021年实现营业收入 84.49 亿元,同比增长 27.12%(扣除抗疫相关产品后增长超过40%),营收占比为 33.43%,其血球业务首次超越进口品牌成为国内第一,全球第三。2021 年,迈瑞医疗通过非同一控制下企业合并购买了全球顶尖的专业体外诊断上游原材料供应商 Hytest Invest Oy(海肽生物)及其下属子公司,将补强其原材料自研自产能力,有助于解决体外诊断上游原料供应"卡脖子"问题,优化上下游产业链的全球化布局。随着健康意识提升和分级诊疗推进,我国医疗检测需求持续增长,同时伴随着医改和控费的影响,进口替代仍是当前体外诊断赛道的主旋律。

3）医学影像业务

主要产品包括超声诊断系统、数字 X 射线成像系统和影像存储与传输系统(picture archiving and communication system,PACS)。在超声诊断系统领域,为医院、诊所、影像中心等提供从高端到低端的全系列超声诊断系统,以及逐步细分应用于放射、妇产、介入、急诊、麻醉、重症、肝纤等不同临床专业的专用解决方案。在数字 X 射线成像领域,公司为放射科、ICU(intensive care unit,加强监护病房)、急诊科提供包括移动式、双立柱式和悬吊式在内的多种数字化成像解决方案。2022 年实现营业收入 64.64 亿元,同比增长 19.14%,营收占比为21.37%,其超声业务首次超越进口品牌位列国内第二,而在国际市场上,受益于创新产品的推出和抗疫期间在欧洲、拉美等市场的拓展,公司的超声业务将全面开启从中低端客户向高端客户突破的征程。未来,迈瑞医疗将继续推进以临床客户需求为导向,开发完善妇产、心血管、麻醉、介入等临床解决方案,并通过对超高端超声领域的技术积累，实现高端客户群的全面突破，加速国产化率和市场份额的提升。

4）新兴业务

三大支柱业务之外，迈瑞医疗正在重点培育多项新兴业务。从中长期来看，迈瑞医疗将重点培育包括微创外科、动物医疗、骨科、AED 等细分赛道，同时积极探索超高端彩超、分子诊断等种子业务。迈瑞医疗董事长李西廷预计，以上四大高潜力业务多元化布局和技术突破，将会极大地拓展迈瑞医疗的可及市场和核心能力，成为公司未来新的增长极。

9.3.3　迈瑞医疗国际化历程

作为一家诞生于 1991 年的国产医疗器械公司，迈瑞医疗称得上是中国较早走出国门的企业之一，早在 2000 年便进军海外市场，国际化之路迄今为止已走过20 余年，其海外业务体量从 0 增长至 100 亿元，医疗器械产品从进口替代到全球替代，企业整体实力从全国第一向全球第一冲刺。迈瑞医疗的快速壮大，关键在于其内部精准战略部署、高效资本运用和坚持研发培养。

迈瑞医疗自 1991 年创办以来，便深耕医疗器械领域，因早期产品技术性障碍高，国内配套供应链相对不成熟，迈瑞医疗通过一系列产品和设计优化创新，向价格敏感度高的基层医疗市场推广低价且实用的医疗设备，避免与跨国公司正面竞争，从而打开基层医疗市场；经过不断的产品迭代和创新，迈瑞医疗逐步渗透进大城市医院和三甲医院；从制造到质造再到创造，最终实现全国 99% 三甲医院的市场渗透率。1995 年，迈瑞医疗获得德国 TÜV ISO9001 认证，公司质量得到国际质量管理体系标准认可，这为迈瑞医疗构建国际化的全面质量管理体系奠定了基础。从 1991 年到 2000 年，迈瑞医疗始终专注于国内市场的开拓，通过持续的产品创新、人才培养，积淀了走出国门必需的资本积累和产品升级。

具体而言，迈瑞医疗的国际化发展历程可以分为四个阶段：见树又见林，启海外宏图，归来仍是王者，乘"疫"势而勇为。

1. 2000～2005 年：起始期——见树又见林

2000 年，迈瑞医疗在国内中低端监护市场已站稳脚跟，市场占有率排名第三，仅次于安捷伦、GE 两大国际品牌，在国产品牌中属龙头企业。在对产品质量的严格把控和对技术能力的高标准要求下，2000 年迈瑞医疗通过了欧盟 CE 认证，产品出口得到欧洲合格认证标准认可，确保了迈瑞医疗在欧洲市场的产品声誉，提高了迈瑞医疗在国际医疗器械领域的品牌知名度，由此，迈瑞医疗正式开启国际化发展道路。

在敏锐捕捉到欧美大型医疗器械跨国公司对发展中国家市场和中低端产品市场重视程度不高的市场讯息后，迈瑞医疗采取与国内市场同样的"农村包围城市"策略。在国际化进程早期，将迭代升级的高性价比产品推向海外发展中国家及发达国家基础临床市场，基于前十年的国内基层渠道开拓经验积累和高质量的产品理念，迈瑞医疗迅速打开海外市场。在欧盟 CE 认证的加持下，迈瑞医疗海外市场的第一站为欧洲市场，主要集中在英国、德国等发达国家。在积累了一定的欧洲市场运作经验后，迈瑞医疗开始进军北美市场。在经营国际业务之初，迈瑞医疗既找 OEM 品牌商合作，提供代工服务；也找经销商合作，推广自有产品。经过海外市场的持续探索、研发的不断投入，2004 年迈瑞医疗的监护产品首次获得美国食品药品监督管理局产品证书，获准进入美国市场，其超声产品和检验产品先后于 2005 年、2007 年通过美国食品药品监督管理局产品证书的市场准入审核。

迈瑞医疗凭借着敏锐的市场嗅觉，在海外市场大胆拓展。至 2005 年，企业已初具规模，完成了前期重要的资本、渠道、研发生产经验积累，营收突破 10 亿元，自 2000 年开始，每年利润一直保持着超过 50%的增长率，形成了三大产线，进入了整体升级阶段。

2. 2006～2016 年：发展期——启海外宏图

2006 年，迈瑞医疗于美国纽约证券交易所上市，进一步提升了迈瑞医疗在海外市场的知名度和信赖度。此次美国上市，迈瑞医疗无形中向海外投资者传递信号：迈瑞医疗的产品值得信赖，迈瑞医疗的实力值得认可。迈瑞医疗大刀阔斧地进行海外市场的拓展，在 2006 年至 2016 年期间，公司先后建立 35 家境外子公司。其中涉及共建"一带一路"国家的共 12 家，按照时间顺序分别为：印度、新加坡、俄罗斯、印度尼西亚、土耳其、埃及、泰国、越南、马来西亚、南非、波兰、肯尼亚。在此阶段，迈瑞医疗开辟出了一番海外根据地，也绘制出迈瑞医疗全球产品采购、研发、制造、营销及服务体系的基础布局。

上市之后，迈瑞医疗还通过并购来扩展海外销售渠道，其中典型的收购案例之一为 2008 年迈瑞医疗收购美国 Datascope 生命信息监护业务，获得 Datascope 的销售和服务网络，以及 80 多人的本土研发团队。收购后，迈瑞医疗在美国 300 床以下中小医院监护市场占据 50%市场份额，迅速进入高端市场，其监护仪的市场份额也跃居全球第三，迈瑞医疗跻身全球第三大监护品牌。迈瑞医疗进行的另一场重要收购为 2013 年收购美国高端超声影像制造商 Zonare 公司，该公司在美国高端超声诊断系统方面排名第五，此次收购使得迈瑞医疗进入高端超声诊断市场。

由以上并购案例可以看出，迈瑞医疗进入"农村包围城市"策略的后半阶段——布局全球高端市场。但由于海外医院的商业体系与国内差异明显，仅靠海外分销及并购而来的业务还不足以真正让迈瑞医疗夯实全球化体系的基础。于是，从 2013 年起，迈瑞医疗开始在海外自建直销体系，并从管理、财务、行政、营销等维度全面启用海外的本地员工，开展本地化运营，融入各个海外市场的本土文化当中。

迈瑞医疗在原有技术积累下，多项技术打破进口的垄断，体系化研发工艺与技术结合创新，产品品类逐渐丰富。迈瑞医疗坚持持续高投入的研发，创造医疗器械行业 20 余个"第一"：中国第一台插件式高端多参数监护仪、中国第一台高速荧光五分类血液细胞分析系统、中国第一台自主研发中高端台式彩超、全球第一台大屏幕可旋转的智能监护仪……源源不断的产品研发和创新输出，推动迈瑞医疗不断发展。

3. 2017～2019 年：上升期——归来仍是王者

2016 年，迈瑞医疗完成企业股份制改革，退出纽约证券交易所，两年后，迈瑞医疗于 2018 年 10 月在深圳证券交易所创业板上市，募集资金总额为 59.3 亿元，创造了创业板上市公司有史以来的最高募资纪录。尽管国内主体境外收购可能会给企业新的国际收购带来身份认同和审批要求方面的约束，但迈瑞医疗的国际化之路依旧走得宽广、顺畅。这主要凭借迈瑞医疗的高效精细管理：建立一套成熟、精细的市场和渠道管理的全球体系，将市场切得更细、吃得更透、绑得更紧；同时加速高端客户群突破、产品全面渗透，实现高中低端市场的高渗透。

迈瑞医疗的销售模式主要包括直销和经销两种，海外市场的销售模式因地域差异而有所不同：在欧洲地区，根据不同国家的行业特点，采取直销和经销共存的销售模式；在美国市场，早期由当地经销商代理，发展至后期拥有自己的销售团队，以直销为主；在拉美及其他发展中国家和地区以经销为主。

4. 2020 年至今：突破期——乘"疫"势而勇为

2020 年，新冠疫情在全球范围内暴发，对于身处医疗器械行业的迈瑞医疗来说，这既是机遇也是挑战。海外疫情暴发后，迈瑞医疗火线驰援，为俄罗斯、意大利等多国提供战疫设备，并举行了 200 余场网络交流研讨会，组织武汉一线医院、北京协和医院、上海中山医院的行业内顶尖重症专家为全球的医生分享经验，实现"中国方案全球共享"。

疫情暴发后，迈瑞医疗作为国际化运营公司，切实发挥全球资源、网络、供应等优势，快速支援"战疫"一线，在保障设备的交付、安装、培训、售后支持等一系列服务的同时维持产品原价，在此基础上，迈瑞医疗成为首家线上连接国内外抗疫医院的桥梁，第一时间向全球共享中国宝贵的抗疫经验。经过疫情的考验，公司在国内和国际市场的品牌影响力和认知度得到了极大的提升。迈瑞医疗在海外出口近 20 年，海外高端亿元客户约为 600 家，而在疫情催化下，迈瑞医疗国际化加速，在国际市场上完成了 1500 多家高端客户突破，为公司全球化拓展打下了良好基础。

迈瑞医疗将持续进行国内营销和国际营销系统的深度整合，完善全球营销的矩阵式架构，完成客户细分和客户数据梳理，建立独家分销商规划、评审、签约机制，完善商机管理、费用管理、产品配置、价格体系等销售运营管理。

"三十而立"，迈瑞医疗已从医疗器械领域的跟随者成长为强有力的挑战者，正向着行业领先者迈进。站在新的起点上，迈瑞医疗朝着"全球医疗器械前 20 名"的卓越追求奋楫前行！

9.3.4　迈瑞医疗海外外部治理机制分析

相比于单一企业治理和集团治理，跨国公司所面临的治理挑战涉及更复杂的东道国制度文化差异、更多样的法律规制体系、更动荡的国际市场和技术环境。面对长距离、多文化、多层次的全球市场网络，跨国公司治理越来越重视企业内外合法性问题。由前文可知，企业依靠董事会、监事会、股东（大）会和高管团队等内部治理结构实现跨国公司和海外子公司的内部合法性获取。而对于外部合法性的获取，要求企业在跨越地理边界、制度边界、国家边界的基础上，接受企业外部的监督，包括外部利益相关者（东道国政府、国际行业协会、国际中介机构、科研院所和海外客户及供应商等）和全球媒体，从而获得东道国的接受或认可。因而，跨国公司的外部治理超出一般国内企业外部治理的范畴，涉及更多国际和区域利益相关者参与；同时受到不同国家和地区政治、法律、市场的差异影响，外部治理面临着更大的风险和挑战。

外部治理作为对迈瑞医疗的外部规范机制，受到外部利益相关者和全球媒体的影响。由于迈瑞医疗在进行"一带一路"国际产能合作过程中，海外布局分散多元，不同国家和地区的扩张进程和联系密度存在差异，我们选择创新生态系统视角，探索外部治理主体通过具体的外部治理机制对迈瑞医疗经营产生的协同作用。创新生态系统指的是以技术创新和发展为目标，由企业、学校、科研院所、金融机构及政府等创新利益相关者所构成的一个复杂的生态系统。

东道国政府在迈瑞医疗的外部治理中除了扮演政策法规制定者和市场秩序维持者的角色，其功能还体现在积极推动各主体联结，为企业与地区政府部门、专业机构、行业协会等牵线搭桥，实现信息、资源在各主体间的流动与共享。

国际行业协会和机构组织发挥着规范市场、知识扩散和引领作用，通过联合行业内全球经营企业和组织，制定行业标准规范全球市场，提供共同学习渠道和平台，并举办公益性项目给予跨越国界的医疗援助。

高校和科研院所作为医疗器械企业实现技术发展、经验交流的一大主体，在迈瑞医疗外部治理中起着信息传递和技术选择的作用，能够聚集全球先进技术和发展理念，强化与企业的成果转化，促进资源整合与共享。

海外客户及供应商在外部治理中的主要功能则体现在对迈瑞医疗全业务链协同管理支撑上，通过提出多样化需求、产品使用体验和技术经验交流，凝聚业务链外部相关方，促进迈瑞医疗的可持续发展。

全球媒体则在治理中扮演着信号传递、形象塑造和实时监督的角色。

东道国政府、国际行业协会和机构组织、高校和科研院所、海外客户及供应商和全球媒体等外部治理主体，通过利益协调机制、声誉机制和风险防范机制等具体外部治理机制对迈瑞医疗经营产生协同作用。

1. 外部治理机制一：以利益协调画迈瑞医疗之宏图

利益协调机制强调东道国政府、海外客户及供应商与迈瑞医疗之间利益分配和利益共享的规则和方法，是影响各主体积极性的重要因素。而多样化的异质性主体有着不同的价值取向。例如，东道国政府重视企业的惠民效应、税收增进和就业压力的缓解，海外客户及供应商更重视产品的需求满足和规模供应，而企业则对商业价值和品牌形象更为敏感。因而迈瑞医疗在海外经营和扩展过程中，不可避免地与当地政府、客户及供应商打交道，通过不断协调各主体的取向满足水平，反复谈判以达成各方可接受的利益分配方案。

在与东道国政府的互动中，迈瑞医疗秉持着"普及高端科技，让更多人分享优质生命关怀"的使命，将迈瑞医疗的高端技术和高质量产品带给共建"一带一路"国家。由于医疗技术资源在全球分布极不平衡，部分共建"一带一路"国家存在着缺乏技术人员、技术创新能力薄弱、医疗设施落后等问题，导致当地医疗卫生一直处于落后状态。迈瑞医疗通过跨国合作，在这些国家输出制造产能的同时，也分享着先进产品技术和针对性的解决方案，改善当地民生。而东道国政府也为提高地区医疗健康服务水平，积极发起业务合作、搭建交流平台。在缅甸和斯里兰卡，迈瑞医疗作为当地国家医疗系统可信赖的合作伙伴，与当地政府齐心协力，助力国家医疗系统的改善和建设，惠及当地百姓；在印度尼西亚、泰国、菲律宾，迈瑞医疗推动和协助当地卫生部方针策略实施，提高医院和科室的管理效率；在肯尼亚，迈瑞医疗与总统肯雅塔签署总价值为 8000 万美元的肯尼亚国家医疗中心项目，助力实现每位肯尼亚人民平等享受高质量的医疗服务；在南非，迈瑞医疗设备作为增进中国和南非友好交流的桥梁，由时任国务院副总理刘延东代表中国政府向 Stevebiko 医院捐赠。作为服务民生领域的重要一员，迈瑞医疗以其高质量产品和服务获得与多国政府的紧密合作与信任，在满足双方需求的基础上，有效协调利益分配，实现国家层面的利益共享和合作共赢。

在与海外客户及供应商的互动中，迈瑞医疗始终坚持着全业务链的协同发展，通过覆盖研发、采购、生产、服务、销售、上市后的管理体系，持续将端到端协同管理的价值发挥最大化。基于市场驱动和客户导向，迈瑞医疗的产品研发力求满足不同客户群体的多样化需求，提高用户使用体验；同时，由于不同医疗器械设备对使用能力要求较高，迈瑞医疗建立起一套覆盖全球、全方位、全时段、全过程的售后服务体系。对于海外客户，迈瑞医疗设立了三级技术支持架构，全球呼叫中心国际业务覆盖 22 个国家，100 余个驻地直属服务站点为客户提供现场服务和技术支持；提供了当地终端客户、渠道资源及售后技术培训服务。此外，迈瑞医疗建立了全球抱怨处理系统，联动处理全球各子公司的客户抱怨，确保所有抱怨得到及时、适宜的处理。在供应商协同管理方面，迈瑞医疗为确保采购科学性和利益分配公平性，设立三级采购管理委员会，以便全面、系统评估供应商；为确保沟通有效性和双方利益最大化，与战略供应商开展季度营运会议，将企业绩效考核结果、供应商发展方向及合作中遇到的问题传递至供应商高层，并针对行业发展展开技术交流，以实现双方合作可持续发展。

由此可以看出，面对海外客户及供应商，迈瑞医疗通过从研发端满足多样化需求、采购端确保公平评估、服务端提供技术支撑和问题解决，保障迈瑞医疗可持续发展，保证利益共享和利益分配公平。

2. 外部治理机制二：以声誉传播促迈瑞之海景

声誉机制涉及迈瑞医疗在"一带一路"国际产能合作中所呈现的企业形象和品牌信誉，主要运作于国际行业协会和机构组织、高校和科研院所、全球媒体与迈瑞医疗的互动中。良好的声誉可以提升其他主体对企业的信赖程度，尤其是对跨越地理边界、制度边界、组织和知识边界的跨国企业经营来说，可以有效降低多方主体协同合作的不确定性，约束成员机会主义行为。因此，树立良好声誉是迈瑞医疗释放友好合作信号的一种形式。迈瑞医疗通过联动国际行业协会、机构组织、高校和科研院所，推动跨界交融，以行业交流、学术碰撞、经验分享的方式，助力埃及、印度、尼日利亚、菲律宾等多个共建"一带一路"国家医疗水平的提升，实现价值创造和价值共享；同时，迈瑞医疗有效借用媒体这一舆论监督和舆论引导的技术手段，在规范企业行为、提高信息披露透明度的基础上，践行企业社会责任，实现价值传播，为促进人类健康贡献一份力量。

迈瑞医疗作为中国高端医疗器械行业的一大代表，要维持并发展核心竞争优势，必须不断进行产品研发和创新，同时积极构建和参与创新生态，与医疗器械产、学、研、用深度融合。由于不同国家文化、制度、理念、经济等方面存在差异，迈瑞医疗在进行"一带一路"国际产能合作过程中，因地制宜考虑不同背景和需求下的当地医疗发展，以提供、捐赠高性价比的医疗设备和开展免费培训的方式，在共建"一带一路"国家形成良好的声誉和一定的话语权。由此，迈瑞医疗联合国际行业协会、机构组织、高校和科研院所，搭建交流平台、共享顶尖资源，实现价值创造和价值共享。例如，在由复旦大学附属中山医院举办的"亚洲医学周"上，迈瑞医疗积极参与，同来自全球的医疗专家和学者深入探讨前沿理念和临床实践，并大力支持共建"一带一路"国家肿瘤防治联盟的成立，为共同推动人类健康、构建人类命运共同体贡献力量。此外，自 2018 年起，迈瑞医疗着手打造急麻重症的"雅典学院"，建立全球互通的交流平台，将可复制经验以课程化的形式加速传播推广；2020 年，迈瑞医疗协助中国医师协会超声医师分会开启中非超声学术交流合作新篇章，邀请加纳放射医师协会、肯尼亚超声学会以及坦桑尼亚放射医师协会，聚焦妇科相关领域，共同开展超声医师规范化培训课程；此外，迈瑞医疗在非洲与埃及当地顶尖大学及公立教学医院合作，共建培训中心与培训学校，协助当地医务人员掌握妇科医护技能，交流先进医疗经验，助力当地基层医疗建设；2022 年，迈瑞医疗联合开罗大学、亚历山大大学等顶尖埃及高校，启动"NEW ERA——Smart ERA 多中心"研究项目，精准、高效地辅助当地妇科临床诊疗。由此，迈瑞医疗通过构建"产学研医一体化"的实用型闭环，利用声誉机制，集聚全球顶尖医疗专家和学者，传递先进医疗经验和解决方案，发展医疗创新科技。

在专注于创新生态可持续发展的同时，迈瑞医疗传承"人类命运共同体"思想，以实际行动践行企业社会责任，致力于向世界传递温暖科技。从东南亚、东欧到非洲，迈瑞医疗与共建"一带一路"国家展开友好合作，参与非营利性医疗机构公益性项目：赴越南河内，为当地医生进行超声技术免费培训和义诊；长期支持微笑行动，为全球唇腭裂患儿提供更多的救助机会；参与波兰最大的非政府公益慈善组织，为儿童和新生婴儿提供公益援助；向泰国、塞尔维亚、津巴布韦等国家捐赠当地急需的医疗设备，而在与新冠疫情抗击的这三年时间里，迈瑞医疗更是肩负挽救生命的使命，尽最大努力保障全球人民健康。依靠 20 多年的海外积淀，迈瑞医疗的全球资源协作网络支撑起全球多个国家紧急交付抗疫急需的医疗设备，通过联动海外子公司及合作资源，及时、高效地生产、运输医疗用品和医疗设备；举办 200 多场全球抗疫经验分享和技术交流平台，联动国内一线抗疫专家和海外医疗机构，向世界传递亲身实践积累的最有效的防控经验和临床治疗方案，与波兰、巴西、非洲等伙伴国家和地区，共同筑建严密的生命防线。驰援全球抗疫速度和抗疫经验共享，使迈瑞医疗进一步获得全球医疗机构的广泛认可，迈瑞医疗的海外声誉得到超大幅度提升。迈瑞医疗年报显示，2020 年在国际市场完成了 700 多家高端客户的突破，超过了 20 年来国际市场高端客户数之和；2021 年在北美和欧洲突破上百家全新高端客户，另又有约 250 家已有高端客户实现了更多产品的横向突破；2021 年在新兴市场国家突破 600 余家全新高端客户，还有超过 450 家已有高端客户实现了更多产品的横向突破；2022 年上半年，迈瑞医疗在北美、欧洲、发展中国家等国际市场突破超过 400 家全新高端客户，另外还有接近 400 家已有高端客户实现横向突破。如此不俗的成绩，离不开迈瑞医疗在疫情期间呈现的优质品质和爆发的交付及售后支持速度，声誉机制作用并反作用于迈瑞医疗成长，加速实现全球化品牌推广。

3. 外部治理机制三：以风险防范护迈瑞医疗之屏障

风险防范机制是通过海外客户及供应商协同管理、全球媒体和监管部门监督，从事前、事中、事后三阶段加以防范，降低迈瑞医疗在国际化进程中所面临的各种风险，包括全球新冠疫情风险、经营管理风险、产品研发风险等。

受新冠疫情冲击，不同国家之间疫情防控形势呈现分化的局面，动态变化的疫情区和多样的防控政策，给迈瑞医疗海外子公司及办事处的采购、销售带来不利影响。对此，迈瑞医疗适时调整生产经营策略以应对疫情影响风险。通过搭建并不断优化医疗产品体系，持续向全球客户提供高质量、高性价比的产品解决方案，并积极进行产品横向突破，提升市场占有率。

经营管理和产品研发方面，经营规模的不断扩大对迈瑞医疗的合规经营、质量把控提出了更高要求，如果公司在经营管理过程中未能遵守法律和行业标准、无法确保产品品质等，将给企业的业务发展带来一定的风险。基于此，迈瑞医疗严格按照股东大会、董事会、监事会及高级管理层的治理架构进行规范运作，真实、准确、完整、及时、公平地进行信息披露。东方财富 Choice 数据显示，迈瑞医疗 2021 年合计机构接待量达到 3065 家次，成为唯一一家机构接待总量突破 3000 家次的公司。同时，迈瑞医疗建立严格的全面质量管理体系，在产品设计开发、采购、生产、销售和售后服务每个阶段对产品质量严格把关，保障产品的合规、安全和有效。迈瑞医疗坚持"早发现、早决策、早解决"的质量管理理念，建立了一套基于风险的，适应全球不同国家和地区的上市后监督体系，并持续完善全球召回决策机制。迈瑞医疗按照当地法律法规，建立了一系列适用于全球运营所在地产品不良事件以及产品召回相关的管理制度和程序。在采购方面，迈瑞医疗根据各国质量法规和标准，结合采购业务实际要求，对采购管理系统人员进行了针对性的质量培训，进一步提升采购质量体系的合规性，提高供应商审核和辅导能力，有力促进供应商管理和物料质量的提升。截至 2021 年 12 月 31 日，迈瑞医疗供应商通过质量、环境和职业健康安全管理体系认证的比率为 100%。

9.3.5　案例小结

本节主要分析迈瑞医疗参与"一带一路"国际产能合作的外部治理，迈瑞医疗作为中国医疗器械行业的领军企业，积极参与共建"一带一路"倡议，与共建国家开展广泛合作，共同推动全球医疗健康事业的发展。

本案例以创新生态系统视角，重点关注迈瑞医疗与外部利益相关者的治理机制，主要包括以下三个方面：一是利益协调机制，强调与东道国政府、海外客户及供应商的利益分配和利益共享。在与东道国政府的互动中，迈瑞医疗以其高质量产品和服务获得与多国政府的紧密合作，实现国家层面的利益共享和合作共赢；在与海外客户及供应商的合作中，迈瑞医疗始终坚持着全业务链的协同发展，研发端满足多样化需求、采购端确保公平评估、服务端提供技术支撑和问题解决，把握利益共享和利益分配公平。二是声誉机制，强调与国际行业协会和机构组织、高校和科研院所、全球媒体交流过程中所呈现的企业形象和品牌声誉。迈瑞医疗积极构建和参与创新生态系统建设，与医疗器械产、学、研、用深度融合，与国际行业协会、机构组织、高校和科研院所搭建交流平台，共享顶尖资源，实现价值创造和价值共享；认真践行企业社会责任，向世界传递迈瑞温暖。三是风险防范机制，强调与海外客户及供应商协同管理和全球监管部门监督。迈瑞医疗灵活调整生产经营策略以应对疫情的影响，严格遵守法律法规及行业标准规避经营风险，严格落实质量监督管理体系确保产品合规、安全，为推动全球医疗科技创新发展贡献力量。

参 考 文 献

白琳. 2011. 华友非洲淘金记[J]. 中国外汇，(10)：24-26.

鲍菲飞，胡豪. 2011. 从本土代理商到国际竞争者：深圳迈瑞医疗的经验与启示[J]. 企业活力，
  (5)：30-34.

蔡莉，鲁喜凤，单标安，等. 2018. 发现型机会和创造型机会能够相互转化吗?——基于多主体
  视角的研究[J]. 管理世界，34(12)：81-94，194.

蔡莉，杨亚倩，卢珊，等. 2019. 数字技术对创业活动影响研究回顾与展望[J]. 科学学研究，
  37(10)：1816-1824，1835.

蔡莉，杨亚倩，詹天悦，等. 2022-10-27. 数字经济下创新驱动创业过程中认知、行为和能力的
  跨层面作用机制：基于三一集团的案例研究[J/OL]. 南开管理评论：1-24.

陈劲，黄淑芳. 2014. 企业技术创新体系演化研究[J]. 管理工程学报，28(4)：218-227.

陈劲，杨硕，吴善超. 2023. 科技创新人才能力的动态演变及国际比较研究[J]. 科学学研究，
  41(6)：1096-1105.

陈凯华，冯泽，孙茜. 2020. 创新大数据、创新治理效能和数字化转型[J]. 研究与发展管理，
  32(6)：1-12.

陈凯华，汪寿阳，寇明婷. 2015. 三阶段组合效率测度模型与技术研发效率测度[J]. 管理科学学
  报，18(3)：31-44.

陈凯华，张艺，穆荣平. 2017. 科技领域基础研究能力的国际比较研究：以储能领域为例[J]. 科
  学学研究，35(1)：34-44.

陈仕华，郑文全. 2010. 公司治理理论的最新进展：一个新的分析框架[J]. 管理世界，(2)：156-166.

陈晓红，李杨扬. 2015. 小企业金融服务专营机构融资审批效率提升问题研究[J]. 经济科学，(6)：
  103-116.

陈学光，俞红，樊利钧. 2010. 研发团队海外嵌入特征、知识搜索与创新绩效：基于浙江高新技
  术企业的实证研究[J]. 科学学研究，28(1)：151-160.

陈衍泰，等. 2024. 民营企业参与"一带一路"国际产能合作战略研究[M]. 北京：经济科学出
  版社.

陈衍泰，范彦成，汤临佳，等. 2018. 开发利用型海外研发区位选择的影响因素：基于国家距离
  视角[J]. 科学学研究，36(5)：847-856，954.

陈衍泰，李欠强，王丽，等. 2016. 中国企业海外研发投资区位选择的影响因素：基于东道国制
  度质量的调节作用[J]. 科研管理，37(3)：73-80.

陈衍泰，李新剑，范彦成. 2020. 企业海外研发网络边界拓展的非线性演化研究[J]. 科学学研究，

38(2)：266-275.

陈衍泰，厉婧，程聪，等. 2021. 海外创新生态系统的组织合法性动态获取研究：以"一带一路"海外园区领军企业为例[J]. 管理世界，37(8)：161-180.

陈衍泰，齐超，厉婧，等. 2021. "一带一路"倡议是否促进了中国对沿线新兴市场国家的技术转移?——基于 DID 模型的分析[J]. 管理评论，33(2):87-96.

陈衍泰，吴哲，范彦成，等. 2017. 新兴经济体国家工业化水平测度的实证分析[J]. 科研管理，38(3)：77-85.

程聪，谢洪明，池仁勇. 2017. 中国企业跨国并购的组织合法性聚焦：内部，外部，还是内部+外部?[J]. 管理世界，(4)：158-173.

崔晓杨，闫冰倩，乔晗，等. 2016. 基于"微笑曲线"的全产业链商业模式创新：万达商业地产案例[J]. 管理评论，28(11)：264-272.

戴晓峻. 2008. 我国矿产资源企业跨国经营的适应性机制研究[D]. 北京：中国地质大学（北京）.

国务院发展研究中心"一带一路"课题组. 2020. 构建"一带一路"产能合作网络[M]. 北京：中国发展出版社.

华阳. 2019. "一带一路"背景下江苏民营企业国际化战略发展分析：以红豆集团有限公司为例[J]. 现代商贸工业，40(36)：6-7.

贾镜渝，孟妍. 2022. 经验学习、制度质量与国有企业海外并购[J]. 南开管理评论，25(3)：49-63.

焦豪，崔瑜，张亚敏. 2023. 数字基础设施建设与城市高技能创业人才吸引[J]. 经济研究，58(12)：150-166.

焦豪，焦捷，刘瑞明. 2017. 政府质量、公司治理结构与投资决策：基于世界银行企业调查数据的经验研究[J]. 管理世界，(10)：66-78.

焦豪，杨季枫，应瑛. 2021. 动态能力研究述评及开展中国情境化研究的建议[J]. 管理世界，37(5)：191-210，14，22-24.

焦豪，杨季枫. 2019. 政治策略、市场策略与企业成长价值：基于世界银行的企业调查数据[J]. 经济管理，41(2)：5-19.

孔建勋，赵姝岚. 2013. 大国在泰国的国家形象：基于亚洲民主动态调查的跨国比较[J]. 华侨大学学报(哲学社会科学版)，(2)：15-23.

李红蕾. 2017. 中国在柬埔寨投资的现状、特点及问题研究[D]. 广州：暨南大学.

李康宏，林润辉，宋泾溧，等. 2017. 制度落差与中国跨国企业海外进入模式关系研究[J]. 运筹与管理，26(12)：189-199.

李维安，郝臣，崔光耀，等. 2019. 公司治理研究 40 年：脉络与展望[J]. 外国经济与管理，41(12)：161-185.

李维安. 2014. 中国公司治理与发展报告 2013[M]. 北京：北京大学出版社.

李雪灵，万妮娜. 2016. 跨国企业的合法性门槛：制度距离的视角[J]. 管理世界，(5):184-185.

李元旭，胡亚飞. 2021.新兴市场企业的跨界整合战略：研究述评与展望[J]. 外国经济与管理，43(10)：85-102.

厉娜. 2019. 经济全球背景下跨国公司治理理论框架研究[J]. 现代管理科学，(6)：26-29.

林海芬, 苏敬勤. 2012a. 动态能力对管理创新过程效力影响实证研究[J]. 科学学研究, 30(12): 1900-1909.

林海芬, 苏敬勤. 2012b. 管理创新效力机制研究: 基于动态能力观视角的研究框架[J]. 管理评论, 24(3): 49-57.

林润辉, 李飞, 桂原, 等. 2019. 企业高管团队影响跨国并购模式选择研究: 特征驱动还是角色使然[J]. 科学学与科学技术管理, 40(7): 88-104.

林润辉, 宋泾溧, 李康宏, 等. 2015. 多元化战略下制度距离与股权进入模式选择的关系研究[J]. 预测, 34(4): 1-7.

林志峰. 2017. 我国镍资源安全及国际化战略研究[D]. 昆明: 昆明理工大学.

刘刚, 王丹, 李佳. 2017. 高管团队异质性、商业模式创新与企业绩效[J]. 经济与管理研究, 38(4): 105-114.

刘慧, 顾伟男, 刘卫东, 等. 2020. 中欧班列对企业生产组织方式的影响: 以 TCL 波兰工厂为例[J]. 地理学报, 75(6): 1159-1169.

刘睿文. 2021. 动态能力视角下价值链升级对企业绩效的影响路径及效果研究: 以均胜电子为例[D]. 呼和浩特: 内蒙古财经大学.

刘晓光, 杨连星. 2016. 双边政治关系、东道国制度环境与对外直接投资[J]. 金融研究, (12): 17-31.

隆国强. 2019. 在高质量发展中提升民营经济[J]. 发展研究, (8): 4-8.

卢潇潇, 梁颖. 2020. "一带一路"基础设施建设与全球价值链重构[J]. 中国经济问题, (1): 11-26.

罗雨泽, 罗来军, 陈衍泰. 2016. 高新技术产业 TFP 由何而定?——基于微观数据的实证分析[J]. 管理世界, (2): 8-18.

吕萍, 郭晨曦. 2015. 治理结构如何影响海外市场进入模式决策: 基于中国上市公司对欧盟主要发达国家对外直接投资的数据[J]. 财经研究, 41(3): 88-99.

吕越, 陆毅, 吴嵩博, 等. 2019. "一带一路"倡议的对外投资促进效应: 基于 2005—2016 年中国企业绿地投资的双重差分检验[J]. 经济研究, 54(9): 187-202.

盛斌, 杨丽丽. 2014. 企业国际化动态能力的维度及绩效作用机理: 一个概念模型[J]. 东南大学学报 (哲学社会科学版), 16(6): 48-53, 143.

唐雯. 2021. 科技型中小企业创新生态系统构建机制研究[J]. 技术经济与管理研究, (3): 35-39.

王礼. 2013. 我国国有矿业企业"走出去"战略研究[D]. 北京: 中国地质大学 (北京).

王英霞. 2016. 红豆集团的国际化战略分析[J]. 现代商业, (22): 116-117.

王永贵, 洪傲然. 2020. 千篇一律还是产品定制: "一带一路"背景下中国企业跨国渠道经营研究[J]. 管理世界, 36(12): 110-127.

王永贵, 李霞. 2022. 中国管理案例研究 40 年: 系统回顾、问题反思、对策建议与展望[J]. 南开管理评论, 25(6): 4-18, 28.

王永贵, 李霞. 2023. 促进还是抑制: 政府研发补助对企业绿色创新绩效的影响[J]. 中国工业经济, (2): 131-149.

王永贵, 汪淋淋, 李霞. 2023. 从数字化搜寻到数字化生态的迭代转型研究: 基于施耐德电气数字化转型的案例分析[J]. 管理世界, 39(8): 91-114.

魏江, 应瑛, 潘秋玥, 等. 2016. 创新全球化: 中国企业的跨越 (案例辑) [M]. 北京: 科学出版社.

温灏. 2017. 推动境外园区合作共赢的战略思考[J]. 国际工程与劳务, (10): 20-25.

闻君. 2020. 我国石化企业"走出去"实践探析: 以恒逸石化为例[D]. 南昌: 江西财经大学.

吴航, 陈劲. 2023-09-12. 跨国并购整合过程中的制度复杂性战略响应: 创新效应与匹配情景[J/OL]. 管理工程学报, (2): 1-11.

吴先明. 2017. 企业特定优势、国际化动因与海外并购的股权选择: 国有股权的调节作用[J]. 经济管理, 39(12): 41-57.

吴瑶, 夏正豪, 胡杨颂, 等. 2022. 基于数字化技术共建"和而不同"动态能力: 2011~2020年索菲亚与经销商的纵向案例研究[J]. 管理世界, 38(1): 144-164, 206.

武常岐. 2015. 中国企业国际化战略: 案例研究[M]. 北京: 北京大学出版社.

袭讯, 陈劲. 2024-01-26. OFDI 与中国投资企业技术进步: 基于结构视角下的质性分析[J/OL]. 科学学研究: 1-15.

谢洪明, 章俨, 刘洋, 等. 2019. 新兴经济体企业连续跨国并购中的价值创造: 均胜集团的案例[J]. 管理世界, 35(5): 161-178+200.

徐迎新, 刘耀中. 2015. 中国纺织工业"走出去"进展与重点关注[J]. 纺织导报, (6): 42, 44-48.

薛澜, 陈衍泰, 何晋秋, 等. 2015. 科技全球化与中国发展[M]. 北京: 清华大学出版社.

薛求知, 侯仕军. 2005. 海外子公司定位研究: 从总部视角到子公司视角[J]. 南开管理评论, (4): 33-36.

杨连星, 刘晓光, 张杰. 2016. 双边政治关系如何影响对外直接投资: 基于二元边际和投资成败视角[J]. 中国工业经济, (11): 56-72.

张安淇, 李元旭. 2020. 互联网知识共享平台信息过载效应与弱化机制: 基于知乎的案例研究[J]. 情报科学, 38(1): 24-29, 41.

张春华. 2008. 华友钴业: 清洁生产实现经济环境效益双赢[J]. WTO 经济导刊, (10): 50-52.

张贵, 温科, 宋新平, 等. 2018. 创新生态系统: 理论与实践[M]. 北京: 经济管理出版社.

张竹, 谢绚丽, 武常岐, 等. 2016. 本土化还是一体化: 中国跨国企业海外子公司网络嵌入的多阶段模型[J]. 南开管理评论, 19(1): 16-29.

赵德森. 2016. 中国对东盟投资项目风险生成及防控机制: 基于东道国利益相关者的分析[J]. 经济问题探索, (7): 159-164.

周常宝, 林润辉, 李康宏, 等. 2016. 跨国公司海外子公司治理研究新进展[J]. 外国经济与管理, 38(5): 99-112.

祝继高, 王谊, 汤谷良. 2019. "一带一路"倡议下中央企业履行社会责任研究: 基于战略性社会责任和反应性社会责任的视角[J]. 中国工业经济, (9): 174-192.

祝继高, 王谊, 汤谷良. 2021. "一带一路"倡议下的对外投资: 研究述评与展望[J]. 外国经济与管理, 43(3): 119-134.

Acevedo J, Díaz-Molina I. 2019. Exploration and exploitation in Latin American firms: the determinants of organizational ambidexterity and the country effect[J]. Journal of Technology Management & Innovation, 14(4): 6-16.

Adner R, Helfat C E. 2003. Corporate effects and dynamic managerial capabilities[J]. Strategic Management Journal, 24(10): 1011-1025.

Anderson E, Gatignon H. 1986. Modes of foreign entry: a transaction cost analysis and propositions [J]. Journal of International Business Studies, 17: 1-26.

Andersson U, Forsgren M, Holm U. 2002. The strategic impact of external networks: subsidiary performance and competence development in the multinational corporation[J]. Strategic Management Journal, 23(11): 979-996.

Anwar S, Nguyen L P. 2011. Foreign direct investment and export spillovers: evidence from Vietnam[J]. International Business Review, 20(2): 177-193.

Arndt F, Fourné S P L, MacInerney-May K. 2018. The merits of playing it by the book: routine versus deliberate learning and the development of dynamic capabilities[J]. Industrial and Corporate Change, 27(4): 723-743.

Arndt F, Pierce L. 2018. The behavioral and evolutionary roots of dynamic capabilities[J]. Industrial and Corporate Change, 27(2): 413-424.

Augier M, Teece D J.2007. Dynamic capabilities and multinational enterprise: Penrosean insights and omissions[J]. Management International Review, 47(2): 175-192.

Autio E. 2017. Strategic entrepreneurial internationalization: a normative framework[J]. Strategic Entrepreneurship Journal, 11(3): 211-227.

Barney J. 1991. Firm resources and sustained competitive advantage[J]. Journal of Management, 17(1): 99-120.

Barney J B. 2001. Resource-based theories of competitive advantage: a ten-year retrospective on the resource-based view[J]. Journal of Management, 27(6): 643-650.

Belderbos R, Tong T W, Wu S B. 2019. Multinational investment and the value of growth options: alignment of incremental strategy to environmental uncertainty[J]. Strategic Management Journal, 40(1): 127-152.

Bingham C B, Heimeriks K H, Schijven M, et al. 2015. Concurrent learning: how firms develop multiple dynamic capabilities in parallel[J]. Strategic Management Journal, 36(12): 1802-1825.

Birkinshaw J, Morrison A, Hulland J. 1995. Structural and competitive determinants of a global integration strategy[J]. Strategic Management Journal, 16(8): 637-655.

Birkinshaw J M, Morrison A J. 1995. Configurations of strategy and structure in subsidiaries of multinational corporations[J]. Journal of International Business Studies, 26(4): 729-753.

Brucks M, Zeithaml V A, Naylor G. 2000. Price and brand name as indicators of quality dimensions for consumer durables[J]. Journal of the Academy of Marketing Science, 28(3): 359-374.

Buckley P J, Devinney T M, Louviere J J. 2007. Do managers behave the way theory suggests? A choice-theoretic examination of foreign direct investment location decision-making[J]. Journal of International Business Studies，38(7)：1069-1094.

Carpenter M A，Sanders W G. 2004. The effects of top management team pay and firm internationalization on MNC performance[J]. Journal of Management，30(4)：509-528.

Chang J J，Hung K P，Lin M J J. 2014. Knowledge creation and new product performance：the role of creativity[J]. R & D Management，44(2)：107-123.

Chao M C H，Kumar V. 2010. The impact of institutional distance on the international diversity-performance relationship[J]. Journal of World Business，45(1)：93-103.

Chen H，Chiang R H L，Storey V C. 2012. Business intelligence and analytics：from big data to big impact[J]. MIS Quarterly，36(4)：1165-1188.

Chi T L，Li J，Trigeorgis L G，et al. 2019. Real options theory in international business[J]. Journal of International Business Studies，50：525-553.

Chironga M，Leke A，Lund S，et al. 2011. Cracking the next growth market：Africa[J]. Harvard Business Review，89(5)：117-122.

Christensen C M，Kaufman S P，Shih W C. 2010. Innovation Killers：How Financial Tools Destroy Your Capacity to Do New Things[M]. Boston：Harvard Business Review Press.

Chung K L. 2000. A Course in Probability Theory[M]. 3rd ed. San Diego：Academic Press.

Cornely O A，Alastruey-Izquierdo A，Arenz D，et al. 2019. Global guideline for the diagnosis and management of mucormycosis：an initiative of the European Confederation of Medical Mycology in cooperation with the Mycoses Study Group Education and Research Consortium[J]. The Lancet Infectious Diseases，19(12)：e405-e421.

Corrêa R O，Bueno E V，Kato H T，et al. 2019. Dynamic managerial capabilities：scale development and validation[J]. Managerial and Decision Economics，40(1)：3-15.

Coviello N. 2015. Re-thinking research on born globals[J]. Journal of International Business Studies，46：17-26.

Cui L，Li Y，Meyer K E，et al. 2015. Leadership experience meets ownership structure：returnee managers and internationalization of emerging economy firms[J]. Management International Review，55：355-387.

Cyert R M，March J G. 1963. A Behavioral Theory of the Firm[M]. Englewood Cliffs：Prentice Hall.

Deng P. 2009. Why do Chinese firms tend to acquire strategic assets in international expansion?[J]. Journal of World Business，44(1)：74-84.

Dikova D，Sahib P R，van Witteloostuijn A. 2010. Cross-border acquisition abandonment and completion：the effect of institutional differences and organizational learning in the international business service industry，1981-2001[J]. Journal of International Business Studies，41(2)：223-245.

Dimitratos P，Lioukas S，Ibeh K I N，et al. 2010. Governance mechanisms of small and medium enterprise international partner management[J]. British Journal of Management，21(3)：754-771.

Donada C，Nogatchewsky G，Pezet A. 2016. Understanding the relational dynamic capabilitybuilding process[J]. Strategic Organization，14(2)：93-117.

Duanmu J L. 2012. Firm heterogeneity and location choice of Chinese multinational enterprises (MNEs)[J]. Journal of World Business，47(1)：64-72.

Dunning J H. 1977. Trade，location of economic activity and the MNE：a search for an eclectic approach[J]. The International Allocation of Economic Activity：395-418.

Dunning J H. 2000. The eclectic paradigm as an envelope for economic and business theories of MNE activity[J]. International Business Review，9(2)：163-190.

Eisenhardt K M，Martin J A. 2000. Dynamic capabilities：what are they?[J]. Strategic Management Journal，21(10/11)：1105-1121.

Ethiraj S K，Kale P，Krishnan M S，et al. 2005. Where do capabilities come from and how do they matter?：a study in the software services industry[J]. Strategic Management Journal，26(1)：25-45.

Fainshmidt S，Pezeshkan A，Lance Frazier M，et al. 2016. Dynamic capabilities and organizational performance：a meta-analytic evaluation and extension[J]. Journal of Management Studies，53(8)：1348-1380.

Felin T，Powell T C. 2016. Designing organizations for dynamic capabilities[J]. California Management Review，58(4)：78-96.

Fias S，Fowler P W，Delgado J L，et al. 2008. Correlation of delocalization indices and current-density maps in polycyclic aromatic hydrocarbons[J]. Chemistry-A European Journal，14(10)：3093-3099.

Freeman R B. 1984. Unionism comes to the public sector[J]. Journal of National Bureau of Economic Research，24：41-86.

Giannetti M，Liao G M，Yu X Y. 2015. The brain gain of corporate boards：evidence from China[J]. The Journal of Finance，70(4)：1629-1682.

Gomes-Casseres B. 1989. Ownership structures of foreign subsidiaries：theory and evidence[J]. Journal of Economic Behavior & Organization，11(1)：1-25.

Graham C A，Sanders S A，Milhausen R R，et al. 2004. Turning on and turning off：a focus group study of the factors that affect women's sexual arousal[J]. Archives of Sexual Behavior，33：527-538.

Hambrick D C，Mason P A. 1984. Upper echelons：the organization as a reflection of its top managers[J]. Academy of Management Review，9(2)：193-206.

Hansen G S，Wernerfelt B. 1989. Determinants of firm performance：the relative importance of economic and organizational factors[J]. Strategic Management Journal，10(5)：399-411.

Hatch N W，Dyer J H. 2004. Human capital and learning as a source of sustainable competitive advantage[J]. Strategic Management Journal，25(12)：1155-1178.

He Z L，Wong P K. 2004. Exploration vs. exploitation：an empirical test of the ambidexterity hypothesis[J]. Organization Science，15(4)：481-494.

Helfat C E, Peteraf M A. 2003. The dynamic resource-based view: capability lifecycles[J]. Strategic Management Journal, 24(10): 997-1010.

Helfat C E, Raubitschek R S. 2018. Dynamic and integrative capabilities for profiting from innovation in digital platform-based ecosystems[J]. Research Policy, 47(8): 1391-1399.

Helfat C E, Winter S G. 2011. Untangling dynamic and operational capabilities: strategy for the (N)ever-changing world[J]. Strategic Management Journal, 32(11): 1243-1250.

Herrmann P, Datta D K. 2002. CEO successor characteristics and the choice of foreign market entry mode: an empirical study[J]. Journal of International Business Studies, 33: 551-569.

Herstad S J, Aslesen H W, Ebersberger B. 2014. On industrial knowledge bases, commercial opportunities and global innovation network linkages[J]. Research Policy, 43(3): 495-504.

Hodgkinson G P, Healey M P. 2011. Psychological foundations of dynamic capabilities: reflexion and reflection in strategic management[J]. Strategic Management Journal, 32(13): 1500-1516.

Huy Q, Zott C. 2019. Exploring the affective underpinnings of dynamic managerial capabilities: how managers' emotion regulation behaviors mobilize resources for their firms[J].Strategic Management Journal, 40(1): 28-54.

Inkpen A C, Tsang E W K. 2005. Social capital, networks, and knowledge transfer[J]. Academy of Management Review, 30(1): 146-165.

Jansen J J P, van den Bosch F A J, Volberda H W. 2006. Exploratory innovation, exploitative innovation, and performance : effects of organizational antecedents and environmental moderators[J]. Management Science, 52(11): 1661-1674.

Jensen M C. 1993. The modern industrial revolution, exit, and the failure of internal control systems[J]. The Journal of Finance, 48(3): 831-880.

Kedia B L, Mukherjee D. 2009. Understanding offshoring: a research framework based on disintegration, location and externalization advantages[J]. Journal of World Business, 44(3): 250-261.

Killen C P, Jugdev K, Drouin N, et al. 2012. Advancing project and portfolio management research: applying strategic management theories[J]. International Journal of Project Management, 30(5): 525-538.

Knickerbocker F T. 1973. Oligopolistic reaction and multinational enterprise[J]. The International Executive, 15(2): 7-9.

Knight G A, Cavusgil S T. 2004. Innovation, organizational capabilities, and the born-global firm[J]. Journal of International Business Studies, 35(2): 124-141.

Knight G A, Liesch P W. 2016. Internationalization: from incremental to born global[J]. Journal of World Business, 51(1): 93-102.

Ko D W W, Chen Y T, Chen D C H S, et al. 2021. Proactive environmental strategy, foreign institutional pressures, and internationalization of Chinese SMEs[J]. Journal of World Business, 56(6): 101247.

Kogut B. 1989. Research notes and communications a note on global strategies[J]. Strategic Management Journal, 10(4): 383-389.

Kogut B, Kulatilaka N. 1994. Operating flexibility, global manufacturing, and the option value of a multinational network[J]. Management Science, 40(1): 123-139.

Kostova T, Roth K. 2002. Adoption of an organizational practice by subsidiaries of multinational corporations: institutional and relational effects[J]. Academy of Management Journal, 45(1): 215-233.

Kotabe M. 2002. To kill two birds with one stone: Revisiting the integration-responsiveness framework[J]. Advances in Comparative International Management, 14: 57-67.

Kunisch S, Menz M, Cannella Jr A A. 2019. The CEO as a key microfoundation of global strategy: task demands, CEO origin, and the CEO's international background[J]. Global Strategy Journal, 9(1): 19-41.

Ledesma-Chaves P, Arenas-Gaitán J, Garcia-Cruz R. 2020. International expansion: mediation of dynamic capabilities[J]. Marketing Intelligence & Planning, 38(5): 637-652.

Leiblein M J. 2011. What do resource-and capability-based theories propose?[J]. Journal of Management, 37(4): 909-932.

Leiponen A, Helfat C E. 2010. Innovation objectives, knowledge sources, and the benefits of breadth[J]. Strategic Management Journal, 31(2): 224-236.

Li T, Chan Y E. 2019. Dynamic information technology capability: concept definition and framework development[J]. The Journal of Strategic Information Systems, 28(4): 101575.

Liao S Q, Liu Z Y, Ma C L. 2019. Direct and configurational paths of open innovation and organisational agility to business model innovation in SMEs[J]. Technology Analysis & Strategic Management, 31(10): 1213-1228.

Lisboa A, Skarmeas D, Lages C. 2011. Entrepreneurial orientation, exploitative and explorative capabilities, and performance outcomes in export markets: a resource-based approach[J]. Industrial Marketing Management, 40(8): 1274-1284.

Luo Y D. 2002. Contract, cooperation, and performance in international joint ventures[J]. Strategic Management Journal, 23(10): 903-919.

Luo Y D. 2005. Corporate governance and accountability in multinational enterprises: concepts and agenda[J]. Journal of International Management, 11(1): 1-18.

Mahoney J T, Pandian J R. 1992. The resource-based view within the conversation of strategic management[J]. Strategic Management Journal, 13(5): 363-380.

Maksimov V, Wang S L, Yan S. 2022. Global connectedness and dynamic green capabilities in MNEs[J]. Journal of International Business Studies, 53: 723-740.

Masulis R W, Wang C, Xie F. 2012. Globalizing the boardroom: the effects of foreign directors on corporate governance and firm performance[J]. Journal of Accounting and Economics, 53(3): 527-554.

McGahan A M, Victer R. 2010. How much does home country matter to corporate profitability?[J]. Journal of International Business Studies, 41: 142-165.

Meyer K E, Estrin S, Bhaumik S K, et al. 2009. Institutions, resources, and entry strategies in emerging economies[J]. Strategic Management Journal, 30(1): 61-80.

Mikalef P, Pateli A. 2017. Information technology-enabled dynamic capabilities and their indirect effect on competitive performance: findings from PLS-SEM and fsQCA[J]. Journal of Business Research, 70: 1-16.

Morgan N A, Vorhies D W, Mason C H. 2009. Market orientation, marketing capabilities, and firm performance[J]. Strategic Management Journal, 30(8): 909-920.

Musteen M, Datta D K, Herrmann P. 2009. Ownership structure and CEO compensation: implications for the choice of foreign market entry modes[J]. Journal of International Business Studies, 40(2): 321-338.

Myers S C. 1977. Determinants of corporate borrowing[J]. Journal of Financial Economics, 5(2): 147-175.

Nelson R R, Winter S G. 1982. The Schumpeterian tradeoff revisited[J]. American Economic Review, 72(1): 114-132.

O'Reilly C A III, Tushman M L. 2013. Organizational ambidexterity: past, present, and future[J]. Academy of Management Perspectives, 27(4): 324-338.

Oliveira R H, Figueira A R, Pinhanez M. 2018. Uppsala model: a contingent theory to explain the rise of EMNEs[J]. Revista Eletrônica de Negócios Internacionais: Internext, 13(2): 30-42.

Peng M Y P, Lin K H. 2021. International networking in dynamic internationalization capability: the moderating role of absorptive capacity[J]. Total Quality Management & Business Excellence, 32(9/10): 1065-1084.

Piao M, Zajac E J. 2016. How exploitation impedes and impels exploration: theory and evidence[J]. Strategic Management Journal, 37(7): 1431-1447.

Pinho J C, Prange C. 2016. The effect of social networks and dynamic internationalization capabilities on international performance[J]. Journal of World Business, 51(3): 391-403.

Pisano G P. 2017. Toward a prescriptive theory of dynamic capabilities: connecting strategic choice, learning, and competition[J]. Industrial and Corporate Change, 26(5): 747-762.

Prange C, Verdier S. 2011. Dynamic capabilities, internationalization processes and performance[J]. Journal of World Business, 46(1): 126-133.

Puranam P, Singh H, Zollo M. 2006. Organizing for innovation: managing the coordination-autonomy dilemma in technology acquisitions[J]. Academy of Management Journal, 49(2): 263-280.

Ramachandran J, Pant A. 2010. The Liabilities of Origin: An Emerging Economy Perspective on the Costs of Doing Business Abroad[M]//Devinney T M, PedersenT. The Past, Present and Future of International Business & Management. London: Emerald Group Publishing Limited.

Ramamurti R, Hillemann J. 2018. What is "Chinese" about Chinese multinationals?[J]. Journal of

International Business Studies, 49: 34-48.

Ramón-Llorens M C, García-Meca E, Duréndez A. 2017. Influence of CEO characteristics in family firms internationalization[J]. International Business Review, 26(4): 786-799.

Riechmann L, Winter G. 2006. Early protein evolution: building domains from ligand-binding polypeptide segments[J]. Journal of Molecular Biology, 363(2): 460-468.

Roberts N, Grover V. 2012. Investigating firm's customer agility and firm performance: the importance of aligning sense and respond capabilities[J]. Journal of Business Research, 65(5): 579-585.

Ross D. 2016. Philosophy of Economics[M]. Berlin: Springer.

Salge T O, Vera A. 2013. Small steps that matter: incremental learning, slack resources and organizational performance[J]. British Journal of Management, 24(2): 156-173.

Sambo A, Prof A, Abdul M, et al. 2012.Tangible resources and export performance of SMES in the Nigerian leather industry: the moderating role of firm size[J]. International Journal of Academic Research in Economics and Management Sciences, 1(5): 235-247.

Schumpeter J, Backhaus U. 1934. The Theory of Economic Development[M]//Backhaus J G, Chaloupek G, Frambach H A. The European Heritage in Economics and the Social Sciences. Boston: Springer: 61-116.

Sekiguchi T, Bebenroth R, Li D H. 2011. Nationality background of MNC affiliates' top management and affiliate performance in Japan: knowledge-based and upper echelons perspectives[J]. The International Journal of Human Resource Management, 22(5): 999-1016.

Serapio M G, Dalton D H. 1999. Globalization of industrial R&D: an examination of foreign direct investments in R&D in the United States[J]. Research Policy, 28(2/3): 303-316.

Shamsie J, Martin X, Miller D. 2009. In with the old, in with the new: capabilities, strategies, and performance among the Hollywood studios[J]. Strategic Management Journal, 30(13): 1440-1452.

Simon H A. 1947. Administrative Behavior: A Study of Decision-Making Processes in Administrative Organizations[M]. New York: Macmillan.

Song J, Lee K, Khanna T. 2016. Dynamic capabilities at Samsung: optimizing internal co-opetition[J]. California Management Review, 58(4): 118-140.

Spyropoulou S, Katsikeas C S, Skarmeas D, et al. 2018. Strategic goal accomplishment in export ventures: the role of capabilities, knowledge, and environment[J]. Journal of the Academy of Marketing Science, 46: 109-129.

Stelzer S, Basso W, Benavides Silván J, et al. 2019. Toxoplasma gondii infection and toxoplasmosis in farm animals: risk factors and economic impact[J]. Food and Waterborne Parasitology, 15: e00037.

Swoboda B, Olejnik E. 2016. Linking processes and dynamic capabilities of international SMEs: the mediating effect of international entrepreneurial orientation[J]. Journal of Small Business

Management，54(1)：139-161.

Taleb N N. 2008-09-14.The fourth quadrant：a map of the limits of statistics[EB/OL]. https://www. edge. org/conversation/nassim_nicholas_taleb-the-fourth-quadrant-a-map-of-the-limits-of- statistics.

Tallman S，Fladmoe-Lindquist K. 2002. Internationalization，globalization，and capability-based strategy[J]. California Management Review，45(1)：116-135.

Tan J. 2016. The Performance of entrepreneurially oriented organisations[J]. Otago Management Graduate Review，14：93-101.

Teece D J. 2007. Explicating dynamic capabilities：the nature and microfoundations of (sustainable) enterprise performance[J]. Strategic Management Journal，28(13)：1319-1350.

Teece D J. 2014a. The foundations of enterprise performance：dynamic and ordinary capabilities in an (economic) theory of firms[J]. Academy of Management Perspectives，28(4)：328-352.

Teece D J. 2014b. A dynamic capabilities-based entrepreneurial theory of the multinational enterprise[J]. Journal of International Business Studies，45(1)：8-37.

Teece D J. 2018. Business models and dynamic capabilities[J]. Long Range Planning，51(1)：40-49.

Teece D J，Peteraf M，Leih S. 2016. Dynamic capabilities and organizational agility：risk， uncertainty，and strategy in the innovation economy[J]. California Management Review，58(4)： 13-35.

Teece D J，Pisano G. 1994. The dynamic capabilities of firms：an introduction[J]. Industrial and Corporate Change，3(3)：537-556.

Teece D J，Pisano G，Shuen A. 1997. Dynamic capabilities and strategic management[J]. Strategic Management Journal，18(7)：509-533.

Teece D J,Rumelt R,Dosi G,et al. 1994. Understanding corporate coherence:theory and evidence[J]. Journal of Economic Behavior & Organization，23(1)：l-30.

Trigeorgis L. 1996. Evaluating leases with complex operating options[J]. European Journal of Operational Research，91(2)：315-329.

Trigeorgis L，Reuer J J. 2017. Real options theory in strategic management[J]. Strategic Management Journal，38(1)：42-63.

Vahlne J E，Johanson J. 2017. From internationalization to evolution：the Uppsala model at 40 years[J]. Journal of International Business Studies，48(9)：1-16.

van de Vrande V，de Jong J P J，Vanhaverbeke W，et al. 2009. Open innovation in SMEs：trends， motives and management challenges[J]. Technovation，29(6/7)：423-437.

Vinekar V，Slinkman C W，Nerur S. 2006. Can agile and traditional systems development approaches coexist? An ambidextrous view[J]. Information Systems Management，23(3)：31-42.

Wang C L，Ahmed P K. 2007. Dynamic capabilities：a review and research agenda[J]. International Journal of Management Reviews，9(1)：31-51.

Weerawardena J，Mort G S，Liesch P W，et al. 2007. Conceptualizing accelerated internationalization in the born global firm：a dynamic capabilities perspective[J]. Journal of World Business，42(3)：

294-306.

Weerawardena J, Mort G S, Salunke S, et al. 2014. The role of the market sub-system and the socio-technical sub-system in innovation and firm performance : a dynamic capabilities approach[J]. Journal of the Academy of Marketing Science, 43(2): 221-239.

Wernerfelt B. 1984. A resource-based view of the firm[J]. Strategic Management Journal, 5(2): 171-180.

White R W, Powell R, Johnson T E. 2014. The effect of Mn on mineral stability in metapelites revisited : new a-x relations for manganese-bearing minerals[J]. Journal of Metamorphic Geology, 32(8): 809-828.

Winter S G. 2003. Understanding dynamic capabilities[J]. Strategic Management Journal, 24(10): 991-995.

Xie Q Y. 2014. CEO tenure and ownership mode choice of Chinese firms: the moderating roles of managerial discretion[J]. International Business Review, 23(5): 910-919.

Xie Z Y, Wang L. 2022. Returnee managers as an asset for emerging market multinational enterprises: Chinese cross-border acquisitions (2008-2017)[J]. Journal of World Business, 57(2): 101270.

Zahoor N, Al-Tabbaa O, Khan Z, et al. 2020. Collaboration and internationalization of SMEs: insights and recommendations from a systematic review[J]. International Journal of Management Reviews, 22(4): 427-456.

Zahra S A, Sapienza H J, Davidsson P. 2006. Entrepreneurship and dynamic capabilities: a review, model and research agenda[J]. Journal of Management Studies, 43(4): 917-955.

Zollo M, Winter S G. 2002. Deliberate learning and the evolution of dynamic capabilities[J]. Organization Science, 13(3): 339-351.

后　记

本专著是教育部哲学社会科学研究重大课题攻关项目（编号：17JZD018）研究成果的案例辑部分；同时也是国家自然科学基金重点项目（编号：72032008）、国家社会科学基金项目、国家自然科学基金面上项目（编号：71772165）、国家万人计划青年拔尖人才项目（W03070173）、国家自然科学基金项目（编号：72302220）、教育部人文社会科学研究项目（编号：22YJC630168）等项目支持下获得的阶段性研究成果。另外，本专著也是浙江省哲学社会科学重点培育基地：浙江工商大学数字创新与全球价值链升级研究中心、浙江省新型重点专业智库——浙江工业大学中小企业研究院、浙江省哲学社会科学重点研究基地（技术创新与企业国际化研究中心）相关资助项目的科研成果。

全书由陈衍泰、谢在阳、郭彦琳负责出版策划、组织和统撰工作。厉婧、罗海贝、郭彦琳、刘璐、张靖雯、池舒靖、应倩滢、胡旭辉、袁浩杰、陈佳琪、魏晨晨、陈嵩、吕祖庆、李亚伟、杨欣、吴可馨等分别参与了本书各章节的编写。陈衍泰作为教育部哲学社会科学研究重大课题攻关项目（编号：17JZD018）的首席专家和国家自然科学基金重点项目（编号：72032008）、国家社会科学基金项目的主持人，负责全书的总体设计、各篇章研究过程的总指导和总校订。

各章	撰稿人	审阅人
第1章	罗海贝、陈衍泰	谢在阳、杨欣
第2章	郭彦琳、陈衍泰	谢在阳、吴可馨
第3章	陈佳琪、郭彦琳、罗海贝、袁浩杰、陈衍泰	谢在阳、杨欣
第4章	刘璐、陈衍泰	谢在阳、吴可馨
第5章	魏晨晨、陈嵩、池舒靖、刘璐、陈衍泰	谢在阳、杨欣
第6章	厉婧、陈衍泰	郭彦琳、谢在阳
第7章	李亚伟、张靖雯、吕祖庆、厉婧、陈衍泰	谢在阳、杨欣
第8章	谢在阳、陈衍泰	郭彦琳、杨欣
第9章	应倩滢、胡旭辉、谢在阳、陈衍泰	郭彦琳、吴可馨

　　本专著的相关理论研究也得益于教育部哲学社会科学研究重大课题攻关项目子课题负责人池仁勇、杜群阳、罗来军、许治、蓝庆新，以及林汉川、薛澜、苏竣、陈劲、虞晓芬、郑胜利、吴树斌、刘高登、戎珂、程聪、吴宝等的大力支持和提出的宝贵意见，在此一并表示感谢！两位著名学者为本书作序，他们分别是中国工程院院士、湖南工商大学党委书记、中南大学商学院名誉院长陈晓红女士，北京大学光华管理学院教授、山东大学管理学院院长武常岐先生。作者也深表感谢！

　　本专著在研究和撰写过程中，一直得到教育部社会科学司、国家自然科学基金委员会管理科学部、全国哲学社会科学工作办公室、外交部国际经济司、受新冠疫情冲击、浙江省政府研究室、浙江省社会科学界联合会、浙江省工商业联合会、杭州市公共政策研究中心等有关部门及相关机构的大力支持。同时，还要感谢部分案例企业高管团队和企业员工朋友在案例访谈、交互过程中的大力支持与贡献，在此一并表达作者诚挚的感谢。

　　案例梳理过程中，还得到教育部学位与研究生教育发展中心2022年主题案例征集"中国科创"主题方向立项。立项项目为"中国民营企业的数字化、平台化与国际化生态创新：以浙江为例"。本专著也为其阶段性成果。

　　尽管本专著细致总结了典型民营企业参与"一带一路"国际产能合作的实践经验，但当前国际形势复杂多变。面对逆全球化形势，我国民营跨国企业如何适应更为不确定的全球环境实现持续创新发展，依然任重而道远。我们认为，在世界正经历百年未有之大变局时，中国民营企业更应该有所作为，既要坚定国际化发展的信心，又要注重国际化发展的提质增效，充分用好共建"一带一路"倡议带来的政策利好，让企业"走出去""走进去""走上去"之路行稳致远。本专著的顺利问世要感谢所有参与者与出版社负责人员的辛苦付出。由于本书收纳的案例非常有限，加之撰写本专著的时间较为紧张，难免存在一些不足之处，敬请各位读者多多指正。